Verleitung zu Börsenspekulationsgeschäften und Strafvermeidung durch Corporate Compliance

Europäische Hochschulschriften

European University Studies
Publications Universitaires Européennes

Reihe II **Rechtswissenschaft**

Series II Law

Série II Droit

Band/Volume **5581**

Jan-Lieven Stöcklein

Verleitung zu Börsenspekulationsgeschäften und Strafvermeidung durch Corporate Compliance

Das Verhältnis zwischen Wertpapier-Compliance und dem Straftatbestand der Verleitung zu Börsenspekulationsgeschäften (§§ 49, 26 BörsG)

PL ACADEMIC RESEARCH

Bibliografische Information der Deutschen Nationalbibliothek
Die Deutsche Nationalbibliothek verzeichnet diese Publikation in der Deutschen Nationalbibliografie; detaillierte bibliografische Daten sind im Internet über http://dnb.d-nb.de abrufbar.

Zugl.: Halle-Wittenberg, Univ., Diss., 2013

Gedruckt auf alterungsbeständigem,
säurefreiem Papier.

3
ISSN 0531-7312
ISBN 978-3-631-65025-7 (Print)
E-ISBN 978-3-653-03978-8 (E-Book)
DOI 10.3726/ 978-3-653-03978-8

PL Academic Research ist ein Imprint der Peter Lang GmbH.
Peter Lang – Frankfurt am Main · Bern · Bruxelles · New York · Oxford · Warszawa · Wien

Dieses Buch wurde vor Erscheinen peer reviewed.

www.peterlang.com

Inhaltsverzeichnis

Einführung in die Thematik

Erläuterungen und systematische Einordnung

Die in zwei Teile untergliederte Dissertation, trägt den Titel „Verleitung zu Börsenspekulationsgeschäften und Strafvermeidung durch Corporate Compliance".

Im Zentrum beider Teile stehen demnach die §§ 49, 26 des Börsengesetzes.

Nach dieser Strafvorschrift wird bestraft, wer einen „unerfahrenen" Anleger zu einem „Börsenspekulationsgeschäft" „verleitet" und hierbei dessen „Unerfahrenheit" zu einem Geschäftsabschluss „ausnutzt". Schutzzweck dieser als abstraktes Gefährdungsdelikt ausgestalteten Norm ist folglich ein frühzeitiger Vermögensschutz und somit der Anlegerschutz an sich.

Schwerpunkt der Dissertation war herauszufinden, welche Rolle die §§ 49, 26 BörsG im heutigen Normgesamtgefüge anlegerschützender Vorschriften des Kapitalmarktrechts einnehmen. Denn dieser Straftatbestand ist nicht etwa erst aufgrund der wirtschaftlichen Ereignisse der letzten Jahre vom Gesetzgeber eingeführt worden, sondern er feiert im Jahr 2011 sein 115 jähriges Bestehen. Über diesen langen Zeitraum hinweg ist eine Fülle neuer anlegerschützender Vorschriften in Kraft getreten. Daher wurden vor allem mögliche gegenseitig befruchtende Einflüsse des WpHG, KWG und des BGB auf den Straftatbestand der §§ 49, 26 BörsG im Rahmen der Arbeit gezielt untersucht.

Anlegerschutz wird heutzutage auf verschiedene Weise durch den Gesetzgeber gewährleistet. Schützende Vorschriften lassen sich sowohl im Zivilrecht, im öffentlichen Recht als auch im Strafrecht wiederfinden. Innerhalb der verschiedenen Rechtsmaterien lässt sich jedoch ein divergierender Schutzcharakter konstatieren. So ist primäres Ziel des „zivilrechtlichen Anlegerschutzes" die Gewährleistung von Individualschutz. Als Ausprägung der im BGB verankerten Schutzmechanismen sollen nur z.B. die §§ 138 Abs. 2, 241 Abs. 2, 280 ff. und 823 ff. BGB Erwähnung finden. Primäres Ziel der Vorschriften des WpHG und des KWG, als Vorschriften des öffentlich-rechtlichen Aufsichtsrechts, ist wiederum die Sicherstellung von Institutionenschutz, also die Sicherstellung des Schutzes des Marktes und seiner Funktionsfähigkeit an sich. Anlegerschutz kann in diesem Fall grundsätzlich nur mittelbar und reflexartig gewährleistet werden. Das Strafrecht begeht im Bereich des Anlegerschutzes demgegenüber einen „Spagat". Denn es existieren sowohl primär das Individuum als auch primär überindividuell schützende Strafvorschriften.

Als überindividuell schützende Strafvorschriften sind beispielsweise die §§ 38 Abs. 2, 39 Abs. 1 Nr. 1 und 2, 20a WpHG (Verbot der Marktmanipulation) und §§ 38 Abs. 1 Nr. 1, 14 Abs. 1 Nr. 1 WpHG (Verbot von Insidergeschäften) als Strafvorschriften des WpHG heranzuziehen. Der Betrug i.S.d. § 263 StGB z.B. und der Straftatbestand der Verleitung zu Börsenspekulationsgeschäften gem. §§ 49, 26 BörsG sind hingegen primär individuell schützender Natur.

Alle diese Normen der verschiedenen Rechtsgebiete können bei einer gleichzeitigen Beachtung und Befolgung durch Praxis und Rechtsprechung einen möglichst effektiv verzahnten Anlegerschutz gewährleisten.

Interessanterweise wird dem Straftatbestand gem. der §§ 49, 26 BörsG in diesem anlegerschützenden Normgepräge durch Literatur und Praxis jedoch eine nur marginale Bedeutung beigemessen bzw. es wird gar dessen Existenzberechtigung in Frage gestellt. Hauptanliegen der Dissertation war es daher, Gründe für dieses bestehende Meinungsbild herauszufinden und herauszuarbeiten, ob es tatsächlich sinnhaft wäre, diesen das Individuum und sein Vermögen schützenden Straftatbestand vollends streichen zu lassen.

Im Ergebnis konnte festgestellt werden, dass der Straftatbestand durchaus eine Existenzberechtigung besitzt und diesem, wie zu zeigen sein wird, als anlegerschützende Vorschrift eine nicht zu unterschätzende Funktion zukommt.

Vor allem in Zeiten nach der Finanzkrise der Jahre 2007/2008 und der Lehman-Pleite, ist der Ruf nach möglichst frühzeitigen anlegerschützenden Mechanismen durch Allgemeinheit, Legislative und Exekutive exponentiell lauter geworden. Gerade die §§ 49, 26 BörsG stellen eine „klassische" anlegerschützende Strafvorschrift dar, welche zudem noch als abstraktes Gefährdungsdelikt ausgestattet ist, einen Vermögensschaden gar nicht erst voraussetzt und somit als am zeitlich frühesten ansetzende Strafvorschrift im Bereich des Anlegerschutzes gesehen werden kann. Die §§ 49, 26 BörsG gewährleisten daher als „kleine Schwester" des Betrugs i.S.d. § 263 StGB einen zeitlich viel früher ansetzenden Rechtsschutz als dieser und können bei Vorliegen der jeweiligen Voraussetzungen zu diesem in Tateinheit stehen.

Nicht zu unterschätzen ist hauptsächlich aber die strafrechtlich flankierende Wirkung der §§ 49, 26 BörsG v.a. im Hinblick auf die Wohlverhaltens- und Organisationspflichten des WpHG, welche ihre Ausprägung in den §§ 31 ff. WpHG gefunden haben.

Genau in dieser flankierenden Wirkung des Straftatbestandes ist auch dessen korrelierendes Potential im Bereich „Corporate Compliance" zu suchen gewesen, was Anlass zur Untersuchung im zweiten Teil gegeben hat. Die „Compliance-Regelungen" des KWG und WpHG haben gerade dafür zu sorgen, dass anlegerschützende Vorschriften durch Wertpapierdienstleistungsunternehmen eingehalten werden.

Es wurde schwerpunktmäßig auf den Bereich des „Wertpapier-Compliance“ abgestellt, also auf die Compliance-Vorschriften des WpHG und KWG, denn Straftaten i.S.d. §§ 49, 26 BörsG werden überwiegend im Rahmen von Wertpapiergeschäften durch Anlageberater bzw. -vermittler begangen, welche für Wertpapierdienstleistungsunternehmen tätig sind. Die wohl bekannteste Tätergruppe ließ sich bis zum Erlass der „Cold Calling-Allgemeinverfügung“ der BAWe im Jahr 1999 im Bereich der telefonischen Kaltakquise wiederfinden. Normadressaten der Strafvorschrift sind bis heute hauptsächlich Anlageberater bzw. -vermittler von Wertpapierdienstleistungsunternehmen.

Normadressaten der Vorschriften des WpHG sind wiederum grundsätzlich Wertpapierdienstleistungsunternehmen. Gezielt wurde daher in diesem Zusammenhang der Fragestellung nachgegangen, ob Wertpapierdienstleistungsunternehmen gesetzlich verpflichtet werden, präventive Mechanismen durch Compliance zu integrieren, welche speziell Straftaten nach den §§ 49, 26 BörsG berücksichtigen und deren Begehung erschweren können. Im Endeffekt musste diese Frage bejaht werden. Wertpapierdienstleistungsunternehmen haben im Wege ihrer Organisationspflichten gem. der §§ 33 ff. WpHG auch den Straftatbestand der Verleitung zu Börsenspekulationsgeschäften zu berücksichtigen. Hierbei ist nicht unbedingt Voraussetzung, dass diese den Straftatbestand explizit als Straftatbestand im Rahmen der eigenen Compliance-Funktion integrieren. Voraussetzung ist aber, dass ein delinquentes Vorgehen i.S.d. §§ 49, 26 BörsG von der eigenen Compliance-Funktion von vornherein notwendig zu berücksichtigen ist. Dies bedeutet nichts anderes, dass im Wege der Organisationspflichten des WpHG das jeweilige Wertpapierdienstleistungsunternehmen dafür zu sorgen hat, dass Straftaten nach §§ 49, 26 BörsG im eigenen Unternehmen durch deren Anlageberater bzw. -vermittler möglichst nicht begangen werden können.

Die Organisationspflichten des WpHG sind allerdings, wie oben schon ausgeführt werden konnte, überindividueller Natur, denn sie dienen dem Institutionenschutz. Ein effektiver Anlegerschutz kann allein aufgrund dieser Vorschriften nicht gewährleistet werden. Um den Anleger vor Handlungen i.S.d. §§ 49, 26 BörsG zu schützen, bedarf es wiederum einer individuell-schützenden Strafvorschrift.

Aber auch die Wohlverhaltenspflichten der §§ 31 ff. WpHG, welche zumindest partiell individualschützenden Charakter aufweisen, verdeutlichen die strafrechtlich flankierende Bedeutung der §§ 49, 26 BörsG. Denn v.a. im Wege der Informationspflichten, als Ausprägung der Wohlverhaltenspflichten der §§ 31 ff. WpHG, soll nur sichergestellt werden können, dass der Anleger alle von seinem Anlageberater bzw. -vermittler überlieferten Informationen verstehen kann und nicht, dass er sie auch tatsächlich versteht. Gerade diesen Schutz gewährleisten jedoch die §§ 49, 26 BörsG und gehen somit weit über die Voraussetzungen des WpHG hinaus.

Bemerkenswerterweise musste jedoch festgestellt werden, dass die Existenz des Straftatbestandes der Bankenpraxis gänzlich unbekannt ist. Die bestehende allgemeine Unbekanntheit des Straftatbestandes an sich, kann hierfür keine Erklärung sein dürfen. Richtet sich doch diese Strafnorm zuvörderst an die im Wertpapierdienstleistungsunternehmen beschäftigten Anlageberater- bzw. -vermittler. Gründe für die nur marginale Bekanntheit der Norm sind vielfältig und werden im Rahmen der Dissertation untersucht.

Schon an dieser Stelle ist jedoch anzumerken, dass eine „stiefmütterliche Behandlung" eines Straftatbestandes nur dann zwingend zu Zweifeln an dessen Existenzberechtigung führen muss, wenn durch anderweitige Normen ein äquivalenter Rechtsschutz gewährleistet oder schlicht keine Schutzbedürftigkeit des Anlegers in diesem Bereich erkannt werden kann. Gerade diese Voraussetzungen liegen beim Straftatbestand der Verleitung zu Börsenspekulationsgeschäften aber nicht vor. Das Strafrecht bietet anderweitig keinen vergleichbaren Rechtsschutz. Die Existenzberechtigung der Norm besteht mithin in einem möglichst weit vorgelagerten strafrechtlichen Vermögensschutz. Allein die Tatsache der relativen Unbekanntheit der Norm, kann hierbei nicht an deren Sinnhaftigkeit zweifeln lassen. Die Notwendigkeit des Bestehens eines von den §§ 49, 26 BörsG gewährleisteten Rechtsschutzes wiederum, wurde in heutigen Zeiten gerade durch die Finanzkrise der letzten Jahre mehr als deutlich.

Gang der Untersuchung

Im Kern wird die Frage aufgeworfen, welches anlegerschützende Potential in den §§ 49, 26 BörsG steckt und ob das einzelne Wertpapierdienstleistungsunternehmen verpflichtet ist, diese Strafvorschrift im Wege von „Compliance" zu beachten. Ebenso wird die Frage gestellt, wie dieses mögliche strafrechtliche Potenzial der §§ 49, 26 BörsG durch die Implementierung präventiver Mechanismen im Wege von Compliance optimal genutzt werden kann. Bezweckt wird hiermit die Untersuchung direkter, schon bestehender Schutzmöglichkeiten des Anlegers, gleichermaßen aber auch die Frage nach Schutzmaßnahmen des einzelnen, durch Anlageberater bzw. Anlagevermittler handelnden Wertpapierunternehmens vor Reputationsschäden, Haftungsschäden und aufsichtsrechtlichen Sanktionen aufgrund der §§ 49, 26 BörsG.

Konkret wendet sich der erste Teil den einzelnen Tatbestandsmerkmalen des Straftatbestandes zu. Hierbei fand eine aktuelle Aufarbeitung alter aber auch neuer Meinungsstreitigkeiten des Straftatbestandes statt. Eine einheitliche Auslegung der einzelnen Tatbestandsmerkmale durch Literatur und Rechtsprechung ließ sich hierbei nicht konstatieren. Dies mag zunächst nicht verwundern, werden doch die meisten Tatbestandsmerkmale verschiedener Straftatbestände in Literatur und Rechtsprechung unterschiedlich ausgelegt. Verwunderlich ist im Rahmen der §§ 49, 26 BörsG jedoch nicht nur die teilweise recht unterschiedliche Auslegung der bestehenden Tatbestandsmerkmale, sondern der auch noch heute bestehende Streit um Grundsatzfragen und die vereinzelt aufkommende Frage der Existenzberechtigung der Norm. Exemplarisch kann diesbezüglich die neue, im Jahr 2010 erstmals erschienene Kommentierung der §§ 49, 26 BörsG durch den Münchener Kommentar herangezogen werden. Hierbei gestellte Fragen bezüglich der Verfassungsmäßigkeit der Norm, die dort aufgeführten zivilrechtlichen Bedenken, Fragen zur Irrtumsproblematik und der Existenzberechtigung der Norm etc. zeugen eher von einer noch heute bestehenden Unsicherheit im Umgang mit dem Straftatbestand, welche es zu beseitigen gilt. Gerade dieses Vorhaben stellt ein Hauptanliegen des ersten Teils der Arbeit dar. Denn es scheint verwunderlich, weswegen eine 115 Jahre alte Norm sich dermaßen unangepasst im Normgesamtgefüge darstellen sollte. Wie zu zeigen sein wird, kommt den §§ 49, 26 BörsG auch heute noch eine nicht zu unterschätzende Relevanz im Bereich des Anlegerschutzes zu. Im Zuge der Aufarbeitung verschiedener Probleme im Rahmen des Straftatbestandes, bedurfte es daher auch eines vertiefteren Blickes in die Vergangenheit des Straftatbestandes, um heute noch bestehende Probleme besser verstehen zu können und auch einzelne „Scheinprobleme“ aufzudecken, deren Ursprung festzustellen war. Diese oftmals fortgesetzten „Scheinprobleme“ sorgen auch noch heute für eine Diskrepanz zwischen Literaturansicht und der Rechtsprechung des BGH.

Zentral zu behandelndes Tatbestandsmerkmal der Strafvorschrift ist zum einen das „Börsenspekulationsgeschäft“, zu welchem der Täter sein Opfer verleitet haben muss und zum anderen die vom Täter hierzu auszunutzende „Unerfahrenheit“ des Anlegers.

Für den Begriff des „Börsenspekulationsgeschäfts“ ergibt sich diese zentrale Gewichtung aus dem Umstand, dass er Grund für die Ausgestaltung des Straftatbestandes als abstraktes Gefährdungsdelikt ist. An diesen Begriff knüpft sich nämlich der Gedanke, dass „Börsenspekulationsgeschäfte“ per se als für den Privatanleger und sein Vermögen gefährlich angesehen werden. Er stellt gewollt eine eigenständige Begrifflichkeit dar und lässt sich nicht etwa synonym mit dem Begriff des Börsentermin- bzw. des heute verwendeten Begriffs des Finanztermingeschäfts setzen. Auch hier lassen sich die Gründe im divergierenden Regelungsgehalt der verschiedenen Begrifflichkeiten wiederfinden. Anhand der Begriffe des Börsentermin- bzw. Finanztermingeschäfts werden dem Finanzmarkt Regelungen aufgezeigt, welche beim Wertpapierhandel zu beachten sind. Es sind demzufolge Begriffe zur Vereinheitlichung und Gewährleistung der Funktionsfähigkeit des Wertpapiermarktes mit dem Ziel des Institutionenschutzes. Diese Vorgaben müssen zur Handhabbarkeit einheitlich und starr geregelt sein. Im Vergleich dazu muss im Bereich des Individualschutzes eine möglichst große Flexibilität vorhanden sein, um den Schutzbereich der Norm effektiv gestalten zu können. Der Begriff des „Börsenspekulationsgeschäfts“ als rein strafrechtlicher Begriff stellt ein solches zwingend dynamisch-anlegerschützendes Tatbestandsmerkmal dar. Hierbei geht es also nicht um die Effektivität und den Schutz eines funktionierenden Marktes, sondern um einen effektiven Schutz des Anlegers. Demzufolge richtet sich die Intention des Schutzgutes im Bereich der Börsenspekulationsgeschäfte nach dem Schutzbedürfnis des Anlegers und nicht nach den „Spielregeln“ des Wertpapiermarktes. Aufgrund der Tatsache, dass der Wortlaut die äußerste Grenze für eine Auslegung darstellt, hat allerdings eine möglichst genaue Auslegung des Begriffs des „Börsenspekulationsgeschäfts“ stattzufinden, um diesen für die Rechtsanwendung handhabbar zu machen.

Es findet daher einleitend eine intensive Auseinandersetzung mit dem Tatbestandsmerkmal der „Börsenspekulationsgeschäfte“ statt. Im Rahmen dieses Themengebietes wird anhand einer vergleichenden Produktanalyse aufgezeigt werden können, wann ein Börsenspekulationsgeschäft im Sinne des Straftatbestandes vorliegt und wann nicht. Eine vorgenommene Begutachtung einzelner Finanzprodukte hat eine verhältnismäßig intensive Beschäftigung bedurft, denn zur Bestimmung des Vorliegens eines Börsenspekulationsgeschäfts ist eine einfache Unterteilung allein in Produktarten (Zertifikate, Optionsscheine etc.) nicht tauglich. Aufgrund der Vielzahl der in Deutschland bestehenden derivativen Finanzprodukte und sonstigen Hebelprodukte, konnte zwar in diesem Rahmen lediglich auf die gängigsten Produkte eingegangen werden. Anhand der im Rahmen der Arbeit vorgenommenen beispielhaften Darstellung, konnten jedoch Kriterien zur Handhabbarkeit aufgezeigt und herausgearbeitet werden, welche eine Bestimmung auch unerwähnter Finanzprodukte möglich machen sollte.

Das Bestehen von „Börsenspekulationsgeschäften“ ist Grund für die Existenz der Strafvorschrift, weswegen es, nach der Beleuchtung der geschichtlichen Seite, einleitend an den Anfang der Untersuchung zu stellen war. Aus der Darstellung der Begrifflichkeit des „Börsenspekulationsgeschäfts“, kann das bestehende Schutzbedürfnis der Anleger, also der „Schutzgrund“ der Norm nachvollzogen werden.

Einen zweiten Schwerpunkt im Bereich der Tatbestandsmäßigkeit bildet die Auslegung des Begriffs der „Unerfahrenheit".

Anhand dieses Regulativs wird deutlich, dass der Gesetzgeber zwar per se Börsenspekulationsgeschäfte als gefährlich erachtet, diese jedoch nicht grundsätzlich unterbinden will. Unterbinden will er sie jedoch dann, wenn ein Ungleichgewicht im Rahmen der Vertragsgespräche vorhanden ist, welches den Anleger benachteiligt. Kann der Anleger die Tragweite des konkreten Börsenspekulationsgeschäfts nicht verlässlich überblicken, so besteht eine Interessendisparität, welche dem Anleger eine schutzwürdige Position zukommen lässt. Aufgabe v.a. von bei Wertpapierdienstleistungsunternehmen handelnden Anlageberatern- bzw. -vermittlern ist daher, eine divergierende Interessensymmetrie in Form einer beim Anleger bestehenden Unerfahrenheit zu beseitigen, wollen sie nicht strafrechtlich in Erscheinung treten. Flankiert und unterstrichen wurde diese Pflicht zur Vermeidung von Interessendisparitäten bei Finanzgeschäften jüngst vom BGH in seiner „Swap-Entscheidung" in BGH ZR XI 33/10, Urteil vom 22.03.2011. Wann genau jedoch ein Anleger unerfahren im Sinne der Vorschrift ist, ist jeweils im konkreten Einzelfall zu bestimmen und kann nicht pauschal erfolgen. Kriterien zur Bestimmung der Unerfahrenheit bilden in diesem Abschnitt einen Schwerpunkt.

Hierbei wurden auch neuere Entwicklungen des Kapitalmarktrechts umfassend berücksichtigt und auf deren beeinflussenden Charakter auf das Tatbestandsmerkmal der „Unerfahrenheit" untersucht.

Im Fokus stand diesbezüglich die Beeinflussung der Wohlverhaltenspflichten und Organisationspflichten des WpHG auf das Tatbestandsmerkmal der „Unerfahrenheit". Zu hinterfragen war hierbei, ob es Aufklärungs- bzw. Informationspflichten für Wertpapierdienstleistungsunternehmen gibt, welche sich als Kompensationspflichten für Wertpapierdienstleistungsunternehmen herausstellen könnten. Mitarbeiter eines Wertpapierdienstleistungsunternehmens wären dann schon auf diesem Wege verpflichtet, eine bestehende „Unerfahrenheit" des Anlegers herauszustellen und zu kompensieren. In diesem Fall müsste im Bereich der Individualberatung eine „Unerfahrenheit" eines Anlegers zwingend beseitigt werden, wodurch der Straftatbestand wohl nur selten zum Zuge kommen würde. Wie zu zeigen sein wird, stellen die Wohlverhaltenspflichten, v.a. die Informationspflichten des WpHG jedoch gerade keine Kompensationspflichten in Bezug auf die „Unerfahrenheit" des Anlegers dar. Die Organisationspflichten des WpHG können wiederum nur reflexartig zur Beseitigung einer möglichen „Unerfahrenheit" des Anlegers beitragen. Ihnen ist der Zugang zur jeweiligen Individualberatung, aufgrund ihrer lediglich organisationsrechtlichen Struktur, versperrt.

Berücksichtigt wurden in diesem Rahmen sowohl die im WpHG durch das „Gesetz zur Neuregelung der Rechtsverhältnisse bei Schuldverschreibungen aus Gesamtemissionen und zur verbesserten Durchsetzbarkeit von Ansprüchen von Anlegern aus Falschberatung“ vom 31.07.2009 als auch die durch das „Anlegerschutz- und Funktionsverbesserungsgesetz“ (AnsFuG) vom 05.04.2011 eingetretenen Änderungen.

Im zweiten Teil der Untersuchung soll aufgezeigt werden können, inwieweit dieser Straftatbestand mit dem Themengebiet „Compliance“ korreliert. Hierbei wird schwerpunktmäßig auf den Bereich des „Wertpapier-Compliance“ abgestellt. Denn Straftaten i.S.d. §§ 49, 26 BörsG werden überwiegend im Rahmen von Wertpapiergeschäften begangen.

In diesem Rahmen war der Fragestellung nachzugehen, ob Wertpapierdienstleistungsunternehmen gesetzlich verpflichtet werden, präventive Mechanismen durch Compliance zu integrieren, welche die §§ 49, 26 BörsG berücksichtigen und deren Begehung erschweren können. Anschließend war einerseits zu eruieren, was Wertpapierdienstleistungsunternehmen für zivilrechtliche, aufsichtsrechtliche, straf- und ordnungsrechtliche Konsequenzen bei Nichtumsetzung dieser präventiven Mechanismen drohen können und andererseits, welche Konsequenzen diesen Normadressaten aus der Tatsache erwachsen, wenn z.B. Straftaten gem. §§ 49, 26 BörsG aufgrund eines mangelnden bzw. mangelhaften Compliance-Systems durch Mitarbeiter begangen werden. Neben der Geschäftsleitung war im strafrechtlichen Bereich auch ein besonderes Augenmerk auf den Compliance-Beauftragten eines Wertpapierdienstleistungsunternehmens zu richten. Dies nicht nur in Hinblick auf das viel diskutierte obiter dictum des BGH in BGH 5 StR 394/08 vom 17.07.2009 bezüglich der Garantenstellung des Compliance-Officers, sondern gerade auf Grund der aktuellen Änderung des § 12 Abs. 3 Satz 2 WpDVerOV im Wege des AnsFuG vom 05.04.2011, durch welche der Compliance-Officer partiell ein Aufsichts- und Weisungsrecht im Falle des Vorliegens einer „konkreten Gefahr“ zukommen können muss. Ohne konkrete Handlungsvorgaben durch die Geschäftsleitung, droht dem Compliance-Beauftragten hierbei ein unkalkulierbarer strafrechtlicher Haftungsumfang zuzukommen. Ein Versuch, diese missliche Lage für Wertpapierdienstleistungsunternehmen handhabbar zu machen, soll in der Arbeit aufgezeigt werden.

Daneben fand eine Untersuchung darüber statt, in welchem Bereich Wertpapierdienstleistungsunternehmen bestehende begrenzte Bereichsausnahmen schließen können, um ihre Compliance-Funktion zu optimieren. Es war hierbei konkret danach zu fragen, wie weit die eigene Compliance-Funktion zu ziehen ist, wenn man eigene Finanzprodukte durch andere Finanzdienstleister anbieten lässt. Auch konnten den Unternehmen Problemfelder aufgezeigt werden, welche bei Berücksichtigung der §§ 49, 26 BörsG im Rahmen der eigenen Compliance-Funktion ggf. bestehen und gar bußgeldrelevante Folgen haben können. Konkret ging es hierbei um die Frage, wie Wertpapierdienstleistungsunternehmen den ebenfalls im Zuge des AnsFuG neu eingefügten § 34d WpHG bestmöglich Beachtung schenken können. Denn die §§ 49, 26 BörsG werden überwiegend von Anlageberatern bzw. Anlagevermittlern begangen und stehen somit in einem mittelbaren Bezug zu § 34d Abs. 4 Satz 1 Nr. 2 WpHG.

Ebenfalls zu beachtende Regularien stellen Allgemeinverfügungen der BaFin dar. In einem direkten Kontext zu den §§ 49, 26 BörsG steht die „Cold Calling-Allgemeinverfügung" der BaFin aus dem Jahre 1999. Vertieft wurde hierbei der Frage nachgegangen, ob Wertpapierdienstleistungsunternehmen gesetzlich verpflichtet werden, diese Allgemeinverfügung auch im Rahmen der eigenen Compliance-Funktion zu berücksichtigen bzw. wie eine Berücksichtigung dieser bestenfalls stattfinden sollte. Dies wiederum v.a. vor dem Hintergrund, die Begehung der §§ 49, 26 BörsG durch eigene Mitarbeiter bestenfalls zu vermeiden.

In dem abschließenden Teil der Dissertation wurden die gefundenen Ergebnisse in Rahmen von Gesprächen mit Compliance-Praktikern in leitender Stellung, behandelt und erörtert. Als Referenz dienten hierfür insgesamt 5 Probanden (vier Großbanken und eine Kapitalanlagegesellschaft). Hauptsächlich wurde hierbei der Frage nachgegangen, ob der Straftatbestand gem. §§ 49, 26 BörsG explizit im Rahmen der eigenen Compliance-Funktion Beachtung findet. Überraschenderweise war sämtlichen Befragten der Straftatbestand gänzlich unbekannt. Ein Mangel der jeweiligen Compliance-Funktion konnte jedoch aufgrund dessen alleine nicht direkt festgestellt werden. Die genauen Gründe hierfür finden im Rahmen des letzten Teils eine vertiefte Auseinandersetzung.

Zu beachten ist jedoch nachdrücklich, dass ein mangelhafter Anlegerschutz nicht nur zivilrechtliche bzw. aufsichtsrechtliche Konsequenzen nach sich ziehen kann sondern gerade auch strafrechtliche. Dies speziell durch die §§ 49, 26 BörsG. Folglich beginnt der strafrechtliche Schutz schon in einem Stadium, in dem ein Vermögensschaden des Anlegers nicht einmal vom Vorsatz des Täters umfasst sein muss. Durch „Compliance-Vorgaben" kann der Straftatbestand seine präventive Wirkung verstärken aber auch gleichzeitig dafür sorgen, dass dieser nur selten von Unternehmensmitarbeitern begangen wird. Sein Schattendasein wird der Straftatbestand auch dann - zumindestens in der strafrechtlichen Gerichtspraxis - demzufolge auch bei einer optimalen Beachtung durch die Compliance-Funktion nicht beseitigen können. Hauptschutzfunktion des Straftatbestandes liegt jedoch in dessen Präventivwirkung und nicht in dessen forensischer Präsenz. Diese gilt es effizient zu nutzen. Neue gesetzliche Regelungen sind in diesem Bereich entbehrlich. Es hat lediglich eine konsequente Anwendung der §§ 49, 26 BörsG durch Rechtsprechung und Literatur stattzufinden. Im Bereich „Compliance“ hat wiederum eine ausdrückliche Implementierung der §§ 49, 26 BörsG durch die „Compliance-Praxis“ zu erfolgen, damit diese Normen ihre präventive Warnfunktion bestmöglich ausüben können.

Wie wiederum eine Implementierung der §§ 49, 26 BörsG im Rahmen der gesetzlich verpflichtenden Compliance-Funktion möglichst effizient stattfinden kann, soll im Wege der vorliegenden Dissertation aufgezeigt werden.

1. Teil: Verleitung zu Börsenspekulationsgeschäften, §§ 49, 26 BörsG

A. Geschichte des Straftatbestandes im Börsengesetz

I. Allgemeines zum Straftatbestand

Der Straftatbestand der „Verleitung zu Börsenspekulationsgeschäften" besitzt eine über hundert Jahre währende Geschichte. Von 1896 bis 2012 hat der Straftatbestand eine fünfmalige inhaltliche und viermalige numerische Änderung erfahren.

Trotz der schon seit dem Jahr 1896 im Börsengesetz bestehenden Strafvorschrift, hat diese Strafnorm weder in der strafrechtlichen Rechtsprechung[1] noch in der Literatur,[2] noch in der juristischen Ausbildung[3] große Bedeutung. In der Rechtsprechung wird dem Straftatbestand nicht immer die ihm gebührende Beachtung geschenkt.[4] Gründe hierfür werden auch bei Beleuchtung der geschichtlichen Seite

---

1 Dies wird schon bei der Eingabe der Wörter „Verleitung zu Börsenspekulationsgeschäften", „Börsenspekulationsgeschäft", „§§ 49, 26 BörsG" bzw. „§ 89 BörsG" bei der Datenbank juris offenkundig; hierbei lassen sich im März 2011 gerade einmal 13 (24), 17 (48), 0 bzw. 15 (29) Treffer erzielen (bei den in Klammern gesetzten Treffern, wurde auch die zivilrechtlicher Rechtsprechung mitberücksichtigt- hier wird der Straftatbestand zumeist als Schutzgesetz i.S.d. § 823 Abs. 2 BGB herangezogen).

2 Vgl. Park, in: Park, Kapitalmarktstrafrecht, 3. Aufl. (2013), Kap. 4, §§ 26, 49, Rn. 321.

3 Grund hierfür ist v.a., dass das Kapitalmarktstrafrecht an den meisten Universitäten nicht zum Pflichtfach gehört.

4 So hätte z.B. der BGH nach Ausräumung der bestehenden Zweifel bezüglich der Reichweite des Straftatbestandes im Zuge des 2. WiKG auch schon z.B. in BGH 2 StR 389/88 (Beschluss vom 19.08.1988) zumindest den Straftatbestand der Verleitung zu Börsenspekulationsgeschäften anprüfen müssen; § 358 Abs. 2 StPO und § 354 StPO hätten dem wohl auch nicht entgegengestanden. Weiter hätte auch etwa eine Berücksichtigung der (heutigen) §§ 49, 26 BörsG in LG Krefeld, 5 O 502/04, Urteil vom 31.01.2006 stattfinden können. In BGH XI ZR 385/02, Urteil vom 01.04.2003 ist eine Entscheidung bzgl. des Schutzgesetzes nach § 89 BörsG a.F. (heutige §§ 49, 26 BörsG) in der Sache gar nicht erst ergangen. Auch ist in OLG Köln 11 U 99/91, Urteil vom 11.12.1991 davon auszugehen, dass mit Berücksichtigung des Straftatbestandes gem. §§ 49, 26 BörsG als Schutzgesetz, ein geringerer Begründungsaufwand zur Geltendmachung des Schadensersatzanspruchs notwendig gewesen wäre. Des Weiteren hätte auch eine Verurteilung gem. §§ 49, 26 BörsG (Tateinheit) in BGH 3 StR 225/00, Urteil vom 23.11.2000, in Betracht gezogen werden müssen.

des Straftatbestandes erkennbar. Denn dem Straftatbestand wurde vom BGH bis zum Jahre 1986 ein vermeintlicher „Geburtsfehler" diagnostiziert, welcher den Anwendungsbereich der Norm erheblich einschränkte. Erst durch den Gesetzgeber konnte die Diagnose des BGH revidiert und im Wege einer gesetzlichen Neufassung berichtigt werden. Rechtsprechung und Literatur hatten daher faktisch dem Straftatbestand erst ab diesem Zeitpunkt die ihm zustehende Beachtung geschenkt bzw. schenken können. Aber auch noch heute wird dem Straftatbestand (fälschlicherweise) eine nur marginale Bedeutung beigemessen.[5]

Dieser Trugschluss lässt sich zum einen hauptsächlich auf die Angst einer extensiven Handhabung des Straftatbestandes, v.a. auf den Umgang mit dem Tatbestandsmerkmal der „Unerfahrenheit", zurückführen; dies soll jedoch erst Thema des nächsten Abschnitts sein.[6]

Zum anderen wird bevorzugt auf den Konkurrenztatbestand des Betrugs gem. § 263 StGB zurückgegriffen, wodurch die §§ 49, 26 BörsG oft in Vergessenheit geraten können. Strafrechtlicher Vermögensschutz beginnt jedoch bei der Verleitung zu Börsenspekulationsgeschäften schon viel früher, nämlich im Vorfeld einer möglichen Spekulation und unabhängig vom Eintritt eines Schadensereignisses bzw. des Bestehens eines Schädigungsvorsatzes- die §§ 49, 26 BörsG sind gerade im Gegensatz zu § 263 StGB als abstraktes Gefährdungsdelikt und nicht als Vermögensschädigungsdelikt ausgestattet.[7] Schutzgut des Straftatbestandes stellt gerade das Vermögen von denjenigen Anlegern dar, die in Börsenspekulationsgeschäften, also in Geschäften, welche besonders hohen Verlustrisiken bergen, unerfahren sind.[8] Der strafrechtliche Schutzbereich wurde demnach weit in das Vorfeld geschoben, um schon im Ansatz einer möglichen Ausnutzung der Unerfahrenheit im Ansatz entgegenzutreten.[9]

Die Ausgestaltung des Straftatbestandes als abstraktes Gefährdungsdelikt stellt jedoch selbst einen Grund für die relativ selten vorkommende forensische Präsenz dar. Dies liegt hauptsächlich daran, dass ein Anleger meistens nur dann gerichtliche

---

5 Vgl. *Park*, wistra 2002, 107; *Benner*, in: Wabnitz/Janovsky, Handbuch des Wirtschafts- und Steuerstrafrechts, 3. Aufl. (2007), Kapitel 9, Rn. 219, 221; *Bröker*, in: MüKo, Nebenstrafrecht II Band 6/1, 2010, § 26 BörsG Rn. 3.

6 Siehe zum Tatbestandsmerkmal der „Unerfahrenheit", S. 99 ff.

7 Vgl. *Schröder*, Handbuch Kapitalmarktstrafrecht, 2. Aufl. (2010), Rn. 772. Mithin bedarf es nicht einmal einer schadensgleichen konkreten Vermögensgefährdung, wie z.B. bei den §§ 263, 266 StGB.

8 *Waßmer*, in: Graf/Jäger/Wittig, Wirtschafts- und Steuerstrafrecht, 2011, § 49 BörsG Rn. 3 f.

9 *Waßmer*, in: Graf/Jäger/Wittig, Wirtschafts- und Steuerstrafrecht, 2011, § 49 BörsG Rn. 3 f.

Schritte einleiten lassen wird, wenn er einen Vermögensschaden erlitten hat. In diesem Fall wird wiederum bevorzugt auf § 263 StGB zurückgegriffen werden. Demzufolge ist von einer hohen Dunkelziffer im Bereich der Straftatbestandsbegehung gem. §§ 49, 26 BörsG auszugehen.

II. Entwicklung des Straftatbestandes im Börsengesetz

Das Börsengesetz wurde am 22. Juni des Jahres **1896** verabschiedet und ist am 01. Januar 1897 in Kraft getreten.[10] Es wurde in der Folgezeit mit heftiger Kritik konfrontiert. So erklärte z.B. der langjährige freisinnige Abgeordnete Theodor Barth im Reichstag: „Meine Herren, wir haben ja schon sehr viele schlechte Gesetze im Reichstag durchgehen sehen, aber etwas Ähnliches, wie wir es jetzt beim Börsengesetz erlebt haben, glaube ich, ist doch noch nicht dagewesen".[11] Unter anderem schrieb auch die Handelskammer im Jahre 1900, dass das Börsengesetz „ein so unklares, in jeder Beziehung verfehltes Gesetz ist, wie es in Deutschland ein ähnliches- zum Glück nicht gibt".[12]

Der Straftatbestand der Verleitung zu Börsenspekulationsgeschäften war schon in der Urfassung des Börsengesetzes im § 78 a.F. BörsG verankert. Die Kritik am Börsengesetz betraf zunächst den Straftatbestand im Sinne des § 78 a.F. BörsG nicht direkt. Zu diesem Zeitpunkt besaß dieser den folgenden Wortlaut:

> *§ 78 BörsG: „Wer gewohnheitsmäßig in gewinnsüchtiger Absicht Andere unter Ausbeutung ihrer Unerfahrenheit oder ihres Leichtsinns zu Börsenspekulationsgeschäften verleitet, welche nicht zu ihrem Gewerbebetriebe gehören, wird mit Gefängnis und zugleich mit Geldstrafe bis zu fünfzehntausend Mark bestraft. Auch kann auf Verlust der bürgerlichen Ehrenrechte erkannt werden."*

Die übermäßige Kritik am Börsengesetz verstummte erst nach der ersten großen Börsengesetznovelle aus dem Jahre **1908**.[13]

Eine Änderung des Straftatbestandes hat es im Wortlaut hierbei nicht gegeben, lediglich der Standort des Straftatbestandes hat sich vom § 78 BörsG auf den § 94 BörsG verschoben.

---

10 RGBl., 22.06.1896, S. 157 (S. 175), „Allgemeine Bestimmungen über die Börsen und deren Organe"; vgl. *Meier*, Die Entstehung des Börsengesetzes, 1993, S. 315, 327.

11 Vgl. *Meier*, Die Entstehung des Börsengesetzes, 1993, S. 2 f.

12 Vgl. *Meier*, Die Entstehung des Börsengesetzes, 1993, S. 3.

13 RGBl., 08.05.1908, S. 183; 27.05.1908, S. 215 (S. 236, 237), „Gesetz betreffend Änderung des Börsengesetzes"; vgl. *Meier*, Die Entstehung des Börsengesetzes, 1993, S. 3.

Eine marginale Änderung des Straftatbestandes im Wortlaut hat erst im Jahre **1974**, genau 78 Jahre nach Entstehung des Börsengesetzes stattgefunden.[14] Der Standort des Straftatbestandes wurde von § 94 BörsG auf den § 89 BörsG geändert. Im Straftatbestand selbst wurde nur die Strafandrohung geändert. Gestrichen wurde die Möglichkeit des Verlustes der bürgerlichen Ehrenrechte. Es ergab sich zu dieser Zeit daher der folgende Wortlaut (Änderungen im Vergleich zur alten Fassung hervorgehoben):

> *§ 89 (a.F.): „Wer gewohnheitsmäßig in gewinnsüchtiger Absicht Andere unter Ausbeutung ihrer Unerfahrenheit oder ihres Leichtsinns zu Börsenspekulationsgeschäften verleitet, welche nicht zu ihrem Gewerbebetrieb gehören,* ***wird mit Freiheitsstrafe bis zu fünf Jahren oder mit Geldstrafe bestraft****."*

Eine tiefgreifendere Änderung des Straftatbestandes hat erst im Jahre **1986** im Zuge des 2. WiKG[15] stattgefunden, genau 90 Jahre nach Verabschiedung des Börsengesetzes.

Zunächst wurde das Tatbestandsmerkmal der „Ausbeutung" durch das heute noch geltende Tatbestandsmerkmal der „Ausnutzung" ausgetauscht.

Das Merkmal der „Ausbeutung" wurde damals vom Gesetzgeber überwiegend als zu eng betrachtet: „Da Ausbeuten aber nach seinem Wortsinn mehr sein kann als Ausnutzen, besteht die Gefahr, dass das Merkmal „Ausbeuten" nicht das reine Ausnutzen der Unerfahrenheit erfasst, sondern nur ein besonders missbräuchliches, also gesteigertes Ausnutzen tatbestandsmäßig wäre. Strafwürdig handelt aber schon derjenige, der die Unerfahrenheit anderer gewerbsmäßig ausnutzt, um sie zu Börsenspekulationsgeschäften zu verleiten".[16] Hierdurch sollte der Voraussetzung, dass im Ausbeuten ein besonders missbräuchliches Vorgehen zum Ausdruck kommen muss, ein Riegel vorgeschoben werden.[17]

Zudem wurde die Voraussetzung, dass der Täter „gewohnheitsmäßig in gewinnsüchtiger Absicht" handeln musste, durch das Tatbestandsmerkmal der „Gewerbsmäßigkeit" ausgetauscht.

Die Voraussetzung, dass der Täter „gewohnheitsmäßig in gewinnsüchtiger Absicht" handeln musste, wurde als unbefriedigend angesehen, da der Täter erst bestraft werden konnte, wenn der aus wiederholter Begehung abgebildete, selbständig

---

14 BGBl. I. 09.03.1974, Nr. 22, S. 469, Art. 126, S. 570, „Änderung durch das Einführungsgesetz zum StGB" (EGStGB).

15 BGBl. I. 15.05.1986, Nr. 21, S. 721, Art. 3 (S. 725), „Zweites Gesetz zur Bekämpfung der Wirtschaftskriminalität" (2. WiKG), Bezug auf BT-Drucks. 10/318 (1983).

16 Vgl. BT-Drucks. 10/318, 1983, S. 48.

17 Siehe hierzu zum Tatbestandsmerkmal der „Ausnutzung", S. 153 ff.

fortwirkende Hang zur Tatverwirklichung in Erscheinung tritt,[18] sprich gewohnheitsmäßiges Handeln lag dann vor, wenn ihre Verwirklichung den Ausfluss eines durch Übung entwickelten Hangs zu ihrer Begehung bildete.[19] Ausreichen sollte jedoch schon, wenn die Tat mit dem Plan begangen wird, die Begehung gleichartiger Taten zu einem wiederkehrenden Bestandteil der Beschäftigung zu machen.[20] Die Begehung von mindestens zwei Einzeltaten sollte nicht mehr vorausgesetzt werden.[21] Das Tatbestandsmerkmal der gewinnsüchtigen Absicht sei wiederum im Merkmal der Gewerbsmäßigkeit integriert, denn dieses bedeute nichts anderes, als dass der Täter für sich oder einen anderen einen Vermögensvorteil anstrebt, so dass letztendlich ein gewohnheitsmäßiges Handeln nicht mehr vorausgesetzt wurde.[22]

Weiterhin wurde die Möglichkeit der Bestrafung bei Verleitung des Opfers zu einer unmittelbaren oder mittelbaren Beteiligung an Börsenspekulationsgeschäften eröffnet. Somit fiel von nun an ohne Rechtszweifel auch unter Strafe, wenn das jeweilige Börsenspekulationsgeschäft aufgrund eines gemeinsamen Kontos mit anderen gemeinsam getätigt wurde (unmittelbare Beteiligung) oder ein Verwalter eines treuhänderisch gehaltenen Sammelkontos in eigenem Namen und für Rechnung der Anleger Börsenspekulationsgeschäfte tätigt (mittelbare Beteiligung).[23]

Weiter wurde dem Straftatbestand im Zuge des Zweiten Gesetzes zur Bekämpfung der Wirtschaftskriminalität ein zweiter Absatz hinzugefügt. Dieser umschreibt nicht abschließend das Tatbestandsmerkmal des „Börsenspekulationsgeschäfts". Der Gesetzgeber bezweckte durch die Einführung v.a. „etwaigen Zweifeln über die Reichweite des Tatbestandes" zu begegnen.[24] Vor allem sollte klargestellt werden, dass durch die Einführung des Abs. 2 in § 89 der Straftatbestand neben außerbörslichen Geschäften auch Geschäftsabschlüsse an ausländischen Börsen erfassen soll.[25] Denn bis zum Jahre 1986 wurde der sachliche Anwendungsbereich des Straftatbestandes durch den BGH eng umgrenzt. Nach diesem bedrohte der

18 BT-Drucks. 10/318, S. 48.

19 *Meyer/Bremer*, Börsengesetz, 4. Aufl. (1956), § 94 Rn. 2; siehe auch zu dem Tatbestandsmerkmal der „Gewerbsmäßigkeit", S. 160 ff..

20 Vgl. BT-Drucks. 10/318, S. 48.

21 Vgl. *Bröker*, wistra 1993, 161, 164.

22 Vgl. BT-Drucks. 10/318, S. 48.

23 Siehe hierzu auch zum Tatbestandsmerkmal „mittelbare und unmittelbare Beteiligung", S. 159 ff.

24 Vgl. BT-Drucks. 10/318, S. 47.

25 Der Gesetzgeber reagierte mit Einführung des neuen § 89 BörsG auf den Druck, den v.a. Telefonverkäufer von Termingeschäften auf potentielle Kunden ausübten; vgl. BT-Drucks. 10/318, S. 47.

Straftatbestand nur die Verleitung zu solchen Spekulationsgeschäften mit Strafe, die an einer inländischen amtlichen Börse getätigt wurden.[26] Der Straftatbestand besaß zwischen den Jahren 1986–2002 daher den folgenden, im Vergleich zur Vorgängernorm erheblich geänderten Wortlaut (Änderungen hervorgehoben):

> *§ 89 (n.F.) Abs. I: „Wer* ***gewerbsmäßig*** *andere unter* ***Ausnutzung*** *ihrer Unerfahrenheit in Börsenspekulationsgeschäften zu solchen Geschäften oder* ***zur unmittelbaren oder mittelbaren Beteiligung*** *an solchen Geschäften verleitet, wird mit Freiheitsstrafe bis zu* ***drei*** *Jahren oder mit* ***Geldstrafe*** *bestraft."*
>
> ***Abs. II: „Börsenspekulationsgeschäfte im Sinne des Absatzes I sind insbesondere***
> ***1. An- oder Verkaufsgeschäfte mit aufgeschobener Lieferzeit, auch wenn sie außerhalb einer inländischen oder ausländischen Börse abgeschlossen werden,***
> ***2. Optionen auf solche Geschäfte,***
> ***die darauf gerichtet sind, aus dem Unterschied zwischen dem für die Lieferzeit festgelegten Preis und dem zur Lieferzeit vorhandenen Börsen- oder Marktpreis einen Gewinn zu erzielen."***

Dieser Wortlaut des Gesetzes hielt 16 Jahre weiteren Veränderungen stand. Im Zuge des Gesetzes zur weiteren Fortentwicklung des Finanzplatzes Deutschland (4. Finanzmarktförderungsgesetz, „4.FFG")[27] aus dem Jahre 2002, wurde der Straftatbestand von § 89 BörsG auf die §§ 61, 23 BörsG verschoben. Es erfolgte mithin eine regulatorische Trennung des Straftatbestandes. Mit der Änderung sollte dem Umstand Rechnung getragen werden, dass sich Sanktionsvorschriften des Nebenstrafrechts auf verwaltungsrechtliche Gebote oder Verbote zu beziehen haben.[28] Dabei sei eine regulatorische Trennung zwischen der Bezugsnorm (§ 23 BörsG) und der Strafnorm bzw. Blankettnorm[29] (§ 61 BörsG) vorzunehmen.[30] Ob diese Trennung dogmatisch jedoch notwendig war, scheint fraglich, denn viele (auch neuere) Straftatbestände im Nebenstrafrecht besitzen keine solche regulatorische Trennung (zu nennen sind hierbei z.B. § 23 ApoG, § 42 AZRG, § 31 d PartG, § 44 StUG, § 6 PflVG, § 370 AO, § 399 AktG, § 84 AsylVerfG, § 29 BtMG etc.).[31] Aufgrund einer Trennung eines einheitlichen Straftatbestandes in Blankettnorm und

26 BGH 2 StR 315/79, Urteil vom 07.12.1979 = BGH NJW 1980, 1005; BGH 5 StR 342/82, Urteil vom 09.11.1982 = BGH ZIP 1983, 148; für das Zivilrecht BGH II ZR 285/81, Urteil vom 07.02.1983 = WM 1983, 300.

27 BGBl. I. 21.06.2002, Nr. 39, S. 2010 (S. 2019, 2027), S. 2316.

28 Vgl. BT-Drucks. 14/8601, S. 13.

29 Genau genommen handelt es sich um eine „unechte" Blankettnorm, vgl. hierzu *Dietmeier*, Blankettstrafrecht, 2002, S. 41 f.

30 BT-Drucks. 14/8601, S. 13.

31 Kritisch hierzu auch *Park*, BB 2003, 1513, 1517.

blankettausfüllende Norm, wird es dem Gesetzgeber zumeist ermöglicht, schnell und flexibel auf veränderte Umstände reagieren zu können.[32] Dies gilt v.a. für Bezugsnormen mit „mehrfacher" Bezugstechnik, wozu jedoch § 49 BörsG nicht gezählt werden kann. Denn § 49 BörsG verweist nur „einfach" auf § 26 BörsG.[33]

Zwischen dem Jahre 2002 und 2007 besaß der Straftatbestand der Verleitung zu Börsenspekulationsgeschäften daher den folgenden Wortlaut (Änderungen hervorgehoben):

> *§ 23 Abs. I: „**Es ist verboten**, gewerbsmäßig andere unter Ausnutzung ihrer Unerfahrenheit in Börsenspekulationsgeschäften zu solchen Geschäften oder zur unmittelbaren oder mittelbaren Beteiligung an solchen Geschäften **zu** verleiten"*
>
> *Abs. II: „Börsenspekulationsgeschäfte im Sinne des Absatzes I sind insbesondere*
> *1. An- oder Verkaufsgeschäfte mit aufgeschobener Lieferzeit, auch wenn sie außerhalb einer inländischen oder ausländischen Börse abgeschlossen werden,*
> *2. Optionen auf solche Geschäfte,*
> *die darauf gerichtet sind, aus dem Unterschied zwischen dem für die Lieferzeit festgelegten Preis und dem zur Lieferzeit vorhandenen Börsen- oder Marktpreis einen Gewinn zu erzielen."*
>
> ***§ 61: „Mit Freiheitsstrafe bis zu drei Jahren oder mit Geldstrafe wird bestraft, wer entgegen § 23 Abs. 1 andere zu Börsenspekulationsgeschäften oder zu einer Beteiligung an einem solchen Geschäft verleitet."***

Die letzte Änderung des Straftatbestandes wurde im Zuge des Gesetzes zur Umsetzung der Richtlinie über Märkte für Finanzinstrumente und der Durchführungsrichtlinie der Kommission (Finanzmarktrichtlinien- Umsetzungsgesetz, „FRUG") vorgenommen.[34] Der Straftatbestand ist unter Beibehaltung der regulatorischen Trennung von den §§ 61, 23 BörsG als Folge der MiFID (Markets in Financial Instruments Directive)[35] auf die §§ 49, 26 BörsG verschoben worden.

Inhaltlich wurde lediglich im zweiten Absatz des § 23 BörsG zwischen Nr. 1 und Nr. 2 ein „und" hinzugefügt, welches jedoch keine Änderung des Straftatbestands bewirkt. Die aktuelle Fassung des Straftatbestandes lautet daher (Änderungen hervorgehoben):

---

32 Vgl. *Freund*, in: MüKo, StGB Kommentar, 2007, Vor §§ 95 ff., Rn. 45; *Dietmeier*, Blankettstrafrecht, 2002, S. 1.

33 Weswegen die §§ 49, 26 BörsG in ihrer regulatorischen Trennung als Straftatbestand offensichtlich auch verfassungsrechtlich unbedenklich sind, siehe hierzu unten, „Verfassungsrechtliche Bedenken", S. 192 ff.

34 BGBl. I 16.06.2007, Nr. 31, S. 1330 (S. 1362).

35 Richtlinie über Märkte für Finanzinstrumente, 2004/39/EG.

§ 26 Abs. I: „Es ist verboten, gewerbsmäßig andere unter Ausnutzung ihrer Unerfahrenheit in Börsenspekulationsgeschäften zu solchen Geschäften oder zur unmittelbaren oder mittelbaren Beteiligung an solchen Geschäften zu verleiten"

Abs. II: „Börsenspekulationsgeschäfte im Sinne des Absatzes I sind insbesondere
1. An- oder Verkaufsgeschäfte mit aufgeschobener Lieferzeit, auch wenn sie außerhalb einer inländischen oder ausländischen Börse abgeschlossen werden, ***und***
2. Optionen auf solche Geschäfte,
die darauf gerichtet sind, aus dem Unterschied zwischen dem für die Lieferzeit festgelegten Preis und dem zur Lieferzeit vorhandenen Börsen- oder Marktpreis einen Gewinn zu erzielen."

§ 49: „Mit Freiheitsstrafe bis zu drei Jahren oder mit Geldstrafe wird bestraft, wer entgegen § 23 Abs. 1 andere zu Börsenspekulationsgeschäften oder zu einer Beteiligung an einem solchen Geschäft verleitet."

III. Überblick, Entwicklung des Straftatbestandes von 1896 bis 2012

Jahr	**1896**	**1908**	**1974**	**1986**	**2002**	**2007 bis heute**
Standort im BörsG	§ 78	§ 94	§ 89 (a.F.)	§ 89 (n.F.)	§§ 61, 23	§§ 49, 26
Bekanntmachung	RGBl., 22.06.1896, S. 157 (175) „Allgemeine Bestimmungen über die Börsen und deren Organe"	RGBl., 08.05.1908, S. 183; 27.05.1908, S. 215 (S. 236, 237), „Gesetz betreffend Änderung des Börsengesetzes"	BGBl. I. 09.03.1974, Nr. 22, S. 469, Art. 126, S. 570 (S. 102 PDF), „Änderung durch das Einführungsgesetz zum StGB (EGStGB)	BGBl. I. 15.05.1986, Nr. 21, S. 721, Art. 3 (S. 725), „Zweites Gesetz zur Bekämpfung der Wirtschaftskriminalität" (2. WiKG), Bezug auf BT-Drucks. 10/318 (1983)	BGBl. I. 21.06.2002, Nr. 39, S. 2010 (S. 2019, 2027), S. 2316, „Gesetz zur weiteren Fortentwicklung des Finanzplatzes Deutschland (4. Finanzmarkt-förderungsgesetz (4.FFG))	BGBl. I. 16.06.2007, Nr. 31, S. 1330 (S. 1362), "Gesetz zur Umsetzung der Richtlinie über Märkte für Finanzinstrumente und der Durchführungs-Richtlinie der Kommission (Finanz-Marktrichtlinie-Umsetzungsgesetz (FRUG))
In Kraft treten	**01.01.1897, RGBl. 1896, S. 176**	**08.05./27.05. 1908**	**01.01.1975**	**01.08.1986**	**01.07.2002**	**01.11.2007**

IV. Überblick, Wortlaut des Straftatbestandes von 1896 bis 2012

(Änderungen im Vergleich zur jeweils vorherigen Fassung hervorgehoben)

1896: § 78 BörsG: „Wer gewohnheitsmäßig in gewinnsüchtiger Absicht Andere unter Ausbeutung ihrer Unerfahrenheit oder ihres Leichtsinns zu Börsenspekulationsgeschäften verleitet, welche nicht zu ihrem Gewerbebetriebe gehören, wird mit Gefängnis und zugleich mit Geldstrafe bis zu fünfzehntausend Mark bestraft. Auch kann auf Verlust der bürgerlichen Ehrenrechte erkannt werden."

1908: § 94 BörsG: „Wer gewohnheitsmäßig in gewinnsüchtiger Absicht Andere unter Ausbeutung ihrer Unerfahrenheit oder ihres Leichtsinns zu Börsenspekulationsgeschäften verleitet, welche nicht zu ihrem Gewerbebetriebe gehören, wird mit Gefängnis und zugleich mit Geldstrafe bis zu fünfzehntausend Mark bestraft. Auch kann auf Verlust der bürgerlichen Ehrenrechte erkannt werden." (Keine Änderung des Wortlauts im Vergleich zu 1896)

1974: § 89 (a.F.): „Wer gewohnheitsmäßig in gewinnsüchtiger Absicht Andere unter Ausbeutung ihrer Unerfahrenheit oder ihres Leichtsinns zu Börsenspekulationsgeschäften verleitet, welche nicht zu ihrem Gewerbebetrieb gehören, wird mit Freiheitsstrafe bis zu fünf Jahren oder mit Geldstrafe bestraft."

1986: § 89 (n.F.) Abs. I: „Wer gewerbsmäßig andere unter Ausnutzung ihrer Unerfahrenheit in Börsenspekulationsgeschäften zu solchen Geschäften oder zur unmittelbaren oder mittelbaren Beteiligung an solchen Geschäften verleitet, wird mit Freiheitsstrafe bis zu drei Jahren oder mit Geldstrafe bestraft."

Abs. II: „Börsenspekulationsgeschäfte im Sinne des Absatzes I sind insbesondere
1. An- oder Verkaufsgeschäfte mit aufgeschobener Lieferzeit, auch wenn sie außerhalb einer inländischen oder ausländischen Börse abgeschlossen werden,
2. Optionen auf solche Geschäfte,

die darauf gerichtet sind, aus dem Unterschied zwischen dem für die Lieferzeit festgelegten Preis und dem zur Lieferzeit vorhandenen Börsen- oder Marktpreis einen Gewinn zu erzielen."

2002: § 23 Abs. I: „Es ist verboten, gewerbsmäßig andere unter Ausnutzung ihrer Unerfahrenheit in Börsenspekulationsgeschäften zu solchen Geschäften oder zur unmittelbaren oder mittelbaren Beteiligung an solchen Geschäften zu verleiten."

Abs. II: „Börsenspekulationsgeschäfte im Sinne des Absatzes I sind insbesondere
1. An- oder Verkaufsgeschäfte mit aufgeschobener Lieferzeit, auch wenn sie außerhalb einer inländischen oder ausländischen Börse abgeschlossen werden,
2. Optionen auf solche Geschäfte,

die darauf gerichtet sind, aus dem Unterschied zwischen dem für die Lieferzeit festgelegten Preis und dem zur Lieferzeit vorhandenen Börsen- oder Marktpreis einen Gewinn zu erzielen."

§ 61: Mit Freiheitsstrafe bis zu drei Jahren oder mit Geldstrafe wird bestraft, wer entgegen § 23 Abs. 1 andere zu Börsenspekulationsgeschäften oder zu einer Beteiligung an einem solchen Geschäft verleitet.

2007: § 26 Abs. I: „Es ist verboten, gewerbsmäßig andere unter Ausnutzung ihrer Unerfahrenheit in Börsenspekulationsgeschäften zu solchen Geschäften oder zur unmittelbaren oder mittelbaren Beteiligung an solchen Geschäften zu verleiten"
Abs. II: „Börsenspekulationsgeschäfte im Sinne des Absatzes I sind insbesondere
1. An- oder Verkaufsgeschäfte mit aufgeschobener Lieferzeit, auch wenn sie außerhalb einer inländischen oder ausländischen Börse abgeschlossen werden, und
2. Optionen auf solche Geschäfte,
die darauf gerichtet sind, aus dem Unterschied zwischen dem für die Lieferzeit festgelegten Preis und dem zur Lieferzeit vorhandenen Börsen- oder Marktpreis einen Gewinn zu erzielen."

§ 49: Mit Freiheitsstrafe bis zu drei Jahren oder mit Geldstrafe wird bestraft, wer entgegen § 23 Abs. 1 andere zu Börsenspekulationsgeschäften oder zu einer Beteiligung an einem solchen Geschäft verleitet.

B. „Börsenspekulationsgeschäfte"

Der Täter muss sein Opfer zu einem *Börsenspekulationsgeschäft* verleitet haben. Das Tatbestandsmerkmal des Börsenspekulationsgeschäfts stellt das Herzstück des Straftatbestandes dar.[36]

Eine Legaldefinition des Begriffs „Börsenspekulationsgeschäft" wurde erst im Jahre 1986 im Zuge des zweiten Gesetzes zur Bekämpfung der Wirtschaftskriminalität (2. WiKG) in Absatz 2 des Straftatbestandes eingeführt.[37] Hauptgrund für die Einführung einer Legaldefinition war vor allem, dass der unnötigen restriktiven Auslegung von § 89 a.F. entgegengewirkt und neue bzw. zurzeit nicht gebräuchliche Formen von Börsenspekulationsgeschäften erfasst werden sollen.[38]

Der Gesetzeswortlaut des Absatzes 2 ist seit dem 2. WiKG aus dem Jahre 1986 weder im Zuge des Vierten Finanzmarktförderungsgesetz (4. FFG) aus dem Jahre 2002[39] noch im Zuge des Finanzmarktrichtlinienumsetzungsgesetzes (FRUG) aus

---

36 *Schröder*, Handbuch Kapitalmarktstrafrecht, 2. Aufl. (2010), Rn. 799.

37 BGBl. I. 1986, 2. WiKG vom 15.05.1985, Nr. 21, S. 721, Art. 3 (S. 725), Bezug auf BT-Drucks. 10/318 (1983).

38 Vgl. BT-Drucks. 10/318, S. 47.

39 BGBl. I. 2002, Nr. 39, S. 2010 (S. 2019, 2027).

dem Jahre 2007[40] verändert worden. Lediglich das „und" zwischen der ersten Variante und der zweiten Variante des Absatzes 2 wurde ohne Begründung im Zuge des FRUG hinzugefügt.[41]

Die in § 26 Abs. 2 BörsG enthaltene Legaldefinition des Börsenspekulationsgeschäftes ist durch den Einschub „insbesondere" nicht abschließend normiert. Eine starre Definition ist vom Gesetzgeber aufgrund immer neu aufkommender Finanzinstrumente nicht gewollt.[42]

Bezüglich der feststehenden Legaldefinition ist der im Jahre 1986 eingefügte Absatz 2 aufgrund des in Art. 103 Abs. 2 GG manifestierten Bestimmtheitsgrundsatzes zu begrüßen.

Aber auch die Tatsache, dass vom Gesetzgeber eine nicht abschließende Legaldefinition des Tatbestandsmerkmals gewählt wurde, ist aufgrund der unermüdlich scheinenden Dynamik des Kapitalmarktes notwendig und sinnvoll und daher gleichermaßen zu begrüßen. Die Dringlichkeit einer möglichst genauen Umschreibung des Begriffs des „Börsenspekulationsgeschäfts" wird allerdings gerade hierdurch ebenso verdeutlicht. Aufgrund der beschriebenen Dynamik des Kapitalmarktes muss hierzu der Begriff des Börsenspekulationsgeschäftes parallel dynamisch mitwachsen können. Eine starre Umgrenzung und Definition kann demzufolge nur temporär bzw. gar nicht erfolgen.

Dem Gefüge des Börsenspekulationsgeschäfts kann zusätzlich zu der vorhandenen Legaldefinition anhand verschiedener Auslegungshilfen und dem Sinn und Zweck der Vorschrift dennoch ein recht genaues Abbild verliehen werden.

I. Auslegungsversuch des Begriffs „Börsenspekulationsgeschäft"

1. Allgemeines

Gemäß § 26 Abs. 2 BörsG sind Börsenspekulationsgeschäfte

> *„insbesondere An- oder Verkaufsgeschäfte mit aufgeschobener Lieferzeit, auch wenn sie außerhalb einer inländischen oder ausländischen Börse abgeschlossen werden,*

40 BGBl. I. 2007, Nr. 31, S. 1330 (S. 1362).

41 Vgl. BT-Drucks. 16/4028 v. 12.1.2007, S. 76, 84, Entwurf eines Gesetzes zur Umsetzung der Richtlinie über Märkte für Finanzinstrumente und der Durchführungsrichtlinie der Kommission (Finanzmarkt-Richtlinie-Umsetzungsgesetz).

42 BT-Drucks. 10/318, S. 47.

und Optionen auf solche Geschäfte, die darauf gerichtet sind, aus dem Unterschied zwischen dem für die Lieferzeit festgelegten Preis und dem zur Lieferzeit vorhandenen Börsen- oder Marktpreis einen Gewinn zu erzielen".

Diese Legaldefinition beinhaltet eine Anlehnung an den durch das 4. FFG[43] aufgehobenen § 764 BGB.[44]

Hiernach wurde ein Vertrag als Spiel angesehen, wenn ein auf Lieferung von Waren oder Wertpapieren lautender Vertrag in der Absicht geschlossen wurde, dass der Unterschied zwischen dem vereinbarten Preis und dem Börsen- oder Marktpreis der Lieferungszeit von dem verlierenden Teile an den gewinnenden gezahlt werden sollte. Dies galt auch dann, wenn nur die Absicht des einen Teils auf die Zahlung des Unterschieds gerichtet war, der andere Teil aber diese Absicht kannte oder kennen musste.

Hieraus lässt sich verkürzt skizziert ableiten, dass Börsenspekulationsgeschäfte An- oder Verkaufsgeschäfte sind, die in der Absicht geschlossen werden, aus intertemporären Preisunterschieden einen Gewinn zu erzielen, der durch ein Gegengeschäft realisiert werden soll.[45]

Aus dem Umstand, dass ein Güteraustausch nicht stattfindet, erhalten die Geschäfte ihren Spekulationscharakter.[46] Die Absicht des Spekulanten ist vielmehr darauf gerichtet, eine Preisdifferenz als Gewinn abzuziehen.[47]

2. Börsenspekulationsgeschäfte und Finanztermingeschäfte

Dieser Definition entsprechend wird es sich bei Börsenspekulationsgeschäften zumeist um Finanztermingeschäfte i.S.d. § 37e S. 2 WpHG handeln.[48]

Gemäß § 37e S. 2 WpHG sind Finanztermingeschäfte Derivate im Sinne des § 2 Abs. 2 WpHG und Optionsscheine.

---

43 BGBl. I. 2002, Nr. 39, S. 2010, S. 2059.

44 Vgl. *Schwark*, in: Schwark/Zimmer, Kapitalmarktrechtskommentar, 4. Aufl. (2010), § 26 BörsG Rn. 2.

45 Vgl. BT-Drucks. 10/318, S. 47 f.; *Schwark*, in: Schwark/Zimmer, Kapitalmarktrechtskommentar, 4. Aufl. (2010), § 26 BörsG Rn. 2; *Ledermann*, in: Schäfer, Wertpapierhandelsgesetz/Börsengesetz Kommentar, 1998, § 23 BörsG Rn. 1.

46 Vgl. BT-Drucks. 10/318, S. 46; Vgl. *Park*, in: Park, Kapitalmarktstrafrecht, 2. Aufl. (2008), Kap. 4, T2, §§ 26, 49, Rn. 9 f.

47 Vgl. *Park*, in: Park, Kapitalmarktstrafrecht, 2. Aufl. (2008), Kap. 4, T2, §§ 26, 49, Rn. 9 f.

48 Vgl. *Schwark*, in: Schwark/Zimmer, Kapitalmarktrechtskommentar, 4. Aufl. (2010), § 26 BörsG Rn. 2.

Der Begriff des **Derivats** wird in § 2 Abs. 2 WpHG näher erläutert.

Eine Unterscheidung des Derivatebegriffs wird in § 2 Abs. 2 WpHG anhand von fünf alternativen Gruppen vorgenommen. Das gemeinsame Merkmal dieser fünf Gruppen besteht darin, dass es sich um Termingeschäfte handelt, deren Preis mittelbar oder unmittelbar von den in Abs. 2 im Einzelnen aufgezählten **Basiswerten** (auch „Underlyings" genannt)[49] abhängt, wobei § 2 Abs. 2 Nr. 3 und 4 nicht auf einen konkreten Basiswert Bezug nehmen.[50]

Derivate sind demzufolge gemäß 2 Abs. 2 WpHG insbesondere Optionen, Terminkontrakte, Swaps und andere Finanzinstrumente, deren Wert unmittelbar oder mittelbar von der Preisentwicklung oder vom Kursverlauf eines in Bezug genommenen Basiswertes abhängig ist.[51]

Derivate sind somit zunächst einmal Termingeschäfte, die als Kauf, Tausch oder anderweitig ausgestaltete Festgeschäfte oder als Optionsgeschäfte abgeschlossen werden.[52] Gemäß § 2 Abs. 2 Nr. 1 WpHG muss sich deren Wert als Bezugswert unmittelbar oder mittelbar vom Preis oder Maß der folgenden Basiswerte abhängen:

1. Wertpapiere gemäß § 2 Abs. 1 WpHG oder Geldmarktinstrumente nach § 2 Abs. 1a WpHG,
2. Devisen oder Rechnungseinheiten,
3. Zinssätze oder andere Erträge,
4. Indices der Basiswerte der Ziffern 1, 2 oder 3, andere Finanzindices oder Finanzmessgrößen oder
5. Derivate.

Die Aufzählung in Nummer 5, sprich, dass als Basiswert ein *Derivat* in Frage kommt, darf hierbei nicht verwundern. Als Beispiel hierfür kommt etwa die Swap- Option in Betracht. Mit dieser Option erwirbt der Käufer das Recht, zu einem bestimmten Zeitpunkt mit dem Verkäufer der Option einen bestimmten Swap- Vertrag abzuschließen.[53]

Zusätzlich kommen jedoch weitere Basiswerte gemäß § 2 Abs. 2 Nr. 2 WpHG in Betracht: Waren, Frachtsätze, Emissionsberechtigungen, Klima- oder andere

49 *Assmann*, in: Assmann/Schneider, WpHG Kommentar, 6. Aufl. (2012), § 2 Rn. 43.

50 *Fuchs*, in: Fuchs, WpHG Kommentar, 2009, § 2 Rn. 43 f.

51 *Fuchs*, in: Fuchs, WpHG Kommentar, 2009, § 2 Rn. 39.

52 *Schröder*, in: Achenbach/Ransiek, Handbuch Wirtschaftsstrafrecht, 3. Aufl. (2011), 10. Teil Rn. 236 f.

53 *Assmann*, in: Assmann/Schneider, WpHG Kommentar, 6. Aufl. (2012), § 2 Rn. 48 f.

physikalische Variablen, Inflationsraten oder andere volkswirtschaftliche Variablen oder sonstige Vermögenswerte, Indices oder Messwerte. Es werden hierbei jedoch nur solche Termingeschäfte in Bezug auf die in der Vorschrift angeführten Basiswerte erfasst, welche die zusätzlichen Voraussetzungen gemäß § 2 Abs. 2 Nr. 2 lit. a-c WpHG erfüllen.[54]

Das Termingeschäft muss demnach

- durch Barausgleich zu erfüllen sein oder einer Vertragspartei das Recht geben, einen Barausgleich zu verlangen, ohne dass dieses Recht durch Ausfall oder ein anderes Beendigungsereignis begründet ist, oder
- auf einem organisierten Markt oder in einem multilateralen Handelssystem geschlossen werden oder
- ein Termingeschäft sein, das nach Maßgabe des Art. 38 Abs. 1 der Durchführungsverordnung zur Finanzmarktrichtlinie 2004/39/EG Merkmale anderer Derivate aufweist und nichtkommerziellen Zwecken, wenn nicht die Voraussetzungen des Artikels 38 Abs. 4 der Durchführungsverordnung gegeben sind.[55]

Nach § 38 Abs. 4 der Verordnung (EG) Nr. 1287/2006 wird „ein Kontrakt dann im Sinne von Abschnitt C Punkt 7 in Anhang I der Richtlinie 2004/39/EG als kommerziellen Zwecken dienend angesehen und wird dann nicht im Sinne von Abschnitt C Punkte 7 und 10 dieses Anhangs mit den Merkmalen anderer derivativer Finanzinstrumente behaftet betrachtet, wenn er von einem Betreiber oder einem Verwalter eines Energieübertragungsnetzes, eines Energieausgleichsystems oder eines Rohrleitungsnetzes abgeschlossen wird und er für den Ausgleich des Energieangebots und der Energienachfrage zu einem bestimmten Moment unabdingbar ist".

Weiter darf es sich gemäß § 2 Abs. 2 Nr. 2 a.E. WpHG dabei nicht um ein Kassageschäft i.S.v. Art. 38 Abs. 2 der EG- Verordnung Nr. 1287/2006 handeln, sprich nicht mit einer Lieferfrist von zwei Tagen bzw. innerhalb einer spezifischen Standardlieferfrist zu erfüllen sein.[56]

Bei einem Kontrakt handelt es sich indes nicht um ein Kassageschäft im Sinne des Art. 38 Abs. 2 a.E. der EG- Verordnung Nr. 1287/2006, wenn unabhängig

---

54 *Assmann*, in: Assmann/Schneider, WpHG Kommentar, 6. Aufl. (2012), § 2 Rn. 51.

55 *Assmann*, in: Assmann/Schneider, WpHG Kommentar, 6. Aufl. (2012), § 2 Rn. 51 ff.

56 Vgl. *Schröder*, in: Achenbach/Ransiek, Handbuch Wirtschaftsstrafrecht, 3. Aufl. (2011), 10. Teil, Rn. 236 f.

von seinen ausdrücklichen Bedingungen eine Absprache zwischen den Vertragsparteien besteht, der zufolge die Lieferung des Basiswerts verschoben und nicht innerhalb einer Lieferfrist von zwei Tagen vorgenommen wird.

Als weitere Derivate nach § 2 Abs. 2 WpHG kommen finanzielle Differenzgeschäfte gemäß § 2 Abs. 2 Nr. 3 WpHG und als Kauf, Tausch oder anderweitig ausgestaltete Festgeschäfte oder Optionsgeschäfte, die zeitlich verzögert zu erfüllen sind und dem Transfer von Krediten dienen (Kreditderivate), § 2 Abs. 2 Nr. 4 WpHG, in Betracht. Demzufolge sind nunmehr z.B. auch Credit Default Swaps (CDS), welche sich ausschließlich auf ein Darlehen oder ein Kreditportfolio beziehen, erfasst.[57]

Optionsscheine werden hingegen nicht mehr von § 2 des WpHG abgedeckt. § 2 Abs. 2a WpHG wurde im Zuge des FRUG im Jahre 2007 aufgehoben.[58] Jedoch zählen gemäß § 37e S. 2 WpHG zu Finanztermingeschäften auch Optionsscheine. Begründet wurde die Verschiebung damit, dass die Definition des Finanztermingeschäfts in Abs. 2 nur noch für die §§ 37e, 37g und 37h WpHG relevant sei.[59] Vom Begriff des Finanztermingeschäfts sind heute unstreitig sowohl selbständige Optionsscheine als auch die abgetrennten Optionsscheine erfasst.[60]

3. Eingrenzung anhand der „typischen Gefahrenlage“

Vor dem FRUG war zur Bestimmung des Begriffs des Finanztermingeschäfts eine teleologische Reduktion dahingehend vorzunehmen, dass nur solche Derivate im Sinne des § 2 Abs. 2 WpHG vom Termingeschäftsbegriff erfasst seien, welche dessen spezifische, wesensbestimmende Gefahren aufwiesen.[61] Das Geschäft musste die für Termingeschäfte **typische Gefahrenlage** bergen, denen heute die in § 31 Abs. 2 bis 10 WpHG verankerten Informationspflichten Rechnung tragen.[62]

Nach einer heute in der Literatur vorherrschenden Ansicht dürfte hierfür nach neuem Recht mit der Legaldefinition des § 2 Abs. 2 Nr. 1 WpHG kein Raum

---

57 Vgl. BegRegE (FRUG) vom 12.01.2007, BT-Drucks. 16/4028, S. 55.

58 BGBl. I 2007, Nr. 31, S. 1330, 1332.

59 Vgl. *Fuchs*, in: Fuchs, WpHG Kommentar, 2009, § 2 Rn. 62 f. zu § 37 h; BT-Drucks. 16/4028, S. 56, 78.

60 Vgl. *Fuchs*, in: Fuchs, WpHG Kommentar, 2009, § 2 Rn. 65 f.

61 Vgl. *Casper*, WM 2003, 161, 164.

62 Vgl. *Schröder*, in: Achenbach/Ransiek, Handbuch Wirtschaftsstrafrecht, 3. Aufl. (2011), 10. Teil, Rn. 237.

mehr sein.[63] Diese Aussage mag für den Bereich der Finanztermingeschäfte dahingestellt bleiben. Denn zur Bestimmung des Tatbestandsmerkmals des „Börsenspekulationsgeschäfts" kann diese den Termingeschäften abverlangte typische Gefahrenlage immer noch als zusätzliche Auslegungshilfe dienen.[64]

Die Konturen des Derivatebegriffs sind nach dem FRUG zwar insgesamt sichtbarer geworden, da einige Elemente, welche noch vor dem FRUG zur Bestimmung des Begriffs des „Finanztermingeschäfts" gedient haben, wie z.B. der Hebeleffekt, das Nachschussrisiko und das Risiko des Totalverlustes, durch die Streichung des § 37d WpHG nicht mehr im WpHG selbst enthalten sind.[65] Der Gesetzgeber hielt hierbei einen ausreichenden Anlegerschutz durch die Erweiterung der Verhaltenspflichten in den §§ 31 ff. WpHG als hinreichend gewährleistet.[66] Jedoch wurden im Gegenzug die Konturen des Begriffs des „Börsenspekulationsgeschäfts" unschärfer. Denn alleine aus der Geschäftsart, lässt sich nicht immer auf das Vorliegen eines Börsenspekulationsgeschäftes schließen.[67] Nicht jedes Termingeschäft ist zugleich ein Börsenspekulationsgeschäft.[68]

Trotz der Streichung des § 37d WpHG wurde eine Konkretisierung der mit den Finanzinstrumenten verbundenen Risiken in **§ 5 Abs. 1 Satz 2 WpDVerOV** durch das gemäß § 31 Abs. 11 WpHG verordnungsermächtigte Bundesfinanzministerium vorgenommen, welche zur Bestimmung des Vorliegens eines Börsenspekulationsgeschäfts durchaus hilfreich sein kann.[69]

So muss gemäß § 5 Abs. 1 Satz 2 Nr. 1 WpDVerOV die Beschreibung der Risiken, soweit nach Art des Finanzinstruments, der Einstufung und der Kenntnis des Kunden relevant, Angaben über die mit Finanzinstrumenten der betreffenden

---

63 Vgl. *Fuchs*, in: Fuchs, WpHG Kommentar, 2009, § 2 Rn. 62 f.

64 Siehe hierzu *Schröder*, Handbuch Kapitalmarktstrafrecht, 2. Aufl. (2010), Rn. 806 f.

65 Vgl. *Fuchs*, in: Fuchs, WpHG Kommentar, 2009, § 2 Rn. 64.

66 In BegrRegE in BT-Drucks. 16/4028, S.78 wird hierzu ausgeführt: „§ 37d wird aufgehoben, da die Anforderungen an eine ordnungsgemäße Beratung von Anlegern auch im Bereich des Handels mit Derivaten bereits mit den durch die Umsetzung der Finanzmarktrichtlinie erweiterten Verhaltenspflichten von Wertpapierdienstleistungsunternehmen nach § 31 ff. hinreichend bestimmt sind. Die Aufhebung der Vorschrift dient dem Bürokratieabbau und der Flexibilisierung im Bereich der Anlageberatung durch Wertpapierdienstleistungsunternehmen."

67 *Schröder*, in: Achenbach/Ransiek, Handbuch Wirtschaftsstrafrecht, 3. Aufl. (2011), 10. Teil, Rn. 237.

68 Vgl. *Schröder*, Handbuch Kapitalmarktstrafrecht, 2. Aufl. (2010), Rn. 805.

69 Vgl. *Schröder*, in: Achenbach/Ransiek, Handbuch Wirtschaftsstrafrecht, 3. Aufl. (2011), 10. Teil, Rn. 237.

Art einhergehenden Risiken, einschließlich einer Erläuterung der Hebelwirkung und ihrer Effekte sowie des Risikos des Verlustes der gesamten Kapitalanlage enthalten.

Gemäß § 5 Abs. 1 Satz 2 Nr. 2 WpDVerOV muss das Ausmaß der Schwankungen des Preises (Volatilität) der betreffenden Finanzinstrumente und etwaige Beschränkungen des für solche Finanzinstrumente verfügbaren Marktes enthalten sein.

Nach § 5 Abs. 1 Satz 2 Nr. 3 WpDVerOV muss zudem die Beschreibung der Risiken den Umstand enthalten, dass jeder Anleger aufgrund von Geschäften mit den betreffenden Instrumenten möglicherweise finanzielle und sonstige Verpflichtungen einschließlich Eventualverbindlichkeiten übernehmen muss, die zu den Kosten für den Erwerb der Finanzinstrumente hinzukommen.

Gemäß § 5 Abs. 1 Satz 2 Nr. 4 WpDVerOV hat die Beschreibung der Risiken Einschusspflichten oder ähnliche Verpflichtungen, die für Instrumente der betreffenden Art gelten, zu enthalten.

Nach § 5 Abs. 1 Satz 2 Nr. 5 WpDVerOV muss, sofern die Wahrscheinlichkeit besteht, dass die Risiken durch die Verknüpfung verschiedener Finanzinstrumente oder Wertpapierdienstleistungen in einem zusammengesetzten Finanzinstrument größer sind als die mit jedem der Bestandteile verbundenen Risiken, die Beschreibung der Risiken angemessene Informationen über die Bestandteile des betreffenden Instruments und die Art und Weise, in der sich das Risiko durch die gegenseitige Beeinflussung dieser Bestandteile erhöht, enthalten.

Eine ähnliche Konkretisierung der Gefahrenlage eines Finanztermingeschäfts trug schon der aufgehobene **§ 37d WpHG** Rechnung.[70]

Hiernach war ein Unternehmen, das gewerbsmäßig oder in einem Umfang, der einen in kaufmännischer Weise eingerichteten Geschäftsbetrieb erfordert, Finanztermingeschäfte abschließt oder solche Geschäfte anschafft, veräußert, vermittelt oder nachweist, verpflichtet, vor dem Vertragsabschluss einen Verbraucher schriftlich darüber zu informieren, dass

1. die aus Finanztermingeschäften erworbenen befristeten Rechte verfallen oder eine Wertminderung erleiden können;
2. das Verlustrisiko nicht bestimmbar sein und auch über etwaige geleistete Sicherheiten hinausgehen kann;

---

70 Vgl. *Schröder*, in: Achenbach/Ransiek, Handbuch Wirtschaftsstrafrecht, 3. Aufl. (2011), 10. Teil, Rn. 237.

3. Geschäfte, mit denen die Risiken aus eingegangenen Finanztermingeschäften ausgeschlossen oder eingeschränkt werden sollen, möglicherweise nicht oder nur zu einem verlustbringenden Preis getätigt werden können;
4. sich das Verlustrisiko erhöht, wenn zur Erfüllung von Verpflichtungen aus Finanztermingeschäften Kredit in Anspruch genommen wird oder die Verpflichtung aus Finanztermingeschäften oder die hieraus zu beanspruchende Gegenleistung auf ausländische Währung oder eine Rechnungseinheit lautet.

Aus der Kombination zwischen § 37d Abs. 1 WpHG a.F. und § 5 Abs. 1 Satz 2 WpDVerOV lässt sich heute recht genau die für Börsenspekulationsgeschäfte typische Gefahrenlage herausfiltern. Bringen einzelne Geschäfte die diesen Finanztermingeschäften eigene Gefahrenlage mit sich, so kommen sie regelmäßig als Börsenspekulationsgeschäft in Betracht.[71] Umgekehrt liegt gerade kein Börsenspekulationsgeschäft i.S.d. §§ 49, 26 BörsG vor, wenn keine dieser Gefahrenlagen festgestellt werden kann.[72] § 37d WpHG kann demzufolge zumindest zur Bestimmung des Begriffs des „Börsenspekulationsgeschäfts" heute noch als Auslegungshilfe herangezogen werden.[73]

4. „Börsenspekulationsgeschäft" als eigenständige Begrifflichkeit

Zu beachten bleibt aber, dass der Begriff des Börsenspekulationsgeschäftes kein Begriff des WpHG ist und diesem auch im Bereich des Börsengesetzes eine partielle Fremdkörperartigkeit nicht widerlegt werden kann.[74] Zudem wird vom Tatbestand i.S.d. §§ 49, 26 BörsG ebenso der außerbörsliche Handel erfasst. Somit dienen die oben genannten Kriterien nur als *Auslegungshilfe*.

Eine abschließende Definition können die oben genannten Kriterien schon gar nicht liefern, da neben der Möglichkeit von Geschäftsabschlüssen außerhalb von organisierten Märkten es an einem hinausgeschobenen Erfüllungs- bzw. Leistungszeitpunkt fehlen kann, wodurch der Begriff des Finanztermingeschäfte nicht erfüllt wird,[75] aber dennoch ein Börsenspekulationsgeschäft vorliegen

---

71 Vgl. *Schröder*, in: Achenbach/Ransiek, Handbuch Wirtschaftsstrafrecht, 3. Aufl. (2011), 10. Teil, Rn. 239.

72 *Schröder*, Handbuch Kapitalmarktstrafrecht, 2. Aufl. (2010), Rn. 807.

73 Vgl. *Schröder*, in: Achenbach/Ransiek, Handbuch Wirtschaftsstrafrecht, 3. Aufl. (2011), 10. Teil, Rn. 237.

74 Siehe hierzu den Abschnitt „Standort des Straftatbestandes im BörsG", S. 184 f.

75 Vgl. § 2 Abs. 2 Nr. 2 a.E., siehe auch oben S. 24.

kann.[76] Hierbei kommen z.B. spekulative Kassageschäfte, wie z.B. Kassageschäfte in Optionsscheinen in Betracht, welche sofort zu erfüllen sind aber dennoch ein Börsenspekulationsgeschäft darstellen können.[77] Vergleichbar verhält es sich mit dem Erwerb von Investmentfondsanteilen, die ausschließlich in selbständige Optionsscheine investieren.[78] Auch hier liegt zwar kein Börsentermingeschäft bzw. Finanztermingeschäft vor,[79] über das Vorliegen bzw. Nichtvorliegen eines Börsenspekulationsgeschäfts ist aber damit noch nichts gesagt.

Ebenso gibt es umgekehrt Geschäfte, welche den Begriff des Finanztermingeschäfts erfüllen, aber dennoch keine Börsenspekulationsgeschäfte darstellen. So stellen z.B. kurssichernde Hedgegeschäfte kein Börsenspekulationsgeschäft dar, weil sie zur Absicherung gegen ungünstige Preisentwicklungen dienen sollen.[80] Als Zweck beinhalten sie gerade nicht die Spekulation auf Gewinne.

Auch gibt es Geschäfte in Derivaten, welche die in § 26 BörsG gemeinte Gefahrenlage nicht beherbergen.[81] So kann z.B. bei dem Verkauf von Call-Optionen auf effektiv gehaltene Wertpapiere wie Aktien, ein Verzinsungseffekt und gerade keine Spekulation auf einen Gewinn angestrebt werden.[82]

5. Die Intention des Anlegers als weiteres Korrektiv

Durch das letztgenannte Beispiel wird zudem deutlich, dass zur Bestimmung des Begriffs des Börsenspekulationsgeschäfts stets auf die **Intention** des Anlegers geachtet werden muss. Ein Verkauf von Call-Optionen kann nämlich auch spekulativen Charakter besitzen, wenn z.B. ein Leerverkauf (short sale) stattfinden soll, sprich wenn ein Verkäufer Wertpapiere, welche er jedoch nicht hat bzw. nicht besitzt, in der Absicht verkauft, sie später billiger zu erwerben und an der Differenz zwischen Verkaufs- und Kaufpreis zu verdienen.[83]

Folglich ist bei dem jeweils getätigten Geschäft der spekulative Charakter zu begutachten. Werden Geschäfte getätigt, welche lediglich Ausdruck vorsichtigen Wirtschaftens sind, so ist ein spekulativer Charakter zumeist zu verneinen.

---

76 Vgl. *Schröder*, Handbuch Kapitalmarktstrafrecht, 2. Aufl. (2010), Rn. 802 f.

77 Vgl. *Schröder*, Handbuch Kapitalmarktstrafrecht, 2. Aufl. (2010), Rn. 802 f.

78 Vgl. BGH BB 2004, 2036, 2037 (BGH XI ZR 132/03, Urteil vom 13.07.2004).

79 *Jung*, in: Fuchs, WpHG Kommentar, 2009, Vor §§ 37e und 37g Rn. 21; BGH BB 2004, 2036, 2037 (BGH XI ZR 132/03, Urteil vom 13.07.2004).

80 *Wehowsky*, in: Erbs/Kohlhaas, Strafgesetzliche Nebengesetze, 2011, § 49 Rn. 4.

81 *Schröder*, Handbuch Kapitalmarktstrafrecht, 2. Aufl. (2010), Rn. 805.

82 *Schröder*, Handbuch Kapitalmarktstrafrecht, 2. Aufl. (2010), Rn. 809.

83 Vgl. *Trüg*, NJW 2009, 3202.

Anders natürlich, wenn die Intention des Anlegers lediglich die Spekulation auf einen Gewinn war, welchen er sich aus dem Vorliegen von intertemporären Preisunterschieden erhoffte. Das Motiv des Börsenteilnehmers *kann* demzufolge als Abgrenzungskriterium zwischen Kurssicherungsgeschäft und Spekulationsgeschäft dienen.[84]

Es hat somit stets eine genaue Betrachtung des jeweils getätigten Geschäfts stattzufinden, um letztendlich von einem Börsenspekulationsgeschäft sprechen zu können. Als maßgeblicher Zeitpunkt zur Bestimmung der jeweiligen Intention des Anlegers ist der ex ante Zeitpunkt heranzuziehen, also der Zeitpunkt in welchem das Geschäft abgeschlossen wurde. Sich später ändernde Umstände sind irrelevant.

II. Zwischenergebnis

Als Zwischenergebnis lässt sich soweit festhalten, dass Börsenspekulationsgeschäfte An- oder Verkaufsgeschäfte sind, die in der Absicht geschlossen werden, aus intertemporären Preisunterschieden einen Gewinn zu erzielen, der durch ein Gegengeschäft realisiert werden soll.[85] Anhand des § 5 WpDVerOV und des § 37d WpHG a.F. hat eine Überprüfung dahingehend stattzufinden, ob eine zur Bestimmung eines Börsenspekulationsgeschäfts notwendige tatbestandsspezifische Gefahrenlage vorliegt.

Aus dem Umstand, dass ein Güteraustausch nicht stattfindet, erhalten die Geschäfte ihren Spekulationscharakter.[86] Die Absicht des Spekulanten muss darauf gerichtet sein, eine Preisdifferenz als Gewinn abzuziehen.[87] Besteht die Intention

---

84 Es gibt jedoch auch Börsenspekulationsgeschäfte, bei welchen die Intention des Anlegers keine Rolle spielt: Eine wie auch immer geartete Intention des Käufers ist z.B. bei dem Kauf eines Call- Index-Optionsscheins nicht ausschlaggebend. Denn eine Sicherung in diesem Fall ist, im Gegensatz zum Kauf eines Call-Optionsscheins mit jedweden anderen zugrundeliegenden Basiswert, nicht vorstellbar; siehe hierzu unten zu den Index-Optionsscheinen, S. 67 ff.

85 Vgl. BT-Drucks. 10/318, S. 47 f.; *Schwark* in Schwark/Zimmer, Kapitalmarktrechtskommentar, 4. Aufl. (2010), § 26 BörsG Rn. 2; *Schäfer- Ledermann*, Wertpapierhandelsgesetz/Börsengesetz Kommentar, 1998, § 23 BörsG Rn. 1.

86 Vgl. BT-Drucks. 10/318, S. 46; Vgl. *Park* in Park, Kapitalmarktstrafrecht, 2. Aufl. (2008), Kap. 4, T2, §§ 26, 49, Rn. 9 f.

87 Vgl. *Park*, in: Park, Kapitalmarktstrafrecht, 2. Aufl. (2008), Kap. 4, T2, §§ 26, 49, Rn. 9 f.

des Anlegers lediglich darin, ein Kurssicherungsgeschäft vorzunehmen, so liegt kein Börsenspekulationsgeschäft vor. Hierbei kommt es jedoch auf das tatsächlich abgeschlossene Geschäft an. Irrt sich der Anleger bzw. wird ihm durch seinen Anlageberater ein spekulatives Geschäft als vermeintlich kurssicherndes Geschäft angepriesen, so besitzt stets nur das tatsächlich abgeschlossene Geschäft Aussagekraft über die Einstufung als Börsenspekulationsgeschäft. Nicht zu verwechseln ist dies mit der Fallgestaltung, dass der Anleger bezüglich des gesamten Finanzprodukts getäuscht wurde; er also etwa Aktien kaufen wollte, der Anlageberater stattdessen lieber in Optionsscheine investierte.[88]

III. Einzelne Geschäfte als Börsenspekulationsgeschäfte

Als Termingeschäfte, welche man unter dem Begriff des Börsenspekulationsgeschäfts einordnen kann, kommen vor allem Warentermingeschäfte, Finanztermingeschäfte, Optionsgeschäfte und Kassageschäfte in Betracht. Einen etwas vertiefteren Blick im Rahmen der Finanztermingeschäfte verdienen Zertifikate, dies vor allem in Anbetracht der sich noch teilweise bis heute bemerkbar machenden Finanzkrise aus dem Spätsommer 2007. Ebenso umfassender werden Optionsscheine und Leerverkäufe begutachtet, dies vor allem unter Berücksichtigung der herrschenden Debatten, Leerverkäufe aufgrund ihrer Brisanz *grundsätzlich und nicht nur, wie im Zuge der Finanzkrise geschehen, temporär zu unterbinden.*[89] Mit dem Gesetz zur Vorbeugung gegen missbräuchliche Wertpapier- und Derivategeschäfte vom 27.07.2010[90] hat der Gesetzgeber sich im neuen Abschnitt 5b des WpHG endgültig für die Normierung von Verbotstatbeständen bezüglich

---

88 Siehe unten zu den „vorgetäuschten Börsenspekulationsgeschäften", S. 99 f.

89 Die Bundesanstalt für Finanzdienstleistungsaufsicht (BaFin) hat im Jahr 2008 in Abstimmung mit dem Bundesministerium der Finanzen Leerverkäufe in Aktien führender Unternehmen aus der Finanzbranche verboten. Das Verbot galt seit dem 20. September 2008 und wurde bis zum 31. Mai 2009 verlängert. Es betraf so genannte „ungedeckte Leerverkäufe", darunter vor allem Aktien von Kreditinstituten, Börsenbetreibern, Versicherungsunternehmen und weiteren Unternehmen der Finanzbranche. Ein entsprechendes Verbot hatten auch andere Staaten, unter anderem die USA und das Vereinigte Königreich erlassen. Vgl. hierzu auch die Allgemeinverfügung der Bafin vom 19.September 2008. Im Zuge der „Euro- Krise" rund um Griechenland wurden am 18.05.2010 durch die BaFin erneut der Handel mit ungedeckten Leerverkäufen bis zum 31.03.2011 verboten. Vgl. hierzu die Allgemeinverfügung der BaFin vom 18.05.2010.

90 BGBl. I 2010, Nr. 38, S. 945.

ungedeckter Leerverkäufe ausgesprochen. Nicht vom Verbot nach § 30h WpHG erfasst werden aber z.B. immer noch nichtstaatliche Schuldverschreibungen und die überwiegende Anzahl Aktien ausländischer Gesellschaften.[91]

Auch haben im Folgenden vorgetäuschte Börsenspekulationsgeschäfte Berücksichtigung zu finden.

1. Warentermingeschäfte

a) Allgemeines

Warentermingeschäfte sind Geschäfte über mengen- und qualitätsmäßig standardisierte Einheiten (Kontrakte) von in großem Umfang verbrauchten Naturprodukten aus der Landwirtschaft oder dem Bergbau, die nicht sofort bei Vertragsschluss, sondern erst zu einem, in einem ebenfalls standardisierten Einheitsvertrag bestimmten, späteren Termin erfüllt werden müssen.[92]

Als Basiswert können hierfür z.B. Rohöl, Gold, Soja, Weizen, Kartoffel, Zucker, Metalle dienen.[93] Aufgrund der Zugrundelegung von standardisierten Kontrakten werden Geschäfte vereinheitlicht, wodurch die Notwendigkeit des individuellen Aushandelns entfällt und ein weltweiter Handel ermöglich wird.[94] So wird Gold, Platin und Silber z.B. in der Maßeinheit Feinunzen, Öl in der Maßeinheit Barrel und Aluminium in der Maßeinheit Tonnen gehandelt. Je nach Verarbeitungsqualität des Produktes können sich weitere Unterkategorien mit unterschiedlichen Preisen ergeben. So gibt es etwa verschieden Ölqualitäten und demzufolge auch verschiedene Ölpreise am Markt.[95]

Um bei der Tätigung von Warentermingeschäften einen Gewinn erwirtschaften zu können, hofft der Verkäufer im Zeitpunkt des Vertragsschlusses auf einen gefallenen Preis für den im Einheitsvertrag bestimmten, späteren Termin, der Käufer hofft wiederum auf einen zu diesem Zeitpunkt gestiegenen Preis. Die Prognose der Marktentwicklung hat mithin rein spekulativen Charakter.

---

91 Zudem stellt ein Verstoß gegen § 30h WpHG keine Straftat sondern lediglich eine Ordnungswidrigkeit dar; vgl. hierzu *Mock*, WM 2010, 2248, 2250, 2252, 2254.

92 Vgl. *Park*, in: Park, Kapitalmarktstrafrecht, 2. Aufl. (2008), Kap. 4, T2, §§ 26, 49, Rn. 11.

93 Vgl. *Schröder*, Handbuch Kapitalmarktstrafrecht, 2. Aufl. (2010), Rn. 811 f.

94 *Park*, in: Park, Kapitalmarktstrafrecht, 2. Aufl. (2008), Kap. 4, T2, §§ 26, 49, Rn. 11; *Schröder*, Handbuch Kapitalmarktstrafrecht, 2. Aufl. (2010), Rn. 775.

95 Vgl. *Schröder*, Handbuch Kapitalmarktstrafrecht, 2. Aufl. (2010), Rn. 775.

Im Jahre 1998 wurden mit der Eröffnung der Warenterminbörse Hannover (WTB) Warentermingeschäfte erstmals an einer deutschen Börse abgewickelt.[96]

Auch bis August 2009 wurden große Teile der Warentermingeschäfte in Deutschland an der Warenterminbörse in Hannover abgeschlossen.[97] Der öffentliche Handel an der Warenterminbörse in Hannover im Segment Commodities[98] musste im Juli 2009 wegen Insolvenz des Börsenträgers RMX Risk Management AG und einer erfolglosen Weiterführung durch die European Commodity Exchange (Eucomex) eingestellt werden. Der Handel mit Commodities findet seit Anfang August 2009 an der European Exchange (EUREX) in Frankfurt am Main statt. Der Handel hat mit vier Futures basierend auf den landwirtschaftlichen Produkten Schweine (Hogs) und Ferkel (Piglets) sowie Kartoffeln für den britischen Markt (London Potatoes) und europäische Veredelungskartoffeln (European Processing Potatoes) gestartet.[99] Weitere Agrarderivate sind jedoch laut der EUREX in Planung.

Der Anwendungsbereich des § 26 Abs. 2 BörsG erfasst zudem alle ausländischen Warentermingeschäfte. So kommt es, dass auch Kontrakte in weitere Produkte wie Rohöl oder Gold und darauf bezogene Optionsgeschäfte tatbestandsmäßig seien können.[100]

Üblich ist es, Warentermingeschäfte in Form des *Warentermindirektgeschäfts* oder des *Optionsgeschäfts* abzuschließen.[101]

b) Warentermindirektgeschäfte

Warentermindirektgeschäfte sind Warentermingeschäfte, welche nicht veroptioniert sind (unbedingte Termingeschäfte). Der spekulative Charakter bei Warentermindirektgeschäften ergibt sich aus der intertemporären Veränderung des Preises des jeweils zugrunde liegenden Basiswertes.

Kauft man eine bestimmte Menge einer handelbaren Ware, welche nicht sofort bei Vertragsschluss, sondern erst zu einem, in einem standardisierten Einheitsvertrag bestimmten, späteren Termin erfüllt werden muss, so muss spätestens bis zu diesem Zeitpunkt auch der Kaufpreis geleistet werden.

---

96 *Jung*, in: Fuchs, WpHG Kommentar, 2009, Vor §§ 37e und 37g, Rn. 83.

97 Vgl. *Schröder*, Handbuch Kapitalmarktstrafrecht, 2. Aufl. (2010), Rn. 812.

98 Also der Bereich der Investition in Rohstoffe und deren Risiken; vgl. *Steck/Geiger*, Recht der Finanzinstrumente 2011, 15, 20.

99 Siehe http://www.eurexchange.com/trading/products/COM/AGR/overview_de.html; Stand: 19.03.2010.

100 *Schröder*, Handbuch Kapitalmarktstrafrecht, 2. Aufl. (2010), Rn. 812.

101 Vgl. *Hagemann*, „Grauer Kapitalmarkt“ und Strafrecht, 2005, § 1 B. S. 129.

Im Zeitpunkt des Vertragsschlusses ist es üblich, nicht den gesamten Kapitaleinsatz zu erbringen, sondern ausreichend ist zumeist eine Sicherheit zu stellen.[102] Diese Sicherheitsleistungen oder auch Margins genannt, stellen gerade einen besonderen Spekulationsanreiz für den Spekulanten dar, da gerade im Zeitpunkt des Kontraktschlusses nicht die gesamte Leistung, sondern nur eine vielfach geringere Sicherheitsleistung erbracht werden muss. Je nach Markt, Börse, Hebel und Kontrakt schwankt die zu erbringende Margin. Diese kann mitunter nur 10% des Kontraktwertes betragen.[103]

Einen weiteren Spekulationsanreiz bietet die Möglichkeit Geschäfte „glattzustellen". Dies bedeutet, dass die offene Position, welche durch das getätigte Termingeschäft entstand, durch ein Gegengeschäft geschlossen bzw. neutralisiert werden kann. Hierdurch kommt es vor, dass ein Bezug der effektiven Ware nicht zustande kommt oder vielmehr gar nicht zustande kommen sollte und man ausschließlich auf fallende oder steigende Preise setzen wollte.[104]

So kommt es, dass auch die Möglichkeit von Leerverkäufen (short sales)[105] besteht, sprich Ware am Terminmarkt zu verkaufen ohne diese jedoch im Zeitpunkt des Kontraktzeitpunktes effektiv zu besitzen. Während der Laufzeit des Kontraktes ist der Leerverkäufer natürlich verpflichtet diese Position wieder glattzustellen, indem er das Gegengeschäft in Form eines Kaufkontraktes abschließt.[106] Leerverkäufe sind zumeist besonders spekulativer Natur.[107]

c) Warenterminoptionsgeschäfte

Durch Warenterminoptionsgeschäfte wird das gegen sofortige Zahlung des Optionspreises erworbene Recht verkörpert, eine bestimmte Sache innerhalb eines bestimmten Zeitraumes zu einem zuvor festgelegten Preis zu kaufen oder zu verkaufen (bedingtes Termingeschäft).[108] Ein spekulativer Charakter bei Warenterminoptionsgeschäften liegt dann vor, wenn Preisschwankungen der Option

---

102 *Schröder*, Handbuch Kapitalmarktstrafrecht, 2. Aufl. (2010), Rn. 785.

103 Vgl. *Schröder*, Handbuch Kapitalmarktstrafrecht, 2. Aufl. (2010), Rn. 785.

104 Vgl. *Schröder*, Handbuch Kapitalmarktstrafrecht, 2. Aufl. (2010), Rn. 783.

105 *Schwark*, in: Schwark/Zimmer, Kapitalmarktrechtskommentar, 4. Aufl. (2010), § 26 BörsG Rn. 2.

106 Vgl. *Park*, in: Park, Kapitalmarktstrafrecht, 2. Aufl. (2008), Kap. 4, T2, §§ 26, 49, Rn. 14.

107 Siehe zu dem Kapitel „Leerverkäufe", S. 47 ff.

108 Vgl. *Schröder*, Handbuch Kapitalmarktstrafrecht, 2. Aufl. (2010), Rn. 788.

ausgenutzt werden sollen, zu denen es regelmäßig dann kommt, wenn sich der Preis des Basiswertes ändert.[109]

Der Optionsmarkt setzt sich aus einem Primärmarkt, auf welchen die Erstverkäufe der Optionen stattfinden, und einem Sekundärmarkt, auf welchem jeder Weiterverkauf stattfindet, zusammen.[110]

Im Optionsgeschäft ist zwischen einer Kaufsoption (Call-Option) und einer Verkaufsoption (Put-Option) zu unterscheiden.

Durch die Call-Option wird der Käufer dazu berechtigt, einen bestimmten Gegenstand innerhalb eines bestimmten Zeitraums zu einem zuvor festgelegten Preis zu kaufen.[111] Untechnisch gesprochen verkauft der Verkäufer der Call-Option dem Käufer der Call-Option das Recht, sich bei diesem zu einem bestimmten Zeitpunkt mit einem bestimmten Gegenstand zu einem zuvor festgelegten Preis eindecken zu dürfen. Der Verkäufer des Calls, oder auch Stillhalter genannt, ist bei Ausübung der Option durch den Käufer der Call-Option zur Belieferung des Kontrakts gegen Zahlung des Basiswertes verpflichtet, erhält aber auch die Optionsprämie.[112]

Der Käufer der Put-Option hingegen erwirbt das Recht, einen bestimmten Gegenstand innerhalb eines bestimmten Zeitraums zu einem zuvor festgelegten Preis zu verkaufen.[113] Untechnisch gesprochen verkauft hierbei der Verkäufer der Put-Option dem Käufer der Put-Option das Recht, diesem einen bestimmten Gegenstand innerhalb eines bestimmten Zeitraums zu einem zuvor festgelegten Preis zu verkaufen. Der Verkäufer der Put-Option wird auch als Stillhalter in Geld bezeichnet.[114] Dieser erhält die Optionsprämie und muss bei Ausübung des Käufers der Put-Option den Basiswert zum vereinbarten Preis kaufen und abnehmen.[115]

Hierbei kann man wiederum vier Konstellationen unterscheiden:[116]

- Kauf einer Kaufoption (Long Call)
- Verkauf einer Kaufoption (Short Call)
- Kauf einer Verkaufsoption (Long Put)
- Verkauf einer Verkaufsoption (Short Put)

---

109 *Schröder*, Handbuch Kapitalmarktstrafrecht, 2. Aufl. (2010), Rn. 788.
110 *Wehowsky*, in: Erbs/Kohlhaas, Strafgesetzliche Nebengesetze, 2011, § 49 Rn. 4.
111 *Schröder*, Handbuch Kapitalmarktstrafrecht, 2. Aufl. (2010), Rn. 789.
112 *Schlüter*, Börsenhandelsrecht, 2. Aufl. (2002), G. Rn. 1112.
113 *Schröder*, Handbuch Kapitalmarktstrafrecht, 2. Aufl. (2010), Rn. 795.
114 *Schlüter*, Börsenhandelsrecht, 2. Aufl. (2002), G. Rn. 1113 f.
115 Vgl. *Schlüter*, Börsenhandelsrecht, 2. Aufl. (2002), G. Rn. 1113 f.
116 Vgl. *Sagasser/Schlösser*, in: Assmann/Schütze, Handbuch des Kapitalanlagerechts, 3. Aufl. (2007), § 26 Rn. 569 f.

Mit „Long“ oder „Long-Position“ wird die Käuferposition in einem Handelsgeschäft bezeichnet und dementsprechend bezeichnet „Short“ oder „Short-Position“ eine Verkäuferposition.

Die Bezeichnung „Short“ hat dabei folgende Bedeutung: Werden Futures mit einem Eröffnungsgeschäft verkauft, so begründet dies zunächst für den Verkäufer eine offene, ungedeckte Position. Der Träger der sogenannten Future Short Position besitzt im übertragenen Sinne eine Minus- oder Leerposition, da er sich sozusagen des Geschäfts entledigt und als Stillhalter auch nicht mehr damit handeln kann. Er hofft auf fallende Preise und trägt das Risiko von steigenden Preisen.

Auf der anderen Seite hofft der Träger der Long Position auf steigende Preise. Er trägt wiederum das Risiko von fallenden Preisen. Er geht „Long“, da er sich in einer Plusposition befindet, sprich er besitzt aufgrund des abgeschlossenen Future Geschäftes die Möglichkeit des Handels. Er kann sozusagen ein „Haben“ im Plus verbuchen.

Die Ausübung des Optionsrechts wird nur dann in Anspruch genommen, wenn der Preis des dem Termingeschäft zugrundeliegenden Basiswerts über den vereinbarten Basispreis steigt, sprich wenn sich die Option „im Geld“ befindet.[117] Der Optionsnehmer kann, muss aber nicht, seine Option jederzeit innerhalb der Laufzeit abrufen.[118] Die Prämie ist jedoch, egal wie sich der Optionsnehmer entscheidet, immer zu entrichten.[119]

Auch im Bereich der Warenterminoptionsgeschäfte ist es möglich, Geschäfte glattzustellen, sprich durch ein Gegengeschäft zu neutralisieren. In Betracht kommen hierbei die vier folgenden Variationen:

- Glattstellen eines gekauften Puts durch den Put- Inhaber durch Verkauf
- Glattstellen eines gekauften Calls durch den Call- Inhaber durch Verkauf
- Glattstellen eines verkauften Puts durch einen Stillhalter durch Kauf
- Glattstellen eines verkauften Calls durch einen Stillhalter durch Kauf

Durch die Möglichkeit des Glattstellens wird dem Anleger ermöglicht, sich vor einem spezifischen Wertänderungsrisiko und vor Änderungen der zukünftigen Marktlage zu schützen. Der Gewinn (Verlust) ergibt sich so zumeist aus der

117 *Schröder*, Handbuch Kapitalmarktstrafrecht, 2. Aufl. (2010), Rn. 789.

118 Vgl. *Sagasser/Schlösser*, in: Assmann/Schütze, Handbuch des Kapitalanlagerechts, 3. Aufl. (2007), § 26 Rn. 567.

119 Vgl. *Schlüter*, Börsenhandelsrecht, 2. Aufl. (2002), G. Rn. 1114.

Differenz zwischen der gezahlten und der aus dem glattstellen den Abschluss des Stillhaltergeschäfts erzielten Optionsprämie.[120]

Erst durch Ausübung der Option, durch Glattstellung mit Ablauf der Optionsfrist oder durch Verfall erlischt die Option.[121]

d) Warentermingeschäfte als Börsenspekulationsgeschäfte

aa) Grundsätzliches

Auch im Bereich der Warentermingeschäfte muss auf die *Intention* des Anlegers geachtet werden. Wenn zur Vermeidung von Kursrisiken neutralisierende Gegengeschäfte abgeschlossen werden, liegt regelmäßig kein Börsenspekulationsgeschäft vor.[122] Solche kurssichernden Hedgegeschäfte stellen jedoch nicht immer für beide Vertragsseiten ein zur Vermeidung von Kursrisiken neutralisierendes Geschäft dar.[123]

Beim sogenannten *Hedging* (Absicherung gegen Kursrisiken) besteht das Bedürfnis von Produzenten bzw. Abnehmern in der Absicherung von einem möglichen Preisverfall bzw. Preisanstieg.[124] Der Begriff des Kurssicherungsgeschäfts bezeichnet ein Finanzgeschäft zur Absicherung einer Transaktion gegen Risiken, welche aus Wechselkursschwankungen oder durch Veränderung in den Rohstoffpreisen resultieren können. Hedgegeschäfte zeichnen sich gerade durch die Verbindung eines auf die tatsächliche Lieferung von Ware gerichteten Hauptgeschäftskaufs oder -verkaufs mit einem daneben laufenden Termingeschäft aus.[125] Das daneben liegende Termingeschäft soll ausschließlich zur Kurssicherung des Hauptgeschäfts dienen.[126] Einen Gewinn mit dem abgeschlossenen Hedgegeschäft zu erzielen, wird nahezu unmöglich sein, da zumeist die durch das Hauptgeschäft

---

120 Vgl. *Glenk*, in: Blümich, Kommentar EStG, KStG, GewStG, September 2009, 104. Erg.- Lfg., § 23 Rn. 70.

121 Vgl. *Sagasser/Schlösser*, in: Assmann/Schütze, Handbuch des Kapitalanlagerechts, 3. Aufl. (2007), § 26 Rn. 568.

122 Vgl. *Ledermann*, in Schäfer, Wertpapierhandelsgesetz/Börsengesetz Kommentar, 1998, § 89 Rn. 3; *Schwark*, in: Schwark/Zimmer, Kapitalmarktrechtskommentar, 4. Aufl. (2010), § 26 Rn. 3; Park, in: Park, Kapitalmarktstrafrecht, 2. Aufl. (2008), Kap. 4, T2, §§ 26, 49, Rn. 12; *Schröder*, Handbuch Kapitalmarktstrafrecht, 2. Aufl. (2010), Rn. 812.

123 *Schröder*, Handbuch Kapitalmarktstrafrecht, 2. Aufl. (2010), Rn. 812.

124 Vgl. *Jung*, in: Fuchs, WpHG Kommentar, 2009, Vor §§ 37e und 37g Rn. 5 f.

125 *Park*, in: Park, Kapitalmarktstrafrecht, 2. Aufl., 2008, Kap. 4, T2, §§ 26, 49, Rn. 18 f.

126 Vgl. *Park*, in: Park, Kapitalmarktstrafrecht, 2. Aufl. (2008), Kap. 4, T2, §§ 26, 49, Rn. 18 f.

erzielten, möglichen Gewinne durch die korrespondierenden Verluste aus dem abzusichernden Geschäft aufgezehrt werden.[127]

Auch bei dem obigen Beispiel[128] zum Verkauf von Call-Optionen, wo der Verkäufer auf effektiv gehaltene Wertpapiere wie Aktien, einen Verzinsungseffekt und gerade keine Spekulation auf einen Gewinn angestrebt, hofft der Käufer der Call-Option wiederum auf einen steigenden Preis, um seine Call-Option auszuüben und einen Gewinn verbuchen zu können. Dieses stellt für den Käufer der Call-Option eine reine Spekulation dar. Um dieses auf den Bereich der Warentermingeschäfte übertragen zu können, kann man die effektiv gehaltenen Wertpapiere auch mit dem Besitz von Rohöl ersetzen. Der Verkauf von Call-Optionen bezüglich bestimmter Mengen Barrel Öl kann durchaus Ausdruck wirtschaftlichen Handelns und kein Spekulationsgeschäft darstellen, wenn man sich ausschließlich den zum Kontraktzeitpunkt herrschenden Marktpreis und die zu zahlende Optionsprämie sichern mag.

Wird die Call-Option nicht ausgeübt, behält der Verkäufer der Call-Option seine bestimmte Menge Barrel Öl, aber auch die gezahlte Optionsprämie. Wird die Call-Option ausgeübt, behält er wiederum die gezahlte Optionsprämie, aber auch den als Mindestens angesehenen, gesicherten Kontraktwert.

Wollte der Verkäufer der Call-Option allerdings durch das Geschäft einen Gewinn erwirtschaften, ist der Kurs des Ölpreises entgegen aller Erwartungen zum Erfüllungszeitpunkt nun doch angestiegen, weswegen der Käufer der Call-Option sein Optionsrecht ausübte, so stellt sich diese Gestaltung für den Stillhalter als Verkäufer der Call-Option trotzdem nicht als Börsenspekulationsgeschäft dar. Zwar könnte er, wenn er nicht als Stillhalter verpflichtet wäre, die bestimmte Menge Barrel Öl an den Käufer der Call-Option zu „liefern“, diese am Kassa-bzw. Spotmarkt zu dem gestiegenen späteren Handelswert weiterveräußern und einen höheren Gewinn erzielen. Dies hat jedoch mit dem ursprünglich getätigten Optionsgeschäft nichts zu tun. Einen Verlust erleidet der Stillhalter nur aufgrund des ausgeübten Optionsrechts durch den Käufer der Call-Option gerade nicht. Er kann die Optionsprämie behalten und erhält lediglich das, was im Optionskontrakt vereinbart war.

Aber auch auf beiden Seiten kann ein Termingeschäft lediglich Ausdruck vorsichtigen Wirtschaftens und kein Börsenspekulationsgeschäft sein.

So weiß beispielsweise ein Verarbeiter eines Rohstoffes durch die Vornahme eines Termingeschäftes schon im Zeitpunkt des Kontraktes den Preis der in

---

127 Vgl. *Jung*, in: Fuchs, WpHG Kommentar, 2009, Vor §§ 37e und 37g Rn. 5 f.

128 Siehe hierzu oben, S. 29.

bestimmter Zukunft zu liefernden Ware und kann somit langfristig planen.[129] Ihm kommt es gerade nicht darauf an aufgrund intertemporärer Preisunterschiede einen Gewinn zu erwirtschaften, sprich er spekuliert nicht, sondern er will im Gegenteil eine möglichst hohe Sicherheit zur Planung der künftig vorzunehmenden Geschäfte erlangen. Spiegelbildlich hierzu kann sich aber auch der Verkäufer des Termingeschäfts verhalten. Dieser weiß schon im Voraus, welchen Verkaufspreis er im Erfüllungszeitpunkt erhält und kann demzufolge seine zukünftig anderweitigen Geschäfte präziser kalkulieren.[130]

Die Teilnahme am Terminhandel kann mithin Ausdruck kaufmännischer Vorsicht und gerade kein Börsenspekulationsgeschäft sein.

Aufgrund der Tatsache, dass Privatanleger zumeist selbst kein produzierendes Gewerbe betreiben und demzufolge auch keine Ware besitzen, welche durch z.B. kurssichernde Hedgegeschäfte abzusichern wären, stellen für diese Warentermingeschäfte jedoch regelmäßig Börsenspekulationsgeschäfte dar.[131] Dies betrifft vor allem getätigte Leerverkäufe.[132]

bb) Termingeschäfte als Ausdruck reiner Spekulation

Auch gibt es Termingeschäfte, bei welchen die „Intention" des Anlegers auf die Bestimmung des Vorliegens eines Börsenspekulationsgeschäfts keinen Einfluss besitzen kann. Dies ist stets dann anzunehmen, wenn ein wie auch immer geartetes Sicherungsgeschäft a priori nicht konstruierbar ist.

Als Beispiel hierfür sind sogenannte CMS Spread Ladder Swaps zu nennen. Diese Form des Swaps, als unbedingtes Termingeschäft,[133] wird heutzutage vor allem mit geschädigten Kommunen in Verbindung gebracht, welche sich erhofft hatten, durch diese Form von Geschäften eine Zinsoptimierung zu erwirtschaften.[134]

Swaps sind zunächst Finanztermingeschäfte gem. § 2 Abs. 2 Nr. 1 lit. c WpHG. Bei diesen Finanztermingeschäften werden Zahlungsströme zwischen zwei Vertragspartnern ausgetauscht, welche sich aus Zinsen, Devisen etc. ergeben können.[135] Bei einem Zinssatzswap verpflichten sich die Parteien in einem festgelegten

---

129 Vgl. *Schröder*, Handbuch Kapitalmarktstrafrecht, 2. Aufl. (2010), Rn. 774.

130 Vgl. *Schröder*, Handbuch Kapitalmarktstrafrecht, 2. Aufl. (2010), Rn. 774.

131 Vgl. *Schröder*, Handbuch Kapitalmarktstrafrecht, 2. Aufl. (2010), Rn. 812.

132 Siehe hierzu unten, S. 47 ff.

133 Vgl. *Rudolph/Schäfer*, Derivative Finanzmarktinstrumente, 2. Aufl. (2010), S. 130 ff.

134 Hierzu schon *Roller/Elster/Knappe*, ZBB 2007, 345; BGH XI 33/10, Urteil vom 22.03.2011.

135 *Roller/Elster/Knappe*, ZBB 2007, 345, 346.

Zeitraum zu bestimmten Terminen Zahlungen von Beträgen in derselben Währung zu leisten, die zu bestimmten, unterschiedlich definierten Zinssätzen auf einen nominellen Kapitalbetrag (Nominalbetrag) berechnet werden.[136]

Constant Maturity Swaps (CMS) zeichnen sich zunächst dadurch aus, dass der Zeitraum für die Zinsbindung immer gleich bleibt („maturity").[137] Ein *Spread* Swap liegt dann vor, wenn die Zahlungspflicht eines Vertragspartners von der Differenz zweier Zinssätze abhängt, welche sich bei einem CMS Spread Ladder Swap aus der Differenz zwischen länger- und kurzfristigen Zinsen ergibt.[138] Der andere Vertragspartner (zumeist Bank) wird hingegen einen bestimmten Festzins zahlen müssen. Mithin wird unten den Vertragspartnern ein variabler Zinssatz, welcher sich aus der genannten Differenz zwischen länger- und kurzfristigen Zinsen ergibt, gegen einen festen Zinssatz getauscht.

Dieser „Spread" besitzt jedoch zumeist erst ab einem späteren Zeitpunkt und nicht ab Beginn der Laufzeit Relevanz, denn zumeist werden im ersten Jahr zwischen beiden Parteien lediglich vereinbarte Festzinsen ausgetauscht, um dem Kunden einen zusätzlichen Anreiz zum Geschäftsabschluss zu verschaffen.[139]

Wirklich spekulativen Charakter erhalten diese Swaps jedoch erst durch die Integrierung zweier Hebel und einem von vornherein vertraglich vereinbarten Strike (als feste Rechengröße). Erst hierdurch lässt sich für den Kunden der Wert seines „Tauschgegenstands" in Form seiner bestehenden variablen Zinszahlungsverpflichtung erkennen. Die Formel für CMS Spread Ladder Swaps lautet nämlich:[140]

Zinssatz der Vorperiode + 3 * (Strike – Spread)[141]

„Zinssatz der Vorperiode" und der „Faktor 3" wirken hierbei als Hebel. Die Differenz zwischen Strike und Spread ist wiederum für die auf den Kunden zukommende Zinslast maßgebend. Durch den „Strike" erhält das komplexe Finanzprodukt auch seinen Namen als „Ladder" Swap. Denn der vereinbarte Strike sinkt Jahr für Jahr stufenweise.

136 *Jahn*, in: Schimansky/Bunte/Lwowski, Bankrechts- Handbuch, 4. Aufl. (2011), § 114 Rn. 3.

137 *Roller/Elster/Knappe*, ZBB 2007, 345, 346.

138 Vgl. *Rudolph/Schäfer*, Derivative Finanzmarktinstrumente, 2. Aufl. (2010), S. 130; *Roller/Elster/Knappe*, ZBB 2007, 345, 346.

139 Vgl. BGH XI 33/10, Urteil vom 22.03.2011, wo im ersten Jahr die Bank einen Festzins i.H.v. 3% p.a. und der Kunde einen Festzins i.Hv. 1,5% p.a. zu leisten hatte.

140 Jedoch erst ab dem zweiten Jahr; für das erste Jahr wurde zumeist ein Festzins vereinbart.

141 BGH XI 33/10, Urteil vom 22.03.2011; *Roller/Elster/Knappe*, ZBB 2007, 345, 347.

Der nun errechnete variable Zinssatz wird zu einem vereinbarten Zeitpunkt gegen den Festzinssatz des Vertragspartners ausgetauscht. Stellt sich hierbei heraus, dass der variable Zinssatz über dem Festzinssatz liegt, hat der jeweilige Vertragspartner (zumeist Kunde) die sich ergebende Differenz in Bezug auf den vereinbarten Nominalbetrag auszugleichen, was zu erheblichen Verlusten führen kann.[142]

Diese Art von Termingeschäften stellen stets Börsenspekulationsgeschäfte im Sinne des Straftatbestandes dar und können zu keinem Zeitpunkt Ausdruck kaufmännischer Vorsicht sein eine dahingehende Vorstellung stellt ein reines Wunschdenken dar.[143] Denn eine Planbarkeit im Zeitpunkt des Geschäftsabschlusses wird von vornherein nicht ermöglicht. Das Risiko eines Verlustes ist für den Kunden aufgrund der integrierten Hebel unbegrenzt und wegen der bestehenden Variablen (Zinssatz der Vorperiode und Spread) zu keinem Zeitpunkt verlässlich zu beherrschen.[144]

Nicht ohne Grund werden daher CMS Spread Ladder Swaps als Anlageprodukte der höchsten Risikokategorie angesehen.[145]

Hierdurch wird deutlich, dass die Intention des Anlegers, als Korrektiv zur Bestimmung des Vorliegens eines Börsenspekulationsgeschäfts, mithin nur dann herangezogen werden kann, wenn überhaupt die Möglichkeit zur Betreibung eines Sicherungsgeschäfts im Zeitpunkt des Vertragsabschlusses besteht.[146]

Aber auch „normale“ Swaps, wie etwa „Euro- Zinssatz- Swaps“, können bei einem wirtschaftlichen Wunsch der Absicherung[147] Börsenspekulationsgeschäfte darstellen. Dies zumindest für die Vertragspartei, welche einen variablen Zinssatz zu leisten verpflichtet ist.

Wenn etwa zwischen der Vertragsparteien A und B ein Tausch eines Festzinssatzes (B muss an A leisten) gegen einen variablen Zinssatz (A muss an B leisten)

---

142 Ausführlich hierzu *Roller/Elster/Knappe*, ZBB 2007, 345, 347 ff. Zudem muss beachtet werden, dass der Mindestzinssatz für den Kunden zumeist bei 0,00% angesetzt wird, um zusätzliche Zahlungspflichten der Bank zu verhindern.

143 Ausschlaggebend kann hier wiederum nur das objektiv vorliegende Geschäft und nicht etwa eine (fehlerhafte) Intention des Anlegers sein, ein Sicherungsgeschäft betreiben zu wollen.

144 Für die Bank hingegen ist ihr Verlustrisiko aufgrund Ihres zumeist bestehenden einseitigen Kündigungsrechts auf die feste Zahlung im ersten Jahr begrenzt, vgl. hierzu *Roller/Elster/Knappe*, ZBB 2007, 345, 349.

145 *Roller/Elster/Knappe*, ZBB 2007, 345, 349, siehe auch Spindler, NJW 2011, 1920 ff.

146 Somit wäre auch in dem vom BGH entschiedenen „Swap-Urteil“ in BGH XI ZR 33/10, Urteil vom 22.03.2011 an eine Strafbarkeit gem. §§ 49, 26 BörsG zu denken.

147 *Roller/Elster/Knappe*, ZBB 2007, 345, 346.

vereinbart wird, weil etwa X von A einen Festzinssatz für den gleichen Zeitraum wegen z.B. einer geleisteten Einlage verlangt und Y von B für ebenfalls den gleichen Zeitraum einen variablen Zinssatz aufgrund einer Verzinsung eines Darlehens verlangt,[148] so scheint zwar zunächst aufgrund der Tatsache, dass lediglich Zinsverpflichtungen ausgetauscht wurden, keine Gefahr gegeben zu sein. Eine Partei trägt hierbei jedoch stets das Risiko der Differenzzahlung, sprich A macht z.B. nur ein gutes Geschäft, wenn der variable Zinssatz unter dem Festzinssatz zu dem vereinbarten Termin liegt. Aufgrund der variablen Zinsentwicklung ist das zu tragende Zinsrisiko grundsätzlich nicht vorhersehbar, weswegen hier stets von einem Börsenspekulationsgeschäft auszugehen ist. Eine auf ein Sicherungsgeschäft gerichtete Intention des Vertragspartners kann bei einem lediglichen Austausch der beiderseitigen vertraglichen Risiken nur bei demjenigen eine Rolle spielen, welcher nun anstatt eines variablen Zinssatzes einen Festzinssatz leisten muss. Dieser Wunsch ist z.B. auch dann vorstellbar, wenn jemand aufgrund der Befürchtung steigender Geldmarktsätze einen variablen Kreditzinssatz in einen Festzinssatz umwandeln möchte,[149] auch wenn dieser ex post höher liegen kann. Denn im Zeitpunkt der Eingehung des Swap- Vertrages weiß der Bezahler des Festzinssatzes stets, mit welchen Zinsen er zukünftig zu rechnen hat. Freilich ist dies beim Empfänger des Festzinses wieder anders. Dieser weiß aufgrund des variablen Zinssatzes nie genau, was ihm als „Tauschmittel" letztendlich zur Verfügung stehen wird. Aufgrund des erhofften Gewinnes, welchen dieser aufgrund des intertemporären Preisunterschieds zu erwirtschaften hofft, stellt sich sein Geschäft stets als Börsenspekulationsgeschäft im Sinne des Straftatbestandes dar- seine Intention spielt zur Beurteilung keine Rolle.

2. Wertpapiertermingeschäfte

Wertpapiertermingeschäfte unterscheiden sich von Warentermingeschäften anhand der jeweils verschiedenen Basiswerte des Termingeschäfts. Kommen als Basiswerte bei den Warentermingeschäften Produkte wie Öl, Getreide, Kaffee etc. in Betracht, so kommen bei der Wertpapiertermingeschäften vielmehr Wertpapiere als Basiswerte in Betracht.

Wertpapiere sind nach herrschender Meinung rechtsverbriefende Urkunden, deren Innehabung zur Rechtsausübung erforderlich ist und die ihrer Natur nach als

148 Vgl. hierzu *Jahn*, in: Schimansky/Bunte/Lwowski, Bankrechts- Handbuch, 4. Aufl. (2011), § 114 Rn. 3.

149 Vgl. *Rudolph/Schäfer*, Derivative Finanzmarktinstrumente, 2. Aufl. (2010), S. 133 f.

Gegenstände des Handelsverkehrs in Betracht kommen.[150] Aber auch z.B. Aktien- und Rentenindizes kommen als Wertpapiertermingeschäfte im weiteren Sinne in Betracht.[151]

Demnach lassen sich Wertpapiertermingeschäfte als börsenmäßige Geschäfte über mengen- und gattungsmäßig standardisierte Kontrakte von Aktien, Anleihen, Aktien- und Rentenindizes beschreiben, die nicht sofort bei Vertragsschluss, sondern erst zu einem späteren, in einem ebenfalls standardisierten Einheitsvertrag bestimmten Termin erfüllt werden müssen.[152]

Wie bei den Warentermingeschäften kann man Wertpapiertermingeschäfte in Wertpapiertermindirektgeschäfte und Wertpapierterminoptionsgeschäfte unterteilen. Auch hier stellt sich wie bei den Warentermingeschäften jeweils die Möglichkeit der Tätigung von neutralisierenden Gegengeschäften.[153]

Gegenstand der Spekulation bildet die bis zur Belieferung eintretende Änderung des Marktpreises oder das Hedging, wobei am idealsten das Termingeschäft als Hedgegeschäft dem Hauptgeschäft möglichst wenig Substanz rauben sollte.[154]

Bei **Wertpapiertermindirektgeschäften** ergibt sich der besondere Reiz der Spekulation wie bei Warentermindirektgeschäften daraus, dass beim Abschluss des Geschäfts nur ein geringer Teil des Kontraktgegenwertes als Sicherheit geleistet werden muss. So kann man im Idealfall mit relativ geringem Einsatz an der Kursentwicklung eines höheren Kontraktwertes partizipieren.[155]

Aktien verkörpern ein Mitgliedschaftsrecht an einer Aktiengesellschaft.[156] Durch die Aktie wird die Rechtsposition des Aktionärs verbrieft, welche nach Maßgabe eines bestimmten Anteils an dem Grundkapital der AG bemessen wird. Dass die Aktiengesellschaft ein in Aktien zerlegtes Grundkapital besitzt, ergibt sich aus § 1 Abs. 2 AktG. Aus der Rechtsposition des Aktionärs ergeben sich verschiedene Rechte und Pflichten. So ergibt sich für diesen sein Stimmrecht,

---

150 *Engel*, in: Staudinger, BGB Kommentar, Buch II, 2002, §§ 741–764 BGB, § 764 Rn. 14.

151 Vgl. *Schröder*, in: Achenbach/Ransiek, Handbuch Wirtschaftsstrafrecht, 3. Aufl. (2011), 10. Teil, Rn. 250.

152 Vgl. *Park*, in: Park, Kapitalmarktstrafrecht, 2. Aufl. (2008), Kap. 4, T2, §§ 26, 49, Rn. 13; *Schröder*, in: Achenbach/Ransiek, Handbuch Wirtschaftsstrafrecht, 3. Aufl. (2011), 10. Teil, Rn. 250.

153 *Schröder*, in: Achenbach/Ransiek, Handbuch Wirtschaftsstrafrecht, 3. Aufl. (2011), 10. Teil, Rn. 250.

154 Vgl. *Schlüter*, Börsenhandelsrecht, 2. Aufl. (2002), B. Rn. 57.

155 Vgl. *Schröder*, in: Achenbach/Ransiek, Handbuch Wirtschaftsstrafrecht, 3. Aufl. (2011), 10. Teil, Rn. 250.

156 *Schlüter*, Börsenhandelsrecht, 2. Aufl. (2002), B. Rn. 22 f.

seine Einlagepflicht, sein Recht auf Dividendenzahlung, sein Auskunftsanspruch, sein Bezugsrecht bei Ausgabe junger Aktien und sein Anspruch auf Beteiligung an einem eventuellen Liquidationsguthaben.[157]

Getreue der obigen Definition der Wertpapiertermingeschäfte, sind Aktiengeschäfte dann als Termingeschäfte zu werten, wenn der Bezug der Aktie nicht sofort bei Vertragsschluss, sondern erst zu einem späteren, in einem ebenfalls standardisierten Einheitsvertrag bestimmten Termin erfüllt werden muss.

Anleihen sind Schuldverschreibungen und somit Wertpapiere, die Forderungsrechte verbriefen.[158] Dies unterscheidet sie von Aktien. Denn Aktien verbriefen, wie erwähnt, eine Mitgliedschaft *an* einer juristischen Person, wohingegen ein Forderungsrecht gerade *gegen* eine juristischen Person, in der Regel einen Zahlungsanspruch auf eine bestimmte Geldsumme nebst Zinsen, verbrieft.[159] Von besonderer Bedeutung sind hierbei die öffentlichen Anleihen des Bundes und der Länder. Die meisten Schuldverschreibungen lauten auf den Inhaber (Inhaberschuldverschreibungen bzw. „Renten“).[160]

Auch hier wird der Basiswert in Form der Anleihe nicht im Zeitpunkt des Vertragsschlusses erfüllt, sondern erst zu dem im Kontrakt bestimmten Termin.

Eine Spekulation ergibt sich immer dann, wenn aus intertemporären Preisunterschieden ein Gewinn erwirtschaftet werden soll.

Als Wertpapiertermingeschäfte im weiteren Sinne werden auch **Aktien- und Rentenindizes** angesehen.[161]

Bei Aktien- und Rentenindizes kann man darauf spekulieren, ob ein bestimmter Index, wie z.B. der Dow Jones Global Titans 50 Index, der EURO STOXX 50 Index, der DAX, der SMI oder MSCI Russia Index,[162] welcher als Basiswert dient, innerhalb einer gewissen Zeit im Punktestand steigt oder fällt.

Fraglich ist es, ob man bei Termingeschäften auf Indizes überhaupt von Wertpapiertermingeschäften sprechen sollte, da ein Index als solcher nur eine Rechengröße darstellt.[163] Bezugspunkt eines Aktienindizes sind aber die darin

---

157 *Schlüter*, Börsenhandelsrecht, 2. Aufl. (2002), B. Rn. 22 f.

158 *Becker*, Investition und Finanzierung, 5. Aufl. (2012), Punkt 3.2, S. 97.

159 Vgl. *Schlüter*, Börsenhandelsrecht, 2. Aufl. (2002), B. Rn. 32.

160 *Schlüter*, Börsenhandelsrecht, 2. Aufl. (2002), B. Rn. 32.

161 Vgl. *Schröder*, in: Achenbach/Ransiek, Handbuch Wirtschaftsstrafrecht, 3. Aufl. (2011), 10. Teil, Rn. 250.

162 Vgl. http://www.eurexchange.com/trading/products/IDX_de.html.

163 *Schröder*, in: Achenbach/Ransiek, Handbuch Wirtschaftsstrafrecht, 3. Aufl. (2011), 10. Teil, Rn. 250, zu Fn. 280.

enthaltenen Aktien, sprich Wertpapiere.[164] Somit besteht zumindest ein mittelbarer Bezug zu Wertpapieren. Ähnlich verhält es sich mit den Rentenindizes. Hier dienen als Bezugspunkt die in den Rentenindizes enthaltenen Schuldverschreibungen bzw. „Renten". Um aber eine Abgrenzung zum Warenterminhandel zu ermöglichen, kann jedoch dann von Wertpapiertermingeschäften im weiten Sinne gesprochen werden, wenn auf die zukünftige Entwicklung von Indizes gewettet wird.

Hierbei stellt die Hoffnung auf eine Gewinnmaximierung aufgrund eines zu einem bestimmten Zeitpunkt gestiegenen Indizes eine reine Spekulation dar. Der „Erstkauf" eines Index-Futures stellt stets ein Börsenspekulationsgeschäft dar. Tätigt man ein Termingeschäft, welches als Underlying einen Index besitzt, und geht man hierbei „long", so kann man nur auf einen Gewinn, welcher sich aus einem entsprechend gestiegenen Index ergeben muss, spekulieren. Unabhängig von der Möglichkeit der Glattstellung, erlangt man am Laufzeitende weder Ware noch Wertpapier. Ist der Punktestand des jeweiligen Basis- Index gar gefallen, bestehen möglicherweise aufgrund der Hebelwirkung Nachschusspflichten, sogenannter „Margin- Call". Im Bereich des Waren- und Wertpapierterminhandels hat man, wenn man „long" geht, wenigstens im Kontraktzeitpunkt die Gewissheit, dass der jeweils zugrunde liegende Basiswert in Form von Aktien, Rohstoffen etc. zwar nicht sofort bei Vertragsschluss, sondern erst zu einem späteren bestimmten Termin erfüllt bekommt. Man weiß mithin sicher, dass man den jeweiligen Basiswert zu dem bestimmten Preis und zu dem bestimmten Zeitpunkt erfüllt bekommt. Der Basiswert, welcher nicht nur eine Rechengröße, sondern einen werthaltigen Gegenstand darstellt, kann somit weiter gehandelt werden.

Wie oben schon festgestellt, kann das Eingehen von Termingeschäften gerade Ausdruck kaufmännischer Vorsicht sein.[165]

Anders verhält es sich jedoch bei Termingeschäften, welche als Basiswert einen Index besitzen. Die Sicherheit einen Vermögenswert am Ende der Laufzeit des Terminkontraktes gewiss geliefert zu bekommen, besteht gerade nicht. Die Zeichnung eines Index- Futures kann aufgrund reiner Spekulation nicht Ausdruck kaufmännischer Vorsicht sein und stellt mithin stets ein Börsenspekulationsgeschäft dar.

Dies kann bei Verkauf eines Index-Optionsscheins vor Laufzeitende (Optionsschein im amerikanischen Stil) im Wege des *Optionsscheinhandels schon wieder*

---

164 Vgl. *Schröder*, in: Achenbach/Ransiek, Handbuch Wirtschaftsstrafrecht, 3. Aufl. (2011), 10. Teil, Rn. 250, zu Fn. 280.

165 Siehe hierfür die Ausführungen auf S. 29.

anders sein.[166] Geht man hier „short", so mag man gerade nicht mehr auf einen Gewinn spekulieren, sondern vielmehr den bestehenden Punktestand „einfrieren", sprich sichern. Wie auch bei anderen Termingeschäften, muss hierbei aber stets auf die Intention des Anlegers geachtet werden.

3. Wertpapierterminoptionsgeschäfte

Auch im Bereich der Wertpapiertermingeschäfte ist ein Optionshandel möglich. Wie bei den Warenterminoptionsgeschäften kann man hier zwischen Call- und Put-Optionen unterscheiden.

An der EUREX in Frankfurt am Main wird bei Aktienoptionen zumeist eine physische Lieferung von 100 Aktien des zugrunde liegenden Basiswertes in zwei bis vier Handelstagen nach Ausübung angeboten.[167] Dies bedeutet, dass man bei einer Call-Option das Recht erlangt, nach zwei bis vier Handelstagen nach Ausübung, die Aktien tatsächlich zu erlangen, wenn man das Geschäft vorher nicht glattgestellt hat oder man nicht die Option aufgrund gefallener Kurse verfallen lässt. Mithin setzt der Käufer einer Call-Option wie bei Warenterminoptionsgeschäften auf steigende Kurse, während der Käufer einer Put-Option einen Kursrückgang erwartet.[168]

Beim Terminhandel mit Anleiheoptionen wird wiederum auf ein fallendes oder steigendes Zinsniveau gesetzt.[169]

Wie auch bei den Warentermingeschäften ist eine Subsumtion der Wertpapierterminoptionsgeschäfte unter den Begriff des Börsenspekulationsgeschäfts nur unter Berücksichtigung der Intention des Anlegers möglich. Auch im Bereich der Wertpapierterminoptionsgeschäfte kommt ein Hedgegeschäft in Betracht, welches kein Börsenspekulationsgeschäft darstellen kann.[170] So kann z.B. durch den Kauf einer Put-Option gerade nur der bestehende Aktienkurs bzw. das bestehende Zinsniveau der Anleihe abgesichert werden wollen.[171] Solche Kurssicherungsgeschäfte

166 Siehe unten zum Optionsscheinhandel „selbständige Optionsscheine", S. 63 ff.

167 Als Bsp. hierfür Adidas: http://www.eurexchange.com/trading/products/EQU/OPT/ADS_de.html

168 *Schröder*, in: Achenbach/Ransiek, Handbuch Wirtschaftsstrafrecht, 3. Aufl. (2011), 10. Teil, Rn. 254.

169 *Schröder*, in: Achenbach/Ransiek, Handbuch Wirtschaftsstrafrecht, 3. Aufl. (2011), 10. Teil, Rn. 257.

170 Vgl. *Wehowsky*, in: Erbs/Kohlhaas, Strafgesetzliche Nebengesetze, 2011, § 49 Rn. 4.

171 Vgl. *Schröder*, in: Achenbach/Ransiek, Handbuch Wirtschaftsstrafrecht, 3. Aufl. (2011), 10. Teil, Rn. 258 f.

stellen keine Börsenspekulationsgeschäfte dar, denn sie sind zumeist Ausdruck kaufmännischer Vorsicht und weisen keinen spekulativen Charakter auf. Als Ziel wird mithin nicht ein angestrebter Gewinn, welcher ausschließlich durch das Termingeschäft erwirtschaftet werden soll, in Vordergrund gestellt, sondern eine Vermögenssicherung.

Bei Optionen auf Indizes ist wieder zumeist von einem Börsenspekulationsgeschäft im Sinne des Straftatbestandes auszugehen.[172] Dies kann beim Verkauf einer Call-Option eines Index-Futures vor Laufzeitende allerdings anders sein. Geht man mit dieser Position „short", so mag man gerade nicht mehr auf einen (höheren) Gewinn bis Laufzeitende spekulieren, sondern vielmehr den bestehenden Punktestand „einfrieren", sprich sichern.

Auch könnte man daran denken, seine bestehende Call-Option durch eine Put-Option abzusichern. Der Inhaber der Call-Option des Index- Futures könnte dem Verkäufer der Put-Option als Stillhalter in Geld auferlegen, unter bestimmten Bedingungen die Call-Option kaufen zu müssen. Der Inhaber der Call-Option hätte die Pflicht, eine Optionsprämie an den Verkäufer der Put-Option zu leisten. Wird der Index, welcher dem Geschäft zugrunde liegt, steigen, so wird der Inhaber der Call-Option diese ausüben oder vorher glattstellen, indem er einen „short- call" eingeht. Wird der Index fallen, so wird er als Inhaber einer Put-Option diese ausüben, um seine Position zu sichern. Hierbei geht es diesem dann nicht mehr lediglich um die Spekulation auf einen Gewinn, sondern nur um die Absicherung der eigenen Position. Ganz anders auf der Seite des Verkäufers der Put-Option. Für diesen stellt das abgeschlossene Geschäft eine reine Spekulation dar.

4. Leerverkäufe

a) Allgemeines

Eine besonders genaue Begutachtung verlangen die sogenannten Leerverkäufe (short sales[173]). Dies nicht zuletzt deswegen, weil Leerverkäufe als mitverantwortlich für den Zusammenbruch von Kreditinstituten in der Finanzkrise angesehen werden.[174]

Auch die BaFin hatte Leerverkäufe als besonders Marktbeeinflussend eingestuft und im Zuge der Finanzkrise Leerverkäufe in Aktien führender Unternehmen aus der Finanzbranche gemäß § 4 Abs. 1 WpHG untersagt, um den ordnungsgemäßen

---

172 Siehe oben, S. 45.

173 *Jung*, in: Fuchs, WpHG Kommentar, 2009, Vor §§ 37e und 37g Rn. 46.

174 Vgl. *Trüg*, NJW 2009, 3202.

Handel möglichst aufrechtzuerhalten.[175] Das Verbot galt zunächst seit dem 20. September 2008 und wurde bis zum 31. Januar 2010 verlängert.[176]

Auch danach hielt sich die Debatte um Einschränkungen im Bereich der Leerverkäufe. So war es schon früh Ziel einiger europäischer Staaten, wie Frankreich und Deutschland, eine Richtlinie, ungedeckte Leerverkäufe von Aktien untersagen zu wollen.[177]

Im Zuge der „Euro- Krise" rund um Griechenland untersagte die BaFin am 18.05.2010 erneut den Handel mit ungedeckten Leerverkäufen bis zum 31.03.2011, um vorhandene Missstände auf dem Finanzmarkt zu beseitigen bzw. drohende Missstände zu verhindern.[178]

Mit dem Gesetz zur Vorbeugung gegen missbräuchliche Wertpapier- und Derivategeschäfte vom 27.07.2010[179] hat der Gesetzgeber sich im neuen Abschnitt 5b des WpHG endgültig für die Normierung von Verbotstatbeständen bezüglich ungedeckter Leerverkäufe ausgesprochen.[180]

Vor allem aus diesem aktuellen Anlass, stellt sich die Frage der Brisanz von Leerverkäufen und die Spanne der Subsumierbarkeit von Leerverkäufen unter das Tatbestandsmerkmal des „Börsenspekulationsgeschäfts".

---

175 Konkret stützte die BaFin das Verbot insbesondere auf die Gefahr, dass bei der bestehenden Lage der Kapitalmärkte mit hoher Volatilität ein Einwirken auf die Aktienkurse bestimmter marktbedeutender Unternehmen der Finanz- und Versicherungsbranche zu exzessiven Preisbewegungen führen könne, welche die Stabilität des Finanzsystems gefährdet und zu erheblichen Nachteilen für den gesamten Finanzmarkt führen könnte, vgl. Allgemeinverfügung der BaFin vom 19. September 2008.

176 Vgl. Allgemeinverfügung der BaFin vom 29. Mai 2009 zur Verlängerung der Regelungen der Allgemeinverfügungen vom 19. und 21. September 2008.

177 Siehe hierzu z.B. die Süddeutsche Zeitung vom 09.03.2010, S. 1 „Paris und Berlin wollen Spekulanten bremsen".

178 Vgl. Allgemeinverfügung der BaFin vom 18. Mai 2010; aufgrund des Inkrafttretens des Gesetzes zur Vorbeugung gegen missbräuchliche Wertpapier- und Derivategeschäfte, hat die BaFin die Allgemeinverfügung mit Wirkung zum 26.07.2010 jedoch wieder widerrufen; siehe hierzu die Allgemeinverfügung der Bundesanstalt für Finanzdienstleistungsaufsicht (BaFin) zum Widerruf der Allgemeinverfügungen zum Verbot ungedeckter Leerverkäufe in bestimmten Aktien und Schuldtiteln sowie ungedeckter CDS vom 26. Juli 2010.

179 BGBl. I 2010, Nr. 38, S. 945.

180 Nicht vom Verbot nach § 30h WpHG erfasst werden aber z.B. immer noch nichtstaatliche Schuldverschreibungen und die überwiegende Anzahl Aktien ausländischer Gesellschaften. Zudem stellt ein Verstoß gegen § 30h WpHG keine Straftat sondern lediglich eine Ordnungswidrigkeit dar; vgl. hierzu *Mock*, WM 2010, 2248, 2250, 2252, 2254.

Unter einem Leerverkauf versteht man den Verkauf von Wertpapieren bzw. Derivaten, die der Verkäufer noch nicht besitzt, sondern sich innerhalb der geltenden Erfüllungsfristen erst noch beschaffen muss.[181] Nach den Geschäftsbedingungen der deutschen Börse müssen etwa Wertpapiere spätestens am zweiten Werktag nach dem Abschlusstag beschafft werden,[182] wenn nicht der Leerverkäufer einen diesen Zeitraum überschreitenden short sale in Verbindung mit einem Wertpapierdarlehen tätigt.[183]

Der Verkäufer der Wertpapiere bzw. Derivate hofft, diese billiger zu erwerben und an der Differenz zwischen Verkaufs- und Kaufpreis zu verdienen.[184] Die Beschaffung der Wertpapiere etwa erfolgt entweder im Wege der Wertpapierleihe oder durch Kauf am Markt.[185]

Leerverkäufe stellen nach wohl herrschender Meinung Termingeschäfte dar.[186] Eine kapitalmarktrechtliche Regelung von Leerverkäufen existierte bis zum 27.07.2010 nicht.[187]

Der Leerverkäufer erzielt immer dann einen Gewinn, wenn es ihm gelingt, die am Markt beschafften Wertpapiere bzw. Derivate teurer verkauft zu haben als er für die spätere Eindeckung mit diesen aufgewendet hat.[188] Somit hofft etwa der Leerverkäufer auf einen fallenden Kurs der leer verkauften Aktien. Der maximale Gewinn ist hierbei auf den Kurswert der verkauften Anteile beschränkt.[189] Dem Leerverkäufer drohen zumindest dann unbegrenzte Verluste, wenn der Kurs der Verkauften Aktien entgegen aller Erwartungen doch steigt.[190]

b) Wertpapierleihe

Bei der Wertpapierleihe (security lending) hat sich der Verkäufer die veräußerten Papiere zuvor von einem Dritten verschafft.[191] Hierbei werden dem Leerverkäufer

---

181 *Schlüter*, Börsenhandelsrecht, 2. Aufl. (2002), G. Rn. 333.

182 *Vogel*, in: Assmann/Schneider, WpHG Kommentar, 6. Aufl. (2012), Vor § 20a Rn. 36.

183 Vgl. *Trüg*, NJW 2009, 3202, 3203.

184 *Trüg*, NJW 2009, 3202.

185 *Schlüter*, Börsenhandelsrecht, 2. Aufl. (2002), G. Rn. 333.

186 *Jung*, in: Fuchs, WpHG Kommentar, 2009, Vor §§ 37e und 37g Rn. 46; streitig ist dies vor allem bei Leerverkäufen, bei welchen man sich der Wertpapierleihe bedient. Siehe hierzu unten zur Wertpapierleihe, S. 49 f.

187 Vgl. *Trüg*, NJW 2009, 3202, 3203.

188 Vgl. *Schröder*, Handbuch Kapitalmarktstrafrecht, 2. Aufl. (2010), Rn. 832.

189 *Trüg*, NJW 2009, 3202, 3203.

190 Vgl. *Jung*, in: Fuchs, WpHG Kommentar, 2009, Vor §§ 37e und 37g Rn. 46.

191 *Schröder*, Handbuch Kapitalmarktstrafrecht, 2. Aufl. (2010), Rn. 833.

die zu verkaufenden Aktien gegen eine bestimmte Sicherheitsleistung „geliehen“ (Verkauf auf Kredit).[192] Die Wertpapierleihe stellt ein Sachdarlehen im Sinne der §§ 607 ff. BGB dar.[193] Ein Leerverkauf liegt vor, da der Leerverkäufer im Zeitpunkt des Leerverkaufs Wertpapiere veräußert, welche er nicht besitzt. Gemäß § 607 Abs. 1 BGB muss der Leerverkäufer als Darlehensnehmer bei Fälligkeit neben einem Darlehensentgelt die betreffenden Wertpapiere durch einen zuvor getätigten Kauf am Kassamarkt dem Darlehensgeber zurückführen.[194] Der Leerverkäufer hofft auch hier einen Gewinn anhand der zeitlichen Differenz zu erwirtschaften, welche aus einem teureren Leerverkauf der Wertpapiere und einem späteren, günstigerem Ankauf der Wertpapiere auf dem Kassamarkt im Zuge der Darlehensrückgabe realisiert werden soll.

Der Leerverkauf durch Wertpapierleihe stellt trotz der Veräußerung der Wertpapiere am Kassamarkt ein Zeitgeschäft dar.[195] Denn durch die Wertpapierleihe verlängert sich der kassageschäftliche Leerverkauf wirtschaftlich zu einem Zeitgeschäft, dessen Ergebnis von der Kursentwicklung bis zum Abschluss des Kaufgeschäftes aufgrund der Darlehensrückgabepflicht abhängt.[196] Nach einigen Auffassungen in der Literatur stellt ein solcher Leerverkauf aber kein Termingeschäft im Sinne des § 37e S. 2 WpHG dar,[197] wobei jedoch teilweise danach unterschieden wird, ob Wertpapierleihe und short sale bei derselben oder bei verschiedenen Banken abgewickelt werden.[198]

Dieser Streit kann jedoch dahingestellt bleiben, denn aufgrund der in diesen Geschäften selbst innewohnenden Gefahrenlage stellen alle Variationen des Leerverkaufs unter Zuhilfenahme eines Wertpapierdarlehens ein Börsenspekulationsgeschäft im Sinne des § 26 BörsG dar.[199]

Der Leerverkäufer hofft sowohl im Fall der geschäftlichen Abwicklung von Wertpapierleihe und short sale bei der selben Bank, als auch im Fall der Trennung der Abwicklung von short sale und Wertpapierleihe, aus intertemporären Preisunterschieden einen Gewinn erwirtschaften zu können. Für die Einstufung

---

192 *Schröder*, Handbuch Kapitalmarktstrafrecht, 2. Aufl. (2010), Rn. 833; Trüg, NJW 2009, 3202, 3203.

193 *Trüg*, NJW 2009, 3202, 3203.

194 *Ekkenga*, in: MüKo HGB, 2. Aufl. (2009), §§ 343–372, Effektenhandel, Rn. 66.

195 *Ekkenga*, in: MüKo HGB, 2. Aufl. (2009), §§ 343–372, Effektenhandel, Rn. 66.

196 *Ekkenga*, in: MüKo HGB, 2. Aufl. (2009), §§ 343–372, Effektenhandel, Rn. 66.

197 Vgl. *Jung*, in: Fuchs, WpHG Kommentar, 2009, Vor §§ 37e und 37g Rn. 47; *Ekkenga*, in: MüKo HGB, 2. Aufl. (2009), §§ 343–372, Effektenhandel, Rn. 66.

198 Vgl. *Jung*, in: Fuchs, WpHG Kommentar, 2009, Vor §§ 37e und 37g Rn. 47.

199 Vgl. *Schröder*, Handbuch Kapitalmarktstrafrecht, 2. Aufl. (2010), Rn. 834.

als Börsenspekulationsgeschäft spielt dies keine Rolle. Es mag daher dahingestellt bleiben, ob bei der Aufnahme des Wertpapierdarlehens bei einer anderen als der beauftragten Bank für den short sale, aufgrund der freien Entscheidungsmöglichkeit des Leerverkäufers bezüglich der Verwendung der zur Verfügung gestellten Wertpapiere nur das Kassageschäft als ausschlaggebend für die Einteilung als Termingeschäft oder Nichttermingeschäft angesehen werden kann,[200] welches vor allem aus dem Wegfall der Öffnungsklausel gemäß § 50 Abs. 1 S. 2 BörsG a.F. resultiere, wodurch eine wirtschaftliche Gesamtbetrachtung nicht mehr vorgenommen werden müsste.[201]

Sowohl bei Einteilung als Kassageschäft als auch bei Einteilung als Termingeschäft liegt stets ein Börsenspekulationsgeschäft im Sinne des § 26 BörsG vor. Denn bei beiden Varianten besteht die gleiche termingeschäftsähnliche Gefahrenlage infolge desselben Nachschussrisikos. Der Leerverkäufer kann in beiden Fällen seine gesetzliche Rückgabepflicht aus der Wertpapierleihe nur durch Rückkauf am Kassamarkt oder einer entsprechenden Zahlung eines Differenzbetrages an den Entleiher erfüllen.[202] Ein geringeres Risiko kann in keinen der beiden Varianten festgestellt werden. Der Leerverkäufer kann zwar seine gesetzliche Rückgabepflicht jederzeit durch Rückkauf am Kassamarkt erfüllen. Er muss jedoch bei beiden Varianten wegen der sich aus dem Sachdarlehen ergebenden Rückgabepflicht bezüglich der jeweils entliehenen Wertpapiere mit ungünstigen Konditionen rechnen, die sich auf dem Kassamarkt ergeben können. Die Hoffnung auf einen fallenden Kurs stellt eine reine Spekulation dar. Sonach spekuliert der Leerverkäufer stets auf einen Gewinn, welchen er aufgrund intertemporärer Preisunterschiede zu erwirtschaften hofft.

Als **Zwischenergebnis** kann mithin festgehalten werden, dass der Leerverkauf, bei welcher man sich der Wertpapierleihe bedient, stets ein Börsenspekulationsgeschäft im Sinne des Straftatbestandes darstellt.

c) Kauf am Markt (naked short sales)

Beschafft sich der Leerverkäufer die Wertpapiere nicht im Wege der Wertpapierleihe, dann beschafft er sich diese direkt am Kassamarkt (naked short sale).[203] Hierzu schließt er im Zeitpunkt des Leerverkaufs einen Kaufvertrag im Sinne des § 433 BGB ab, ohne die Sache zu besitzen, noch sie sich im Wege des Sachdarlehens

200 Vgl. *Jung*, in: Fuchs, WpHG Kommentar, 2009, Vor §§ 37e und 37g Rn. 47.
201 *Ekkenga*, in: MüKo HGB, 2. Aufl. (2009), §§ 343–372, Effektenhandel, Rn. 66.
202 Vgl. *Schröder*, Handbuch Kapitalmarktstrafrecht, 2. Aufl. (2010), Rn. 833.
203 *Trüg*, NJW 2009, 3202, 3203.

verschafft zu haben.[204] Erst durch eine spätere Eindeckung am Kassamarkt ist der Leerverkäufer im Stande, die Ware in Form von Wertpapieren tatsächlich liefern zu können. Ein Gewinn soll auch hier durch einen zu Gunsten des Leerverkäufers verlaufenden intertemporären Preisunterschied erwirtschaftet werden. Das Nachschussrisiko und somit auch die Gefahrenlage ist die gleiche wie bei einem short sale mittels Eindeckung durch Wertpapierleihe, denn auch hier spekuliert der Leerverkäufer auf einen zukünftig gefallen Kurs und mithin auf einen Gewinn, welchen er durch intertemporäre Preisunterschiede zu erwirtschaften wünscht.

Anhand dieses Beispiels wird deutlich, dass auch Kassageschäfte Börsenspekulationsgeschäfte darstellen können.[205]

d) Vorgetäuschter Leerverkauf (abusive naked short sales)

Neben „short sale" und „naked short sale" kommt bei den Leerverkäufen auch die Vorgehensweise des „abusive naked short sellings" in Betracht. Hierbei werden Leerverkäufe von Wertpapieren nur vorgetäuscht, um die Aktienkurse von Wettbewerbern negativ zu beeinflussen.[206] Der Aktienmarkt wir hierfür scheinbar mit Aktien geflutet, welches unter Umständen bis zur Insolvenz des betroffenen Unternehmens führen kann.[207] Vom einfachen naked short sale unterscheidet sich der abusive naked short sale in dem subjektiven Merkmal der Erfüllungswilligkeit.[208] Durch die Vornahme von abusive naked short sales kann neben der Strafbarkeit gemäß §§ 38 Abs. 2, 39 Abs. 1 Nr. 1 und 2, 20a WpHG (Verbot der Marktmanipulation), §§ 38 Abs. 1 Nr. 1, 14 Abs. 1 Nr. 1 WpHG (Verbot von Insidergeschäften) der Straftatbestand gemäß §§ 49, 26 BörsG jedoch nicht erfüllt sein. Hierbei muss zwischen dem Verleiten auf *Käuferseite* und zwischen dem Verleiten auf *Verkäuferseite* differenziert werden.[209]

Ein *abusive* naked short sale stellt in der Konstellation des Verleitens auf *Verkäuferseite* kein Börsenspekulationsgeschäft dar. Hierfür werden die Voraussetzungen eines Börsenspekulationsgeschäfts nicht erfüllt. Die Konstellation des Verleitens des Verkäufers zu einem abusive naked short sale ist nur schwer vorstellbar. Der Verleitende muss hierfür sein Opfer zu einem abusive naked

204 Vgl. *Trüg*, NJW 2009, 3202, 3203.

205 Siehe hierzu oben, „Börsenspekulationsgeschäfte" als eigenständige Begrifflichkeit", S. 29 f.

206 Vgl. *Zimmer/Beisken*, WM 2010, 485, 488; *Trüg*, NJW 2009, 3202, 3206.

207 Vgl. *Trüg*, NJW 2009, 3202, 3206.

208 *Trüg*, NJW 2009, 3202, 3206.

209 Vgl. *Trüg*, NJW 2009, 3202, 3206.

short sale verleitet haben. Das Vortäuschen eines Leerverkaufs weist jedoch keinen dem Geschäft innewohnenden spekulativen Charakter auf. Auch aus Sicht des Verleiteten soll gerade kein Gewinn unmittelbar aus dem vorgetäuschten Leerverkauf erwirtschaftet werden.

Dieser Fall ist nicht mit der Konstellation zu verwechseln, bei welcher der Verleitende die Eingehung von Börsenspekulationsgeschäften nur vortäuscht und in Wirklichkeit andere Geschäfte, wie z.B. die Investition in einen Risikofonds, abschließt.[210] Vorgetäuschte Börsenspekulationsgeschäfte werden von der Begriffsbestimmung des Börsenspekulationsgeschäfts im Sinne des Straftatbestandes erfasst und können mithin tatbestandsmäßig sein.[211] So besteht auch hier - zumindest theoretisch - ein Börsenspekulationsgeschäft, wenn der Anlageberater zu einem Leerverkauf durch Wertpapierleihe rät, jedoch ohne Wissen des Opfers tatsächlich ein abusive naked short sale vornimmt. Relevanz besitzt hierbei nur der objektive Erklärungsinhalt,[212] sprich die Erklärung an das Opfer, einen short sale in Form des Leerverkaufs durch Wertpapierleihe vorzunehmen.

Bei der Konstellation des Verleitens des *Käufers* zu einem „Leerkauf" weist das eingegangene Geschäft keinen spekulativen Charakter auf.[213] Das Opfer glaubt hierbei tatsächlich Wertpapiere gekauft zu haben, welche der Leerverkäufer zwar effektiv zum Kontraktzeitpunkt nicht besitzt, jedoch aufgrund seiner vertraglichen Verpflichtung dazu gezwungen wird, diese in dem bestimmten Zeitraum zu besorgen. Auf der Seite des Käufers stellt sich weder der short sale noch der abusive naked short sale als Börsenspekulationsgeschäft dar. Für den Käufer ist die Beschaffung der Wertpapiere ein reines Kassageschäft. Eine für die Einstufung als Börsenspekulationsgeschäft typische Gefahrenlage besteht zu keinem Zeitpunkt. Ob der Leerverkäufer die Wertpapiere tatsächlich beschaffen kann, besitzt für

---

210 Siehe unten, „vorgetäuschte Börsenspekulationsgeschäfte", S. 99 ff.

211 Vgl. *Hagemann*, „Grauer Kapitalmarkt" und Strafrecht, 2005, § 5 C, S. 398; BT-Drucks. 10/318, S. 47 f.; siehe hierzu auch unten zu „vorgetäuschte Börsenspekulationsgeschäfte", S. 99 ff.

212 Vgl. BT-Drucks. 10/318, S. 47 f.

213 Die Frage, ob der Tatbestand der Verleitung zu Börsenspekulationsgeschäften bei „Durchführung eines Leerverkaufs" (hier bei Durchführung eines abusive naked short sales) „an eine unerfahrene Person (auf der Käuferseite)" erfüllt ist, muss schon im Rahmen des Tatbestandsmerkmals des „Börsenspekulationsgeschäfts" erfolgen und nicht erst im Rahmen der Bestimmung der „Unerfahrenheit"; anders *Trüg* in NJW 2009, 3202, 3206. Denn die Unerfahrenheit bezieht sich gerade auf das Börsenspekulationsgeschäft, welches notwendig vorliegen muss. Im Fall des abusive naked short sales auf Käuferseite kann schon kein Börsenspekulationsgeschäft vorliegen.

die Einstufung als Börsenspekulationsgeschäft keine Bedeutung.[214] Der Käufer spekuliert im konkreten Geschäft weder auf einen gefallenen noch auf einen gestiegenen Kurs, sondern er erhält spätestens am zweiten Werktag nach dem Abschlusstag zu einem bestimmten, zuvor festgelegten Preis die bestimmte Menge an Wertpapieren geliefert. Kann der Verkäufer seiner Verpflichtung zur Lieferung der vereinbarten Wertpapiere nicht nachkommen, so können auf Seite des Käufers zivilrechtliche Schadensersatzansprüche bestehen und dem Leerverkäufer unter Umständen auch strafrechtliche Konsequenzen wegen Eingehungsbetrugs gemäß § 263 StGB und Marktmanipulation gemäß § 20a Abs. 1 Nr. 2 WpHG drohen.[215] Die Möglichkeit, dass sich der Leerverkäufer nicht bzw. nicht rechtzeitig eindekken kann, stellt ein allgemeines Geschäftsrisiko dar und hat mit einer Spekulation im Sinne des Straftatbestandes nichts zu tun.

Ein Unterschied zu einem vorgetäuschten Börsenspekulationsgeschäft liegt darin, dass der Täter bei diesem davon weiß, dass er ein anderes als das geplante Börsenspekulationsgeschäft vornehmen wird. Bei der Verleitung zu einem Kauf eines short sales, welches sich tatsächlich als abusive naked short sale auf Verkäuferseite darstellt, muss der Verleitende nichts hiervon wissen. Der Verleitende handelt im Gegensatz zur Vornahme eines vorgetäuschten Börsenspekulationsgeschäfts mangels Vorliegen eines Börsenspekulationsgeschäfts nicht tatbestandsmäßig, wenn er sein Opfer zu einem „Leerkauf" bzw. dem Kauf eines short sales von Wertpapieren verleitet, welche sich in Wahrheit als abusive naked short sale herauskristallisiert. Relevanz besitzt auch hier ausschließlich der objektive Erklärungswert, sprich die Verleitung zu dem Kauf eines short sale. Die Verleitung zum Kauf eines short sale stellt jedoch an sich kein Börsenspekulationsgeschäft dar.

Nur der Theorie geschuldet muss demzufolge konstatiert werden, dass auch der Kauf von Wertpapieren im Bewusstsein eines abusive naked short sales keinen spekulativen Charakter aufweisen kann. Denn der Käufer weiß von dem bloß vorgetäuschten Leerverkauf und hofft gerade nicht darauf, einen Gewinn aufgrund intertemporärer Preisunterschiede erwirtschaften zu können. Die Eingehung eines Kaufs von Wertpapieren im Bewusstsein eines abusive naked short sales ist in der Praxis jedoch kaum vorstellbar.

---

214 Vgl. *Trüg*, NJW 2009, 3202, 3206.

215 Vgl. *Zimmer/Beisken*, WM 2010, 485, 488; Trüg, NJW 2009, 3202, 3206.

e) Ergebnis

Zusammenfassend lässt sich feststellen, dass Leerverkäufe Börsenspekulationsgeschäfte darstellen können. Hierbei muss stets auf die Position des Käufers bzw. Verkäufers geachtet werden. Zu unterscheiden ist im Rahmen der Leerverkäufe zwischen „short sales" (Leerverkäufe allgemein), „naked short sales" (ungedeckter Leerverkauf) und „abusive naked short sales" (vorgetäuschte Leerverkäufe).

Bei „gedeckten" short sales, also bei einem Verkauf „auf Kredit", kann bei Durchführung eines Leerverkaufes auf Käuferseite kein Börsenspekulationsgeschäft vorliegen. Dieser Umstand resultiert aus der Tatsache, dass der Käufer lediglich Wertpapiere im Rahmen eines normalen Kassageschäftes erwirbt. Der Käufer spekuliert hierbei gerade nicht auf einen Gewinn, welchen er aufgrund eines intertemporären Preisunterschiedes zu erwirtschaften erhofft, sondern er bezweckt ausschließlich den Bezug der im Kontrakt enthaltenen Wertpapiere.

Auf Verkäuferseite herrscht dagegen eine andere Interessenlage vor. Der Leerverkäufer spekuliert gerade auf einen Gewinn, indem er sich am Markt mit Wertpapieren eindeckt, welche er zuvor im Zuge des short sales teurer verkauft hat.[216] Durch die Verpflichtung des Leerverkäufers zur Rückerstattung der „geliehenen" Wertpapiere an den Darlehensgeber gemäß § 607 Abs. 1 S. 2 BGB, wird das vorgenommene Geschäft aufgrund der ungewissen zukünftigen Marktentwicklung im Zeitpunkt der Eindeckung zu einem Börsenspekulationsgeschäft.

Bei „ungedeckten" Leerverkäufen lässt sich im Ergebnis die gleiche Schlussfolgerung ziehen. Bei der Durchführung eines Leerverkaufs auf Käuferseite kann ein Börsenspekulationsgeschäft nicht vorliegen. Der einzige Unterschied zum „gedeckten" Leerverkauf besteht darin, dass der Käufer eine vergleichbare „Bezugssicherheit" der im Kontrakt zugrunde liegenden Wertpapiere, aufgrund der Notwendigkeit der noch zu erfolgenden Eindeckung des Leerverkäufers auf dem Markt, nicht besitzt. Dies hat mit der Spekulation im Sinne des Straftatbestandes jedoch nichts zu tun.

Auf der Seite des Leerverkäufers herrscht für diesen die gleiche Risikolage wie im Fall des „gedeckten" Leerverkaufs vor. Der Unterschied hierbei ist lediglich, dass die „leer" verkauften Wertpapiere nicht über den Umweg der Wertpapierleihe an den Käufer gelangen, sondern am Markt direkt beschafft werden müssen.

Bei abusive naked short sales kann in keiner Konstellation ein Börsenspekulationsgeschäft vorliegen. Die Position auf Käuferseite ist die gleiche, wie die

216 *Trüg*, NJW 2009, 3202, 3203.

Käuferposition bei der Tätigung eines short sales bzw. eines naked short sales. Ein irgendwie gearteter spekulativer Charakter kann nicht festgestellt werden.

In der Konstellation des Verleitens auf Verkäuferseite kann kein Börsenspekulationsgeschäft vorliegen, denn hierfür werden die Voraussetzungen eines Börsenspekulationsgeschäfts im Sinne des Straftatbestandes nicht erfüllt. Der Verleitende müsste dafür sein Opfer zu einem abusive naked short sale verleitet haben. Das Vortäuschen eines Leerverkaufs weist jedoch keinen dem Geschäft innewohnenden spekulativen Charakter auf. Auch aus Sicht des Verleiteten soll gerade kein Gewinn unmittelbar aus dem vorgetäuschten Leerverkauf erwirtschaftet werden.

5. Optionsscheine

a) Allgemeines

Optionsscheine, auch warrants genannt, waren noch vor dem FRUG in § 2 Abs. 2a WpHG geregelt und wurden somit den Regelungen über Finanztermingeschäfte unterstellt.[217] Im Zuge des FRUG im Jahre 2007 wurde diese Regelung aufgehoben.[218] Jedoch zählen gemäß des heutigen § 37e S. 2 WpHG Optionsscheine auch weiterhin zu den Finanztermingeschäften.

Bei Optionsscheinen handelt es sich um Wertpapiere, welche ein Optionsrecht verbriefen.[219] Dass es sich um Wertpapiere handelt, ergibt sich heute aus § 2 Abs. 1 S. 1 Nr. 3 lit. b WpHG.[220] Das verbriefte Optionsrecht gewährt dem Käufer das Recht zu einem bzw. zu einem festgesetzten Zeitpunkt durch eine Willenserklärung den Kauf oder Verkauf eines bestimmten Basiswerts zu festgelegten Konditionen zu tätigen.[221] Die Verbriefung des Optionsrechts stellt eine Inhaberschuldverschreibung im Sinne von § 793 BGB dar.[222]

Aufgrund der Tatsache, dass Optionsscheine im Gegensatz zu Optionsgeschäften, welche an der Terminbörse gehandelt werden, nicht standardisiert sind, resultiert die Vielzahl der am Markt angebotenen Produkte.[223] Unterschiede

---

217 Vgl. *Schröder*, Handbuch Kapitalmarktstrafrecht, 2. Aufl. (2010), Rn. 813 f.

218 BGBl. I 2007, Nr. 31, S. 1330, 1332; siehe hierzu oben S. 25.

219 *Jung*, in: Fuchs, WpHG Kommentar, 2009, Vor §§ 37e und 37g Rn. 71; *Schröder*, Handbuch Kapitalmarktstrafrecht, 2. Aufl. (2010), Rn. 814.

220 *Assmann*, in: Assmann/Schneider, WpHG Kommentar, 6. Aufl. (2012), § 2 Rn. 30.

221 *Jung*, in: Fuchs, WpHG Kommentar, 2009, Vor §§ 37e und 37g Rn. 71.

222 *Jung*, in: Fuchs, WpHG Kommentar, 2009, Vor §§ 37e und 37g Rn. 71.

223 Vgl. *Assmann*, in: Assmann/Schneider, WpHG Kommentar, 6. Aufl. (2012), § 2 Rn. 31; *Jung*, in: Fuchs, WpHG Kommentar, 2009, Vor §§ 37e und 37g Rn. 71.

bei Optionsscheinen ergeben sich z.B. aus dem Ziel und der inhaltlichen Ausgestaltung des Optionsrechts oder der beim Emittenten vorhandenen bzw. nicht vorhandenen Deckung des Optionsrechts durch den Optionsgegenstand.[224]

Eine Bestimmung, ob Optionsscheine dem Begriff des Börsenspekulationsgeschäfts unterfallen, kann nicht pauschal erfolgen, weswegen es einer Einzelprüfung der am Markt gängigen Produkte bedarf.[225]

Optionsscheine lassen sich grob in abgetrennte (unselbständige) und selbständige Optionsscheine untergliedern.

b) Unselbständige Optionsscheine

Bei unselbständigen Optionsscheinen werden die Optionsscheine lediglich von den Optionsanleihen oder Optionsgenussscheinen abgetrennt und gehandelt.[226] Unselbständige Optionsscheine werden oft auch als „klassische“[227] oder „traditionelle“[228] Optionsscheine bezeichnet.

Zumeist wurden unselbständige Optionsscheine als Aktienoptionsscheine[229] emittiert. Aktienoptionsscheine setzen die Emission einer Optionsanleihe gemäß § 221 Abs. 1 AktG voraus.[230] Der Aktienoptionsschein wird hierbei von einer börsennotierten Aktiengesellschaft als Annex zu der festverzinslichen Schuldverschreibung mit einem für sie günstigen Zins emittiert, wodurch der Inhaber berechtigt wird, innerhalb einer bestimmten Bezugsfrist Aktien zu einem bestimmten Preis zu erwerben.[231] Hierbei handelt es sich um eine bedingte Kapitalerhöhung.[232] „Bedingt“ deshalb, da diese Kapitalerhöhung nur in dem Ausmaß wirksam wird, in dem die Optionsscheinkäufer ihr Optionsrecht auch tatsächlich ausüben.[233] Die Ausübung des Rechts wird jedoch davon abhängen, ob der Kurs der Altaktie über dem Bezugspreis notiert, weshalb die Ausübung des Rechts bedingt und gerade

---

224 *Assmann*, in: Assmann/Schneider, WpHG Kommentar, 6. Aufl. (2012), § 2 Rn. 31.
225 Vgl. *Schröder*, Handbuch Kapitalmarktstrafrecht, 2. Aufl. (2010), Rn. 827.
226 *Jung*, in: Fuchs, WpHG Kommentar, 2009, Vor §§ 37e und 37g Rn. 72 f.
227 *Schröder*, Handbuch Kapitalmarktstrafrecht, 2. Aufl. (2010), Rn. 815.
228 *Schlüter*, Börsenhandelsrecht, 2. Aufl. (2002), B. Rn. 42; *Jung*, in: Fuchs, WpHG Kommentar, 2009, Vor §§ 37e und 37g Rn. 71.
229 *Jung*, in: Fuchs, WpHG Kommentar, 2009, Vor §§ 37e und 37g Rn. 72 f.
230 *Schlüter*, Börsenhandelsrecht, 2. Aufl. (2002), B. Rn. 42.
231 *Jung*, in: Fuchs, WpHG Kommentar, 2009, Vor §§ 37e und 37g Rn. 72 f.
232 *Schröder*, Handbuch Kapitalmarktstrafrecht, 2. Aufl. (2010), Rn. 815.
233 Siehe hierzu *Weyand*, Handbuch von der HSBC- Trinkaus „Zertifikate und Optionsscheine“, 11. Aufl., Oktober 2010, S. 41; *Schröder*, Handbuch Kapitalmarktstrafrecht, 2. Aufl. (2010), Rn. 815.

deswegen ungewiss ist.[234] Standard-Optionsscheine können mit einem Call oder einem Put ausgestattet sein.[235]

Das Bezugsrecht kann von der Anleihe getrennt werden und ist mithin auch als selbständiges Recht übertrag und- handelbar.[236] Die Attraktivität der Optionsanleihe hängt zunächst davon ab, ob die Optionsanleihe mit oder ohne Optionsschein gehandelt wird. Denn ihr Börsenpreis ist sowohl von der allgemeinen Zinsentwicklung auf dem Markt als auch von der Kursentwicklung der jeweils der Optionsanleihe zugrundeliegenden Aktie abhängig.[237] Der Handel mit abgetrennten (unselbständigen) Optionsscheinen wird überwiegend als Kassageschäft angesehen.[238] Begründet wird dies anhand der Tatsache, dass der Erwerber des Optionsscheins nach den Börsengeschäftsbedingungen seine Verpflichtungen innerhalb von zwei Börsengeschäftstagen erfüllen muss und auch keine künftigen Verbindlichkeiten eingegangen werden.[239] Die Parteien erfüllen ihre vertraglichen Verpflichtungen sofort, wodurch die Rechte und Pflichten der Parteien sogleich erlöschen.[240] Durch den Kauf des abgetrennten Optionsscheins erwirbt der Optionsscheinkäufer das Recht, vom Emittenten Aktien zu einem festgelegten Preis innerhalb eines festgelegten Zeitraumes zu beziehen.[241]

Die „klassischen“ Optionsscheine auf Aktien wurden überwiegend als Instrument der Unternehmensfinanzierung genutzt.[242] „Klassische“ Optionsscheine gelten heutzutage als nahezu vom Markt verschwunden.[243]

Zu klären bleibt, ob solche Geschäfte mit Aktienoptionsscheinen Börsenspekulationsgeschäfte im Sinne des Straftatbestandes darstellen können. Zu unterscheiden

---

234 *Schröder*, Handbuch Kapitalmarktstrafrecht, 2. Aufl. (2010), Rn. 815.

235 *Weyand*, Handbuch HSBC- Trinkaus „Zertifikate und Optionsscheine“, 11. Aufl., Oktober 2010, S. 43.

236 *Schlüter*, Börsenhandelsrecht, 2002, 2. Aufl., B. Rn. 42.

237 Vgl. *Schröder*, Handbuch Kapitalmarktstrafrecht, 2. Aufl. (2010), Rn. 816.

238 Vgl. *Schröder*, in: Achenbach/Ransiek, Handbuch Wirtschaftsstrafrecht, 3. Aufl. (2011), 10. Teil, Rn. 264; *Schlüter*, Börsenhandelsrecht, 2002, 2. Aufl., B. Rn. 45; *Schröder*, Handbuch Kapitalmarktstrafrecht, 2. Aufl. (2010), Rn. 816.

239 *Schlüter*, Börsenhandelsrecht, 2. Aufl. (2002), B. Rn. 45.

240 Vgl. *Schröder*, Handbuch Kapitalmarktstrafrecht, 2. Aufl. (2010), Rn. 816; *Schlüter*, Börsenhandelsrecht, 2. Aufl. (2002), B. Rn. 45.

241 *Schlüter*, Börsenhandelsrecht, 2. Aufl. (2002), B. Rn. 45.

242 *Weyand*, Handbuch HSBC- Trinkaus „Zertifikate und Optionsscheine“, 11. Aufl., Oktober 2010, S. 41, *Schröder*, Handbuch Kapitalmarktstrafrecht, 2. Aufl. (2010), Rn. 815.

243 *Weyand*, Handbuch HSBC- Trinkaus „Zertifikate und Optionsscheine“, 11. Aufl., Oktober 2010, S. 41.

ist hierbei zunächst, ob die Optionsanleihe mit (cum) oder ohne Optionsschein (ex) gehandelt werden soll,[244] denn der Handel nur mit der Anleihe ohne Optionsschein kann kein Börsenspekulationsgeschäft darstellen. Dieser stellt lediglich ein Kassageschäft dar. Ein Gewinn aufgrund intertemporärer Preisunterschiede soll hier gerade nicht erwirtschaftet werden.

Anders stellt es sich dar, wenn man den Optionsschein beim Handel mit einbezieht. Hierbei kann zwischen dem Kauf der Optionsanleihe, dem Weiterverkauf der Optionsanleihe und dem Verkauf des Optionsscheines unterschieden werden. In diesen Fällen lässt sich der spekulative Charakter beim Terminbörsenhandel mit Optionen mit dem Optionsscheinhandel vergleichen.[245]

Auf Seite des Veräußerers lässt sich jeweils eine Tatbestandsmäßigkeit verneinen. Beim Kauf der Optionsanleihe stellt sich das Geschäft für den Emittenten der zugrundeliegenden Aktien zwar als Börsenspekulationsgeschäft dar, dieser wird jedoch kaum als „unerfahren" gewertet werden können und auch nicht zu seinem Handeln „verleitet". Sowohl beim Verkauf der Optionsanleihe als auch beim Verkauf nur des Optionsscheins liegt ein Kassageschäft vor, welches keinen Raum zur Spekulation gibt, weswegen in diesen beiden Konstellationen schon kein Börsenspekulationsgeschäft vorliegen kann.[246]

Auf Seite des Käufers kann dagegen sehr wohl ein Börsenspekulationsgeschäft im Sinne des § 26 Abs. 2 BörsG vorliegen.

Der Handel mit Optionen im Terminbörsenhandel unterscheidet sich vom Optionsscheingeschäft durch die Vornahme der Verbriefung.[247] Die Verbriefung an sich gewährleistet nur die Unterhaltung liquider Märkte durch Förderung der Umlauffähigkeit der Kapitalanlage[248] und lässt den ursprünglichen spekulativen Charakter des Geschäfts unberührt.[249] Wie auch im Bereich des Handels mit Optionsscheinen hofft man auf einen zu seinen Gunsten fallenden (Call) oder steigenden (Put) Kurs der zu beziehenden Aktie, Devise etc. Trotz der Vergleichbarkeit von einem Kauf eines Optionsscheins und dem Kauf einer Option an der Terminbörse, kann der Grad drohender Verlustgefahren divergieren. Grund hierfür ist gerade die Verbriefung. Denn durch diese wird der Bezugspreis der zugrundeliegenden Aktie von vornherein

244 *Schröder*, Handbuch Kapitalmarktstrafrecht, 2. Aufl. (2010), Rn. 816.

245 Vgl. *Schröder*, Handbuch Kapitalmarktstrafrecht, 2. Aufl. (2010), Rn. 828 f.; siehe oben Wertpapierterminoptionsgeschäfte, S. 46 ff.

246 Siehe hierzu schon oben, S. 24.

247 *Schröder*, Handbuch Kapitalmarktstrafrecht, 2. Aufl. (2010), Rn. 828 f.

248 *Ekkenga*, in: MüKo HGB, 2. Aufl., 2009, §§ 343–372, Effektenhandel, Rn. 26.

249 Vgl. *Schröder*, Handbuch Kapitalmarktstrafrecht, 2. Aufl. (2010), Rn. 828 f.

verbindlich festgelegt. Was die im Laufe der Handelbarkeit des Optionsscheins betreffende Marktsituation angeht, kann dem Optionsschein im Gegensatz zur Option am Terminmarkt somit eine gewisse Inflexibilität nachgesagt werden.[250]

Zwischen Börsen- und Bezugspreis kann es unter Umständen zu einer großen Differenz kommen, wenn z.B. der Kurs der veroptionierten Aktie kurz nach Emission des Scheins fällt, da der Schein in einer Hochphase emittiert wurde.[251] Der Bezugspreis der zugrundeliegenden Aktie wird in einem solchen Fall für die gesamte Restlaufzeit zumeist zu hoch angesetzt sein, wodurch die Attraktivität des Optionsscheins wiederum sinkt oder im schlimmsten Fall der Optionsschein völlig wertlos wird. Bei einem Kauf einer Option an den Terminbörsen wird sich der Bezugspreis zumeist nicht so stark vom aktuellen Börsenpreis entfernen, weswegen demzufolge die Eindeckung mit einer Option auf dem Terminmarkt u.U. weit risikoärmer sein kann.[252]

Da schon festgestellt werden konnte, dass der Kauf von Optionen an der Terminbörse unter gewissen Umständen ein Börsenspekulationsgeschäft darstellen kann,[253] muss dies erst recht gelten können, wenn sich das Risiko eines Totalverlustes beim Kauf von Optionsscheinen sogar als noch höher herausstellt. Anders kann es sich, wie auch im Bereich des Optionskaufs bei den Terminbörsen, verhalten, wenn die Intention des Optionsscheinkäufers z.B. im Wege eines Put nur Ausprägung kaufmännischer Vorsicht ist.[254]

Bei Vorliegen eines Parallelmarktes an den organisierten Terminbörsen im Bereich der Optionsscheingeschäfte geht *Schröder* von folgender Faustformel bei Call-Optionsscheinen aus: „Optionsgeschäfte sind Börsenspekulationsgeschäfte gemäß § 26 Abs. 2 [BörsG], wenn der Bezugspreis der zugrundeliegenden Aktie, Devise usw. im Zeitpunkt des Erwerbs des Optionsscheins über dem aktuellen Aktien- bzw. Devisenkurs usw. liegt **und** die Restlaufzeit des Optionsscheins im Zeitpunkt des Kaufes nicht die maximale Laufzeit von Optionen an der Terminbörse überschreitet".[255]

---

250 Vgl. *Schröder*, Handbuch Kapitalmarktstrafrecht, 2. Aufl. (2010), Rn. 825 f.

251 Vgl. *Schröder*, in: Achenbach/Wannemacher, Beraterhandbuch zum Wirtschafts- und Steuerstrafrecht, § 24 II Rn. 81.

252 *Schröder*, in: Achenbach/Wannemacher, Beraterhandbuch zum Wirtschafts- und Steuerstrafrecht, § 24 II Rn. 81.

253 Siehe hierzu oben, S. 46 f.

254 Siehe hierzu oben, S. 29 f., 45 f.

255 *Schröder*, in: Achenbach/Ransiek, Handbuch Wirtschaftsstrafrecht, 3. Aufl. (2011), 10. Teil, Rn. 267 f.; so auch schon in *Schröder*, Aktienhandel und Strafrecht, 1994, S. 98; *Schröder*, Handbuch Kapitalmarktstrafrecht, 2. Aufl. (2010), Rn. 828 f.; *Schröder*, in: Achenbach/Wannemacher, Beraterhandbuch zum Wirtschafts- und Steuerstrafrecht, § 24 II Rn. 81.

Zur Bestimmung des Vorliegens eines Börsenspekulationsgeschäfts kommt neben der Notwendigkeit der Eruierung des Bezugspreises demzufolge noch ein temporäres Element hinzu.[256] Durch die Einbeziehung des temporären Elements wird die Risikolage des Optionsscheinkaufs mit dem Optionskauf an der Terminbörse vergleichbar, wodurch die Bestimmbarkeit des Begriffs des Börsenspekulationsgeschäfts erleichtert wird.[257] Der Erwerb eines Optionsscheins mit einer darüber hinaus gehenden Laufzeit gleicht vielmehr dem Erwerb eines Rentenpapiers oder einer Aktie, denn aufgrund der noch verbleibenden Zeit kann der Erwerber des Papiers zumeist Kurseinbrüche überbrücken.[258] Zwar spekuliert der Erwerber zu jedem Zeitpunkt des Optionsscheinkaufs auf einen Gewinn, welchen er aufgrund intertemporärer Preisunterschiede zu erwirtschaften hofft, jedoch muss noch zwingend die im Spekulationsgeschäft *spezifische Gefahrenlage* vorhanden sein, durch welche sich das Geschäft von „normal" spekulativen Börsengeschäften unterscheidet.[259]

Vom Straftatbestand nach §§ 49, 26 BörsG werden lediglich Börsenspekulationsgeschäfte erfasst, nicht aber alle an der Börse spekulativen Geschäfte, zu denen z.B. auch jeder Aktienkauf gezählt werden kann.

Sind die Voraussetzung dieser Faustformel gegeben, so lässt sich das vorliegende Geschäft als ein Börsenspekulationsgeschäft im Sinne des Straftatbestandes bestimmen. Dies gilt zumindest uneingeschränkt für den Bereich der Call-Optionsscheine. Die spezifische Gefahrenlage tritt im Fall der Call-Optionsscheine gerade dann ein, wenn die Restlaufzeit des Optionsscheins im Zeitpunkt des Kaufes nicht die maximale Laufzeit von Optionen an der Terminbörse überschreitet.

Ausschlaggebend ist hierbei gerade nicht, dass der Bezugspreis über dem aktuellen Aktienkurs liegt. Denn selbst im Fall, dass der Bezugspreis unter dem der Aktie liegt, droht ein ebenfalls hohes Verlustrisiko.[260] Der Optionsschein wird in einem solchen Fall höher notieren als ein Optionsschein, bei welchem der Bezugspreis über dem der Aktie liegt. Fällt der Kurs der zugrundeliegenden Aktie im Laufe der Zeit nur knapp über das Niveau des Bezugspreises, so verliert der Optionsschein deutlich an Wert. Zu einem Totalverlust wird es nur kommen, wenn die Börsennotiz auf oder unter das Niveau des Bezugspreises rutscht.

256 Vgl. *Schröder*, Aktienhandel und Strafrecht, 1994, S. 98.

257 Vgl. *Schröder*, Handbuch Kapitalmarktstrafrecht, 2. Aufl. (2010), Rn. 828 f.

258 Vgl. *Schwintowski*, ZIP 1988, 1021, 1025 f.

259 Siehe oben zur Erläuterung der Notwendigkeit des Vorliegens der tatbestandsspezifischen Gefahrenlage, S. 25 ff.

260 Vgl. *Schröder*, Aktienhandel und Strafrecht, 1994, S. 98.

Die Wahrscheinlichkeit eines Totalverlustes ist hierbei jedoch geringer als bei einem Optionsschein, bei welchem der Bezugspreis höher liegt als die zugrundeliegende Aktie, Devise etc. Denn der Optionsscheininhaber besitzt im Zeitpunkt des Geschäftsabschlusses die Aussicht, die Aktien günstiger als auf dem Aktienmarkt beziehen und dort wieder teurer veräußern zu können.[261]

Im Bereich der Put-Optionsscheine kann die Faustformel nicht entsprechend angewendet werden. Es liegt hierbei kein Börsenspekulationsgeschäft vor. Der Erwerb einer Option Aktien, Devisen etc. zu einem zuvor festgelegten Preis innerhalb einer bestimmten Frist veräußern zu können, stellt schon keine Spekulation sondern eher eine Absicherung dar. Die Gefahr eines Kaufes einer Put-Option ist nicht mit dem Kauf einer Call-Option vergleichbar, denn der Käufer einer Put-Option weiß zum Kontraktzeitpunkt exakt, zu welchem Mindestpreis er innerhalb der Laufzeit der Option veräußern kann.

Der Optionsscheinkäufer wird je nach Marktlage einen von zwei möglichen Wegen einschlagen. Entweder er übt seine Option aus, da der am Ende der Restlaufzeit herrschende Börsenkurs der zugrundeliegenden Aktie, Devise etc. unter dem Veräußerungspreis, welcher im Zeitpunkt des Erwerbs des Optionsscheins vereinbart wurde, liegt. Hierdurch gelingt es dem Käufer der Put-Option einen Gewinn zu erwirtschaften. Oder der Kurs liegt am Ende der Restlaufzeit über dem Veräußerungspreis, welcher im Zeitpunkt des Erwerbs des Optionsscheins vereinbart wurde, und der Käufer der Put-Option kann dann sein Optionsrecht verfallen lassen und die im Optionsschein zugrundeliegenden Aktien, Devisen etc. am Kassamarkt veräußern. Hierbei wird der Käufer der Put-Option den für ihn profitabelsten Weg wählen.

Anders ist die Konstellation beim Käufer der Call-Option. Fällt der aktuelle Aktien- bzw. Devisenkurs unter den Bezugspreis, so droht ihm ein Totalverlust. Eine spezifische Gefahrenlage kann demzufolge nur beim Kauf eines Call-Optionsscheins festgestellt werden.

Im Bereich des Optionsscheinhandels sind aber auch Hedgegeschäfte denkbar. Diese stellen, wie auch sonst, keine Börsenspekulationsgeschäfte dar. Bei Hedgegeschäften herrscht gerade der Wunsch vor, Transaktionen möglichst gegen Risiken, welche durch Veränderungen der Rohstoffpreise oder durch Wechselkursschwankungen entstehen können, abzusichern.[262]

So kann Beispielsweise ein Lieferant Wechselkursschwankungen entgegenwirken, indem er den noch zu erhaltenden Kaufpreis in einer bestimmten Währung

261 Vgl. *Schröder*, Aktienhandel und Strafrecht, 1994, S. 98.

262 Siehe oben, S. 37.

durch Kauf eines Put- Devisenoptionsscheins sichert, wodurch diesem das Recht eingeräumt wird, zu einem bestimmten Kurs die noch zu erhaltende Fremdwährung in einem bestimmten Zeitraum verkaufen zu können.

c) Selbständige Optionsscheine

Selbständige Optionsscheine werden im Gegensatz zu unselbständigen Optionsscheinen nicht von einer Anleihe abgetrennt.[263] Einfache selbständige Optionsscheine werden oft auch als „Standard-Optionsscheine“[264] oder auch „Plain Vanilla Warrants“[265] bezeichnet.

Der Markt wird heute von selbständigen Optionsscheinen dominiert.[266] Hierbei sind unzählige Untervarianten auswendig zu machen. Einen entscheidenden Einfluss dieser Trendwende scheint die Einführung der sogenannten covered bzw. naked warrants gehabt zu haben.[267]

Covered Warrants (gedeckte Optionsscheine) können als Basiswert unterschiedliche Bezugsgrößen, wie z.B. Aktien, Devisen, Index, Anleihen, Währung, Baskets[268] besitzen.[269] Die Optionsscheine werden als „gedeckt“ bezeichnet, weil die Emittenten ihr Sicherungsgeschäft mit existierenden Beständen des jeweils

---

263 Vgl. *Schlüter*, Börsenhandelsrecht, 2. Aufl. (2002), B. Rn. 46.

264 *Weyand*, Handbuch HSBC- Trinkaus „Zertifikate und Optionsscheine“, 11. Aufl., Oktober 2010, S. 41.

265 *Dr. Lothar Lemnitzer,* Wissenschaftlicher Mitarbeiter am Seminar für Sprachwissenschaft der Universität Tübingen vermutet, dass der Ursprung des Ausdrucks in den 60er oder 70er Jahren aus den Südstaaten der USA in Umlauf gekommen ist. Dort scheint Eiscreme mit Vanillegeschmack die Standardsorte zu sein, und so sei „Plain Vanilla“, zunächst als Bezeichnung für die Standardausführung von Eiscreme entstanden und dann auf die Standardausführung anderer Dinge übertragen worden: „a plain vanilla X“. Im Deutschen scheine sich dieser Ausdruck nur in der Börsensprache etabliert zu haben, als Bezeichnung für ein Standardwertpapier ohne irgendwelche Besonderheiten; Erklärung zu finden über http://www.wissenschaft-im-dialog.de/aus-der-forschung/wieso/detail/browse/2/article/woher-stammt-der-begriff-plain vanilla.html?tx_ttnews%5Bback Pid%5D=87&cHash=1c87d70d4f.

266 Vgl. *Weyand*, Handbuch HSBC- Trinkaus „Zertifikate und Optionsscheine“, 11. Aufl., Oktober 2010, S. 42.

267 Vgl. *Schröder*, Handbuch Kapitalmarktstrafrecht, 2. Aufl. (2010), Rn. 817.

268 Hierbei kann auf die Entwicklung von einer ganz bestimmten Branche oder von Ländern gesetzt werden. Es wird hierfür ein Korb mit Aktien zusammengestellt, welcher ausschließlich die gewünschten Branchen oder Länder berücksichtigt.

269 Vgl. *Schlüter*, Börsenhandelsrecht, 2. Aufl. (2002), B. Rn. 46.

im Optionsschein zugrundeliegenden Basiswertes vornehmen.[270] Somit bezieht der Emittent zugleich die Stellung des Stillhalters.[271] Muss der Stillhalter sich die Basiswerte noch am Markt beschaffen, spricht man von naked warrants.[272]

Die Emittierung solcher Optionsscheine dient im Gegensatz zum unselbständigen Optionsschein nicht mehr der Unternehmensfinanzierung im Wege einer bedingten Kapitalerhöhung, sondern als Sicherungsgeschäft auf Seiten des Emittenten und als reines Spekulationspapier auf Seiten der Optionsscheinkäufer.[273] Es fehlt mithin am Bezug zur Optionsanleihe.[274]

Demzufolge liegt auf Seite des Stillhalters als Veräußerer eines *covered* warrant kein Börsenspekulationsgeschäft im Sinne des Straftatbestandes vor. Seine emittierten Optionsscheine werden mittels der veroptionierten Aktien gedeckt.[275] Da hierbei die Konstruktion und Zweckbestimmung dem reinen Optionsrecht gleicht,[276] ist wie auch bei der Veräußerung eines Calls, kein spekulativer Charakter ausfindig zu machen. Wird die Option ausgeübt, so erhält der Emittent der Optionsscheine neben der stets zu entrichtenden Prämie den im Kontrakt zugrundegelegten Basispreis. Auch konnte er zudem im Laufe der Zeit an einer mögliche Dividendenausschüttung partizipieren. Der Emittent kennt mithin zum Kontraktzeitpunkt den „worst case". Lässt der Optionsscheinkäufer die Option verfallen, so kann er den im Kontrakt zugrundegelegten Basiswert und die zu entrichtende Prämie behalten. Eine Spekulation im Sinne des Straftatbestandes geht er gerade nicht ein.

Das kann bei **naked warrants** wiederum anders sein. Hierbei muss der Stillhalter die im Kontrakt zugrundegelegten Basiswerte noch am Markt beschaffen. Wie bei den naked short sales[277] geht der Optionsscheinverkäufer das Risiko ein, sich am Markt nicht oder nicht gewinnbringend eindecken zu können. Somit hofft er im Kontraktzeitpunkt auf einen Gewinn, welchen er aufgrund intertemporärer

---

270 Vgl. *Weyand*, Handbuch HSBC- Trinkaus „Zertifikate und Optionsscheine", 11. Aufl., Oktober 2010, S. 42.

271 *Schröder*, in: Achenbach/Ransiek, Handbuch Wirtschaftsstrafrecht, 3. Aufl. (2011), 10. Teil, Rn. 265.

272 *Jung*, in Fuchs, WpHG Kommentar, 2009, Vor §§ 37e und 37g Rn. 72 f.; *Assmann*, in: Assmann/Schneider, WpHG Kommentar, 6. Aufl. (2012), § 2 Rn. 31; *Schlüter*, Börsenhandelsrecht, 2. Aufl. (2002), B. Rn. 48.

273 Vgl. *Schröder*, Handbuch Kapitalmarktstrafrecht, 2. Aufl. (2010), Rn. 818 f.

274 Vgl. *Schröder*, Handbuch Kapitalmarktstrafrecht, 2. Aufl. (2010), Rn. 818 f.

275 *Schröder*, Handbuch Kapitalmarktstrafrecht, 2. Aufl. (2010), Rn. 818 f.

276 Vgl. *Schlüter*, Börsenhandelsrecht, 2. Aufl. (2002), B. Rn. 46.

277 Siehe hierzu oben, S. 51 f.

Preisunterschiede zu erwirtschaften hofft. Der Verkauf der Optionsscheine stellt für den Emittenten ein Kassageschäft dar. Der spezifisch spekulative Charakter liegt nur dann vor, wenn zusätzlich ein temporäres Element hinzukommt, sprich, wenn der jeweils zu besorgende Basiswert innerhalb einer Frist beschafft werden muss, welcher nicht die maximale Laufzeit von Optionen an der Terminbörse überschreiten darf. Die oben genannte Faustformel für Call-Optionsscheine kann hierbei entsprechend angewandt werden.

Hierbei kommt es wiederum darauf an, ob der Optionsschein im „amerikanischen" oder „europäischen" Stil ausgestaltet wurde. Der Unterschied zwischen den beiden Optionsscheinarten besteht nicht in der Herkunft des jeweiligen Optionsscheins, sondern im möglichen Ausübungszeitpunkt. Bei einer Verkaufsoption erhält der Käufer dieser die Wahlmöglichkeit, innerhalb einer bestimmten Frist **(amerikanischer Stil)** oder zu einem bestimmten zukünftigen Zeitpunkt **(europäischer Stil)** den im Kontrakt enthaltenen Basiswert veräußern zu können.[278] Optionsscheine nach dem *europäischen* Stil dürfen daher nur am letzten Tag der Laufzeit des Optionsscheins ausgeübt werden, während Optionsscheine nach dem *amerikanischen* Stil jederzeit während der Laufzeit des Optionsscheins ausgeübt werden können.

Bei einem naked warrant im *europäischen* Stil muss der *Verkäufer* des Call-Optionsscheins den im Kontrakt zugrundeliegenden Basiswert spätestens bis zur möglichen Optionsausübung auf dem Markt bezogen haben, sprich bis zu dem im Kontrakt vereinbarten bestimmten zukünftigen Zeitpunkt. Überschreitet die verbleibende Frist nicht die maximale Laufzeit von Optionen an der Terminbörse, so lässt sich das temporäre Element - als Ausprägung der spezifischen Gefahrenlage- des Eindeckungsgeschäfts mit der Gefahrenlage eines Optionsgeschäfts auf dem Terminbörsenhandels vergleichen. Dementsprechend stellt für den Veräußerer eines naked warrants im europäischen Stil in diesem Fall, die Veräußerung des Call-Optionsscheins ein Börsenspekulationsgeschäft dar.

Für den Veräußerer eines naked warrants im *amerikanischen* Stil muss dies erst recht gelten können. Dieser muss gerade damit rechnen, dass die im Optionsschein enthaltene Option zu *jederzeit* ausgeübt werden kann. Spiegelbildlich wird hierdurch allerdings auch der Spekulationscharakter für den Käufer eines naked warrants auf Grund der Möglichkeit der jederzeitigen Ausübbarkeit gemindert.[279]

Zur Bestimmung, ob ein Börsenspekulationsgeschäft auf Seiten des *Käufers* des Standard-Optionsscheins vorliegt, kommt es wiederum auf seine

278 Vgl. KG BKR 2001, 42, 49.
279 Siehe hierzu oben, S. 46.

Intention an.[280] So kann z.B. durch den Kauf eines Put-Optionsscheins gerade nur der bestehende Aktienkurs bzw. das bestehende Zinsniveau der Anleihe abgesichert werden wollen.[281] Der Käufer kann somit seine Börsengeschäfte und seine diesbezüglichen Strategien besser im Voraus planen. Dieses Vorgehen stellt keine Spekulation dar und kann mithin nicht als tatbestandsmäßig qualifiziert werden.

Ein Börsenspekulationsgeschäft kann dann aber vorliegen, wenn kein Sicherungsgeschäft sondern ein Spekulationsgeschäft angestrebt wird. Geht die Intention des Anlegers dahin, einen Gewinn durch einen fallenden Kurs des zugrundeliegenden Basiswertes erwirtschaften zu wollen und können die durch den long put erworbenen Optionsscheine nur noch innerhalb einer Frist veräußert werden, welche nicht die maximale Laufzeit von Optionen an der Terminbörse überschreiten darf, so liegt ein Börsenspekulationsgeschäft im Sinne des Straftatbestandes vor.

Da die Bestimmung des Vorliegens eines Börsenspekulationsgeschäfts beim Handel mit Standard-Optionsscheinen anhand verschiedener Kriterien, wie short call, long call, short put, long put, naked warrants, covered warrants, Käufer- Verkäuferperspektive, Intention und temporäres Element vorzunehmen ist, bietet sich eine Vielzahl an Kombinationsmöglichkeiten, welche zum besseren Verständnis im folgenden Schaubild beispielhaft wiedergegeben werden.

Diese Feststellungen können grundsätzlich auf alle Standard-Optionsscheine übertragen werden, unabhängig von dem im jeweiligen Kontrakt enthaltenen Basiswert.[282] Der Optionsscheinmarkt stellt aufgrund der Tatsache, dass Optionsrechte der Terminbörsen lediglich verbrieft werden, ein Spiegelbild der Optionsmärkte dar.[283] Ausnahmen gelten sowohl für die in den letzten Jahren immer mehr aufkommenden, teilweise hochspekulativen „exotischen Optionsscheine“, welche weiter unten einer näheren Untersuchung bedürfen[284] und als auch für die gleich darzustellenden Index-Optionsscheine.

Im Laufe der Zeit entwickelten sich verschiedene Ausprägungen der Standard-Optionsscheine. Diese Verschiedenartigkeit resultiert wiederum aus einer Bezugnahme auf eine Vielfalt vorhandener Basiswerte.

---

280 Siehe oben S. 29, 45 f.

281 Vgl. oben S. 46; vgl. auch *Schröder*, in: Achenbach/Ransiek, Handbuch Wirtschaftsstrafrecht, 3. Aufl. (2011), 10. Teil, Rn. 258.

282 Außer bei Indizes, siehe hierzu gleich unten.

283 Vgl. *Schröder*, Handbuch Kapitalmarktstrafrecht, 2. Aufl. (2010), Rn. 824.

284 Siehe unten, S. 70 ff.

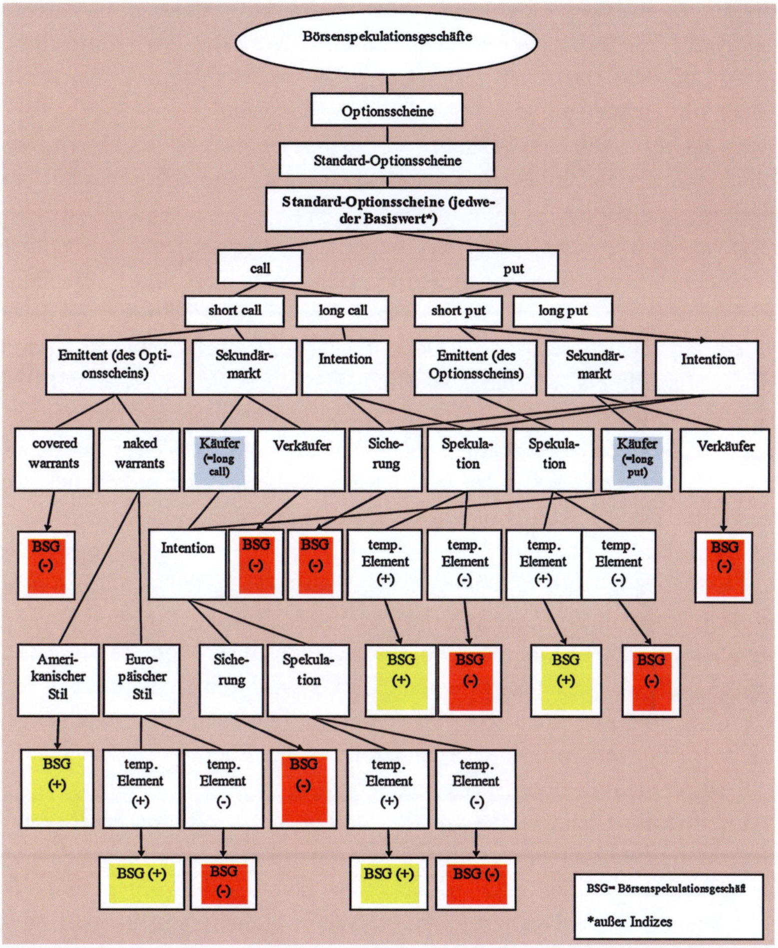

d) Index-Optionsscheine

Besonders hervorzuheben sind hierbei die sogenannten Index-Optionsscheine.

So kann z.B. ein Index als Basiswert herangezogen werden, wodurch der Anleger das Recht kauft, einen bestimmten Index (DAX, Nikkei, Dow Jones, CDAX etc.) innerhalb eines bestimmten Zeitraums zu einem bestimmten Preis, welcher sich aus dem jeweiligen Indexstand ergibt, kaufen zu können.[285] Entwickelt sich der Kurs zu Gunsten des Index-Optionsscheinkäufers und übt dieser sein Optionsrecht

285 Vgl. *Schröder*, Handbuch Kapitalmarktstrafrecht, 2. Aufl. (2010), Rn. 820.

aus, so kann er, mangels Möglichkeit einer effektiven Lieferung, die Auszahlung der positiven Differenz zwischen dem aktuellen Kurs des Basiswertes am Ausübungstag und dem Basiskurs verlangen.[286] Der Index-Optionsschein kann, wie sonst auch, mit einem Call oder einem Put versehen sein.

Anders als bei einem Index- Future an der Terminbörse,[287] liegt beim Optionsscheinhandel, bei welchem als Basiswert ein Index dient, nicht immer ein Börsenspekulationsgeschäft vor.

So z.B. bei *Verkauf* eines Index- (call- oder put-) Optionsscheins vor Laufzeitende (Optionsschein im amerikanischen Stil).[288] Geht man hier „short", so mag man gerade nicht mehr auf einen Gewinn spekulieren, sondern vielmehr den bestehenden Punktestand „einfrieren", sprich sichern. Dies gilt sowohl wenn das Underlying einen Index darstellt als auch einen sonstigen Basiswert. Wie auch bei den Termingeschäften, muss aber stets auf die Intention des Anlegers geachtet werden.

Wobei die Intention bei Verkauf eines Index- (call- oder put-) Optionsscheins vor Laufzeitende, *automatisch* auf den Wunsch der Sicherung des bestehenden Index-Standes deutet. Dem Verkäufer bleibt schon zu Beginn des Verkaufs nicht die Möglichkeit zu spekulieren oder zu sichern, sondern mit der Eingehung des Geschäfts macht er konkludent deutlich, dass er in einen „sicheren Hafen" einfahren möchte.

Der *Kauf* eines Index- (Call-) Optionsscheins stellt wiederum stets ein Börsenspekulationsgeschäft im Sinne des Straftatbestandes dar, wenn die Voraussetzungen des temporären Elements vorliegen. Hierbei wird lediglich auf einen Gewinn spekuliert, welcher aus einem zu seinen Gunsten fallenden (Put) oder steigenden (Call) Kurs des jeweils zugrundeliegenden Index resultieren soll. Auch ist in diesem Fall die Vornahme eines Hedgegeschäfts, anders als z.B. bei dem Kauf eines Call- Aktien-Optionsscheins, bei welcher der Halter der Aktien durch einen Put nur den bestehenden Kurs hedgen mag, nicht denkbar.

Eine wie auch immer geartete Intention des Käufers eines Call- Index-Optionsscheins ist hierbei nicht relevant, denn eine Sicherung in diesem Fall ist, im Gegensatz zum Kauf eines Call-Optionsscheins mit jedweden anderen zugrundeliegenden Basiswert, nicht vorstellbar.[289] Dieser Umstand resultiert aus der Tatsache,

---

286 Vgl. *Weyand*, Handbuch HSBC- Trinkaus „Zertifikate und Optionsscheine", 11. Aufl., Oktober 2010, S. 43.

287 Siehe hierzu oben S. 45 ff.

288 Siehe oben, S. 65.

289 Bei einem Kauf eines Call-Optionsscheins (mit jedwedem anderen Basiswert), ist die Intention des Anlegers stets auf Sicherungs- (kein Börsenspekulationsgeschäft) oder Spekulationsabsicht (Börsenspekulationsgeschäft bei Vorliegen des temporären Elements) zu untersuchen; siehe hierzu auch das obige Schaubild.

dass eine effektive Lieferung des zugrundeliegenden Basiswertes nicht möglich ist. Eine Planbarkeit ex ante, wie z.B. bei einem Rohstoff als Basiswert ist nicht möglich. Bei einem Rohstoff als Basiswert des jeweiligen Call-Optionsscheins, besitzt man die Gewissheit diesen zu einem bestimmten Zeitpunkt gewiss beziehen zu könne. Dieses Vorgehen kann durchaus Ausdruck kaufmännischer Vorsicht sein.

Wie oben bei den Standard-Optionsscheinen,[290] soll in der folgenden Grafik beispielhaft veranschaulicht werden, wann ein Handel mit einem Index-Optionsschein ein Börsenspekulationsgeschäft darstellen kann. Die Bestimmung des Vorliegens eines Börsenspekulationsgeschäfts hat auch hier anhand verschiedener Kriterien, wie short call, long call, short put, long put, Käufer- Verkäuferperspektive und temporäres Element stattzufinden:

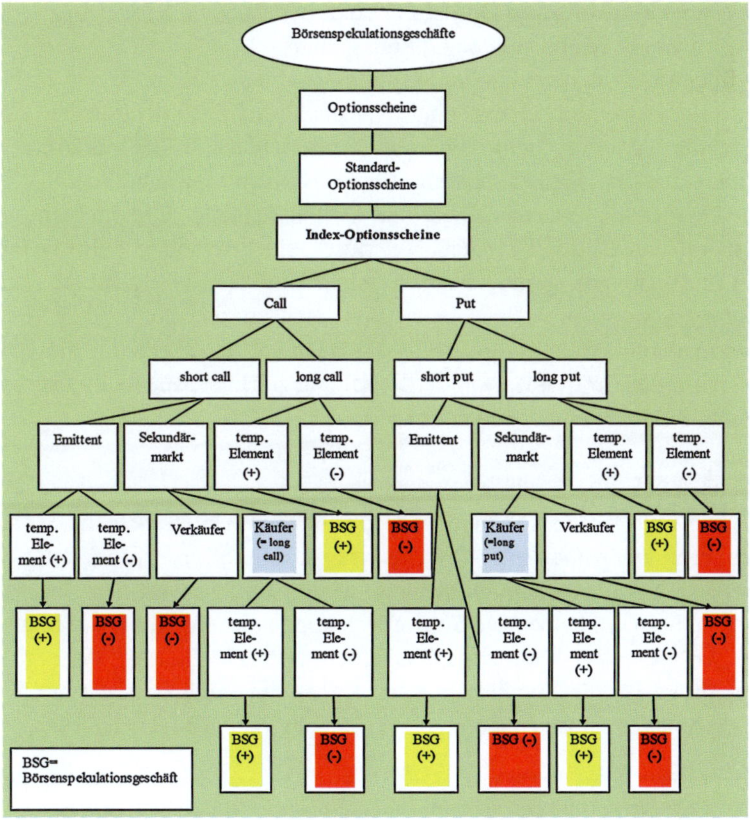

---

290 Siehe oben, S. 63 ff.

Die Bestimmung des Vorliegens eines Börsenspekulationsgeschäfts im Rahmen der Standard-Optionsscheine bzw-. Index-Optionsscheine muss, wie in beiden Übersichten gezeigt, anhand verschiedener Kriterien vorgenommen werden. Hierbei kommt es stets darauf an, aus welchem Blickwinkel man das jeweilige Optionsscheingeschäft betrachtet.

Ein Börsenspekulationsgeschäft liegt stets dann nicht vor, wenn ein Sicherungsgeschäft von vornherein geplant und auch wirtschaftlich möglich ist, das temporäre Element nicht vorliegt oder ein Börsenspekulationsgeschäft aufgrund der Natur des Geschäfts gar nicht erst vorliegen kann.

e) Exotische-Optionsscheine

Die Bestimmung des Vorliegens eines Börsenspekulationsgeschäfts im Bereich der sogenannten „exotischen Optionsscheine“ bedarf, vor allem hier, stets der Einzelfallbetrachtung des jeweiligen Optionsscheins.

Im Gegensatz zu den Standard-Optionsscheinen, stellt z.B. der Kauf eines Knock-out-Call-Optionsscheins ohne Rücksicht auf die Intention des Anlegers (vgl. Standard-Optionsscheine) und ohne Rücksicht auf ein temporäres- Element (vgl. Index-Optionsscheine) stets ein Börsenspekulationsgeschäft dar.

Die Möglichkeit Mechanismen bei Optionsscheinen einzurichten, um die Attraktivität von Optionsscheinen, v.a. durch die Erreichung höhere Hebelwirkungen und der Verringerung unerwünschter Einflüsse, wie z.B. der impliziten Volatilität, zu steigern, hat zu einer kaum noch zu überschauenden Vielfalt an Optionsscheinprodukten geführt. Im Folgenden soll einerseits auf die Gängigen aber auch für den Straftatbestand der Verleitung zu Börsenspekulationsgeschäften relevanten Produkte eingegangen werden.

aa) Knock- out Optionsscheinen

Bei Knock- out Optionsscheinen handelt es sich um Optionsscheine, welche mit einer sogenannten Knock-out Schwelle versehen sind. Diese Knock-out Schwelle bewirkt den Verfall des Optionsscheins, wenn der Basiswert den Basiskurs, an welchen zumeist die Knock-out Schwelle gekoppelt ist, innerhalb der Laufzeit der Option berührt, unter- (Call) bzw. überschreitet (Put).[291]

Hauptgrund für die Entwicklung von Knock-out Produkten war der Wunsch, die im Optionsschein zugrundeliegenden Hebelwirkungen zu verstärken.[292]

---

291 Vgl. *Schröder*, Handbuch Kapitalmarktstrafrecht, 2. Aufl. (2010), Rn. 824.

292 Vgl. *Weyand*, Handbuch HSBC- Trinkaus „Zertifikate und Optionsscheine“, 11. Aufl., Oktober 2010, S. 114.

Standard-Optionsscheine werden hierbei oft vom Zeitwert und der Volatilität negativ beeinflusst. Dies liegt daran, dass der im Optionsschein enthaltene Bezugspreis starr ist, was dazu führen kann, dass sich dieser von der späteren Preisentwicklung des Basiswertes weit entfernt.[293] Hierdurch verringert sich freilich der Wert des Optionsscheins. In Zeiten hoher impliziter Volatilität,[294] wie z.B. nach dem 11.09.2001, kam es vor, dass „aus dem Geld" oder auch „am Geld" liegende Optionsscheine trotzdem relativ teuer waren.[295] Sprich, obwohl der Basiskurs den Basiswert bei einem Call-Optionsschein unterschritt (aus dem Geld) bzw. glich (am Geld), konnte der Optionsschein einen relativ teuren Preis besitzen und war mithin nur schwer handelbar. Dieser Umstand war der impliziten Volatilität gedankt. Denn in Zeiten hoher impliziter Volatilität, also bei zukünftig zu erwartenden hohen Kursschwankungen, ist die Wahrscheinlichkeit eines zugunsten des Anlegers verlaufenden Kurses am Ende der Laufzeit seines Optionsscheins höher, als bei geringen Kursschwankungen.[296] Verläuft der Kurs wegen einer sich rückläufig einstellenden Volatilität in Zukunft trotzdem negativ, kann nur ein Totalverlust die Folge sein.

Im Geld liegende Warrants besaßen hingegen zwar einen inneren Wert, aber auch nur eine geringe Hebelwirkung.[297] Denn auch hier bleibt der Basiskurs bzw. Bezugspreis starr. Um eine möglichst hohe Hebelwirkung zu erzielen, muss sich der Basiswert nah am Basiskurs befinden.[298] Diese Feststellung resultiert aus der Formel für Hebel.[299] Hieraus ergibt sich, dass je näher der Basiswert am Basiskurs

---

293 *Schröder*, Handbuch Kapitalmarktstrafrecht, 2. Aufl. (2010), Rn. 825 f.

294 Die implizite Volatilität ist als ein Maß für die zukünftig zu erwartenden Kursschwankungen anzusehen, welche sich aus den aktuell quotierten Optionspreisen ableiten lässt, *Boos/Fischer/Schulte-Mattler*, Kreditwesengesetz, 3. Aufl. (2008), § 308 Rn. 20.

295 Vgl. *Weyand*, Handbuch HSBC- Trinkaus „Zertifikate und Optionsscheine", 11. Aufl., Oktober 2010, S. 81.

296 Vgl. *Weyand*, Handbuch HSBC- Trinkaus „Zertifikate und Optionsscheine", 9. Aufl., Dezember 2007, S. 34, 35.

297 Vgl. *Weyand*, Handbuch HSBC- Trinkaus „Zertifikate und Optionsscheine", 9. Aufl., Dezember 2007, S. 86.

298 Vgl. *Weyand*, Handbuch HSBC- Trinkaus „Zertifikate und Optionsscheine", 9. Aufl., Dezember 2007, S. 34, 35.

299 Hebel= Kurs des Basiswerts * Bezugsmenge/Preis des Optionsscheins; der Preis des Optionsscheins errechnet sich wiederum wie folgt: (Aktueller Aktienkurs (Basiswert) – Basiskurs (Bezugspreis)) * Bezugsmenge + Finanzierungskosten (Aufgeld); siehe hierzu *Weyand*, Handbuch HSBC- Trinkaus „Zertifikate und Optionsscheine", 9. Aufl., Dezember 2007, S. 43, 88 f.

liegt, desto geringer ist der Preis des Optionsscheins, wodurch aber auch automatisch die Hebelwirkung verstärkt wird.

Um zu gewährleisten, dass sich der Basiswert auch stets über (Call) bzw. unter (Put) dem Basiskurs bewegt, muss der Optionsschein mit einer Knock- out Schwelle versehen sein. Die implizite Volatilität kann dann kaum noch Einfluss auf die Preisbildung des jeweiligen Optionsscheins besitzen.

Hierzu sollten die absoluten Kursbewegungen des Basiswertes möglichst unverzerrt und somit 1:1 umgesetzt werden, um die Hebelwirkung verstärken zu können. Sollte im Laufe der Lebenszeit eines Call-Optionsscheins der Basiswert den Basiskurs dennoch berühren oder unterschreiten, so wird er schlicht „ausgeknockt". „Am leben" bleibt lediglich derjenige Call-Optionsschein, welcher einen über dem Basiskurs befindlichen Basiswert besitzt (bzw. einen unter dem Basiskurs befindlichen Basiswert, bei einem Put-Optionsschein).

Durch den Einbau eines Knock-out Mechanismus im Rahmen der Optionsscheine gelingt es, den Optionsmarkt an der Terminbörse nachzubilden. Die Einrichtung einer Knock- out Schwelle dient hierzu als Hilfskonstrukt.

Geschäfte mit Call-Optionsscheinen, welche solch einen Knock-out installiert haben, stellen stets Börsenspekulationsgeschäfte im Sinne des Straftatbestandes dar.

Durch den Handel mit einem Knock-out-Optionsschein ist der Wunsch eines wie auch immer geartete Sicherungsgeschäfts nicht vorstellbar. Sowohl ein short put als auch ein long call stellen unabhängig von einem temporären Element oder der Intention des Anlegers stets ein Börsenspekulationsgeschäft dar. Dieser Umstand resultiert daraus, dass aufgrund der Volatilität des jeweiligen Kurses eine Unter- bzw. Überschreitung der vorhandenen Knock-out Schwelle zu jedwedem Zeitpunkt der Laufzeit des Optionsscheins möglich ist, sprich ein Verfall und die damit einhergehende Wertlosigkeit des Optionsscheins zu jedem Zeitpunkt einhergehen kann. Das temporäre Element, sprich die spezifische Gefahrenlage des Optionsscheins, ist zu jedwedem Zeitpunkt vorhanden und auch im Vergleich zu einem Optionsgeschäft an der Terminbörse erhöht.

Hieran ändert sich auch nichts, wenn eine sogenannten **Stop-Loss Schwelle** eingerichtet wird. Eine Stop-Loss Order dient als Barriere, bei deren Über- oder Unterschreiten der Optionsschein vorzeitig veräußert werden soll, um einen möglichen Totalverlust zu entgehen oder einen Gewinn abzusichern. Hierbei wird lediglich die maximale Verlusthöhe bzw. Gewinnhöhe im Vorhinein festgelegt.

Allerdings ist auch durch Errichtung solcher Kursbarrieren ein Sicherungsgeschäft nicht konstruierbar. Denn bei z.B. einem Call-Optionsschein ist ein Kurseinbruch bzw. die Unterschreitung der Stop-Loss- Schwelle jederzeit möglich, wodurch der Optionsschein ebenso ausgeknockt wird und zumeist nahezu wertlos verfällt.

Zwar ist (zumindest) theoretisch die Einrichtung einer unteren Stop-Loss Schwelle vorstellbar, bei deren Erreichung der Anleger den Verlust noch durchaus im Rahmen des Erträglichen empfindet, sprich die Errichtung einer solchen Barriere für den Anleger selbst als Sicherung angesehen wird. Dies ändert jedoch nichts an der Einstufung als Börsenspekulationsgeschäft, denn die Gefahrenlage eines solchen Geschäfts ist aufgrund der zeitlichen Komponente, wie auch bei einem Knock-out, stets immanent. Möchte man z.B. seinen Aktienbestand durch einen Kauf eines Put-Optionsscheins sichern, so bewirkt eine Knock- out Schwelle, dass ein Verkauf ab dem Zeitpunkt der Überschreitung des Basiskurses durch den Basiswert nicht mehr möglich wäre, wodurch der Optionsschein verfällt. Die Einrichtung einer Stop-Loss Order kann wiederum nur den absoluten Verlust verhindern, eine Sicherung jedoch ebenso nicht mehr bewirken, wenn der Schwellenwert überschritten wird. Die Möglichkeit der Begrenzung eines Maximalverlustes durch Errichtung einer künstlichen Barriere begrenzt nur den Schadensumfang, macht das Geschäft aber nicht zu einem Sicherungsgeschäft. Auch hier spekuliert der Anleger lediglich auf einen Gewinn, welchen er aufgrund intertemporärer Preisunterschiede erwirtschaften möchte und versucht hierbei nur sein maximales Verlustrisiko zu minimieren.

Anders kann die Bewertung als Börsenspekulationsgeschäft auch nicht bei einem sogenannten **Down-and–out-Put** ausfallen. Bei einem Down-and-out Optionsschein wird eine Knock-out-Schwelle eingerichtet, welche bei Unterschreitung des Basiswertes den Optionsschein wertlos verfallen lässt.[300] Bei dieser Optionsscheinvariante kann die Absicherung zwar durch einen Put erfolgen, die Position wird aber automatisch aufgelöst, wenn der Basiswert einen Kursrückgang erfährt und dabei die gesetzte Kursschwelle unterschreitet.[301] Hierdurch kann z.B. der Aktienbestand bei Unterschreitung nicht mehr gesichert und ein Totalverlust nicht mehr verhindert werden.

Diese Vorgehensweise ähnelt auch nicht der Absicherungsmöglichkeit durch den Erwerb eines Long-Put *Standard*-Optionsscheins. Der Unterschied ist, dass bei dem Standard-Optionsschein die Position, je nach den Optionsscheinbedingungen, am Ende der Laufzeit (europäische Version) oder zu jederzeit zum jeweils günstigsten Zeitpunkt (amerikanische Version) aufgelöst werden *kann*. Dagegen wird bei einem Knock-out-Optionsschein in Form eines Down-and-out-Puts die Position *automatisch* aufgelöst, was nicht mehr zu verhindernde Verluste zur

300 Vgl. *Rudolph/Schäfer*, Derivative Finanzmarktinstrumente, 2. Aufl. (2010), S. 355.

301 Vgl. *Weyand*, Handbuch HSBC- Trinkaus „Zertifikate und Optionsscheine", 9. Aufl., Dezember 2007, S. 70 f.

Folge hat. Über diese unterschiedliche Sicherungsmodalitäten muss sich der Anleger bewusst sein. Der Sicherungsgedanke bei beiden Varianten ist nicht der Gleiche. Bei einem Down-and-out-Put liegt stets ein Börsenspekulationsgeschäft vor. Bei einem Kauf eines Put-Optionsscheins kommt es zu förderst auf die Intention des Anlegers an.[302]

Die Knock-out-Optionsscheine können zu der Familie der **„Barrier"-Optionsscheine** gezählt werden. Diese bieten die Möglichkeit, dass ihr Optionsrecht infolge des Erreichens eines bestimmten Schwellenkurses (Barriere) durch den Basiswert entweder erst aktiviert werden muss („Knock-in"-Optionsschein) oder, wie oben erörtert, wertlos verfallen kann (Knock-out-Optionsscheine).[303] Aufgrund dieser Bedingung wird eine Planbarkeit des Geschäfts und somit die Vornahme eines Sicherungsgeschäfts von vornherein grundsätzlich nicht ermöglicht. Die Wertigkeit des Optionsscheins wird alleine von zukünftig ungewissen Ereignissen bestimmt und besitzt demnach lediglich spekulativen Charakter.

bb) Lookback- und Rainbow-Optionsscheine

Zu Börsenspekulationsgeschäften können auch all diejenigen exotischen Optionsscheine gezählt werden, welche dem Anleger eine ex ante Betrachtung gar nicht erst ermöglichen, da die Optionsmöglichkeit erst am Ende der Laufzeit des Optionsscheins offeriert wird. Zu nennen sind im diesem Zusammenhang die sogenannten „Lookback"- und „Rainbow"-Optionsscheine.

Bei den **Lookback-Optionsscheinen** wird der Basiskurs erst am Ende der Laufzeit festgelegt.[304] So erhalten Anleger mit einem Lookback-Optionsschein eine europäische Option, welche das Recht gewährt, am Ende der Laufzeit den Basiswert zum niedrigsten Kurs der Lookback- Periode zu kaufen (Call) bzw. den Basiswert zum höchsten Kurs der Lookback- Periode zu verkaufen (Put).[305]

Ähnlich verhält es sich mit den **Rainbow-Optionsscheinen**. Hierbei wird das Recht verbrieft, am Ende der Laufzeit einen von zwei oder mehreren Basiswerten (Two- oder Multi- Colour Rainbows) zu kaufen bzw. zu verkaufen, der den höheren (Best- of) bzw. niedrigeren (Worst- of) Ausübungswert hat.

---

302 Vergleiche zur Sicherung durch einen Standard-Optionsschein in Form eines long call die obige (erste) Grafik, S. 67.

303 Vgl. *Weyand*, Handbuch HSBC- Trinkaus „Zertifikate und Optionsscheine", 9. Aufl., Dezember 2007, S. 70.

304 *Rudolph/Schäfer*, Derivative Finanzmarktinstrumente, 2. Aufl. (2010), S. 355.

305 Vgl. *Weyand*, Handbuch HSBC- Trinkaus „Zertifikate und Optionsscheine", 9. Aufl., Dezember 2007, S. 75, 76.

Bei beiden Optionsscheinarten wird dem Anleger nicht ermöglicht, sein Optionsscheingeschäft von vornherein planen zu können, denn er weiß erst am Ende der Laufzeit, was er zu fordern berechtigt ist. Ein Sicherungsgeschäft ist von an Beginn an somit ausgeschlossen. Die Eingehung solcher Optionsscheingeschäfte ist jeweils mit der Hoffnung auf einen Gewinn aufgrund eines Zeitunterschiedes verbunden, wodurch stets ein Börsenspekulationsgeschäft angenommen werden muss.

cc) Compound-Optionsscheine

Jedoch auch im Bereich der exotischen Optionsscheine gibt es Produkte, bei welchen erst die Intention des Anlegers untersucht werden muss, um eine zutreffende Einordnung über das Bestehen eines Börsenspekulationsgeschäfts vornehmen zu können. Zu nennen sind hierbei beispielsweise „Compound"-Optionsscheine.

Compound-Optionsscheine sind Optionsscheine auf eine Option.[306] Hierbei erwirbt der Käufer eines Compound-Calls bzw.-Puts das Recht, nach einer bestimmten Zeit (Vorlaufzeit) eine vorab festgelegte Option zu einem vereinbarten Preis zu kaufen bzw. zu verkaufen.[307] Die Laufzeit eines Compound-Optionsscheins ist zumeist länger bemessen als eine Option am Terminmarkt.

Vor allem Anleger, welche ihr Aktiendepot gegen vermeintliche Kursrückgänge absichern möchten, aber einen entsprechenden Kursrückgang für unwahrscheinlich halten, werden hierfür Compound-Optionsscheine als attraktive Möglichkeit empfinden.[308] Hält der Anleger einen Kursrückgang für wahrscheinlich, so wird er eher sein Aktendepot am Kassamarkt abstoßen oder sich am Terminmarkt eine Put-Option besorgen.

Durch den Erwerb eines Compound-Calls auf einen Put, kann z.B. der Anleger noch im Nachhinein die Absicherung seines Portfolios zum Preis zu Beginn der Vorlaufzeit erwerben.[309] Der Anleger besitzt sonach ex ante lediglich die Intention, seinen Aktienbestand möglichst abzusichern.[310] Zu Beginn der Vorlaufzeit erlangt der Anleger die Gewissheit über eine Absicherung zu verfügen, falls dies notwendig wird. Tritt der Kursrückgang nach Laufzeit des Optionsscheins ein, so wird

---

306 Vgl. *Rudolph/Schäfer*, Derivative Finanzmarktinstrumente, 2. Aufl. (2010), S. 164; *Weyand*, Handbuch HSBC- Trinkaus „Zertifikate und Optionsscheine", 9. Aufl., Dezember 2007, S. 79.

307 Vgl. *Götte*, „Optionsscheine, Das Kompendium", 2001, Punkt 6.16., S. 106.

308 Vgl. *Götte*, „Optionsscheine, Das Kompendium", 2001, Punkt 6.16., S. 106.

309 *Weyand*, Handbuch HSBC- Trinkaus „Zertifikate und Optionsscheine", 9. Aufl., Dezember 2007, S. 79.

310 Vgl. *Rudolph/Schäfer*, Derivative Finanzmarktinstrumente, 2. Aufl. (2010), S. 164.

der Anleger die im Optionsschein verbriefte Put-Option wahrnehmen. Tritt der Kursrückgang nicht ein, so verfällt der Optionsschein zwar in Höhe der gezahlten Prämie, die jedoch im Vergleich zu einer Prämie eines Standard-Optionsscheins deutlich günstiger aus.[311]

Ein *solches* Vorgehen aufgrund kaufmännischer Vorsicht stellt, wie auch sonst, kein Börsenspekulationsgeschäft dar.

Compound-Optionsscheine dienen trotz der Möglichkeit der Einsetzung als Hedge, jedoch aufgrund der hohen Hebelwirkung auch zur gesteigerten Spekulation. Der im Vergleich zum Standard-Optionsschein erhöhte Hebel ergibt sich aus der geringeren Prämie des Optionsscheins.[312] So stellt z.B. der Kauf eines Compound-Call Optionsscheins, welcher ein Recht zur Beziehung einer Call-Option verbrieft, ein reines Spekulationsgeschäft dar, wenn es ausschließlich um eine Gewinnmaximierung gehen soll und das temporäre Element, sprich die im Optionsschein liegende spezifische Gefahrenlage, vorliegt.

dd) Quanto-Optionsscheine

Auch lassen sich auf dem Markt Optionsscheinvarianten entdecken, bei welchen die integrierten Mechanismen keine andere Bewertung bezüglich der Bestimmung des Vorliegens eines Börsenspekulationsgeschäfts bewirken, als bei den Standard-Optionsscheinen.

Zu solchen Optionsscheinarten können die sogenannten „Quanto"-Optionsscheine gezählt werden.

Bei dieser Optionsscheinart wird lediglich gewünscht, das bestehende Währungsrisiko, welches sich daraus ergibt, dass der Basiswert in einer anderen Währung notiert als die Option selbst, auszuschalten.[313] Hierzu wird zu Beginn der Optionslaufzeit der Wechselkurs zwischen der Währung, in welche die Option notiert, und die Währung, in die der Basiswert notiert, fixiert.[314] Am Ende der Laufzeit des Optionsscheins wird der innere Wert nach dem vereinbarten Wechselkurs umgerechnet und ausgezahlt.[315] Für die Sicherheit eines festen Wechselkurses muss zumeist, im Vergleich zu einem Standard-Optionsschein, ein erhöhter Preis geleistet werden.[316]

---

311 Vgl. *Götte*, „Optionsscheine, Das Kompendium", 2001, Punkt 6.16., S. 106.

312 Vgl. *Götte*, „Optionsscheine, Das Kompendium", 2001, Punkt 6.16., S. 106.

313 *Götte*, „Optionsscheine, Das Kompendium", 2001, Punkt 6.15., S. 105 f.

314 Götte, „Optionsscheine, Das Kompendium", 2001, Punkt 6.15., S. 105 f.

315 Vgl. *Rudolph/Schäfer*, Derivative Finanzmarktinstrumente, 2. Aufl. (2010), S. 355.

316 *Weyand*, Handbuch HSBC- Trinkaus „Zertifikate und Optionsscheine", 11. Aufl., Oktober 2010, S. 71.

Relevant zur Bestimmung des Vorliegens eines Börsenspekulationsgeschäfts ist, wie auch sonst bei Optionsscheinen, die Eruierung der Intention des Anlegers, die Ermittlung des temporären Elements und die Schadenswahrscheinlichkeit, nicht aber etwa die Höhe der Gewinnspanne.

Da sich bei dieser Optionsscheinart kein im Vergleich zu einem Standard-Optionsschein erhöhtes Verlustrisiko feststellen lässt, können nur die gleichen Grundsätze wie bei den Standard-Optionsscheinen herangezogen werden. An dieser Stelle sei auf die obigen Erläuterungen zu den Standard-Optionsscheinen verwiesen.[317]

ee) Power-Optionsscheine

Auch gibt es Optionsscheine, welche auf den ersten Blick Standard- Optionen ähneln, aber bei näherer Betrachtung ein um ein vielfach erhöhtes Risiko in sich bergen. Hierzu zählen z.B. „Power"-Optionsscheine. Die Investition in Power-Optionsscheine stellt grundsätzlich ein Börsenspekulationsgeschäft dar.

Bei den Power-Optionsscheinen wird eine Modifizierung im Vergleich zum Standard-Optionsschein dahingehend vorgenommen, dass sie zum Fälligkeitstag den quadrierten inneren Wert des Optionsscheins abwerfen, wobei die Höhe des Auszahlungsbetrages meistens auf einen Höchstbetrag begrenzt wird (mit einem sogenannten Cap).[318] Bei Unterschreitung des Basiskurses durch den Basiswert, verfällt der Power- Call, wie auch ein Standard-Optionsschein, und wird wertlos. Das Verlustrisiko scheint auch hier erst bei Unterschreitung des Basiskurses durch den Basiswert gegeben zu sein. Dieser Schein trügt jedoch. Denn Verluste lassen sich auch dann verzeichnen, wenn ein innerer Wert des Optionsscheins am Ende der Laufzeit zu verzeichnen ist, aber ein innerer Wert über eins nicht erreicht wird und der Anleger eine über das nun vorliegende „Guthaben" hinausgehende Prämie zahlen musste. Sprich, obwohl der Basiswert über den Basiskurs notiert, muss der Anleger bei einem Power- Call dennoch Verluste verzeichnen. Dieser Umstand resultiert aus der im Power- Call zugrundeliegenden Quadrierung des inneren Wertes.

Da hier z.B. eine Sicherung eines Aktiendepots mittels eines Power-Puts, aufgrund der Unvorhersehbarkeit der zukünftigen Entwicklung des Basiswertes reine Spekulation wäre, muss ein Börsenspekulationsgeschäft vorliegen. Insgesamt lassen sich für einen Power-Optionsschein auch keine anderen Beweggründe und Verwendungsarten als die Spekulation konstatieren.

---

317 Siehe oben, Standard-Optionsscheine, S. 63 ff.

318 Vgl. *Götte*, „Optionsscheine, Das Kompendium", 2001, Punkt 6.4., S. 82.

ff) Weitere exotische Optionsscheine als reine Spekulationsgeschäfte

Diese Feststellung lässt sich ebenso auf „Ladder"-, „Digital"-, „Range"- und „Average"-Optionsscheine übertragen.

Auch **„Ladder"-Optionsscheine** („Leiter-Optionsscheine") scheinen auf den ersten Blick für den Anleger attraktiv ausgestaltet zu sein, denn die einmal erzielten Gewinne bleiben für die restliche Laufzeit erhalten. Dies erfordert, dass zu Beginn des Optionsscheins feste Kursgrenzen (gleichzusetzen einer Sprosse einer Leiter) gesetzt werden, welche der Basiswert im Laufe der Zeit des Optionsscheins erreichen muss.[319] Erreicht der Basiswert eine dieser Kursgrenzen bzw. Sprossen, so kann der einmal erreichte innere Wert auch durch einen in der Folgezeit fallenden Basiswert nicht mehr beeinflusst werden, wobei die Auszahlung auf ein ebenso zuvor festgelegtes maximales Niveau begrenzt wird.

Erreicht der Basiswert zu keinem Zeitpunkt einen dieser Kursgrenzen, verfällt er und wird wertlos.[320] Eine Planbarkeit ex ante wird gar nicht erst ermöglicht.

Alleine schon aufgrund dieser Tatsache, liegt hierbei stets ein Börsenspekulationsgeschäft vor.

Ebenso stellen sogenannte **„Digital"-Optionsscheine** stets ein Börsenspekulationsgeschäft im Sinne des Straftatbestandes dar.

Die Nennung dieser Optionsscheingattung als „Digital" hat einen einfachen Grund. Als Auszahlungsmodalität kennt diese Optionsscheinart lediglich Null oder einen Festbetrag („Cash or Nothing").[321] Hierdurch wird deutlich, dass mit einem Digital-Optionsschein der Idealtypus einer gehandelten Wette verbrieft wird.[322]

Die europäische Ausübungsart[323] des Warrants wird oft auch mit „Simplex-Optionsschein" bezeichnet, die zumeist teurere amerikanische Ausübungsart[324] als „Hit-Optionsschein".[325]

---

319 Vgl. *Weyand*, Handbuch HSBC- Trinkaus „Zertifikate und Optionsscheine", 9. Aufl., Dezember 2007, S. 71.

320 Vgl. *Götte*, „Optionsscheine, Das Kompendium", 2001, Punkt 6.11., S. 101.

321 Vgl. *Rudolph/Schäfer*, Derivative Finanzmarktinstrumente, 2. Aufl. (2010), S. 353; *Weyand*, Handbuch HSBC- Trinkaus „Zertifikate und Optionsscheine", 9. Aufl., Dezember 2007, S. 72.

322 Vgl. *Weyand*, Handbuch HSBC- Trinkaus „Zertifikate und Optionsscheine", 9. Aufl., Dezember 2007, S. 72.

323 Siehe zur Erklärung „europäische Ausübungsart" oben, S. 65.

324 Siehe zur Erklärung der „amerikanische Ausübungsart" oben, S. 65.

325 Vgl. *Weyand*, Handbuch HSBC- Trinkaus „Zertifikate und Optionsscheine", 9. Aufl., Dezember 2007, S. 72.

Bei der europäischen Variante kommt es zur Auszahlung des Festbetrags, wenn der Basiswert den Basiskurs am Ausübungstag bei einem Call über- bzw. bei einem Put unterschreitet. Bei der amerikanischen Version kann es im Zeitpunkt des Überschreitens bzw. Unterschreitens des Basiswertes über den Basiskurs zu jedweden Zeitpunkt innerhalb der Laufzeit des Optionsscheins zur sofortigen Fälligkeit des Festbetrages kommen. Kommt es nicht zu einer Unter- bzw. Überschreitung des Basiswertes über den Basiskurs, verfällt die Option wertlos.

Die sogenannten **Range-Optionsscheine** können aufgrund des eben Gesagten auch nur ein Börsenspekulationsgeschäft im Sinne des Straftatbestandes darstellen.

Diese stellen lediglich eine Unterart der Digital-Optionsscheine dar. Anleger können hierbei gezielt von einer Seitwärtsbewegung des jeweiligen Basiswertes profitieren.[326] Range-Optionsscheine verbriefen das Recht auf Zahlung eines vorab festgelegten Geldbetrags pro Kalender- oder Börsentag, an dem der Kurs des Basiswerts während der Laufzeit innerhalb einer festen Bandbreite notiert.[327] Mithin handelt es sich um eine Serie von Digital-Optionen, die zusammen am Ende der Laufzeit zur Auszahlung kommen. Sicherungsmöglichkeiten im ex ante Zeitpunkt, welche ein Börsenspekulationsgeschäft ausschließen könnten, sind nicht konstruierbar.

Auch lässt sich zwar anhand der Vornahme von Modifikationen z.B. durch einen **„Average"-Optionsschein** (auch „Asiatische"-Optionsscheine genannt[328]) die Höhe der drohenden Verluste, im Vergleich zu Standard-Optionsscheinen, dadurch minimieren, dass man am Verfallstag anstatt des aktuellen Basiswertes den Durchschnittskurs des Basiswertes heranzieht, wodurch der Inhaber dieser Optionsscheine bei Fälligkeit den Differenzbetrag zwischen dem über die Laufzeit gebildeten Durchschnittskurs und dem Basispreis erhält.[329] Jedoch stellt auch die Investition in diesen Optionsschein stets ein Börsenspekulationsgeschäft für den Anleger dar. Denn auch hier kann der Anleger kein Sicherungsgeschäft betreiben, selbst wenn er es anstreben würde. Die Bestimmung des Durchschnittskurses lässt sich naturgemäß erst ex post vornehmen, weswegen eine wirtschaftliche Planbarkeit zu Beginn

---

326 *Weyand*, Handbuch HSBC- Trinkaus „Zertifikate und Optionsscheine", 9. Aufl., Dezember 2007, S. 73.

327 *Weyand*, Handbuch HSBC- Trinkaus „Zertifikate und Optionsscheine", 9. Aufl., Dezember 2007, S. 73; vgl. *Rudolph/Schäfer*, Derivative Finanzmarktinstrumente, 2. Aufl. (2010), S. 353.

328 *Weyand*, Handbuch HSBC- Trinkaus „Zertifikate und Optionsscheine", 9. Aufl., Dezember 2007, S. 75.

329 Vgl. *Rudolph/Schäfer*, Derivative Finanzmarktinstrumente, 2. Aufl. (2010), S. 354; *Götte*, „Optionsscheine, Das Kompendium", 2001, Punkt 6.9., S. 97.

des Erwerbs des Optionsscheins gar nicht erst ermöglicht wird und demnach nur spekulativer Natur sein kann. Liegt der Durchschnittskurs am Laufzeitende nicht über den in den Optionsscheinbedingungen festgelegten Basiskurs, so verfällt der Optionsschein auch hier wertlos, was einem Totalverlust gleicht.

Diese rechtliche Würdigung wird auch nicht dadurch geändert, dass man als Referenz den Durchschnittskurs des Basiswertes als Basiskurs heranzieht und als möglichen Auszahlungsbetrag die Differenz zwischen diesem Wert und dem aktuellen Basiswert heranzieht (sogenannte Average-Strike-Option[330]).

gg) Exotische Optionsscheine als Sicherungsgeschäft

Als Beispiel für einen exotischen Optionsschein, welcher wiederum ein reines Sicherungsinstrument und folglich kein Börsenspekulationsgeschäft im Sinne des Straftatbestandes darstellt, kann der **„Pay-Later"-Optionsschein** (oder auch „Contingent"-Optionsschein genannt[331]) herangezogen werden.

Hierbei muss die Prämie für den Kauf des Optionsscheins nur dann bezahlt werden, wenn der Optionsschein am Ende der Laufzeit einen inneren Wert verzeichnet.[332] Die zu zahlenden Prämie fällt dann natürlich höher aus, als z.B. bei Standard-Optionsscheinen.

Ähnlich wie bei den Power-Optionsscheinen[333] kann es jedoch vorkommen, dass trotz Vorliegens eines inneren Wertes des Optionsscheins im relevanten Zeitraum dennoch ein Verlust für den Anleger verzeichnet werden muss. Dieser liegt dann vor, wenn der innere Wert des Optionsscheins die (dann zwingend) zu zahlende Prämie nicht aufwiegen kann. Im Gegensatz zum Power-Optionsschein, bei welchem am Ende der Laufzeit eine Quadrierung des inneren Wertes des Optionsscheins vorgenommen wird, wodurch das Verlustrisiko potenziert und eine Planbarkeit ex ante zusätzlich erschwert wird, ist das Verlustrisiko bei einem Pay-Later-Optionsschein zumindest um die Quadrierung geringer, sprich der innere Wert wird am Ende der Laufzeit nicht noch deutlich verringert.

Zu bedenken ist zum einen, dass die Prämie bei einem Power-Optionsschein stets, also auch dann zu leisten ist, wenn der Optionsschein keinen inneren Wert

330 Vgl. *Götte*, „Optionsscheine, Das Kompendium", 2001, Punkt 6.9., S. 97; *Rudolph/Schäfer*, Derivative Finanzmarktinstrumente, 2. Aufl. (2010), S. 354.

331 Vgl. *Rudolph/Schäfer*, Derivative Finanzmarktinstrumente, 2. Aufl. (2010), S. 354; *Götte*, „Optionsscheine, Das Kompendium", 2001, Punkt 6.13., S. 105.

332 Vgl. *Götte*, „Optionsscheine, Das Kompendium", 2001, Punkt 6.13., S. 105.

333 Siehe oben Power-Optionsscheine, S. 77.

besitzt. Bei einem Pay-Later-Optionsschein dagegen nur dann, wenn ein innerer Wert verzeichnet werden kann, wodurch ein Totalverlust nicht möglich ist.

Zum anderen ist bei einem Pay-Later-Optionsschein eine Planbarkeit ex ante und damit eine realistische Absicherung z.B. des bestehenden Aktiendepots durchaus möglich. Der Anleger weiß z.B. im Zeitpunkt des Kaufs eines Pay-Later-Puts, dass er am Ende der Laufzeit zu einem bestimmten Preis den im Optionsschein zugrundeliegenden Basiswert veräußern darf, bzw. die positive Differenz zwischen Basiswert und Basiskurs erhält. Ein Totalverlust ist aufgrund der Voraussetzung der Prämienzahlung nur bei bestehendem innerem Wert des Optionsscheins nicht möglich. Lediglich ein von vornherein schon berechenbares Verlustrisiko in Form der den inneren Wert übersteigenden Prämienzahlung muss berücksichtigt werden. Dennoch liegt auch im Fall der den inneren Wert übersteigenden Prämienzahlung kein Börsenspekulationsgeschäft vor, da der Käufer des Optionsscheins ex ante sicher davon ausgehen kann, dass er mit einem Put seinen Aktienbestand ohne zusätzliches Risiko, wie z.B. durch eine Quadrierung, zu dem im Vorhinein vereinbarten Preis veräußern kann.

Pay-Later-Optionsscheine erfreuen sich daher vor allem im Bereich des Hedgings großer Beliebtheit.[334] Denn hierbei fallen Hedgingkosten erst dann an, wenn ein Kursrückgang tatsächlich eingetreten ist und nicht, wie bei Standard-Optionsscheinen, immer.[335]

Der Absicherungswunsch ist bei einem Pay-Later-Optionsschein mithin realistisch, bei einem Power-Optionsschein verkörpert er vielmehr ein reines Wunschdenken.

hh) Ergebnis Exotische Optionsscheine

Als Ergebnis lässt sich festhalten, dass mit den gängigen exotischen Optionsscheinen in den meisten Fällen ein Börsenspekulationsgeschäft angestrebt wird.[336] Die integrierten Mechanismen dienen gerade zur Potenzierung der Hebelmechanismen und nicht der Ermöglichung eines Sicherungsgeschäfts. Denn es liegt gerade im Wesen der Optionsscheinbedingungen, die Chancen und Risiken und damit auch den Nervenkitzel zu steigern.[337] Theoretisch denkbar sind aber durchaus auch integrierte Mechanismen, welche das im Optionsschein integrierte Risiko minimieren könnten und gar ausschließlich als Sicherungsgeschäft zu werten wären,

---

334 Vgl. *Götte*, „Optionsscheine, Das Kompendium", 2001, Punkt 6.13., S. 105.

335 *Götte*, „Optionsscheine, Das Kompendium", 2001, Punkt 6.13., S. 105.

336 Vgl. *Schröder*, Handbuch Kapitalmarktstrafrecht, 2. Aufl. (2010), Rn. 829.

337 Vgl. *Schröder*, Handbuch Kapitalmarktstrafrecht, 2. Aufl. (2010), Rn. 824, 829.

wie z.B. anhand der sogenannten Pay-Later-Optionsscheine gezeigt.[338] Solche Produkte sind zumeist jedoch mit recht hohen Kosten verbunden und zählen auch unter den exotischen Optionsscheinen zu den „Exoten".

Geringere Kosten weisen gerade die Optionsscheine auf, welche mit einem erhöhten Risiko ausgestattet sind. Hierzu zählen wiederum die meisten der exotischen Optionsscheine. Diese dienen ausschließlich der Spekulation.

Ein Börsenspekulationsgeschäft liegt im Bereich der exotischen Optionsscheine stets dann vor, wenn schon ein Sicherungsgeschäft oder Hedgegeschäft von vornherein gar nicht erst ermöglicht wird. Dies ist stets dann der Fall, wenn der Wert des Optionsschein erst ex post bestimmt werden kann oder schon während der Laufzeit aufgrund eines zukünftig, unberechenbaren Ereignisses wie z.B. eines Knock- outs, zu jeder Zeit ein Verfall möglich ist.

6. Zertifikate

a) Allgemeines

Zertifikate sind unter zivilrechtlichen Aspekten als Inhaberschuldverschreibungen i.S.d. §§ 793 BGB einzuordnen, welche zum Teil mit begrenzter, zum Teil mit unbegrenzter Laufzeit ausgestattet sind. Im Gegensatz zu klassischen Schuldverschreibungen gewähren Zertifikate keine feste Verzinsung, sondern sie verkörpern vielmehr das Recht auf einmalige Zahlung eines Geldbetrags bzw. der Lieferung von Wertpapieren am Laufzeitende.[339] Das Zertifikat verbrieft dem Inhaber des Scheins das Recht, an den positiven sowie negativen Änderungen des zugrundeliegenden Basiswertes zu partizipieren.[340] Je nach Vertragsgestaltung des Zertifikats hängt die Rückzahlung des zur Nutzung überlassenen Nennkapitals von einem ungewissen Ereignis ab, zum Teil wird aber auch eine bestimmte Kapitalrückzahlung garantiert.[341] Zertifikate werden im Gegensatz zu Optionsscheinen zunehmend als langfristige Anlagemöglichkeit genutzt.[342]

---

338 Siehe oben, S. 80.

339 Vgl. *Sagasser/Schlösser*, in: Assmann/Schütze, Handbuch des Kapitalanlagerechts, 3. Aufl. (2007), § 26 Rn. 620.

340 Vgl. *Weyand*, Handbuch HSBC- Trinkaus „Zertifikate und Optionsscheine", 9. Aufl., Dezember 2007, S. 221.

341 *Sagasser/Schlösser*, in: Assmann/Schütze, Handbuch des Kapitalanlagerechts, 3. Aufl. (2007), § 26 Rn. 620.

342 Vgl. *Weyand*, Handbuch HSBC- Trinkaus „Zertifikate und Optionsscheine", 9. Aufl., Dezember 2007, S. 113.

Wie bei auch Optionsscheinen besteht bei Zertifikaten die Möglichkeit, diese durch Erklärung gegenüber dem jeweiligen Emittenten zu einem bestimmten Termin auszuüben oder börslich- oder außerbörslich zu verkaufen.

Zunächst wurden von deutschen Banken ab Mitte des Jahres 1990[343] lediglich Indexzertifikate emittiert, welche Aktienindizes abbildeten.[344] Aufgrund der Tatsache, dass diese preiswerter als Indexfonds waren, stießen sie schnell auf das Interesse der Privatanleger.[345] Das Indexzertifikat war Imstande die Wertentwicklung z.B. des DAX 1:1 darzustellen. Somit war es nun auch für den Kleinanleger möglich, kostengünstig in einen Aktienindex zu investieren.[346]

Im Laufe der Zeit entwickelten sich Zertifikate, welchen die unterschiedlichsten Basiswerte, wie Aktien, Rohstoffe, Währungen, Anleihen etc., zugrundelagen.

Ziel eines Zertifikates kann im Vergleich zu einer Direktinvestition in den jeweiligen Basiswert sowohl eine Risikoreduzierung als auch eine Gewinnmaximierung sein. Zertifikate können demnach nicht per se als Börsenspekulationsgeschäfte im Sinne des Straftatbestandes bezeichnet werden. Zu beachten ist hierbei aber, dass auch „risikoreduzierte" Zertifikate durchaus Börsenspekulationsgeschäfte darstellen können, denn die Risikoreduzierung ist lediglich im Vergleich zur Direktinvestition zu sehen und nicht auf das wirkliche Anliegen des Zertifikats. Trotzdem kann es vorkommen, dass ein solches „risikoreduziertes" Zertifikat als Reflex gerade auch zur Vermeidung eines Börsenspekulationsgeschäfts beiträgt.[347] Es hat somit, wie auch sonst, eine Einzelfallbetrachtung des vorliegenden Produktes und der Intention des Anlegers stattzufinden.

Aufgrund der stets zunehmenden Anzahl der Zertifikate und Hebelprodukte,[348] werden zur Bestimmung des Vorliegens eines Börsenspekulationsgeschäfts im Folgenden, wie bei den Optionsscheinen nur die gängigen, relevanten und zur beispielhaften Veranschaulichung dienenden Zertifikate vorgestellt.

Eine tiefgehende Auseinandersetzung, wie z.B. oben bei den Optionsscheinen, ist aus strukturellen Gründen der Anleihe auch nicht unbedingt notwendig.

Anders als bei Optionsscheinen, welche dem Anleger unter bestimmten Voraussetzungen die Möglichkeit gewähren, Sicherungsgeschäfte z.B. durch einen Put

---

343 *Jordan*, Zertifikate, S. 11.

344 Vgl. *Schröder*, Handbuch Kapitalmarktstrafrecht, 2. Aufl. (2010), Rn. 835.

345 Vgl. *Schröder*, Handbuch Kapitalmarktstrafrecht, 2. Aufl. (2010), Rn. 835.

346 *Jordan*, Zertifikate, S. 11.

347 So z.B. bei den Garantiezertifikaten, s.u., S. 89.

348 Laut FAZ (16.02.2010, S. 18) belief sich die Anzahl der Zertifikate und Hebelprodukte in Deutschland im Dezember 2009 auf rund 351.000 verschiedene Typen.

zu betreiben und gerade deswegen eine umfassende Begutachtung der jeweiligen Mechanismen zur Bestimmung des Vorliegens eines Börsenspekulationsgeschäfts notwendig war, liegen die Voraussetzungen eines Börsenspekulationsgeschäfts bei Zertifikaten grundsätzlich dann vor, wenn die tatbestandsspezifische Gefahrenlage gegeben ist.[349] Eine Auseinandersetzung mit den unterschiedlichsten Mechanismen eines Zertifikates ist zur Bestimmung des Vorliegens eines Börsenspekulationsgeschäfts somit nicht notwendig. Eine Art Sicherungsgeschäft, welches schon von vornherein, ohne Berücksichtigung der tatbestandsspezifischen Gefahrenlage kein Börsenspekulationsgeschäft im Sinne des Straftatbestandes darstellen würde, ist bei einem Zertifikat nicht konstruierbar. Dieser Umstand resultiert aus der Natur dieses Finanzinstruments.

Hierzu muss man sich zunächst erneut die obige Definition vom Börsenspekulationsgeschäft vor Augen führen, welche besagt, dass Börsenspekulationsgeschäfte An- oder Verkaufsgeschäfte sind, die in der Absicht geschlossen werden, aus intertemporären Preisunterschieden einen Gewinn zu erzielen.[350] Bei Optionsscheinen, Optionsgeschäften und Futures etc. kann es durchaus vorkommen, dass man keinen Gewinn erwirtschaften, sondern nur ein Sicherungsgeschäft betreiben mag.[351] Ein Börsenspekulationsgeschäft scheidet hierbei a priori aus. Eine vergleichbare Art von Sicherungsgeschäft wird es bei dem Erwerb von Zertifikaten zumeist nicht geben. Dies ergibt sich aus dem folgenden Überblick der zur beispielhaften Veranschaulichung dienenden Zertifikate:

b) Partizipationszertifikate

Partizipationszertifikate ermöglichen es dem Anleger, an der Kursentwicklung eines bestimmten Basiswertes teilzuhaben. Zumeist wird der Basiswert ein Index, eine Aktie oder ein Rohstoff sein. Der Inhaber des Zertifikates vereinnahmt bei Fälligkeit die Differenz zwischen dem Kaufpreis des Zertifikates und dem Kurs, z.B. der Aktie bei Fälligkeit.[352] Die Laufzeit eines Partizipationszertifikates beträgt

---

349 Vgl. *Schröder*, Handbuch Kapitalmarktstrafrecht, 2. Aufl. (2010), Rn. 835; zur tatbestandsspezifischen Gefahrenlage siehe S. 25 ff.

350 Siehe oben zur Definition des Börsenspekulationsgeschäfts, S. 20 ff.

351 Siehe hierzu oben, S. 29.

352 Vgl. *Weyand*, Handbuch HSBC- Trinkaus „Zertifikate und Optionsscheine", 11. Aufl., Oktober 2010, S. 145.

zumeist mehrere Jahre bzw. ist gar endlos (sog. Open- End Zertifikate).[353] Der Gewinn hängt vom zukünftig ungewissen Ereignis der Kurssteigerung ab. Eine Intention zur Absicherung im ex ante Zeitpunkt kann somit nicht fundiert sein. Der Anleger kann im Zeitpunkt des Kontraktes den späteren Wert seines Zertifikates schlicht nicht wissen.

Liegt dem jeweiligen Zertifikat ein Fälligkeitstermin zugrunde, so ist ein Börsenspekulationsgeschäft gegeben, wenn das temporäre Element als Ausprägung der tatbestandsspezifischen Gefahrenlage vorhanden ist.[354] Diese ist wie bei Optionsscheinen v.a. dann gegeben, wenn die Restlaufzeit des Zertifikates im Zeitpunkt des Kaufes nicht die maximale Laufzeit von Optionen an der Terminbörse überschreitet.[355]

Durch die Einbeziehung des temporären Elements wird die Risikolage des jeweiligen Zertifikats mit dem Optionskauf an der Terminbörse vergleichbar, wodurch die Bestimmbarkeit des Begriffs des Börsenspekulationsgeschäfts ermöglicht wird.[356] Der Erwerb eines Zertifikats mit einer darüber hinaus gehenden Laufzeit gleicht vielmehr dem Erwerb eines Rentenpapiers oder einer Aktie, denn aufgrund der noch verbleibenden Zeit kann der Erwerber des Papiers zumeist Kurseinbrüche überbrücken.[357] Zwar spekuliert der Erwerber zu jedem Zeitpunkt der Innehabung des Zertifikats auf einen Gewinn, welchen er aufgrund intertemporärer Preisunterschiede zu erwirtschaften hofft, jedoch muss noch zwingend die im Spekulationsgeschäft spezifische Gefahrenlage vorhanden sein, durch welche sich das Geschäft von „normal“ spekulativen Börsengeschäften unterscheidet. Vom Tatbestand werden lediglich Börsen-spekulationsgeschäfte erfasst, nicht aber alle an der Börse spekulativen Geschäfte, zu denen z.B. auch jeder Aktienkauf gezählt werden kann.[358]

Die Investition in ein *Open- End Zertifikat* kann nach dem oben Gesagten also kein Börsenspekulationsgeschäft darstellen.

---

353 Vgl. *Weyand*, Handbuch HSBC- Trinkaus „Zertifikate und Optionsscheine“, 11. Aufl. Oktober 2010, S. 140.

354 Vgl. *Schröder*, Handbuch Kapitalmarktstrafrecht, 2. Aufl. (2010), Rn. 835.

355 Vgl. *Schröder*, in: Achenbach/Ransiek, Handbuch Wirtschaftsstrafrecht, 3. Aufl. (2011), 10. Teil, Rn. 267 f.; so auch schon in *Schröder*, Aktienhandel und Strafrecht, 1994, S. 98; *Schröder*, Handbuch Kapitalmarktstrafrecht, 2. Aufl. (2010), Rn. 828 f.; *Schröder*, in: Achenbach/Wannemacher, Beraterhandbuch zum Wirtschafts- und Steuerstrafrecht, § 24 II Rn. 81.

356 Vgl. *Schröder*, Handbuch Kapitalmarktstrafrecht, 2. Aufl. (2010), Rn. 828 f.

357 Vgl. *Schwintowski*, ZIP 1988, 1021, 1025 f.

358 Siehe hierzu schon oben zu „Optionsscheinen“, S. 61 f.

c) Discount- Zertifikate

Anders kann die Bewertung auch nicht bei sogenannten **Discount- Zertifikaten** ausfallen. Discount- Zertifikate stellen beim Vorliegen des temporären Elements, wie auch Partizipationszertifikate, stets Börsenspekulationsgeschäfte dar.

Der Name des Finanzproduktes ergibt sich aus dem Umstand, dass der Kaufpreis des Zertifikates immer unter dem aktuellen Kurs der Aktie oder des Indizes liegt, sprich immer ein Preisabschlag oder Discount vorgenommen wird. Aufgrund des Discounts hat der Anleger allerdings nur auf einen Cap (auch Höchstbetrag oder Festbetrag genannt) begrenzte Gewinnmöglichkeiten. An darüber hinausgehenden Kurssteigerungen kann er nicht mehr partizipieren.

Dem Anleger wird mithilfe dieses Zertifikates ermöglicht, ein Stillhaltergeschäft, vergleichbar mit einem Stillhaltergeschäft am Terminmarkt, einzugehen.[359] Der Anleger kauft hierzu den von ihm gewünschten Basiswert und verkauft auf diesen gleichzeitig eine Call-Option, wodurch er die Stillhalterstellung einnimmt.[360]

Am Laufzeitende sind vereinfacht folgende zwei Szenarien möglich: Entweder der Basiswert notiert am Ausübungstag entsprechend über oder unter dem Cap.

Notiert der Basiswert *über* dem Cap, wird der Höchstbetrag in bar ausgezahlt, da die Option im Geld liegt und ausgeübt wird.

Entspricht der Kurs des Basiswertes am Ausübungstag dem Basiskurs der Option oder er liegt er *darunter*, so wird die Option nicht ausgeübt. Die Option wird zumeist deshalb nicht ausgeübt, weil am „Kassamarkt" der Basiswert günstiger zu bekommen wäre. Dies hat zur Folge, dass der Stillhalter den Basiswert behält.[361] Einen Verlust verbucht der Anleger jedoch erst dann, wenn der Basiswert unterhalb des Einstandspreises des Zertifikats notiert. Denn erst dann verliert die „Pufferwirkung" des Caps gegenüber dem Direktinvestment ihre Wirkung.

Durch diese integrierten Mechanismen gelingt es, Risiken in Zertifikate zu verbriefen, die typische Risiken des Optionsmarktes sind.[362] Die Mischung dieser

359 Vgl. *Weyand*, Handbuch HSBC- Trinkaus „Zertifikate und Optionsscheine", 11. Aufl., Oktober 2010, S. 155.

360 Vgl. *Weyand*, Handbuch HSBC- Trinkaus „Zertifikate und Optionsscheine", 10. Aufl., Juni 2008, S. 126 f.; *Weyand*, Handbuch HSBC- Trinkaus „Zertifikate und Optionsscheine", 11. Aufl., Oktober 2010, S. 155.

361 Vgl. *Weyand*, Handbuch HSBC- Trinkaus „Zertifikate und Optionsscheine", 11. Aufl., Oktober 2010, S. 155.

362 *Schröder*, Handbuch Kapitalmarktstrafrecht, 2. Aufl. (2010), Rn. 835a; *Reiner/ Schacht*, WM 2010, 385, 387; *Schröder*, ZBB 2010, 280, 283.

Finanzinstrumente macht eine transparente Darstellung des zugrundeliegenden Anlageproduktes für Privatanleger schwierig, weswegen zumeist davon ausgegangen werden muss, dass die Anleger das tatsächlich bestehende Risiko eines solchen Wertpapiers nicht überblicken.[363]

Dies wird anhand der folgenden vergleichenden Produktanalyse noch deutlicher

Discount- Zertifikate, welche mit der gleichzeitigen Veräußerung einer Call-Option versehen sind, entsprechen der Konstruktion eines Discount- Zertifikats aus dem Kauf einer Null- Kupon Anleihe und dem Verkauf einer Put-Option auf den Basiswert.[364]

Hierbei entspricht der Basiskurs der verkauften Put-Option dem Cap des Discountzertifikats.[365] Da der Anleger als Stillhalter auftritt, muss er für Sicherheit sorgen, falls die Option ausgeübt wird. Denn dann muss der Anleger in der Lage sein, den Basiswert kaufen zu können. Als Sicherheit dient der Kauf der Null- Kupon- Anleihe, die am Ausübungstag mit dem dazu notwendigen Betrag fällig wird.

Die Put-Option wird dann nicht ausgeübt, wenn der Basiswert bei Laufzeitende gleich dem Basiskurs oder darüber notiert. Wie am Optionsmarkt macht die Ausübung der Option für den Käufer dann keinen Sinn, da er den Basiswert lukrativer am Kassamarkt veräußern kann. Der Anleger kann bei Nichtausübung der Option den Nennbetrag der Null- Kupon- Anleihe behalten, welcher dem Festbetrag des Discountzertifikats entspricht.[366]

Die Put-Option wird somit nur dann ausgeübt, wenn der Basiswert bei Laufzeitende unter dem Basiskurs notiert. Der Anleger hat, entsprechend den Bedingungen des Discount- Zertifikats, als Käufer des Basiswertes diesen abzunehmen. Das hierfür notwendige Kapital entnimmt er der als Sicherheit dienenden Null-Kupon-Anleihe.

Da der Anleger als Verkäufer einer Put-Option auftritt, geht er die Gefahr ein, dass er den Basiswert im Fall eines Kurseinbruchs, im Vergleich zum aktuellen Marktpreis, zu einem deutlich höheren Preis erwerben muss, wodurch er einen Verlust erleidet.

---

363 Kritisch hierzu *Schröder*, Handbuch Kapitalmarktstrafrecht, 2. Aufl. (2010), Rn. 835b und *Schröder* in ZBB 2010, 280, 283.

364 Vgl. *Weyand*, Handbuch HSBC- Trinkaus „Zertifikate und Optionsscheine“, 11. Aufl., Oktober 2010, S. 156.

365 *Weyand*, Handbuch HSBC- Trinkaus „Zertifikate und Optionsscheine“, 11. Aufl., Oktober 2010, S. 156.

366 *Weyand*, Handbuch HSBC- Trinkaus „Zertifikate und Optionsscheine“, 11. Aufl., Oktober 2010, S. 156.

Für den Anleger, welcher diese Voraussetzungen nicht verinnerlicht, kommt es zu einem bösen Erwachen, falls die Put-Option ausgeübt wird, da der Basiswert bei Laufzeitende unter dem Basiskurs notiert.

Die Investition in solche Zertifikate stellt ein reines Spekulationsgeschäft dar.

Aber auch Produkte, welche erst einen bestimmten Kursverlauf für einen Gewinn voraussetzen, stellen stets Börsenspekulationsgeschäfte dar. Eine Investition in diese Form der Anlage kann nicht als Ausdruck kaufmännischer Vorsicht gewertet werden. Der für einen Gewinn bzw. zur Vermeidung des Verlusts notwendige positive Kursverlauf ist ex ante einfach nicht vorhersehbar.

d) Bonus- Zertifikate

Zu dieser Art Finanzprodukte können sogenannte Bonus- Zertifikate gezählt werden. Damit es bei diesen Zertifikaten mindestens zur Auszahlung des Festbetrages kommt, darf ein bestimmter Schwellenkurs während der gesamten Laufzeit nicht berührt oder unterschritten werden.[367] Wird die Kursschwelle verletzt, so kann am Fälligkeitstag nur der dann aktuelle Wert des Basiswerts unter Berücksichtigung der Bezugsmenge ausgezahlt werden.[368] In diesem Fall hat der Anleger ein Verlustgeschäft gemacht.

Ebenso verhält es sich mit dem Kauf eines Zertifikates, welches mit einer **Knock-out Grenze** versehen ist. Auch hier ist ein temporäres Element irrelevant, denn das jeweilige Zertifikat kann je nach Kursverlauf zu *jederzeit* ausgeknockt werden, wodurch dem Anleger Verluste im Vergleich zu seinem eingesetzten Kapital drohen. Aufgrund dessen kommt es nicht darauf an, ob die Restlaufzeit des Zertifikats im Zeitpunkt des Kaufs die maximale Laufzeit von Optionen an der Terminbörse überschreitet oder nicht.[369]

Hierbei muss jedoch differenziert werden. Trotz ähnlicher Struktur sind z.B. die sogenannten **Twin-Win Zertifikate** unterschiedlich zu behandeln.

---

367 *Schröder*, ZBB 2010, 280, 283.

368 *Weyand*, Handbuch HSBC- Trinkaus „Zertifikate und Optionsscheine“, 11. Aufl., Oktober 2010, S. 182.

369 Gleichbedeutend ist damit die Schlussfolgerung, dass ein Börsenspekulationsgeschäft bei Zertifikaten mit einer Knock- out Grenze gerade aufgrund der stets vorliegenden Gefahr, also des stets Vorliegenden temporären Elements als Ausdruck der Gefahrenlage, gegeben ist. Dass hierbei argumentiert wird, dass das temporäre Element irrelevant sei, soll zum Ausdruck bringen, dass es auf einen Vergleich mit den Optionsmärkten gar nicht ankommt, denn eine tatbestandsspezifische Gefahrenlage ist diesen Knock- out Produkten stets immanent.

Durch Twin- Win Zertifikate wird es dem Anleger ermöglicht sowohl bei steigenden als auch bei fallenden Märkten Gewinne erwirtschaften zu können.

Auch dieses komplizierte Finanzgebilde[370] besitzt eine Art Knock- out Schwelle (auch Teilschutzgrenze oder Schwellenkurs genannt), welche bewirkt, dass das Zertifikat jederzeit nahezu wertlos verfallen kann. Im Gegensatz zu reinen Knock-out Produkten kann es hierbei allerdings passieren, dass sich der Basiswert bis zum Laufzeitende wieder erholt, wodurch auch Gewinne zumindest theoretisch wieder möglich werden.

Ein Börsenspekulationsgeschäft liegt hierbei stets dann vor, wenn das temporäre Element vorliegt. Denn dann besteht vor allem bei einem Unterschreiten der Teilschutzgrenze die Gefahr, dass sich der Basiswert bis zum Laufzeitende nicht mehr erholt und lediglich eine Auszahlung zum Basiswert erfolgen kann. Oder anders gesagt, die Hoffnung auf einen steigenden Kurs in einem solchen Fall würde eine reine Spekulation darstellen. Außerhalb des temporären Elements liegt wiederum kein Börsenspekulationsgeschäft vor.

e) Garantiezertifikate

Als ein sicheres Zertifikat kann wiederum das Garantiezertifikat angesehen werden.[371]

Garantiezertifikate garantieren, dass man auch im Fall eines ungünstigen Kursverlaufs zumindest sein eingesetztes Kapital zurückerhält. Dieses stellt den Festbetrag dar. Zusätzlich kann der Anleger von einer positiven Kursentwicklung des gewählten Basiswertes profitieren. Der Emittent profitiert bei dieser Konstruktion aufgrund des Verzichts der marktgerechten Verzinsung, anders als etwa bei der Anleihe.

Wie auch bei den Discount- Zertifikaten lässt sich hierbei ein Vergleich zum Optionsgeschäft ziehen.[372] In einem Garantiezertifikat stecken eine sichere Null-Kupon Anleihe mit einem Nennwert in Höhe des garantierten Festbetrags und zusätzlich Call-Optionen auf den Basiswert mit einem Basiskurs in Höhe des

---

370 Twin- Win Zertifikate bestehen aus einem Zero Strike Call, Call Optionen und zwei Long Barriere Down and out Puts. Es werden zwei Long Barriere Down and out Puts gekauft, um die Kursverluste bis zur Barriere auszugleichen und gleichzeitig die Verluste 1:1 in Kursgewinne umzuwandeln. Die Down and out Put Optionen lauten auf den Basiswert, deren Basiskurse dem Basiskurs des Twin- Win Zertifikates entsprechen. Zusätzlich besitzen die Down and out Put Optionen zum Basiskurs eine Knock- out Schwelle, die mit dem Schwellenkurs des Twin- Win Zertifikates identisch ist.

371 *Salewski*, BKR 2012, 100, 101.

372 Siehe oben, S. 87 f.

Garantieniveaus.[373] Um neben der Null-Kupon Anleihe die Call-Optionen kaufen zu können, wird der Betrag verwendet, welcher der Abzinsung, um die die Anleihe zum Zeitpunkt der Emission unterhalb ihres Nennwertes notiert, entspricht.

Am Kursverlauf kann demzufolge entsprechend partizipiert werden, wenn der Basiswert der gleichzeitig gekauften Call-Option am Ende der Laufzeit des Garantiezertifikats über dem Basiskurs liegt. Liegt der Basiswert der Call-Option am Laufzeitende unter dem Basiskurs, so wird diese nicht ausgeübt. Übrig bleibt die Null- Kupon Anleihe, welche die Rückerstattung des eingesetzten Kapitals garantiert.

Auch kann unter Umständen ein Garantiezertifikat mit einer Kapitalgarantie von *über* aber auch *unter* 100 Prozent versehen sein.[374]

Der Anleger bekommt bei einem Garantiezertifikat mit einer Kapitalgarantie von *über* 100 Prozent garantiert, dass sein eingesetztes Kapital zu einem bestimmten Prozentsatz am Ende der Laufzeit verzinst wird. Hierbei fällt allerdings die Partizipationsquote niedriger aus, denn die garantierte Rückzahlungshöhe, welche durch Kauf der (nun teureren) Null-Kupon Anleihe realisiert wird, mindert den im Emissionspreis enthaltenen Spielraum zum Kauf der notwendigen Bezugsmenge der Call-Optionen.

Spiegelbildlich verhält es sich, wenn ein Garantiezertifikat mit einer Kapitalgarantie von *unter* 100 Prozent versehen ist. Die Partizipationsquote fällt bei positivem Kursverlauf denklogisch höher aus. Jedoch kann das eingesetzte Kapital bei negativem Kursverlauf nur teilweise wieder rückerstattet werden.

Wie oben dargestellt, gelten Garantiezertifikate als ein verhältnismäßig sicheres Anlageprodukt. Börsenspekulationsgeschäfte stellen solche Geschäfte mangels Vorliegen der tatbestandsspezifischen Gefahrenlage regelmäßig nicht dar. Die Risiken sind vom Anleger von vornherein überschaubar- ein Totalverlust droht diesem zu keinem Zeitpunkt.

f) Sonstige Zertifikate als Börsenspekulationsgeschäfte

Bei den meisten Zertifikaten ist zur Bestimmung des Vorliegens eines Börsenspekulationsgeschäfts lediglich das temporäre Element ausschlaggebend. Wie bei z.B. **Outperformance- Zertifikaten** wird hierbei lediglich versucht, die Gewinnspanne durch bestimmte Faktoren im Vergleich zu einem Partizipationszertifikat

373 *Weyand*, Handbuch HSBC- Trinkaus „Zertifikate und Optionsscheine", 11. Aufl., Oktober 2011, S. 177.

374 *Weyand*, Handbuch HSBC- Trinkaus „Zertifikate und Optionsscheine", 10. Aufl., Oktober 2010, S. 177 f.

zu erhöhen (wodurch zumeist auch automatisch die Verlustspanne erhöht wird). Eine andere Behandlung als normale Partizipationszertifikate verdienen sie nicht. Das gleiche gilt für die sogenannten **Sprint-, Rolling- und easy Express-Zertifikate** etc.

g) Ergebnis Zertifikate:

Zusammenfassend lässt sich feststellen, dass lediglich der börsliche- oder außerbörsliche Verkauf eines Zertifikats und der Handel mit einem Zertifikat ohne Element der tatbestandsspezifischen Gefahrenlage kein Börsenspekulationsgeschäft darstellt. Als Ausnahme hierzu können die Zertifikate genannt werden, welche mit einer Knock- out Schwelle versehen sind. Diese stellen aufgrund ihrer unvorhersehbaren Kurzlebigkeit auch ohne Vorliegen eines temporären Elements ein Börsenspekulationsgeschäft dar. Die Intention des Anlegers spielt keine so große Rolle wie bei den Optionsscheinen.

Der Grund hierfür liegt in der Natur des Finanzproduktes. In den meisten Fällen der Zeichnung eines Zertifikates wird der Anleger nicht wissen, ob er Gewinne oder Verluste einfahren wird. Zumeist wird ihm dieser Umstand bewusst sein, dennoch hofft er auf Gewinne, welche er aufgrund intertemporärer Preisunterschiede zu jeweils zugrundeliegenden Basiswertes zu erwirtschaften hofft. Die Intention, Sicherungsgeschäfte in Form z.B. eines Hedgegeschäfts zu betreiben, besteht im Gegensatz zu Optionsscheinen, schon von vornherein nicht. Als Ausnahme können aber Garantiezertifikate genannt werden.[375] Insgesamt kann aber auch bei „sicheren“ Zertifikaten nicht immer pauschal auf das Eingehen des Geschäfts aufgrund kaufmännischer Vorsicht geschlossen werden. Das Hilfsinstrumentarium der zu bestimmenden Intention des Anlegers im ex ante Zeitpunkt, also bei Eingehung des jeweiligen Geschäfts, tritt dementsprechend stets dann ein, wenn überhaupt erst eine Art von Sicherungsgeschäft betrieben werden kann.

7. Handel mit Bezugsrechten

Bei einer Kapitalerhöhung einer Aktiengesellschaft steht den Aktionären gemäß § 186 Abs. 1 S. 1 AktG das Recht auf Bezug neuer Aktien im Verhältnis ihrer Beteiligung am bisherigen Grundkapital zu.[376]

---

375 Siehe oben, S. 89.

376 *Roth*, in: Assmann/Schütze, Handbuch des Kapitalanlagerechts, 3. Aufl. (2007), § 10 Rn. 35.

Mithin wird den Aktionären ein subjektives Recht auf Bezug neuer Aktien bei einer Kapitalerhöhung gewährt.[377] Hierdurch soll vermieden werden, dass Aktionäre aufgrund der Kapitalerhöhung Vermögenseinbußen zu Ihrem Nachteil erleiden müssen und es zu Stimmrechtsverschiebungen kommt.[378]

Der Umfang des Bezugsrechtsanspruchs ist auf die bisherige Beteiligungsquote beschränkt, so dass sich der Aktionär auch zukünftig prozentual im gleichen Umfang am Grundkapital beteiligen kann.[379] Erhöht eine Aktiengesellschaft ihr Grundkapital beispielsweise von 50 Mio. € auf 60 Mio. €, so lässt sich ein Verhältnis von altem zu neuen Grundkapital von 5:1 feststellen.[380] Dies bedeutet, dass jedem Aktionär im Zuge dieser Kapitalerhöhung ein subjektives Recht zugesprochen wird, für je 5 Aktien in seinem Depot eine neue Aktie beziehen zu dürfen. Hierbei muss beachtet werden, dass der Aktionär auf jede alte Aktie ein Bezugsrecht zugesprochen bekommt, wodurch regelmäßig lediglich der Anspruch auf den Bruchteil einer neuen Aktie zugesprochen wird, denn das Grundkapital wird nur sehr selten im Verhältnis 1:1 erhöht.[381]

Um sicherzugehen, dass die Aktionäre dem Angebot zum Kauf von Bezugsrechten folgen werden und sich nicht anderweitig am Markt eindecken, wird der Bezugspreis für die neue Aktie unter dem Kurs der Altaktie angeboten werden.[382]

Da das Bezugsrecht lediglich eine Berechtigung, aber keine Pflicht zur Teilnahme an Kapitalerhöhungen verschafft,[383] ergibt sich die Möglichkeit für den Aktionär die ihm zustehenden Bezugsrechte verkaufen zu können. Diese wird er zumeist in Anspruch nehmen, wenn sich die aus der Summe der Bezugsrechte resultierenden Bruchteilsrechte nicht derart aufaddieren, dass eine oder mehrere ganze neue Aktien gezeichnet werden können.[384] Nach § 186 Abs. 1 S. 2 AktG ist für die Ausübung des Bezugsrechts eine Frist von mindestens zwei Wochen zu bestimmen. Mithin kann der Aktionär in diesem Zeitraum entscheiden, ob er durch Zahlung des Bezugspreises neue Aktien hinzukaufen oder sein Bezugsrecht verkaufen möchte.[385]

---

377 *Pfeifer*, in: MüKo AktG, 3. Aufl. (2011), § 186 Rn. 1 f.

378 Vgl. *Pfeifer*, in: MüKo AktG, 3. Aufl. (2011), § 186 Rn. 1 f.

379 Vgl. *Marsch-Barner*, in: Bürgers/Körber, Kommentar AktG, 2008, § 186 Rn. 5.

380 Dies ergibt sich aus folgender Formel: [altes Grundkapital: (neues Grundkapital - altes Grundkapital)] = Bezugsverhältnis.

381 *Pfeifer*, in: MüKo AktG, 3. Aufl. (2011), § 186 Rn. 16.

382 Vgl. *Schröder*, Handbuch Kapitalmarktstrafrecht, 2. Aufl. (2010), Rn. 831 f.

383 *Pfeifer*, in: MüKo AktG, 3. Aufl. (2011), § 186 Rn. 14 f.

384 Vgl. *Pfeifer*, in: MüKo AktG, 3. Aufl. (2011), § 186 Rn. 16.

385 Vgl. *Schröder*, Aktienhandel und Strafrecht, 1994, S. 99 f.

Der Wert des Bezugsrechts orientiert sich während dieser Zeit wie eine Option am Kurs der Altaktie.[386]

Ein Börsenspekulationsgeschäft liegt dann vor, wenn Bezugsrechte lediglich zu spekulativen Zwecken, sprich in der Hoffnung steigender Kurse der Altaktie gekauft werden, ohne neue Aktien bis zum Ende der Bezugsfrist tatsächlich beziehen zu wollen. Handelsgegenstand bilden somit ausschließlich die Bezugsrechte. Man spricht dann auch von einem Kauf von Bezugsrechten ohne Bezugsabsicht.[387] Das Bezugsrecht gewinnt an Wert, wenn der Kurs der Altaktie steigt, und verliert an Wert wenn dieser sinkt.

Das Vorliegen der mangelnden Bezugsabsicht als Ausdruck der Intention des Käufers ist hierbei stets zur Bestimmung des Vorliegens eines Börsenspekulationsgeschäftes notwendig, da der einfache Kauf eines Bezugsrechts insgeheim naturgemäß mit der Hoffnung eines steigenden Aktienkurses der Altaktie verbunden ist. So geht der Aktionär, welcher lediglich seine bisherige Position vermögensmäßig qualitativ festigen mag freilich kein Börsenspekulationsgeschäft im Sinne des Straftatbestandes ein, wenn er noch fehlende Bezugsrechte hinzu erwirbt, um ganze neue Aktien zu erwerben.

8. Fonds als Börsenspekulationsgeschäfte

a) Allgemeines

Bei einem Investmentfonds eröffnet eine Kapitalanlagegesellschaft ein Sondervermögen und gibt Anteilsscheine auf das Fondsvermögen an die Anleger, sprich an die Eigentümer des Fondsvermögens, aus.[388]

Durch den Erwerb von Fondsanteilen liegt eine mittelbare Beteiligung an Börsenspekulationsgeschäften vor, wenn das Anlageziel des Fonds in der Teilnahme an Börsenspekulationsgeschäften besteht.[389] Die Strafbarkeit der Verleitung eines Anlegers zu einer mittelbaren Beteiligung an einem Börsenspekulationsgeschäft unter Ausnutzung seiner Unerfahrenheit ergibt sich direkt aus § 26 Abs. 1 BörsG.[390] Mit der „mittelbaren Beteiligung“ sind solche Fälle gemeint, in denen dem Verleiteten an dem Vermögensfonds keine Rechte

---

386 *Schröder*, Handbuch Kapitalmarktstrafrecht, 2. Aufl. (2010), Rn. 831 f.

387 Vgl. *Schröder*, Handbuch Kapitalmarktstrafrecht, 2. Aufl. (2010), Rn. 831 f.

388 *Hockmann/Thießen*, Investment Banking, 2. Aufl. (2007), S. 557.

389 Vgl. *Schröder*, Handbuch Kapitalmarktstrafrecht, 2. Aufl. (2010), Rn. 838.

390 Siehe auch unten zu dem Abschnitt „Unmittelbare und mittelbare Beteiligung“, S. 159 ff.

eingeräumt werden, sondern lediglich schuldrechtliche Ansprüche begründet werden sollen.[391]

Wann ein Börsenspekulationsgeschäft bei einer Beteiligung an einem Fonds gegeben ist, kann aber nicht pauschal beantwortet werden.

Voraussetzung ist nämlich, dass der Fonds in Börsenspekulationsgeschäfte nach § 26 Abs. 2 BörsG investiert bzw. investieren wird.[392] Wobei jedoch die vereinzelte Vornahme von Börsenspekulationsgeschäften nicht ausreicht.[393] Der Grund hierfür liegt in der im Gegensatz zu einem „normalen" Börsenspekulationsgeschäft mangelnden tatbestandsspezifischen Gefahrenlage. Ein Totalverlust droht hierbei, im Gegensatz zu vielen Börsenspekulationsgeschäften, zumeist schon gar nicht. So stellt etwa die Beteiligung an einem Fonds, welcher z.B. zu 90 Prozent des Fondsvermögens in festverzinsliche Papiere und zu 10 Prozent in Kaufoptionen auf Indizes investiert, keine mittelbare Beteiligung an einem Börsenspekulationsgeschäft dar. Durch die Investition in festverzinsliche Papiere wird eine stabile Rendite mit einer Verlustbegrenzung nach unten garantiert (aufgrund des „Börsenspekulationsgeschäfts" i.H.v. 10 Prozent) und zudem kann aufgrund der Indexoptionen an günstigen Kursverläufen partizipiert werden. Der Anleger hat hierbei die Möglichkeit, schon ex ante exakt den Wert seiner Anlage zu bestimmen und bewusst ein partielles Verlustrisiko einzugehen. Eine vergleichbare Gefahrenlage eines reinen Optionsgeschäfts liegt gerade nicht vor.

Weiß der Anleger nichts von der Investition i.H.v. 10 Prozent in Call- Indexoptionen, weil sie etwa diesem verschwiegen wird, so ändert dies nichts an der genannten Einordnung. Es liegt schon mangels objektiven Erklärungsinhalts kein Börsenspekulationsgeschäft vor. Zu denken wäre in einem solchen Fall aber an eine Strafbarkeit nach den §§ 263 Abs. 1, 264a und 266 Abs.1 StGB.

Ist der Anleger bezüglich des optionsgeschäftlichen Teils oder auch bezüglich der gesamten Anlage „unerfahren" im Sinne des § 26 Abs.1 BörsG, so scheitert eine Strafbarkeit nicht am Vorliegen dieses Tatbestandsmerkmals, sondern ebenfalls am mangelnden Vorliegen eines Börsenspekulationsgeschäfts.

Ist hierbei der Anleger lediglich „unerfahren" aber sonst sich seiner Handlungen bewusst, so kann auf Seiten des Anlageberaters etc. auch sonst kein strafbares Verhalten festgestellt werden.

---

391 Vgl. BT-Drucks. 10/318, S. 49.

392 Vgl. *Hagemann*, „Grauer Kapitalmarkt" und Strafrecht, 2005, § 5 C. S. 398.

393 *Schröder*, Handbuch Kapitalmarktstrafrecht, 2. Aufl. (2010), Rn. 839.

b) Fonds als Börsenspekulationsgeschäfte

Viele Investmentfonds beteiligen sich heutzutage jedoch im Rahmen von Commodity-Fonds, Future Fonds, Managed Futures etc. an den Terminmärkten.[394]

Ist es Anlageziel und Anlageschwerpunkt des Fonds, aktiv an den Termin- bzw. spekulativen Kassamärkten mitzuwirken, so kann regelmäßig von einem Börsenspekulationsgeschäft in Form der mittelbaren Beteiligung gemäß § 26 Abs.1 Fall 3 BörsG ausgegangen werden.[395] Es hat demzufolge eine *Gesamtbetrachtung* des Anlageprodukts stattzufinden.

Vergleicht man zunächst die Gefahrenlage mit dem Kauf einer Aktie, welcher aufgrund des Vorliegens eines Kassageschäfts und der Möglichkeit der Überbrükkung von Kurseinbrüchen im Laufe der Zeit kein Börsenspekulationsgeschäft im Sinne des § 26 Abs. 2 BörsG darstellt, weil das temporäre Element als Ausgestaltung der tatbestandsspezifischen Gefahrenlage nicht vorliegt, so mag verwundern, dass die Beteiligung an einem Investmentfonds, welcher als Anlageziel und Anlageschwerpunkt die aktive Mitwirkung an Termin- bzw. spekulativen Kassamärkten besitzt, wiederum als Börsenspekulationsgeschäft gewertet werden kann. Denn der Anleger kann, ähnlich wie bei einer Aktie, innerhalb der Laufzeit auf eine Verbesserung des Fondswerts hoffen und zudem stellt auch der Erwerb von Fondsanteilen ein Kassageschäft dar.[396]

Der BGH hat aufgrund mangelnder tatbestandsspezifischer Gefahrenlage i.S.d. § 37 d WpHG a.F. z.B. den Erwerb von Investmentfondsanteilen, die ausschließlich in selbständige Optionsscheine investieren, nicht als Börsen- bzw. Finanztermingeschäft gewertet.[397] Es fehle hierbei nicht nur am Merkmal des hinausgeschobenen Erfüllungszeitpunkts mit Termindruck, sondern auch an einer Hebelwirkung und einem Nachschussrisiko.[398]

Wegen der Undurchschaubarkeit des noch größeren Risikos solcher Geschäfte, sei jedoch nach dem Gesetzentwurf zum 2. WiKG[399] eine besondere Schutzbedürftigkeit der Anleger gegeben und demzufolge die Möglichkeit der Bestrafung nach §§ 49, 26 BörsG zu gewähren. Dieser Grundgedanke wurde explizit in § 26 Abs. 1 BörsG verortet. Gerechtfertigt werden kann dieses Ergebnis, indem man

394 *Hagemann*, „Grauer Kapitalmarkt" und Strafrecht, 2005, § 5 C., S. 398.

395 *Schröder*, Handbuch Kapitalmarktstrafrecht, 2. Aufl. (2010), Rn. 839; *Hagemann*, „Grauer Kapitalmarkt" und Strafrecht, 2005, § 5 C., S. 398.

396 Vgl. BGH BB 2004, 2036, 2037.

397 Vgl. BGH BB 2004, 2036, 2037.

398 So auch *Jung*, in: Fuchs, WpHG Kommentar, 2009, Vor §§ 37e und 37g Rn. 21.

399 BT-Drucks. 10/318, S. 49.

einen Vergleich der bestehenden Gefahrenlage mit anderen Börsenspekulationsgeschäften zieht.

Zur Bestimmung des Vorliegens eines Börsenspekulationsgeschäfts ist im Gegensatz zur Bestimmung des Vorliegens eines Finanztermingeschäfts nicht das Erwerbsgeschäft der Anteile des jeweiligen Fonds maßgeblich, sondern lediglich die *durch den Fonds* getätigten Geschäfte. Erfüllungszeitpunkt, Hebelwirkung und Nachschussrisiko bestimmt sich ausschließlich nach der durch den Fonds vorgenommenen Mitwirkung an den Termin- bzw. spekulativen Kassamärkten.

Je mehr das Anlageprodukt einem Termingeschäft gleicht, desto ausgeprägter ist auch die innewohnende tatbestandsspezifische Gefahrenlage. Berücksichtigt werden muss hierbei allerdings auch die Notwendigkeit des Vorliegens des temporären Elements. Die meisten Investmentfonds werden nach ihrer Auflegung auf unbestimmte Zeit betrieben, weswegen zur Bestimmung des temporären Elements nicht das Anlageprodukt mit seiner Laufzeit ausschlaggebend sein kann, sondern ausschließlich die durch den Fonds vorgenommenen bzw. vorzunehmenden Geschäfte an den Termin- bzw. spekulativen Kassamärkten. Wenn der Fonds im Zeitraum der Beteiligung schwerpunktmäßig immer wieder Termingeschäfte etc. eingeht, ist auch während des gesamten Zeitraums das temporärer Element gegeben und mithin auch die spezifische Gefahrenlage, durch welche das Anlageprodukt zum Börsenspekulationsgeschäft „heranwächst“.

In einem solchen Fall ist die Gefahrenlage mit einem Termingeschäft durchaus vergleichbar. Die Tatsache, dass die meisten Fonds auf unbestimmte Zeit betrieben werden, und man demnach stets auf eine bessere Wertentwicklung hoffen bzw. eine hohe Werteinbuße im Laufe der Zeit wieder überbrücken kann, ändert nichts an der Bewertung als Börsenspekulationsgeschäft. Denn das Risiko der Terminmärkte bzw. spekulativen Kassamärkte ist dem jeweiligen Future- Fonds etc. durch die Aneinanderreihung bzw. dem Nebenherlaufen verschiedener Termingeschäfte etc. stets immanent. Zudem werden Fondsgeschäfte durch den Gleichlauf mehrerer Börsenspekulationsgeschäfte für den Anleger zunehmend undurchschaubarer. Gerade dies hebt sie von „Spekulationsgeschäften“ in Aktien ab.

Zwar werden Börsentermingeschäfte nicht nur von Kapitalanlagegesellschaften im Sinne des Investmentgesetzes sondern auch regelmäßig von jedweden Aktiengesellschaften mit anderen Geschäftsgegenständen getätigt.[400] Jedoch ist die Gefahrenlage für den *Aktionär* hier eine andere. Die Vornahme einzelner Optionsgeschäfte wird für eine Aktiengesellschaft selten die Insolvenz der gesamten Gesellschaft auslösen und somit auch nur selten den Totalverlust beim

400 Vgl. BGH BB 2004, 2036, 2037.

Aktionär herbeiführen können. Kapitalanlagegesellschaften werden gem. § 6 Abs. 1 S. 2 InvG als AG[401] oder GmbH betrieben. Auch hier lässt sich der Erwerb einer Aktie einer Kapitalanlagegesellschaft nicht mit der Gefahrenlage des Kaufs von Anteilen an einem Fonds vergleichen. Der Erwerb von Aktien einer Kapitalanlagegesellschaft stellt zu keinem Zeitpunkt ein Börsenspekulationsgeschäft im Sinne des Straftatbestandes dar. Ziel eines Fonds, welcher sich schwerpunktmäßig an Termin bzw. spekulativen Kassamärkten mitwirkt, ist die Erwirtschaftung hoher Gewinne, welche man durch ein erhöhtes Verlustrisiko in Kauf nimmt. Ziel einer als Aktiengesellschaft formierten Kapitalanlagegesellschaft ist zwar auch möglichst profitabel zu wirtschaften, dies jedoch nicht um jeden Preis und der Gefahr der drohenden Insolvenz. Der Kauf einer Aktie einer Kapitalanlagegesellschaft, welche überwiegend in spekulative Geschäfte investiert, lässt sich folglich nicht mit dem Kauf von Investmentfondsanteilen von der gleichen Kapitalanlagegesellschaft vergleichen, welche ausschließlich z.B. in selbständige Optionsscheine investiert.

c) Hedgefonds

Die Investition in Hedgefonds kann wiederum tatbestandsmäßig sein.[402] Hierbei geht der Fonds trotz der irreführenden Bezeichnung keine reinen Hedgegeschäfte ein.[403] Denn ein Hedgefonds stellt zumeist kein Hedgegeschäft dar.[404] Die wenig geglückte Bezeichnung des „Hedgefonds" hat ihren Ursprung in den 50er Jahren, als diese Form der Anlage entstand.[405] Der Begriff des „Hedgings" sollte ursprünglich verdeutlichen, dass eine offene Position gegen ein bestimmtes Risiko abgesichert wird.[406] Im Wege der sogenannten Long/Short- Strategie werden nach erfolgter Unternehmensbewertung unterbewertet eingeschätzte Aktien gekauft (Long- Position) und gleichzeitig überbewertet eingeschätzte Aktien leerverkauft (Short- Position).[407] Hierdurch kann negativen marktspezifischen Kursverläufen entgegengewirkt werden.

---

401 Nicht zu verwechseln mit der Investmentaktiengesellschaft i.S.d §§ 96 ff. InvG.

402 *Schröder*, Handbuch Kapitalmarktstrafrecht, 2. Aufl. (2010), Rn. 839, Fn 1089.

403 Vgl. *Park*, in: Park, Kapitalmarktstrafrecht, 2. Aufl. (2008), Kap. 4, T2, §§ 26, 49 Rn. 18 f.

404 Oft wird fälschlicherweise der Begriff des Hedgefonds und des Hedgegeschäfts synonym gesetzt, vgl. etwa *Bröker*, in: MüKo, Nebenstrafrecht II Band 6/1, 2010, § 26 BörsG Rn. 11f.

405 *Kaiser*, Hedgefonds, 2. Aufl. (2009), S. 6.

406 *Ricke*, BKR 2004, 60, 61.

407 Vgl. *Kaiser*, Hedgefonds, 2. Aufl. (2009), S. 81.

Heutzutage handelt es sich bei den meisten Kapitalanlagegesellschaften jedoch um aktiv spekulierende Fonds, nur wenige folgen dem ursprünglichen Hedging Ansatz.[408]

Zur Bestimmung des Vorliegens eines Börsenspekulationsgeschäfts i.S.d. §§ 49, 26 BörsG ist auch hier wieder, wie bei einem „normalen" Investmentfonds, auf den *Anlageschwerpunkt* des Fonds zu achten. Liegt dieser in der aktiven Mitwirkung an den Termin- bzw. spekulativen Kassamärkten, so handelt es sich um ein Börsenspekulationsgeschäft im Sinne des Straftatbestandes.

d) Ergebnis

Als Ergebnis ist festzuhalten, dass der Erwerb von Fondsanteilen durchaus ein Börsenspekulationsgeschäft gemäß § 26 Abs.1 BörsG darstellen kann- und dies nicht nur bei Hedgefonds. Zwar stellt der Kauf von Investmentfondsanteilen wohl nach h.M. kein Finanztermingeschäft i.S.d. des WpHG dar; über das Vorliegen eines Börsenspekulationsgeschäfts ist damit aber noch nichts gesagt. Anders als das WpHG bestimmt das BörsG ausdrücklich, dass der Erwerb von Anteilen spekulativer Fonds ein Börsenspekulationsgeschäft darstellen kann.

Schwierigkeiten bei der Bestimmung des Vorliegens eines Börsenspekulationsgeschäfts ergeben sich, wenn sich *mehrere Anlageziele* feststellen lassen. In einem solchen Fall hat eine genaue Einzelfallbetrachtung des jeweiligen Fonds stattzufinden. Denn um eine endgültige Entscheidung treffen zu können, muss nach dem *Anlageschwerpunkt* geforscht werden.[409]

Die meisten **Laufzeitfonds**, welche in Deutschland zumeist als Rentenfonds angeboten werden, stellen aufgrund ihrer Zusammenstellung regelmäßig keine Börsenspekulationsgeschäfte dar. Und dies auch dann, wenn das temporäre Element festgestellt werden kann, sprich, wenn Anteilsscheine kurz vor Laufzeitende gekauft werden. Denn den Anlageschwerpunkt bilden hier Schuldverschreibungen mit einer festen Verzinsung, weswegen diese Fonds auch als Renditefonds bezeichnet werden.[410] Mit einem Börsenspekulationsgeschäft lassen sich diese Fonds insgesamt nicht vergleichen. Gleiches gilt für die inzwischen zulässigen Aktienfonds mit begrenzter Laufzeit.[411] Die Investition in Aktien stellt schon kein Börsenspekulationsgeschäft dar.

---

408 Vgl. *Ricke*, BKR 2004, 60, 61.

409 Vgl. *Schröder*, Handbuch Kapitalmarktstrafrecht, 2. Aufl. (2010), Rn. 839.

410 *Baur*, in: Assmann/Schütze, Handbuch des Kapitalanlagerechts, 3. Aufl. (2007), § 20 Rn. 98, 103.

411 Vgl. *Baur*, in: Assmann/Schütze, Handbuch des Kapitalanlagerechts, 3. Aufl. (2007), § 20 Rn. 103 f.

9. Vorgetäuschte Börsenspekulationsgeschäfte

Unter den objektiven Straftatbestand fallen auch lediglich vorgetäuschte Börsenspekulationsgeschäfte.[412] Wird der Anleger zu einem Börsenspekulationsgeschäft verleitet, obwohl der Verleitende daraufhin tatsächlich in ein anderes Geschäft investiert (z.B. Aktienkauf etc.) bzw. schon gar keine Börsenplatzierung vornimmt,[413] so ist ausschließlich das objektiv vereinbarte Geschäft ausschlaggebend. Denn maßgebend ist nur der objektive Erklärungsinhalt im Zeitpunkt des Geschäftsabschlusses und nicht das darauf tatsächlich vorgenommene Geschäft.[414]

Aus Klarstellungsgründen sei erwähnt, dass auch tatsächlich ein Börsenspekulationsgeschäft, zumindest nach dem objektiven Erklärungsinhalt, vorliegen muss. Mag der Anleger ein Hedgegeschäft im Wege eines Optionsgeschäfts durchführen, so liegt schon nach dem objektiven Erklärungsinhalt kein Börsenspekulationsgeschäft im Sinne der Strafnorm vor. Schließt der Anlageberater ein anderweitiges Geschäft ab, so kommt eine Strafbarkeit gemäß den §§ 263, 266 etc. StGB in Betracht.

Diese rechtliche Einordnung lässt sich auch mit dem geltenden Gesetzeswortlaut vereinbaren, welcher in § 26 Abs. 2 BörsG davon spricht, dass die Geschäfte auf die Gewinnerzielung aufgrund eines Preisunterschiedes „gerichtet" sein müssen.[415] Dass diese Geschäfte auch tatsächlich vorgenommen werden müssen, ist gerade nicht Tatbestandsvoraussetzung.

Auch wird hierdurch der Schutzzweck der Norm, nämlich der Schutz des Vermögens des Anlegers, bereits im Vorfeld der Spekulation unterstrichen, denn der Abschluss eines vorgetäuschten Börsenspekulationsgeschäfts ist bei Vorliegen der weiteren Tatbestandsvoraussetzungen schon *abstrakt* vermögensgefährdend.

C. „Unerfahrenheit" im Sinne des § 26 BörsG

Um das wohl umstrittenste Tatbestandsmerkmal des Straftatbestandes griffig erläutern zu können, bedarf es eines tieferen Blickes in die Vergangenheit des Straftatbestandes aber auch einer aktuellen Betrachtung der gesetzlichen Regelungen, welche dieses Tatbestandsmerkmal beeinflussen könnten.

---

412 BT-Drucks. 10/318, S. 47 f.; *Wehowsky*, in: Erbs/Kohlhaas, Strafgesetzliche Nebengesetze, 2011, § 49 Rn. 5f.; *Hagemann*, „Grauer Kapitalmarkt" und Strafrecht, 2005, § 5 C. S. 398.

413 Siehe hierzu etwa BGH StR 225/00, Urteil vom 23.11.2000.

414 Vgl. BT-Drucks. 10/318, S. 47 f.

415 *Wehowsky*, in: Erbs/Kohlhaas, Strafgesetzliche Nebengesetze, 2011, § 49 Rn. 5 f.

Neben dem Tatbestandsmerkmal der „Unerfahrenheit“, besaß die ursprüngliche Fassung aus dem Jahre 1896 noch eine weitere Alternative. Der damalige § 78 BörsG stellte unter Strafe, wenn jemand Andere unter Ausbeutung derer Unerfahrenheit oder deren Leichtsinns zu Börsenspekulationsgeschäften verleitete, dies ausnutzte und gewohnheitsmäßig in gewinnsüchtiger Absicht handelte. Die Alternative der Ausbeutung des „Leichtsinns“ wurde im Zuge des 2. WiKG aus dem Jahre 1989 aufgegeben.[416] Begründet wurde dies anhand der mangelnden Schutzbedürftigkeit eines leichtsinnig handelnden. Denn wer in der Lage sei, die wirtschaftlichen Folgen seines Handelns zu übersehen, verdiene alleine deswegen, weil er leichtsinnig sei, keinen strafrechtlichen Schutz.[417]

Alleine im Fokus des Interesses steht daher nur noch die Ausnutzung der „Unerfahrenheit“.

I. Überblick - Prägung des Tatbestandsmerkmals durch die Rechtsprechung

Nach einer wegweisenden Entscheidung des Reichsgerichts aus dem Jahre 1913 ist jemand unerfahren im Sinne des Straftatbestandes, „wenn der Verleitete infolge fehlender geschäftlicher Einsicht die Tragweite solcher Unternehmungen nicht genügend zu übersehen vermag“.[418] Unerfahrenheit bedeute hiernach „nichts anderes als Mangel an Erfahrung in Börsenspekulationsgeschäften“.[419]

In der Literatur ist man dieser Definition des Reichsgerichts zunächst größtenteils gefolgt.[420]

In der Entscheidung des Reichsgerichts hat man weiter die Ausprägung vorgenommen, dass die vorherige Vornahme von vereinzelten Börsenspekulationsgeschäften der Kunden, nichts über deren Geschäftserfahrung aussagen müsse.[421] Selbst die Tätigung derselben Geschäftsart (vorliegend waren es sogenannte Prämiengeschäfte) müsse nicht zwangsläufig etwas über die Erfahrenheit der Opfer aussagen.[422]

---

416 Vgl. Zweites Gesetz zur Bekämpfung der Wirtschaftskriminalität, BGBl. I. vom 15.05.1986, Nr. 21, S. 721, Art. 3 (S. 725), Bezug auf BT-Drucks. 10/318 (1983).

417 Vgl. BT-Drucks. 10/318, S. 48 und BT-Drucks. 7/3441, S. 41.

418 RG JW 1913, 1049, 1050.

419 RG JW 1913, 1049, 1050.

420 Vgl. etwa *Meyer/Bremer*, Börsengesetz, 4. Aufl. (1956), § 94 Rn. 5.

421 Vgl. RG JW 1913, 1049, 1050.

422 Vgl. RG JW 1913, 1049, 1050.

Nach einer späteren Definition von *Schwark*, welche dieser aus zwei Entscheidungen des Bundesgerichtshofes aus dem Jahre 1956 und 1959 herleitet, besteht Unerfahrenheit „in einem Mangel an Geschäftskenntnis und Lebenserfahrung allgemein oder auf dem Gebiet der Börsenspekulationsgeschäfte mit der Folge, dass der Verleitete die Tragweite seines Handelns nicht richtig beurteilen könne“.[423] Nicht ausreichend sei „die Unkenntnis über die Gefahren eines einzelnen bestimmten Börsenspekulationsgeschäfts“.[424]

Dieser Definitionsversuch von *Schwark* setzt sich aus zwei BGH- Entscheidungen zusammen, die sich beide nicht mit dem Straftatbestand der Verleitung zu Börsenspekulationsgeschäften befassten, sondern mit dem Straftatbestand des sogenannten „gewerbsmäßigen Sachwuchers“ gem. § 302e StGB a.F., welcher ebenso die Unerfahrenheit als Tatbestandsmerkmal voraussetzte. Hierbei beschäftigte sich die eine Entscheidung mit einem Fall des „Raumwuchers“,[425] die andere mit dem Ankauf eines wertlosen medizinischen Geräts.[426]

Mit dem Tatbestandsmerkmal der Unerfahrenheit setzte sich später der Gesetzentwurf der Bundesregierung bezüglich eines Zweiten Gesetzes zur Bekämpfung der Wirtschaftskriminalität (2. WiKG) im Jahre 1983 auseinander.[427] Hierbei wurde herausgearbeitet, dass die Unerfahrenheit nicht alleine dadurch ausgeschlossen werden müsse, weil das Opfer durchschnittliche Geschäftskenntnisse und Lebenserfahrungen besitze. Vielmehr wurde auf die besondere Unübersichtlichkeit und Undurchschaubarkeit von Börsenspekulationsgeschäften und der daraus resultierenden Aufklärungsbedürftigkeit für den durchschnittlichen erfahrenen Bürger verwiesen. Die Anwendung des Tatbestandes sei erst dann auszuschließen, wenn der Verleitete das Börsengeschäft im Einzelfall verlässlich überblicken kann. Gleichzeitig wird auf die Rechtsprechung des Reichsgerichts aus dem Jahre 1913 verwiesen. Auch wird hervorgehoben, dass die vorherige Tätigung einzelner Spekulationsgeschäfte nicht zwangsläufig auf die Erfahrenheit des Opfers deuten müsse.

Die Rechtsprechung ist dem Gesetzentwurf bezüglich der Erläuterungen zu dem Tatbestandsmerkmal der Unerfahrenheit größtenteils gefolgt.[428]

---

423 Vgl. *Schwark* in Schwark, Kommentar zum Börsengesetz, 1976, § 89 Rn. 5 f.

424 Vgl. *Schwark* in Schwark, Kommentar zum Börsengesetz, 1976, § 89 Rn. 5 f.

425 BGHSt 11, 182, Urteil vom 23.12.1957.

426 BGHSt 13, 233, Urteil vom 04.04.1959.

427 BT-Drucks. 10/318, S. 48; Veröffentlichung des 2. WiKG im BGBl. I. am 15.05.1986, Nr. 21, S. 721, Art. 3 (S. 725), welches am 01.08.1986 in Kraft getreten ist.

428 Vgl. OLG Bremen, wistra 1990, 163; OLG Bremen, wistra 1993, 34 und 36; OLG Düsseldorf, wistra 1989, 115, 118; OLG Düsseldorf 1989, 156, 158.

Nach der heute aktuellen Definition des BGH aus dem Jahre 2001[429] liegt Unerfahrenheit bei einer zum Abschluss von Börsenspekulationsgeschäften verleiteten Person dann vor, wenn „sie infolge fehlender Einsicht die Tragweite des konkreten Spekulationsgeschäfts nicht verlässlich überblicken kann, wobei es auf die Verhältnisse des Einzelfalls ankommen soll".[430]

Interessanterweise konkretisiert und bestätigt die Rechtsprechung des Bundesgerichtshofes aus dem Jahre 2001 die Definition des Reichsgerichts aus dem Jahre 1913. Genau betrachtet, entspricht die nahezu hundert Jahre alte Auslegung des Reichsgerichts der heutigen Rechtsprechung des BGH.

Denn zu beachten ist, dass auch das Reichsgericht die Einzelfallbetrachtung ausdrücklich voraussetzte, indem es ebenso die automatische Verneinung der Unerfahrenheit aufgrund einer vorherigen Tätigung von Börsenspekulationsgeschäften für einen Trugschluss hielt.[431]

Diese nahezu hundertjährige beständige Rechtsprechung verwundert gerade in einer Rechtsmaterie, welche mit zu den dynamischsten gezählt wird.[432]

II. Literatur vs. Rechtsprechung- restriktive vs. extensive Handhabung

Namhafte Vertreter der Literatur folgen dieser Rechtsprechungsansicht jedoch nicht uneingeschränkt. Die Literatur verlangt zumeist eine restriktive Handhabung des Tatbestandsmerkmals.[433] Die Kritik an der Definition der Unerfahrenheit des BGH erfolgt an mehreren Stellen.

Zum einen wird kritisiert, dass die Rechtsprechung auf *mangelnde Kenntnis* des Verleiteten abstelle und nicht, wie vom Gesetzgeber aber verlangt, auf *mangelnde Erfahrung*.[434]

Umstritten ist zum anderen die Frage, ob ein Anleger, welcher schon in der Vergangenheit Börsenspekulationsgeschäfte tätigte, überhaupt noch als unerfahren

429 Vgl. BGH 3 StR 191/01, Urteil vom 22.08.2001.

430 So auch festgelegt in der systematischen Sammlung des BGH in BGHR Strafsachen, Nebengesetze 1, § 89 BörsG, Unerfahrenheit 2.

431 Vgl. RG JW 1913, 1049, 1050.

432 Vgl. *Segna*, WM 2005, 715; *Müller-Gugenberger*, in: Müller-Gugenberger/Bieneck, Wirtschaftsstrafrecht, 5. Aufl. (2011), § 1 Rn. 2.

433 Vgl. *Achilles-Baumgärtel*, NStZ 1998, 603, 605; *Bröker*, wistra 1993, 161, 163. *Park*, wistra 2002, 107 f.

434 Vgl. *Park*, in: Park, Kapitalmarktstrafrecht, 2. Aufl. (2008), Kap. 4, T2, §§ 26, 49, Rn. 22.

im Sinne des Gesetzes gelten kann[435]- was der BGH gemäß seiner zur Definition der Unerfahrenheit gerade für möglich hält. Besondere Brisanz gewinnt dabei die Frage, wenn der Verleitete durch ein in der Vergangenheit *gleichartig* getätigtes Geschäft sein Vermögen verloren hatte.

III. Unerfahrenheit-Unkenntnis und Einsicht

1. Unerfahrenheit und Unkenntnis

Der Umgang mit dem Tatbestandsmerkmal der Unerfahrenheit weist in seiner Handhabbarkeit aufgrund mangelnder Griffigkeit und unterschiedlicher Auslegungen in Literatur und Rechtsprechung erhebliche Schwierigkeiten auf. Zumal der Begriff der Unerfahrenheit, wie es sich zeigen wird, im Rahmen seines Tatbestandes verstanden werden will und nicht automatisch synonym mit dem Begriff der Unerfahrenheit im Rahmen des Straftatbestandes gem. § 291 StGB gleichgesetzt werden kann.[436]

Zu untersuchen sind zunächst die Gründe für eine uneinheitliche Auslegung.

Park interpretiert die oben genannte Rechtsprechung des BGH[437] zu dem Tatbestandsmerkmal der Unerfahrenheit aus dem Jahre 2001 so, dass Unerfahrenheit demzufolge nicht auf eine fehlende Übung schließen lasse, sondern es nur auf mangelnde *Kenntnis* ankommen solle.[438]

Park beschreibt den Begriff der Unkenntnis damit, dass mit diesem „allgemein jegliche fehlende Kenntnis gemeint ist, unabhängig davon, worauf der Kenntnismangel beruht“. Die Unerfahrenheit beschreibe hingegen „einen Mangel an Erlebnissen, aus denen man Einsichten und Erkenntnisse sammelt; sie stellt somit gewissermaßen einen Unterfall der Unkenntnis dar“.[439]

Würde es nur auf eine bestehende Unkenntnis des Verleiteten ankommen, so unterläge, wie Park folgerichtig schreibt und sich noch zeigen wird, eine derartige

---

435 Vgl. etwa *Achilles-Baumgärtel*, NStZ 1998, 603, 605; *Bröker*, wistra 1993, 161, 163; *Park*, in: Park, Kapitalmarktstrafrecht, 2. Aufl. (2008), Kap. 4, T2, §§ 26, 49, Rn. 24 f.; *Bröker*, in: MüKo, Nebenstrafrecht II Band 6/1, 2010, § 26 BörsG Rn. 21.

436 Siehe unten, S. 112 ff.

437 BGH 3 StR 191/01, Urteil vom 22.08.2001.

438 *Park*, wistra 2002, 107; *Park* in Park, Kapitalmarktstrafrecht, 2. Aufl. (2008), Kap. 4, T2, §§ 26, 49, Rn. 22.

439 Vgl. *Park*, in: Park, Kapitalmarktstrafrecht, 2. Aufl. (2008), Kap. 4, T2, §§ 26, 49, Rn. 22; *Park*, BB 2003, 1513, 1517.

Auslegung erheblichen Bedenken, zumal der Gesetzeswortlaut tatsächlich nicht von Ausnutzung der Unkenntnis, sondern von Ausnutzung der Unerfahrenheit spricht.[440]

Im Folgenden ist das Verhältnis „Unerfahrenheit" und „Unkenntnis" in Bezug auf den Straftatbestand der Verleitung zu Börsenspekulationsgeschäften zu untersuchen.

Der Begriff der Unkenntnis ist als Oberbegriff der Unerfahrenheit zu verstehen.[441]

Ist jemand gezwungen einen PKW zu bedienen, ohne zuvor einen gefahren zu haben, so gilt er bezüglich des Fahrens mit einem PKW als unerfahren. Er kann hierbei noch soviel Sachverstand über Autos und deren mechanischen und technischen Bewegungsabläufe besitzen, er bleibt ein unerfahrener Autofahrer. Mithin fehlt ihm nicht jegliche Kenntnis über das Autofahren, er besitzt nur einen Mangel an Erfahrung aufgrund mangelnder Erlebnisse, sprich die Einsicht in die tatsächlich stattfindenden mechanischen Abläufe und Bewegungen. Andersherum kann wiederum jemand auch aufgrund mangelnder Kenntnisse bezüglich der theoretischen Bewegungsabläufe der Mechanik eines PKW und absolut mangelndem Sachverstand durchaus als erfahrener Autofahrer gelten. Unerfahrenheit und Unkenntnis schließen sich mithin nicht aus.

Ist jemand unerfahren, so besitzt er automatisch auch Unkenntnis in diesem bestimmten Bereich. So besitzt der unerfahrene Autofahrer auch keine Kenntnisse über das praktische Autofahren.

Besitzt jemand keine Kenntnis in *verschiedenen* Bereichen, so muss er nicht automatisch als unerfahren gelten. Weiß jemand, wie man ein Auto fährt, hat dieser aber keine Ahnung bezüglich der tatsächlich stattfindenden inneren Abläufe oder Funktionsweisen, so kann er dennoch ein erfahrener Autofahrer sein.

Die Unerfahrenheit wird im Duden mit „(noch) nicht erfahren; ohne Erfahrung" umschrieben; als Beispiel hierfür wird der Richter oder Arzt angeführt, welcher auf seinem Gebiet noch unerfahren sei.[442]

Im Sinne dieses Beispiels ist ein gerade frisch eingestellter Richter in seiner Funktion unerfahren, jedoch verfügt er in seinem rechtlich materiellem und prozessualem Wissen über erhebliche Kenntnisse.

Unerfahrenheit und Unkenntnis sind nicht absolut kongruent, jedoch partiell deckungsgleich.

---

440 Vgl. *Park*, JuS 2007, 712, 713; *Park*, wistra 2002, 107; *Park*, in: Park, Kapitalmarktstrafrecht, 2. Aufl. (2008), Kap. 4, T2, §§ 26, 49, Rn. 22.

441 So auch *Park*, BB 2003, 1513, 1517.

442 Vgl. Duden, Das große Wörterbuch der deutschen Sprache, 7. Band (Sil – Urh), 2. Aufl. (1995), „unerfahren".

Die zwei oben genannten Beispiele können zwar bildlich zur Veranschaulichung der Unterscheidung zwischen Unerfahrenheit von der Unkenntnis im Allgemeinen herangezogen werden. Für die Verdeutlichung der Problematik der Unerfahrenheit im Rahmen des Straftatbestandes dienen sie jedoch nicht vollumfänglich, da sie noch zu unpräzise sind.

Hierfür hat eine genauere Auslegung stattzufinden.

Es stellt sich im Rahmen des Straftatbestandes nämlich die Schwierigkeit, dass bei der Übertragung der zwei Beispiele auf die Vornahme von Spekulationsgeschäften jedes Erstgeschäft automatisch von einem Unerfahrenen ausgeführt werden würde.[443] Dies kann jedoch nicht im Sinne des Straftatbestandes sein und entspricht auch nicht der herrschenden Definition des BGH, welche eine Einzelfallbetrachtung verlangt und nicht pauschal einen das Erstgeschäft vornehmenden als unerfahrenen betrachtet.[444] Die Vornahme eines Erstgeschäfts mag zwar Indizwirkung für die Unerfahrenheit entfalten,[445] jedoch kann dies nicht zu einem Automatismus führen.

Die Unerfahrenheit im Sinne des § 26 BörsG meint allerdings nicht (nur) fehlende Übung.[446] Die zwei oben genannten Beispiele gehen jedoch gerade davon aus, dass der Autofahrer noch keine Übung im Autofahren besitzt und deswegen unerfahren sei, genauso verhält es sich mit dem Richter, welcher unerfahren ist, weil er noch keine Übung im Leiten einer Verhandlung besitzt.

Besitzt jemand fundierte Erkenntnisse über die Tragweite und Bedeutung des abzuschließenden Spekulationsgeschäfts, so kann er auch bei Vornahme des Erstgeschäfts nicht als unerfahren im Sinne des Straftatbestandes gelten. Hierfür spricht auch das Argument, dass sonst eine Kompensation der Unerfahrenheit bei der Vornahme eines Erstgeschäfts stets unmöglich ist und der Straftatbestand nur über den Umweg des Tatbestandsmerkmals des „Ausnutzens“ ausgeschlossen

---

443 Weswegen auch das praktische Beispiel des Pianisten von *Park*, welcher alles über das Klavierspielen an sich weiß, selbst aber noch nie Klavier gespielt hat und deswegen nicht als erfahrener Pianist gewertet werden kann (*Park* in Park, Kapitalmarktstrafrecht, 2. Aufl. (2008), Kap. 4, T2, §§ 26, 49, Rn. 22) zu weit geht und deswegen nicht uneingeschränkt auf den Straftatbestand übertragbar ist, da ansonsten jedes Erstgeschäft automatisch zur Bejahung der Unerfahrenheit im Sinne des Tatbestandes führen würde.

444 Vgl. BGHR Strafsachen, Nebengesetze 1, § 89 BörsG, Unerfahrenheit 2.

445 Vgl. *Achilles-Baumgärtel*, NStZ 1998, 603; *Hildner*, WM 2004, 1068, 1073.

446 Vgl. *Schröder*, in: Achenbach/Wannemacher, Beraterhandbuch zum Wirtschafts- und Steuerstrafrecht, § 24 II, Rn. 87.

werden könnte.[447] Schwierigkeiten ergeben sich dann aber daraus, dass die Unerfahrenheit eines eigentlich voll im Bilde stehender Anlegers zumindest theoretisch „ausgenutzt“ werden *könnte*, da eine Kompensation bei einem Erstgeschäft nicht möglich ist. Oder noch genauer gesprochen, es würde dann bei einem eigentlich erfahrenen Anleger dessen nicht vorhandene Unerfahrenheit „ausgenutzt“ werden *können*.

Eine solche Fallkonstellation ist kaum zu konzipieren. Dies alles kann so vom Gesetzgeber nicht gewollt sein und macht schlussendlich auch aus den folgenden Argumenten keinen Sinn:

Zum einen würde die Problematik nicht gelöst, sondern nur auf einem anderen „Kriegsschauplatz“ ausgetragen werden, da schließlich eine Kompensation der Unerfahrenheit bei Erstgeschäften nicht stattfinden kann und somit die Frage der Tätigung eines Erstgeschäfts im Rahmen des Tatbestandsmerkmals des „Ausnutzens“ ausgetragen werden müsste. Dies führt jedoch zu Verwirrungen bezüglich der Bedeutung der Unerfahrenheit, denn aus einem unerfahrenen Anleger kann man stets einen erfahrenen Anleger machen,[448] auch wenn man hierfür teilweise größere Kraftanstrengungen aufbringen müsste. Praktisch gesehen, stellt dies keine absolute Unmöglichkeit dar.

Zum anderen müsste man sich dann insgeheim eingestehen, dass eine „Erfahrung“ nur durch Vornahme des tatsächlichen Rechtsgeschäfts in Form des Spekulationsgeschäfts zustande kommen würde, da auch ein Spezialist in Spekulationsgeschäften ein (eigenes) Erstgeschäft vornehmen kann. Die Vornahme eines (eigenen) Rechtsgeschäfts kann jedoch nichts über die Erfahrenheit eines Anlegers aussagen und nicht für die Definition des Tatbestandsmerkmals ausschlaggebend sein. Ein Spezialist in Spekulationsgeschäften muss auch schon vor der Vornahme eines (eigenen) Erstgeschäfts als erfahren im Sinne des Straftatbestandes gelten können.

Mithin meint Unerfahrenheit im Sinne des Straftatbestandes nicht fehlende Übung.[449]

---

447 So aber *Park*, wistra 2002, 107; nicht zu verwechseln ist diese Fallkonstellation mit dem Fall, dass der potentielle Täter sein Opfer versucht umfassend aufzuklären, das Opfer jedoch kein Interesse daran hat, deswegen unerfahren bleibt aber keine Anzeichen der Unerfahrenheit vorweist; hier besteht zumeist schon keine Ausnutzugssituation.

448 Vgl. *Bröker*, wistra 1993, 161, 163; siehe hierzu auch untern zu Kompensationsmöglichkeiten der Unerfahrenheit, S. 130 ff.

449 So im Endeffekt auch *Schröder*, in: Achenbach/Wannemacher, Beraterhandbuch zum Wirtschafts- und Steuerstrafrecht, § 24 II, Rn. 87; *Schröder*, Handbuch Kapitalmarktstrafrecht, 2. Aufl. (2010), Rn. 840.

Würde man Unkenntnis mit Unerfahrenheit gleichsetzen und dies auf den Straftatbestand der Verleitung zu Börsenspekulationsgeschäften im Sinne der §§ 49, 26 BörsG übertragen, so würde der Tatbestand auch dann bejaht werden können, wenn trotz bestehender Einsicht in die Funktionsweisen von Spekulationsgeschäften und den Erlebnissen mit solchen Geschäften der Verleitete sich z.B. über die Bedeutung und Tragweite des konkret abzuschließenden Geschäfts im unklaren ist.[450] Eine solche extensive Handhabung kann nicht Sinn und Zweck der §§ 49, 26 BörsG sein.

2. Zwischenergebnis

Als Zwischenergebnis ist festzuhalten, dass diese weite Auslegung vom Gesetzgeber nicht gewollt ist und Unerfahrenheit nicht mit Unkenntnis gleichgesetzt werden kann.[451] *Park* ist insoweit Recht zu geben.

3. Fehlende Einsicht und fehlende Kenntnis

Zu hinterfragen bleibt aber, weswegen *Park* die Definition des BGH aus dem Jahre 2001[452] bzw. des RG aus dem Jahre 1913,[453] bei welcher eigentlich nur davon gesprochen wird, dass Unerfahrenheit bei einer zum Abschluss von Börsenspekulationsgeschäften verleiteten Person dann vorliege, wenn „sie infolge *fehlender Einsicht* die Tragweite des konkreten Spekulationsgeschäfts nicht verlässlich überblicken kann, wobei es auf die Verhältnisse des Einzelfalls ankommen soll“,[454] mit *fehlender Kenntnis* interpretiert. Fehlende Kenntnis wird in keinem der beiden Entscheidungen vorausgesetzt oder gar erwähnt. Trotzdem ersetzt Park *fehlende Einsicht* mit den Worten *fehlende Kenntnis* und gibt so die Entscheidung des BGH wieder, welche er kritisiert.[455]

Im Folgenden soll erneut ein allgemeiner Definitionsversuch die Unterscheidung näher bringen.

Fehlende „Einsicht“ und „Unkenntnis“ sind von ihrer Wortbedeutung grundverschieden.

450 Vgl. RGSt 37, 205, 206, Urteil vom 10.06.1904

451 A.A. *Bröker* in MüKo, Nebenstrafrecht II Band 6/1, 2010, § 26 BörsG Rn. 20 f.

452 BGH 3 StR 191/01, Urteil vom 22.08.2001.

453 RG JW 1913, 1049, 1050.

454 BGH 3 StR 191/01, Urteil vom 22.08.2001.

455 Vgl. *Park*, JuS 2007, 712, 713; *Park* wistra 2002, 107.

Schlägt man im Duden das Wort „Einsicht“ nach, so findet man als Erklärung: „das Verstehen eines vorher unklaren, nicht durchschauten Sachverhaltes; Erkenntnis“.[456]

Das Wort „Unkenntnis“ wird mit „Nichtwissen, mangelnde Kenntnis von etw.“ umschrieben.[457]

Eine synonyme Bedeutung der „fehlenden Einsicht“ mit „fehlender Kenntnis“ kann nicht konstatiert werden. Besitzt jemand keine Einsicht, so kann er dennoch Kenntnis besitzen. Besitzt man zwar Kenntnis über einen Sachverhalt, kann jedoch keinen Schluss daraus ziehen, so mangelt es an Einsicht aufgrund fehlender Erkenntnis.

Weiß der Naturwissenschaftler, dass etwa reife Kirschen aufgrund der Benetzung mit Regenwasser platzen können, so besitzt er Kenntnisse über dieses Phänomen. Erst jedoch durch Forschung erlangt er Erkenntnisse über die Osmose, besitzt mithin Einsicht in die wirklichen physikalischen Abläufe bei der Membrandurchquerung.

Besitzt jemand keine Kenntnis, so mangelt es immer auch an Einsicht in einem bestimmten Bereich.

Fehlende Einsicht und fehlende Kenntnis meinen somit verschiedenes. Fehlende Kenntnis ist auch hier als Oberbegriff zu verstehen.[458]

Dieser Definitionsversuch soll im Folgenden auf den Straftatbestand der Verleitung zu Börsenspekulationsgeschäften übertragen werden.

Es bedarf einer exakten Grenzziehung der Begrifflichkeiten „Kenntnis“ und „Einsicht“ als Definitionsversuche des Tatbestandsmerkmals der Unerfahrenheit im Sinne des Straftatbestandes.

Im weiteren Verlauf soll zunächst gezeigt werden, dass auch die Rechtsprechung des BGH im Rahmen ihrer Auslegung, entgegen der Auffassung von *Park*, bezüglich des Tatbestandsmerkmals der Unerfahrenheit nicht lediglich weitläufig auf jegliche bestehende Unkenntnis abstellt bzw. abstellte.

Park verweist zur Untermauerung seiner Ansicht in seinen Fußnoten auf zwei Stellen von *Schröder*.[459]

---

456 Duden, Das große Wörterbuch der deutschen Sprache, 2. Band (Bin - Far), 2. Aufl. (1993), „Einsicht“.

457 Vgl. Duden, Das große Wörterbuch der deutschen Sprache, 7. Band (Sil - Urh), 2. Aufl. (1995), „Unkenntnis“.

458 Siehe oben zur Abgrenzung Unkenntnis und Unerfahrenheit, S. 103 ff., wobei jedoch Unkenntnis als Oberbegriff der Unerfahrenheit zu sehen ist; die fehlende Einsicht dient wiederum zur näheren Beschreibung der Unerfahrenheit.

459 Verweis in *Park*, in: Park, Kapitalmarktstrafrecht, 2. Aufl. (2008), Kap. 4, T2, §§ 26, 49, Rn. 22 in Fn. 65 auf: „*Schröder*, in: Achenbach/Ransiek, X 2, Rn. 252 f. (Anm. d. Verf.: 2. Aufl. (2008), Rn. 269 f.); ders. Handbuch Kapitalmarktstrafrecht, 2. Aufl. (2010), Rn. 840“.

Taucht man wiederum in diese zwei Quellen ein, so ergibt sich einerseits, dass *Schröder* das Merkmal der Unerfahrenheit nicht mit fehlender Übung gleichgesetzt haben möchte,[460] andererseits aber einräumt, dass das Merkmal der Unerfahrenheit seinem Wortsinn nach auch das Fehlen bislang einschlägiger Erlebnisse erfasse.[461] Ebenso findet hier die Rechtsprechung des BGH aus dem Jahre 2001 Berücksichtigung. Schröder ist weiter der Ansicht, dass es entscheidend sei, „dass das Opfer infolge *fehlender Kenntnisse der geschäftstypischen Risiken* die Tragweite seines Handelns nicht einzuschätzen vermochte", um die Unerfahrenheit bejahen zu können.[462] *Park* könnte die *fehlende Kenntnis* aus diesem Zusammenhang abgeleitet haben.

Diese Interpretation von *Schröder* stammt aus der Rechtsprechung des OLG Bremen aus dem Jahr 1990.[463] Das OLG Bremen wiederum gibt die Rechtsprechung des BGH aus dem Jahre 1956 und 1959 bezüglich des gewerbsmäßigen Sachwuchers und die Rechtsprechung des Reichgerichts bezüglich der Verleitung zu Börsenspekulationsgeschäften aus dem Jahre 1913 wieder.

So zitiert das OLG Bremen in Anlehnung an BGHSt 11, 182, 186 und BGHSt 13, 233, dass „...Unerfahrenheit eine dem Menschen anhaftende Eigenschaft ist, die auf einem Mangel an *Geschäftskenntnis* und Lebenserfahrung *im allgemeinen* oder auf beschränkten Gebieten des menschlichen Wirkens beruht und ihrem Wesen nach eine Einschränkung der Befähigung zur Wahrnehmung oder richtigen Beurteilung von Zuständen oder Geschehnissen irgendwelcher Art zur Folge hat". Diese Definition stammt wiederum aus einer Entscheidung des RG aus dem Jahre 1904, welche sich ebenso mit dem Straftatbestand des Wuchers auseinandersetzte.[464]

---

460 *Schröder*, Handbuch Kapitalmarktstrafrecht, 2. Aufl. (2010), Rn. 840.

461 *Schröder*, Handbuch Kapitalmarktstrafrecht, 2. Aufl. (2010), Rn. 841.

462 Vgl. *Schröder*, in: Achenbach/Ransiek, Handbuch Wirtschaftsstrafrecht, 1. Aufl. (2004), X 2, Rn. 253 (Anm. d. Verf.: 2. Aufl. (2008), Rn. 270 f.); *Schröder*, in: Achenbach/Wannemacher, Beraterhandbuch zum Steuer- und Wirtschaftsstrafrecht, § 24 II Rn. 87; *Schröder*, Handbuch Kapitalmarktstrafrecht, 2. Aufl. (2010), Rn. 841.

463 OLG Bremen wistra 1990, 163.

464 BGHSt 11, 182, 186 und BGHSt 13, 233 verweisen auf den Ursprung der Definition in RGSt 37, 205, 206. Die Entscheidung des RG beschäftigte sich mit dem Straftatbestand des Wuchers gemäß der alten §§ 302a, 302e StGB. Weiter verweist die Entscheidung des RG auf die Quelle der Definition der Unerfahrenheit iSd alten §§ 302a, 302e StGB auf die Aktenstücke des Reichstags, IV. Legislaturperiode, 3. Session 1880, Nr. 58, Anlage B, S. 44, welche jedoch dem RG unzureichend erschien.

4. Zwischenergebnis

Mithin bleibt festzuhalten, dass weder das Reichsgericht, noch der Bundesgerichtshof im Rahmen der Beschäftigung mit dem Straftatbestand im Börsengesetz versucht haben das Tatbestandsmerkmal der Unerfahrenheit mit „Unkenntnis" zu präzisieren, sondern die „Kenntnis" im Sinne der „Geschäftskenntnis" durch die Entscheidung des RG aus dem Jahre 1904 und des BGH aus dem Jahre 1956 und 1959 bezüglich der Präzisierung der Unerfahrenheit im Straftatbestand des damaligen § 302e StGB („gewerbsmäßiger Sachwucher") geprägt wurde.

Unabhängig von der Frage der Übertragbarkeit der Definition der Unerfahrenheit bezüglich der alten §§ 302a, 302e StGB auf den Straftatbestand der Verleitung zu Börsenspekulationsgeschäften[465] ist hierbei allerdings zu konstatieren, dass selbst in diesen beiden Entscheidungen des BGH aus den 60er Jahren Unerfahrenheit nicht mit allgemeiner Unkenntnis gleichgesetzt wird.[466] Deutlich wird dies vor allem anhand RGSt 37, 205, einer Entscheidung aus dem Jahre 1904, auf welche in BGHSt 11, 182, 186 und BGHSt 13, 233, 234 verwiesen wird. In dieser wird davon gesprochen, dass der „Vorderrichter ... in unzulässiger Weise Unerfahrenheit der Unkenntnis gleichsetzt... Unerfahrenheit ist eine dem Menschen anhaftende Eigenschaft, die auf einem *Mangel an Geschäftskenntnis* und Lebenserfahrung *im allgemeinen* oder auf beschränkten Gebieten des menschlichen Wirkens beruht und ihrem Wesen nach eine Einschränkung der Befähigung zur Wahrnehmung oder richtigen Beurteilung von Zuständen und Geschehnissen irgendwelcher Art zur Folge hat".[467]

Das Tatbestandsmerkmal der Unerfahrenheit wird sowohl vom BGH bzw. RG bezüglich des Straftatbestandes im BörsG als auch bezüglich der Unerfahrenheit im Sinne der alten §§ 302a, 302e StGB bzw. § 291 StGB stets im Rahmen eines geschäftstypischen Bezugs definiert. So wird von „...mangelnder Geschäftskenntnis ... im allgemeinen..." gesprochen und nicht von „allgemeiner Unkenntnis" bzw. vom Fehlen „jeglicher Kenntnis".[468] Das fehlen jeglicher Kenntnis reicht auch dem BGH bzw. RG nicht aus.

Stellt die Unerfahrenheit aber einen Unterfall der Unkenntnis dar, wie auch *Park* meint,[469] so ist sie automatisch auch ein Teil der Unkenntnis. Einen Teil der Unkenntnis kann aber auch die Unkenntnis der geschäftstypischen Risiken, bzw.

465 Hierzu unten, S. 112 ff.

466 Vgl. BGHSt 13, 233, 235 und BGHSt 11, 182, 186 f.

467 Vgl. RGSt 37, 205, 206, Urteil vom 10.06.1904.

468 So aber *Park*, JuS 2007, 712, 713.

469 *Park*, wistra 2002, 107.

ein Mangel an Geschäftskenntnis im Allgemeinen darstellen, welches dann als Unerfahrenheit gedeutet werden kann.

Mithin ist die vorhandene Kritik von *Park* berechtigt, jedoch ohne Relevanz, da auch der BGH eine bloße „fehlende Kenntnis" gerade nicht ausreichen lässt.

Park ist hierbei zu folgen, wenn er den Begriff der Unkenntnis damit beschreibt, dass mit diesem „allgemein jegliche fehlende Kenntnis gemeint ist, unabhängig davon, worauf der Kenntnismangel beruht" und dass die Unerfahrenheit hingegen „einen Mangel an Erlebnissen, aus denen man Einsichten und Erkenntnisse sammelt, beschreibe".[470]

Gerade der BGH geht aber *ebenso* davon aus, dass Unerfahrenheit bei einer zum Abschluss von Börsenspekulationsgeschäften verleiteten Person dann vorliege, wenn „sie infolge fehlender *Einsicht* die Tragweite des konkreten Spekulationsgeschäfts nicht verlässlich überblicken kann, wobei es auf die Verhältnisse des Einzelfalls ankommen soll".[471]

Interessanterweise weicht die Ansicht von *Park* hiervon kaum ab. *Park* empfindet die Rechtsprechung des BGH zu weit und verlangt nach einer Verengung der Auslegung des Tatbestandsmerkmals der Unerfahrenheit folgendermaßen: „Vom Tatbestand erfasst ist danach nicht die Ausnutzung jeglicher Unkenntnis, sondern nur die Ausnutzung derjenigen Unkenntnis, die auf *fehlender Erkenntnis* aufgrund von mangelnder Teilhabe an gleich gelagerten Börsengeschäften in der Vergangenheit beruht".[472]

Nichts anderes verlangt auch die Definition des BGH. Fehlende Erkenntnis kann durchaus mit fehlender Einsicht synonym verwendet werden. Schlägt man im Duden das Wort „Einsicht" nach, welches als Teil der Definition des BGH dient, so findet man, wie oben erwähnt, man Erklärung: „das Verstehen eines vorher unklaren, nicht durchschauten Sachverhaltes, bzw. *Erkenntnis*".[473]

Auch *Park* schreibt folgerichtig, dass „Unerfahrenheit einen Mangel an Erlebnissen beschreibe, aus denen man Erkenntnisse und *Einsichten* sammelt.[474]

Park stimmt insoweit mit der herrschenden Ansicht der Rechtsprechung überein. Somit geht auch die Annahme fehl, dass es infolge seiner Auslegung bezüglich

---

470 Vgl. *Park*, in: Park, Kapitalmarktstrafrecht, 2. Aufl. (2008), Kap. 4, T2, §§ 26, 49, Rn. 22.

471 BGHR Strafsachen, Nebengesetze 1, § 89 BörsG, Unerfahrenheit 2.

472 Vgl. *Park*, in: Park, Kapitalmarktstrafrecht 2008, T2, §§ 26, 49, Rn. 22.

473 Duden, Das große Wörterbuch der deutschen Sprache, 2. Band (Bin - Far), 2. Aufl. (1993), „Einsicht".

474 Vgl. *Park*, wistra 2002, 107.

des Merkmals der Erkenntnis zu einer Tatbestandseinschränkung komme.[475] Die von *Park* angepriesene Tatbestandseinschränkung resultiert gerade nicht aus diesem Grund sondern aus einem anderen Zusatz seiner Definition. So macht *Park* geltend, dass sich das Ausnutzen auf diejenige Unkenntnis beschränken müsse, die auf fehlender Erkenntnis aufgrund von mangelnder Teilhabe an *gleich gelagerten Börsengeschäften* beruht.[476]

Der BGH verlangt indes nur, dass Unerfahrenheit bei einer zum Abschluss von Börsenspekulationsgeschäften verleiteten Person dann vorliege, wenn „sie infolge fehlender Einsicht die Tragweite des *konkreten* Spekulationsgeschäfts nicht verlässlich überblicken kann, wobei es auf die Verhältnisse des Einzelfalls ankommen soll".[477]

Der BGH schließt somit nicht automatisch die Unerfahrenheit bei uneinsichtiger Vornahme von gleich gelagerten Börsengeschäften in der Vergangenheit aus, sondern erst dann, wenn der Verleitete bezüglich des *konkreten* Börsenspekulationsgeschäfts Einsicht besaß.

Dieser Differenzierung ist jedoch erst unten im Rahmen der mehrfachen Tätigung von Börsenspekulationsgeschäften nachzugehen.[478]

Als Ergebnis ist bleibt soweit festzuhalten, dass *Park* ebenso wie der BGH davon ausgeht, dass „Unerfahrenheit" im Sinne des § 26 BörsG einen Mangel an Erlebnissen und Erkenntnissen, bzw. fehlender Einsicht umschreibt. Über die genaue Ausprägung der fehlenden Einsicht ist man sich jedoch uneins, was Themenschwerpunkt des nächsten Abschnittes sein wird.[479]

5. Eigenständigkeit des Begriffs der Unerfahrenheit i.S.d. §§ 49, 26 BörsG

Zu hinterfragen bleibt im Rahmen dieses Abschnittes jedoch noch, ob eine Übertragbarkeit der Definition der Unerfahrenheit bezüglich der alten §§ 302a, 302e StGB auf den Straftatbestand der Verleitung zu Börsenspekulationsgeschäften bedenkenlos möglich ist.

---

475 Vgl. *Park*, JuS 2007, 712, 713.

476 Vgl. *Park*, in: Park, Kapitalmarktstrafrecht 2008, T2, §§ 26, 49, Rn. 22.

477 So auch festgelegt in der systematischen Sammlung des BGH in BGHR Strafsachen, Nebengesetze 1, § 89 BörsG, Unerfahrenheit 2.

478 Vgl. hierzu unten, S. 118 ff.

479 Siehe unten, S. 118 ff.

a) Überblick

Diese Frage ergibt sich aufgrund der Tatsache, dass sowohl die Rechtsprechung als auch Vertreter der Literatur sich zur Beschreibung des Tatbestandsmerkmals der Unerfahrenheit im Sinne der §§ 49, 26 BörsG mit vorhandenen Definitionen bezüglich der Unerfahrenheit im Rahmen der alten §§ 302a, 302e StGB bzw. des heutigen § 291 StGB weiterhelfen.[480]

So verweisen die genannten Stellen indirekt auf eine Entscheidung des Reichsgerichts aus dem Jahre 1904.[481] Diese Entscheidung stellt den Ursprung der Definition für die Unerfahrenheit im Rahmen der alten Wuchervorschriften des StGB dar.

Unerfahrenheit ist nach dieser Entscheidung eine dem Menschen anhaftende Eigenschaft, die auf einem Mangel an Geschäftskenntnis und Lebenserfahrung im allgemeinen oder auf beschränkten Gebieten des menschlichen Wirkens beruht und ihrem Wesen nach eine Einschränkung der Befähigung zur Wahrnehmung oder richtigen Beurteilung von Zuständen oder Geschehnissen irgendwelcher Art zur Folge hat.

Auch heute noch taucht diese Definition, zumeist abgekürzt, in den meisten Kommentaren auf.[482]

Eine Übertragung dieser Definition auf den Straftatbestand der Verleitung zu Börsenspekulationsgeschäften ist jedoch, wie gleich gezeigt werden kann, nicht uneingeschränkt möglich. Eine unterschiedliche Auslegung der gleichen Wörter in verschiedenen Tatbeständen ist dem Strafrecht auch nicht unbedingt fremd.[483]

---

480 Vgl. z.B. OLG Bremen wistra 1990, 163; *Schwark*, in: Schwark/Zimmer, Kapitalmarktrechtskommentar, 4. Aufl. (2010), § 26 BörsG, Rn. 6; *Schröder*, in: Achenbach/Ransiek, Handbuch Wirtschaftsstrafrecht, 3. Aufl. (2011), 10. Teil, Rn. 273 f.; *Schröder*, in: Achenbach/Wannemacher, Beraterhandbuch zum Steuer- und Wirtschaftsstrafrecht, § 24 II Rn. 87; *Schröder*, Handbuch Kapitalmarktstrafrecht, 2. Aufl. (2010), Rn. 841; *Schröder*, Aktienhandel und Strafrecht, 1994, S. 102.

481 Siehe RGSt 37, 205, Urteil vom 10.06.1904.

482 Vgl. Fischer, StGB Kommentar, 58. Aufl. (2011), § 291 Rn. 11; *Heine*, in: Schönke/Schröder, StGB Kommentar, 28. Aufl. (2010), § 291 Rn. 25; *Pananis*, in: MüKo, StGB Kommentar, 1. Aufl. (2006), § 291 Rn. 17.

483 So z.B. bei dem Begriff der „Waffe“ in § 113 Abs. 2 Nr. 1 StGB und den §§ 224 Abs. 1 Nr. 2, 244 Abs. 1 Nr. 1 a, 250 Abs. 1 Nr. 1 a, Abs. 2 Nr. 1 StGB oder dem Begriff der „Absicht“ in den §§ 242, 263, 315 Abs. 3 Nr. 1 StGB, 258 und § 164 StGB.

aa) Unerfahrenheit i.S.d. § 291 StGB partiell weiter

Zum einen bezieht sich die Unerfahrenheit im Sinne des § 291 StGB nicht auf spezielle Geschäftsarten, sondern meint eine allgemeine Unerfahrenheit, durch welche sich der Bewucherte von dem Durchschnittsmenschen abhebt, wobei es genügt, dass sich die Unerfahrenheit nur auf bestimmte Gebiete des menschlichen Wirkens erstreckt.[484]

Die Unerfahrenheit im Sinne der §§ 49, 26 BörsG bezieht sich hingegen ausschließlich auf Börsenspekulationsgeschäfte und ist demzufolge spezieller.[485]

Der Begriff der Unerfahrenheit i.S.d. § 291 StGB ist daher in diesem Teil *weiter* gehend.

bb) Unerfahrenheit i.S.d. § 291 StGB partiell enger

Zum anderen darf die Unerfahrenheit i.S.d. § 291 StGB nicht mit Unkenntnis über die Bedeutung und Tragweite des abzuschließenden Einzelgeschäfts gleichgestellt werden.[486] Im Bereich des Wuchers hat gerade ein Vergleich zum Durchschnittsmenschen stattzufinden.

Im Bereich des Straftatbestandes der Verleitung zu Börsenspekulationsgeschäften kann dagegen die Frage der Unerfahrenheit erst bei Betrachtung des konkret vorgenommenen Spekulationsgeschäfts beantwortet werden. Hier kommt es gerade darauf an, dass die zum Abschluss von Börsenspekulationsgeschäften verleiteten Person infolge fehlender Einsicht die Tragweite des konkreten Spekulationsgeschäfts nicht verlässlich überblicken kann, wobei es auf die Verhältnisse des Einzelfalls ankommen soll.[487]

Weist das Opfer eine durchschnittliche Geschäftskenntnis auf, so ist die Unerfahrenheit i.S.d. § 291 StGB zu verneinen. Es muss eine spezielle Unkenntnis vorliegen, welches das Opfer gegenüber dem am Wirtschaftsleben beteiligten Durchschnittsmenschen herausragend benachteiligt, um die Unerfahrenheit bejahen zu können.[488]

Beim Straftatbestand der Verleitung zu Börsenspekulationsgeschäften findet gerade kein Vergleich zum Durchschnittsmenschen statt. Der Durchschnittsmensch gilt in Börsenspekulationsgeschäften als unerfahren. Dieser wird kaum etwa Einsichten

---

484 Vgl. *Pananis*, in: MüKo, StGB Kommentar, 2006, § 291 Rn. 17.

485 *Wehowsky*, in: Erbs/Kohlhaas, Strafgesetzliche Nebengesetze, 2011, § 49 Rn. 7; *Hagemann*, „Grauer Kapitalmarkt“ und Strafrecht, 2005, § 5 C, S. 400.

486 Vgl. *Heine*, in: Schönke/Schröder, StGB Kommentar, 28. Aufl. (2010), § 291 Rn. 25.

487 Vgl. BGH 3 StR 191/01, Urteil vom 22.08.2001.

488 Vgl. *Pananis*, in: MüKo, StGB Kommentar, 2006, § 291 Rn. 17.

in Leerverkäufe, Zertifikate oder Optionsscheine etc. besitzen. Verfügt das Opfer Geschäftskenntnisse wie jeder Durchschnittsmensch und nicht mehr, so wird er in der Regel als unerfahren i.S.d. Straftatbestandes zu werten sein.

Da man mithin zur Bejahung der Unerfahrenheit i.S.d. § 291 StGB eine überdurchschnittlich mangelnde Geschäftskenntnis benötigt, ist das Merkmal der Unerfahrenheit in diesem Teil wiederum *enger* zu verstehen.

aaa) Unerfahrenheit des durchschnittlichen Privatanlegers

Streiten könnte man sich hierbei wiederum darüber, ob der durchschnittliche Privatanleger als unerfahren im Sinne des § 26 BörsG zu werten ist und vorrangig mit diesem im Rahmen der Unerfahrenheit ein Vergleich stattfinden sollte, um über das Vorliegen des Tatbestandsmerkmals der Unerfahrenheit bestimmen zu können.

In der Literatur gibt es Stimmen, welche behaupten, dass grundsätzlich davon ausgegangen werden muss, dass der inländische Privatanleger nicht über einen Kenntnisstand verfüge, welcher das Tatbestandsmerkmal der Unerfahrenheit entfallen ließe.[489]

Die Gegenauffassung trägt hingegen vor, dass dies angesichts der heutigen Informationsmöglichkeiten und der intensiven Auseinandersetzung der Privatanleger über die verschiedenen Anlageformen kaum zu vertreten sein dürfte.[490]

Dieser Streit kann nur unter Berücksichtigung der jeweils vertretenen Definition bezüglich des Tatbestandsmerkmals der Unerfahrenheit entschieden werden.

Verlangt man, dass der Anleger Einsicht in das konkret vorzunehmende Spekulationsgeschäft und dessen Tragweite besitzen muss, um nicht als unerfahren zu gelten,[491] so kann nicht pauschal darauf geschlossen werden, dass der durchschnittliche Privatanleger stets erfahren i.S.d. Straftatbestandes ist. Von dem durchschnittlichen Anleger kann nicht verlangt werden, dass er Erfahrung über alle Funktionen teilweise hochkomplexer Gefüge einzelner derivativer Finanzinstrumente besitzt.[492]

Lässt man die Definition der Unerfahrenheit dahingehend einschränken, dass der Anleger schon bei erneuter Vornahme eines gleich gelagerten Geschäfts als erfahren i.S.d. Straftatbestandes gilt, so erfährt die These, dass der durchschnittliche Privatanleger unerfahren i.S.d. Straftatbestandes sei, zumindest eine Einschränkung.

---

489 *Schröder*, Aktienhandel und Strafrecht, 1994, S. 102.

490 Vgl. *Park*, in: Park, Kapitalmarktstrafrecht 2008, T2, §§ 26, 49, Rn. 25.

491 So *Schröder*, Handbuch Kapitalmarktstrafrecht, 2. Aufl. (2010), Rn. 841.

492 Siehe zum Tatbestandsmerkmal des „Börsenspekulationsgeschäfts", S. 20 ff.; siehe auch *Randenborgh*, ZRP 2010, 76, 77.

Die vorliegende Dissertation geht jedoch von der wissenschaftlich präziseren und auch prozessual besser nachvollziehbareren ersten Variante bezüglich der Definition der Unerfahrenheit aus und kann sich demzufolge auch der These anschließen, dass der durchschnittliche inländische Anleger unerfahren im Sinne des Straftatbestandes ist.[493]

Auch sagt die Möglichkeit der Informationserlangung noch nichts über den tatsächlichen Erkenntnisstand eines durchschnittlichen Anlegers aus. Es ist gerade nicht davon auszugehen, dass der durchschnittliche Privatanleger aufgrund der heute bestehenden Informationsmöglichkeiten einen Grad an Erfahrung erlangt hat, welcher das Tatbestandsmerkmal der Unerfahrenheit beseitigen könnte. Der Schutz des Anlegers erlangt zudem eine immer größer werdende Bedeutung, welches nicht zuletzt anhand der immer größer werdenden gesetzlichen Regelungsdichte deutlich wird.[494] Die Aktualität der Notwendigkeit eines verbesserten Anlegerschutzes wird z.B. anhand neuerer gesetzlicher Regelungen, wie dem „Gesetz zur Neuregelung der Rechtsverhältnisse bei Schuldverschreibungen aus Gesamtemissionen und zur verbesserten Durchsetzbarkeit von Ansprüchen von Anlegern aus Falschberatung“ vom 31.07.2009,[495] welches v.a. die Rechte des Anlegers, insbesondere im Rahmen der Durchsetzbarkeit von Ansprüchen im Falle einer Falschberatung bei Wertpapiergeschäften verbessert und dem „Anlegerschutz- und Funktionsverbesserungsgesetz“ vom 05.04.2011,[496] welches u.a. Wertpapierdienstleistungsunternehmen im Rahmen der Anlageberatung zur Aushändigung von Produktinformationsblättern zwingt, deutlich.[497]

Die Notwendigkeit des Anlegerschutzes im Börsenbereich wird auch anhand neuerer Untersuchungen sichtbar.[498] So wird z.B. in der Studie „Anforderung an Finanzvermittler“, welche im Auftrag des Bundesinnenministeriums für Ernährung, Landwirtschaft und Verbraucherschutz im September 2008 erfolgte, dargestellt, dass dem Finanzvermittler der typische Verbraucher mit einem unzureichenden finanziellen Bildungsstand gegenüber steht. Der Nutzen einer finanziellen Entscheidung

493 Vergleiche zur Begründung die Stellungnahme zur Unerfahrenheit i.S.d. BGH die S. 102.

494 Man beachte nur etwa die umfassenden Änderungen innerhalb des WpHG seit dem FRUG aus dem Jahre 2007 als Konsequenz der MiFID aus dem Jahre 2004.

495 BGBl. I. 2009, Nr. 50, S. 2512 ff. vom 31.07.2009.

496 BGBl. I, Nr. 14, 07.04.2011, 538.

497 Daneben sind auch weitere anlegerschützende Regelungen, wie z.B. MaComp der BaFin vom 07.06.2010 bzw. 14.06.2011 zu berücksichtigen.

498 So z.B. durch *Habschicht/Evers*, Anforderungen an Finanzvermittler, Studie im Auftrag des Bundesinnenministeriums für Ernährung, Landwirtschaft und Verbraucherschutz, September 2008, S. 9.

sei durch die meisten Verbraucher kaum zu erfassen oder gar zu bewerten. Mitunter herrsche der Wunsch vor, dem Berater die Entscheidung zu überlassen. Durch diese Ausgangskonstellation seien Fehlleistungen eher die Regel als die Ausnahme und auch empirisch zu belegen. Der Vermögensschaden auf Grund mangelhafter Finanzberatung werde auf jährlich 20–30 Mrd. EUR geschätzt.[499]

Hierdurch wird deutlich, dass der Anleger trotz der neueren Informationsmöglichkeiten nicht erfahrener geworden ist, sondern die Komplexität und das Spektrum vorhandener derivativer Finanzinstrumente deutlich zugenommen haben.[500]

bbb) Zwischenergebnis

Tendenziell kann mithin nicht der These gefolgt werden, dass der durchschnittliche Privatanleger aufgrund der heutigen Informationsmöglichkeiten und der immer häufiger festzustellenden Intensität, mit der sich auch Privatanleger mit Börsenmechanismen und bestimmten Anlageformen auseinandersetzen, einen höheren Erfahrungsschatz aufweisen kann, welcher das Tatbestandsmerkmal der Unerfahrenheit i.S.d. § 26 BörsG gar beseitigen könnte.

Für dieses Ergebnis spricht auch die Tendenz des BGH, selbst beim Vorliegen erlangter beruflicher Qualifikationen im wirtschaftlichen Bereich nicht stets von einer Erfahrenheit des Opfers bezüglich des konkreten Spekulationsgeschäfts auszugehen.[501] Selbst wenn der geschädigte Anleger eine Dissertation geschrieben hatte, welche sich u.a. mit Optionsanleihen und Termingeschäften beschäftigte, muss nicht stets automatisch etwas über seine Erfahrenheit bezüglich des konkreten Waren- oder Devisenterminoptionsgeschäfts gesagt sein.[502]

b) Ergebnis Eigenständigkeit des Begriffs der Unerfahrenheit i.S.d. §§ 49, 26 BörsG

Festzuhalten bleibt, dass es unschädlich ist, mit der Definition der Unerfahrenheit i.S.d. damaligen §§ 302a, 302e StGB bzw. des heutigen § 291 StGB auch die Unerfahrenheit i.S.d. § 26 BörsG beschreiben zu wollen. Denn auch hier reicht eine fehlende Kenntnis gerade nicht aus.[503] Ausreichend ist dies jedoch aufgrund

499 Vgl. *Habschicht/Evers*, Anforderungen an Finanzvermittler, Studie im Auftrag des Bundesinnenministeriums für Ernährung, Landwirtschaft und Verbraucherschutz, September 2008, S. 9.

500 Vgl. auch *Schröder*, ZBB 2010, 280.

501 Siehe ausdrücklich BGH XI ZR 33/10, Urteil vom 22.03.2011, Rz. 25 (juris).

502 Hierzu BGH XI ZR 453/02, Urteil vom 21.10.2003, Rz. 24 (juris).

503 Siehe oben, S. 110 zu RGSt 37, 205, Urteil vom 10.06.1904.

der einerseits bestehenden Weite der Definition im Bereich der Geschäftsart und der andererseits vorhandenen engeren Auslegung im Bereich der vergleichenden Unerfahrenheit nicht. Es hat somit stets eine Feinjustierung anhand der eigenständigen Definition bezüglich der Unerfahrenheit im Sinne des Straftatbestandes der Verleitung zu Börsenspekulationsgeschäften stattzufinden.

IV. Mehrfache Tätigung von Börsenspekulationsgeschäften als Indikator der Erfahrenheit

In diesem Abschnitt ist zu überprüfen, ob eine mehrfache Tätigung von Börsenspekulationsgeschäften in der Vergangenheit als Indikator der Erfahrenheit i.S.d. Straftatbestandes dienen kann. In Literatur und Rechtsprechung ist diese Frage umstritten.[504]

Zunächst soll auf die Frage eingegangen werden, ob überhaupt die Möglichkeit besteht, die Mehrfache Tätigung von Börsenspekulationsgeschäften in der Vergangenheit als Anzeichen für Erfahrenheit heranzuziehen.

Daraus schließend wird auch die Frage beantwortet werden können, ob jemand bei der Vornahme des gleichen Börsenspekulationsgeschäfts noch als unerfahren gewertet werden kann.

Es muss hierbei stets zwischen der Tätigung eines Erstgeschäftes, der erneuten Vornahme *eines* Börsenspekulationsgeschäftes und der erneuten Vornahme *des gleichen* Börsenspekulationsgeschäftes unterschieden werden.

Wie oben erwähnt, definiert der BGH, dass im Sinne des Börsengesetzes eine zum Abschluss eines Börsenspekulationsgeschäfts verleitete Person dann unerfahren sei, wenn sie infolge fehlender Einsicht die Tragweite des konkreten Spekulationsgeschäfts in seiner ganzen Bedeutung nicht verlässlich überblicken kann, wobei es auf die Umstände des Einzelfalls ankommt soll.[505] Der Verleitete müsse das Geschäft im Einzelfall verlässlich überblickt haben, um nicht als unerfahren zu gelten.[506]

Der Rechtsprechung gehe nach einigen Ansichten in der Literatur tendenziell davon aus, dass jemand bei der Vornahme eines Erstgeschäfts unerfahren sei.[507]

---

504 Vgl. etwa *Achilles-Baumgärtel*, NStZ 1998, 603, 605; *Bröker*, wistra 1993, 161, 163; *Park*, in: Park, Kapitalmarktstrafrecht, 2. Aufl. (2008), Kap. 4, T2, §§ 26, 49, Rn. 24 f.; *Bröker*, in: MüKo, Nebenstrafrecht II Band 6/1, 2010, § 26 BörsG Rn. 21.

505 Vgl. BGH 3 StR 191/01, Urteil vom 22.08.2001.

506 Vgl. BT-Drucks. 10/318, S. 48.

507 So *Bröker*, in: MüKo, Nebenstrafrecht II Band 6/1, 2010, § 26 BörsG Rn. 21; *Achilles-Baumgärtel*, NStZ 1998, 603, 604; *Hildner*, WM 2004, 1068, 1073; diese

Alleine aufgrund der Vornahme eines Erstgeschäfts kann allerdings, wie schon oben festgestellt werden konnte, der Anleger nicht automatisch als Unerfahren i.S.d. Straftatbestandes gewertet werden.[508]

1. Erneute Vornahme eines Börsenspekulationsgeschäfts

Solch einen Automatismus könnte man jedoch dann annehmen, wenn eine *erneute* Vornahme *eines* Börsenspekulationsgeschäftes stattgefunden hat.

Auf den ersten Blick mag es konsequent erscheinen, wenn man aufgrund einer wiederholten Vornahme eines Spekulationsgeschäfts die Unerfahrenheit des Anlegers ausschließen möchte. Dieser Annahme kann jedoch nicht pauschal gefolgt werden. Wie sich zeigen wird, ist sogar manchmal genau das Gegenteil der Fall. Vorausschauend ist folgendes zu konstatieren: Wie am obigen Beispiel der Vornahme des Erstgeschäfts festgestellt, kann Unerfahrenheit im Sinne des Tatbestandes nicht (nur) fehlende Übung meinen.[509] Indiziert man eine Erfahrenheit aufgrund der Vornahme mehrerer Spekulationsgeschäfte, so stellt man auch hier lediglich auf eine vorhandene Übung ab. Dies wäre inkonsequent. Trotz mehrfach vorgenommener Spekulationsgeschäfte muss die Einsicht in diese Geschäfte nicht zwangsläufig vorhanden sein. So bleibt ein greiser Rentner, der von einem Telefonverkäufer immer wieder zum Kauf von Warentermingeschäften überredet wird, unerfahren im Sinne des Straftatbestandes.[510]

Zu betrachten ist mithin stets der jeweilige Einzelfall. Auch eine Konkretisierung des Gesetzgebers ist hierbei nicht notwendig.[511] Notwendig ist lediglich die konsequente Anwendung der zu bevorzugenden Definition des Tatbestandsmerkmals der Unerfahrenheit des BGH.[512]

Zu den herrschenden Ansichten im Einzelnen:

Nach dem BGH kann aus der Tatsache alleine, „dass ein Anleger bereits vorher bei Warenterminoptionsgeschäften Kapitalverluste erlitten hatte oder sich

---

Quellen verweise wiederum auf Quellen der Rechtsprechung, welche jedoch selbst nicht ausdrücklich davon ausgehen, dass bei Vornahme eines Erstgeschäfts stets Unerfahrenheit vorliege, sondern nur „typischerweise“; vgl. BGH II ZR 355/87, Urteil vom 11.07.1989.

508 Siehe oben, S. 105 f.

509 Siehe oben, S. 105 f.

510 *Schröder*, in: Achenbach/Wannemacher, Beraterhandbuch zum Wirtschafts- und Steuerstrafrecht, § 24 II, Rn. 88.

511 So aber *Park*, BB 2003, 1513, 1517.

512 Vgl. BGH 3 StR 191/01, Urteil vom 22.08.2001.

allgemein der Möglichkeit von Verlusten bewusst war, nicht auf die Einsicht in deren Funktionsweise und grundlegenden Prinzipien geschlossen werden".[513]

Demzufolge kann man auch bei schon vorgenommenen Spekulationsgeschäften noch als unerfahren gelten.[514]

Vielmehr kann gerade als Indiz für die Unerfahrenheit gewertet werden, wenn trotz vorangegangener, verlustreicher Optionsgeschäfte nochmals Optionen gekauft wurden, welche kaum eine realistische Gewinnchance boten.[515]

Die Auffassung des BGH stößt in großen Teilen der Literatur auf Kritik.

Notwendigkeit sei nach dieser eine zwingend restriktive Handhabung des Straftatbestandes.[516]

Die vorhandene Kritik stellt sich bei näherer Betrachtung jedoch nur als „Säbelrasseln" heraus. Es wird vorgetragen, dass die Meinung des BGH einer kritischen Überprüfung nicht standhalte, da sie die tatsächliche Entwicklung des Wirtschaftslebens nicht genügend berücksichtige.[517]

Zu berücksichtigen sei zunächst, dass Termingeschäfte keine Neuheit darstellen, da die Terminbörse in Deutschland schließlich im Jahre 1990 eröffnete, bei der jedermann die Möglichkeit hat, Geschäfte zu tätigen.[518] Auch betreiben die Verbraucherschutzverbände seit Jahren eine intensive Aufklärung über die Risiken von Termingeschäften.[519]

Diese Argumente können das Tatbestandsmerkmal der Unerfahrenheit jedoch nicht näher beschreiben. Die Existenz des Terminmarktes beseitigt nicht die Unerfahrenheit des Anlegers im konkreten Fall. Auch können die Verbraucherschutzverbände eine noch so intensive Aufklärungskampagne über Termingeschäfte betreiben, über den konkreten Einzelfall ist hierüber noch nichts gesagt. Zumal die Möglichkeiten von Spekulationsgeschäften eine Weite erfahren haben, vor welcher eine pauschale Warnung vor den Gefahren von Termingeschäften den

---

513 Vgl. BGHR Strafsachen, Nebengesetze 1, § 89 BörsG, Unerfahrenheit 2.

514 Vgl. *Rössner/Worms* in wistra 1987, 319, 321.

515 Vgl. BGHR Strafsachen, Nebengesetze 1, § 89 BörsG, Unerfahrenheit 1; BGHR Strafsachen, Nebengesetze 1, § 89 BörsG, Unerfahrenheit 2.

516 Vgl. etwa *Achilles-Baumgärtel*, NStZ 1998, 603, 605; *Bröker*, wistra 1993, 161, 163; *Park*, in: Park, Kapitalmarktstrafrecht, 2. Aufl. (2008), Kap. 4, T2, §§ 26, 49, Rn. 24 f.; *Bröker*, in: MüKo, Nebenstrafrecht II Band 6/1, 2010, § 26 BörsG Rn. 21.

517 Vgl. *Park*, in: Park, Kapitalmarktstrafrecht, 2. Aufl. (2008), Kap. 4, T2, §§ 26, 49, Rn. 24 f.

518 Vgl. *Bröker*, in: MüKo, Nebenstrafrecht II Band 6/1, 2010, § 26 BörsG Rn. 19; *Achilles-Baumgärtel*, NStZ 1998, 603, 605.

519 *Achilles-Baumgärtel*, NStZ 1998, 603, 605.

Anleger nur unzureichend schützen kann. Laut der FAZ belief sich die Anzahl der Zertifikate und Hebelprodukte in Deutschland im Dezember 2009 auf rund 351.000 verschiedene Typen.[520] Die Anzahl der gesamten Finanzprodukte auf dem grauen Kapitalmarkt soll sich auf ca. 800.000 belaufen.[521] Dass bezüglich dieser verschiedenen Produkte anhand einer einfachen, nicht individualisierten Aufklärung seitens der Verbraucherschutzverbände die Unerfahrenheit i.S.d. §§ 49, 26 BörsG beseitigt worden sein soll, ist kaum vorstellbar.

Verbraucherschutzverbände warnen mindestens ebenso oft vor Betrügereien im Bereich des telefonischen Vertragsschlusses. Keiner würde auf die Idee kommen, einen Irrtum im Sinne des § 263 StGB nur deswegen auszuschließen zu wollen.

Ebenso muss es dem Verbraucher selbst überlassen bleiben, ob er sich „erfahren" machen lassen will oder nicht. Auch eine Zwangsaufklärung der Verbraucherschutzverbände dürfte nicht die mögliche Unerfahrenheit des Anlegers beseitigen können. Ansonsten könnte sich auch jeder Telefonvermittler sicher sein, dass sein Gesprächspartner erfahren sei und deswegen unbekümmert seinem Beratungsgeschäften nachgehen. Auf die Spitze getrieben, wäre dann selbst eine Aufklärung über das Spekulationsgeschäft nicht mehr notwendig. Dies kann so aber nicht vom Gesetzgeber gewollt sein. Das sprichwörtlich gemeinte Pferd wird hier von hinten aufgezäumt. Auch die aufgrund der in den letzten Jahren immer konkreter werdenden gesetzlichen Aufklärungs- bzw. Informationspflichten der Anlagevermittler und Anlageberater machen deutlich, dass die Verbraucherschutzbedürftigkeit eher gestiegen als gesunken ist.[522]

Desweiteren wird als Grund für eine möglichst restriktive Handhabung vorgetragen, dass der Schutzzweck der Norm zu berücksichtigen sei. Der Anleger soll grundsätzlich nicht von jeglicher Eigenverantwortlichkeit entbunden werden.[523]

Vorausschauend auf den weiteren Verlauf der Arbeit ist dem im Endeffekt freilich zuzustimmen.[524] Der Verbraucher soll gerade nicht von jeglicher Eigenverantwortlichkeit entbunden werden. Es muss ihm jedoch ermöglicht werden, Einblick in das konkret geplante Spekulationsgeschäft zu erhalten und auf die

520 FAZ vom 16.02.2010, S. 18.

521 Vgl. *Gansel/Gängel*, NJ 2010, 312, 320.

522 Siehe hierzu nur die MaComp der BaFin vom 07.06.2010 bzw. 14.06.2011, das AnsFuG vom 05.05.2011 oder das Gesetz zur Neuregelung der Rechtsverhältnisse bei Schuldverschreibungen aus Gesamtemissionen und zur verbesserten Durchsetzbarkeit von Ansprüchen von Anlegern aus Falschberatung vom 31.07.2009.

523 Vgl. *Achilles-Baumgärtel*, NStZ 1998, 603, 605; *Bröker*, in: MüKo, Nebenstrafrecht II Band 6/1, 2010, § 26 BörsG Rn. 4 f.

524 Siehe unten, S. 126 f.

Aussagen seines Anlageberaters bzw. -vermittlers vertrauen zu dürfen. Eine vereinfachte Einteilung in Anleger, welche schon einmal ein Spekulationsgeschäft vorgenommen haben und Anleger, welche ein Erstgeschäft vornehmen, führt hierbei nicht weit. Zumal die Bandbreite und verschiedenen Funktionsweisen von Börsenspekulationsgeschäften auch für erfahrene Anleger kaum zu überblicken ist.[525] Ein Anleger, welcher schon einmal z.B. in Gold investiert hat, muss nicht unbedingt etwas über den Handel mit Bonus- Zertifikaten und deren Auswirkungen wissen.

Wie jedoch im Schrifttum teilweise eingeräumt wird, sei bezüglich der Unerfahrenheit stets eine Einzelprüfung erforderlich, da es ansonsten zu unvertretbaren Ergebnissen führen würde.[526]

Interessanterweise ist der Definition des BGH kaum eine andere Deutung zu entnehmen, welche ausdrücklich auf die Verhältnisse des Einzelfalls abstellt.[527]

2. Vornahme gleichartiger (verlustreicher) Börsenspekulationsgeschäfte

Auf den Einzelfall muss die Überprüfung der Unerfahrenheit zudem auch dann abgestellt werden, wenn der Anleger in der Vergangenheit *gleichartige* (verlustreiche) Optionsgeschäfte tätigte.

Nach dem BGH kann gar als Indiz für die Unerfahrenheit gewertet werden, wenn trotz vorangegangener, verlustreicher Optionsgeschäfte nochmals Optionen gekauft wurden, welche kaum eine realistische Gewinnchance boten.[528]

Auf den ersten Blick verwundert es nicht, wenn man hierbei auch genau die gegenteilige Auffassung vertreten mag.[529] Getreu dem Motto, dass „nur der Dumme" denselben Fehler zweimal zu machen scheint, scheint auch der Schutzbereich der

---

525 Vgl. nur *Märker/Hillesheim*, ZRP 2009, 65, 66, welche anzweifeln, dass z.B. einige gängige Bonus-Zertifikate auch für den versierten Privatanleger verständlich seien; zu einer vergleichbaren Schlussfolgerung kommend *Gansel/Gängel*, NJ 2010, 312, 318 und *Schröder*, ZBB 2010, 280, 284.

526 Vgl. *Achilles-Baumgärtel*, NStZ 1998, 603, 605; *Park*, in: Park, Kapitalmarktstrafrecht, 2. Aufl. (2008), Kap. 4, T2, §§ 26, 49, Rn. 30 f.

527 Vgl. BGH 3 StR 191/01, Urteil vom 22.08.2001.

528 Vgl. BGHR Strafsachen, Nebengesetze 1, § 89 BörsG, Unerfahrenheit 1; BGHR Strafsachen, Nebengesetze 1, § 89 BörsG, Unerfahrenheit 2.

529 So etwa *Park*, in: Park, Kapitalmarktstrafrecht, 2. Aufl. (2008), Kap. 4, T2, §§ 26, 49, Rn. 25; *Achilles-Baumgärtel*, NStZ 1998, 603, 605; *Bröker*, wistra 1993, 161, 163.

Norm somit zwangsläufig verlassen worden zu sein. Eine Belohnung für mangelnde Vernunft soll es nicht auch noch geben.[530]

Hierbei muss jedoch differenziert werden. Stellt sich heraus, dass der Anleger durch die Vornahme der in der Vergangenheit stattgefundenen Geschäfte Erfahrung im Sinne des § 26 BörsG sammeln konnte, so ist er für die zukünftigen (gleichartigen) Geschäfte nicht mehr schutzbedürftig. Erfahrungen sammeln kann der Anleger jedoch nur bezüglich der getätigten gleichartigen Geschäfte, wenn er diesbezüglich aufgeklärt worden ist und er Einsicht in die Tragweite des konkret vorgenommenen Geschäfts besitzt.[531] Eine Lernfähigkeit[532] setzt somit voraus, dass der Anleger ordnungsgemäß „belehrt" wurde. Solange diese ordnungsgemäße Belehrung nicht stattfand, kann grundsätzlich auch kein Lerneffekt eintreten, welcher jedoch zur tatbestandsausschließenden Erfahrung notwendig wäre.

Dies bedarf wiederum einer genauen Untersuchung des jeweiligen Einzelfalls und kann nicht etwa automatisch nur aufgrund stattgefundener Verluste bejaht werden. Das Beispiel von *Park*, bei welchem er die Nachvollziehbarkeit der Bejahung der Unerfahrenheit in einem solchen Fall mit einem Flugzeug vergleicht, welches tatsächlich geflogen ist, aber trotzdem als flugunfähig beurteilt wird, hinkt.[533] Denn *Park* suggeriert eine Unmöglichkeit der vorhandenen Unerfahrenheit bei der Vornahme von (gleichartigen) Börsenspekulationsgeschäften, welche in der Vergangenheit zu Verlusten geführt haben. Unmöglich ist ein solcher Fall indes aber nicht.

Auch in einem solchen Fall kann es vorkommen, dass ein Anleger trotzdem unerfahren ist, bzw. bleibt.[534] Hierzu gehört auch nicht viel Phantasie. Man stelle sich vor, ein Anleger habe z.B. schon einmal Optionen auf Warenterminkontrakte getätigt und nur Verluste eingefahren. Der Anleger wechselt daraufhin seinen Anlageberater. Der neue Anlageberater rät dem Anleger erneut Optionen auf Warenterminkontrakte zu kaufen, denn diesmal sei die Wahrscheinlichkeit eines

---

530 *Park*, in: Park, Kapitalmarktstrafrecht, 2. Aufl. (2008), Kap. 4, T2, §§ 26, 49, Rn. 25.

531 Einen Lernprozess, welcher etwa lediglich aufgrund verlustreicher Geschäfte zur Erfahrenheit i.S.d. Straftatbestandes führen würde, kann es so nicht geben. Bezugspunkt der Unerfahrenheit ist die Einsicht in die Tragweite des konkret vorgenommenen Geschäfts und nicht eingefahrene Gewinne bzw. Verluste.

532 Vgl. *Bröker*, in: MüKo, Nebenstrafrecht II Band 6/1, 2010, § 26 BörsG Rn. 21.

533 *Park*, in: Park, Kapitalmarktstrafrecht, 2. Aufl. (2008), Kap. 4, T2, §§ 26, 49, Rn. 25, Fn. 80.

534 So auch *Schröder*, in: Achenbach/Wannemacher, Beraterhandbuch zum Wirtschafts- und Steuerstrafrecht, § 24 II, Rn. 89; *Rössner/Worms*, wistra 1987, 319, 321; vgl. auch BGH XI ZR 33/10, Urteil vom 22.03.2011, Rz. 26 (juris).

Gewinns nahezu sicher. Der alte Anlageberater habe den damals herrschenden Markt vollkommen falsch eingeschätzt.

Möglicherweise hat aber der Anleger hierbei nicht durchschaut, dass er aufgrund eines marktunüblichen Preisaufschlages des neuen Anlageberaters auf die Prämie nur bei außergewöhnlich starken Kursveränderungen geringe Gewinne einfahren kann.[535]

Der Anleger im konkreten Fall hatte einmal einen Verlust eingefahren. Dieser Verlust kann dem Anleger durch jeden gut geschulten Anlageberater als „Ausrutscher“ oder „Fehlberatung“ erklärt werden. Der Anleger tätigt ein nahezu identisches Geschäft und fährt möglicherweise wiederum einen Verlust ein, nun aber nur aufgrund marktunüblicher Bedingungen des neuen Anlageberaters. Der Anleger weiß jedoch vielleicht gar nicht, dass es nicht (nur) an den vorliegenden Bedingungen des Marktes scheiterte, sondern vor allem an den mit dem neuen Anlageberater vereinbarten marktunüblichen Konditionen.

Der Anleger wäre vorliegend „der Dumme“, wenn er in einem solchen Fall nicht den gleichen Schutz wie bei der Vornahme eines Erstgeschäfts verdienen würde. Auch der Verweis auf eine mögliche Bestrafung des neuen Anlageberaters nach § 263 StGB befriedigt nicht. Denn es würden sich Strafbarkeitslücken auftun, wenn der Anleger überraschenderweise im gleichen Fall beim zweiten Geschäft doch einen Gewinn einfahren würde.[536] Dies aus folgenden Gründen:

Eine Strafbarkeit gemäß § 263 StGB wäre dann aufgrund eines mangelnden Vermögensschadens ausgeschlossen. Der Straftatbestand gemäß §§ 49, 26 BörsG verlangt zwar wiederum lediglich einen Geschäftsabschluss und keinen Vermögensschaden. Denn der Anwendungsbereich des § 49 BörsG ist weiter als der des § 263 StGB, welcher im Gegensatz zum Eingehungsbetrug sogar vor neutralen Geschäften schützt, da er als abstraktes Gefährdungsdelikt ausgestaltet ist.[537] Eine Strafbarkeit gemäß §§ 49, 26 BörsG würde aber daran scheitern, weil der Anleger als „erfahren“ zu werten wäre.

---

535 Vgl. hierzu etwa BGH 3 StR 191/01, Urteil vom 22.08.2001.

536 Das Einfahren eines Gewinns widerspricht im Rahmen der Prüfung der Strafbarkeit nach §§ 49, 26 BörsG aber nicht der zuvor erläuterten Indizwirkung bezüglich des Vorliegens der Unerfahrenheit bei in Vergangenheit vorgenommenen verlustreichen Börsenspekulationsgeschäften, da es nicht auf den finanziellen Verlust des aktuellen Geschäfts, sondern auf den Verlust der in der Vergangenheit getätigten Geschäfte ankommt.

537 Vgl. *Fichtner*, Die Börsen- und Depotrechtlichen Strafvorschriften, 1993, S. 168; *Schröder*, Aktienhandel und Strafrecht, 1994, 3. Kapitel, S. 79 f.

Der Täter im obigen Beispiel würde sich mithin weder aus § 263 StGB noch aus den §§ 49, 26 BörsG strafbar gemacht haben. Dies scheint vor allem in Sinne des Anlegerschutzes bedenklich.

Auch würde es nicht mehr möglich sein, den Straftatbestand gemäß §§ 49, 26 BörsG in Tateinheit mit § 263 StGB zu stellen, wenn der Anleger im obigen Beispiel doch einen Vermögensschaden erlitten hat. Somit würde man sich der Möglichkeit berauben, das in ungleichartiger Tateinheit liegende Gesetz bei der Strafzumessung erschwerend berücksichtigen zu können.[538]

Mithin ist festzustellen, dass es für die Erfahrenheit nicht lediglich auf eingefahrene Verluste in der Vergangenheit ankommen kann. Hierbei würde man den oft hochkomplexen Börsenspekulationsgeschäften nicht gerecht werden.[539] Geschützt werden soll gerade der unerfahrene Anleger, wie auch das obige Beispiel zeigt, und nicht der verleitete Spekulant.[540] Die Angst, dass durch die Rechtsprechung des BGH verleitete Spekulanten mit „Zockernatur"[541] geschützt werden, ist unbegründet. Denn diese werden zumeist auch nach der Definition des BGH als erfahren gewertet werden. Eine anderslautende Rechtsprechung ist nicht bekannt.

V. Ergebnis: Definition der Unerfahrenheit im Sinne des § 26 BörsG

Als Ergebnis ist festzuhalten, dass der Definition des BGH aus dem Jahre 2001 bezüglich des Tatbestandsmerkmals der Unerfahrenheit eine tragende Bedeutung zukommt. Somit liegt Unerfahrenheit bei einer zum Abschluss von Börsenspekulationsgeschäften verleiteten Person dann vor, wenn sie infolge fehlender Einsicht die Tragweite des konkreten Spekulationsgeschäfts nicht verlässlich überblicken kann, wobei es auf die *Verhältnisse des Einzelfalls* ankommt.[542] Gestützt und gewissermaßen vorgegeben wurde dieser Weg schon durch den Gesetzentwurf zum Zweiten Gesetz zur Bekämpfung der Wirtschaftskriminalität aus dem Jahre 1983.[543] Im ursprünglichen § 89 BörsG konnten zwischen dem Jahre 1974 bis 1986 nämlich Andere nur zu solchen Börsenspekulationsgeschäften verleitet

538 Vgl. *V. Heintschel- Heinegg*, in: MüKo StGB-, Band. 2/1, 2005, § 52 Rn. 124.

539 Vergleiche auch BGH XI ZR 33/10, Urteil vom 22.03.2011.

540 So aber *Park*, in: Park, Kapitalmarktstrafrecht, 2. Aufl. (2008), Kap. 4, T2, §§ 26, 49, Rn. 25. Eingehend *Randenborgh*, ZRP 2010, 76 f.

541 *Park*, in: Park, Kapitalmarktstrafrecht, 2. Aufl. (2008), Kap. 4, T2, §§ 26, 49, Rn. 25.

542 BGHR Strafsachen, Nebengesetze 1, § 89 BörsG, Unerfahrenheit 2.

543 BT-Drucks. 10/318.

werden, welche nicht zu ihrem Gewerbebetrieb gehörten. Bei gewerbsmäßig betriebenen Börsenspekulationsgeschäften wurde mithin eine „Erfahrenheit" unterstellt. Der Gesetzesentwurf sah dies folgerichtig nicht als angemessen an, strich diese Einschränkung im Gesetzeswortlaut und begründete dies damit, dass es nicht sachgerecht sei, dass man eine Erfahrenheit unterstelle, obwohl diese *im Einzelfall* gar nicht vorhanden sein müsse.[544]

Teile der Literatur wehren sich bis heute zwar heftig gegen diese Vorgaben, da sie vor allem um die Aushöhlung des Schutzbereiches der Strafnorm fürchten. Die Angst ist jedoch unbegründet. Denn bei näherer Betrachtung ergibt sich eine erstaunliche Nähe zwischen beiden Ansichten.

Zum einen stellt sich heraus, dass eine weite Auslegung vom BGH gerade nicht gewollt ist. Auch dieser setzt fehlende Kenntnis nicht mit Unerfahrenheit gleich.

Zum anderen ergibt sich, dass aufgrund der Definition des BGH weder der erfahrene Spekulant noch der erfahrene Erstanleger geschützt wird, sondern ausschließlich der ausgenutzte Unerfahrene, mag er Spekulant, Erstanleger, Rentner etc. sein. Zu begrüßen ist hierbei die mahnende Haltung der Literatur vor einer zu extensiven Handhabung. Eine Gegenansicht stellt sie jedoch nicht dar.

VI. Präzisierung des gefundenen Ergebnisses anhand des Zivilrechts

Präzisiert werden kann das gefundene Ergebnis durch zivilrechtliche Grundsätze und die aktuelle zivilrechtliche Rechtsprechung des BGH.

Sinn und Zweck des Straftatbestandes der Verleitung zu Börsenspekulationsgeschäften ist, Vermögensschutz dann gewährleisten zu können, wenn eine Interessendisparität vorliegt, welche vom Täter ausgenutzt wird. Ein solches Ungleichgewicht bei Vertragsverhandlungen besteht im Rahmen der §§ 49, 26 BörsG stets dann, wenn der Anleger „unerfahren" ist. Hierdurch wird deutlich, dass der Begriff der „Unerfahrenheit" als Regulativ dient. Börsenspekulationsgeschäfte werden zwar per se als gefährlich angesehen, unterbunden werden sollen sie jedoch erst dann, wenn es an einer Interessensymmetrie fehlt. Erst dann verdient der Anleger gesetzlichen Schutz.

Diese eben hergeleiteten Grundzüge sind wiederum Ausprägungen des allgemeinen Zivilrechts. Sinn und Zweck vieler Regelungen des BGB besteht gerade

544 Vgl. BT-Drucks. 10/318, S. 48.

darin, Missbräuchen der Privatautonomie zu begegnen.[545] Beispielhaft sind nur die §§ 104 ff., 123, 138 Abs. 2, 241 Abs. 2, 242, 280 ff., 823 ff. BGB zu nennen. Durch diese Regelungen soll verhindert werden, dass verschiedentliche Ungleichgewichte, welche beispielsweise aus einer bestehenden Geschäftsunfähigkeit oder auch mangelnde Geschäftserfahrung resultieren können, nicht zu Interessennachteilen im Rechtsverkehr führen.

Wird ein Börsenspekulationsgeschäft abgeschlossen und liegen auch die anderen Tatbestandsvoraussetzungen der §§ 49, 26 BörsG vor, so kann der Anleger auf die beispielhaft genannten zivilrechtlichen Normen zurückgreifen und auf diesem Wege das bei Geschäftsabschluss vorhandene Ungleichgewicht nachträglich geltend machen. Der Grund für die Schutzbedürftigkeit des Anlegers liegt darin, dass trotz bestehender Interessendisparität, hier in Form einer beim Anleger vorhandenen „Unerfahrenheit", dennoch ein Geschäftsabschluss stattfand.

Aus diesen Grundzügen lässt sich recht genau ableiten, was im Rahmen der obigen Definition unter *„infolge fehlender Einsicht die Tragweite ... nicht verlässlich überblicken kann"* verstanden wird. Verlässlich überblicken kann ein Anleger das konkrete Spekulationsgeschäft nämlich nur dann, wenn er sich mit seinem Vertragspartner auf „gleicher Augenhöhe" befindet und infolge dessen Einsicht in die Tragweite des abzuschließenden Geschäfts erlangt.

Bestätigt und präzisiert werden diese zivilrechtlichen Vorkehrungen insbesondere durch die Entscheidung des BGH in BGH XI ZR 33/10, Urteil vom 22.03.2011 („Swap-Urteil"). Gleichermaßen kann diese Präzisierung allgemein zivilrechtlicher Regelungen aber auch zur Konkretisierung des Tatbestandsmerkmals der „Unerfahrenheit" herangezogen werden.

In diesem vom BGH zu entscheidenden Fall ging es um die Bestimmung der Anforderungen bei der Anlageberatung beim Abschluss von „CMS Spread Ladder Swaps".[546] Der elfte Zivilsenat des BGH führte diesbezüglich aus, dass *„die Aufklärung, die in ihrer Intensität von den Umständen des Einzelfalls abhängt, auch bei einem so hoch komplexen Produkt gewährleisten [muss], dass der Kunde im Hinblick auf das Risiko des Geschäfts im Wesentlichen den gleichen Kenntnis- und Wissensstand hat wie die ihn beratende Bank, weil ihm nur so eine eigenverantwortliche Entscheidung darüber möglich ist, ob er die ihm angebotene Zinswette annehmen will"*.[547]

545 Vgl. *Hefermehl*, in: Soergel, BGB Kommentar, 13. Aufl. (1999), § 138 Rn. 1.

546 Zur Erläuterung der CMS Spread Ladder Swaps siehe S. 39 ff.

547 BGH XI ZR 33/10, Urteil vom 22.03.2011, Rz. 29 (juris).

Diese Konkretisierung des BGH lässt sich nahtlos auf die Definition der „Unerfahrenheit" übertragen. Denn Unerfahren im Sinne des Straftatbestandes ist stets derjenige, welcher die *„Tragweite des konkreten Spekulationsgeschäfts nicht verlässlich überblicken kann"*, weil ihm hierzu die Einsicht fehlt. Einsicht in das konkrete Geschäft kann ihm nur dann verlässlich gewährleistet werden, wenn der Anleger *„den gleichen Kenntnis- und Wissensstand"* besitzt, wie die ihn beratende Bank. Hierbei spricht der BGH zudem von *„...**auch** bei einem so hoch komplexen Produkt..."*, wodurch er zum Ausdruck bringt, dass er diese Ausführung gerade nicht nur auf CMS Spread Ladder Swaps bezieht, sondern auf alle Finanzprodukte.

Strafrechtlich als auch zivilrechtlich wird mithin vorausgesetzt, dass beim Abschluss von Börsenspekulationsgeschäften[548] bestehende Interessendisparitäten beseitigt werden müssen, um im Einklang mit gesetzlichen Bestimmungen zu handeln. Wird trotz asymmetrischer Informationsverteilung[549] ein Geschäft abgeschlossen, so bleibt der Anleger „Unerfahren" i.S.d. §§ 49, 26 BörsG, was strafrechtliche aber auch zivilrechtliche Konsequenzen zur Folge haben kann. Zu denken ist hierbei etwa an die §§ 138, 142, 280 ff. BGB wegen Verstoßes gegen eine objektgerechte Beratung.

Grundsätzlich lässt sich aus der „Swap- Entscheidung" des BGH für das Tatbestandsmerkmal der „Unerfahrenheit" ableiten, dass eine Bank nur dann ihrem Anleger verlässlich Einsicht in die Tragweite des konkreten Börsenspekulationsgeschäfts verschafft, wenn eine Interessendisparität vermieden wird, dieser also den gleichen Kenntnis- und Wissensstand bei Geschäftsabschluss besitzt, wie die ihm beratende Bank. Zivilrechtlich relevante Interessensymmetrien werden demzufolge von den §§ 49, 26 BörsG flankiert, wodurch deren Schutzwirkung verstärkt werden kann. Der strafrechtliche Begriff der „Unerfahrenheit" i.S.d. §§ 49, 26 BörsG wird wiederum durch die vom BGH vorgenommene Konkretisierung allgemeiner Aufklärungspflichten konturiert. Straf- und Zivilrecht befinden sich hierbei in einer sich gegenseitig befruchtenden Wechselwirkung.

Exkurshaft soll in diesem Zusammenhang erwähnt werden, dass eine Vermeidung der asymmetrischen Informationsverteilung bei Wertpapiergeschäften aber auch im öffentlichen Aufsichtsrecht eine wesentliche Rolle beim Schutz des Marktes und seiner Funktionsfähigkeit spielt.[550] Denn hierdurch kann erreicht werden,

---

548 Der CMS Spread Ladder Swap stellt ein Börsenspekulationsgeschäft dar, siehe S. 39 ff.

549 Zur Begrifflichkeit *Akerlof*, The Quarterly Journal of Economics 1970, S. 488 ff.

550 Vgl. *Sinn*, ifo Standpunkt Nr. 94, 19.08.2008.

dass am Wertpapiermarkt nicht nur „Zitronen"[551] als Synonym für minderwertige Wertpapiere verkauft werden, wodurch die Wertpapierqualität an sich steigt und der Markt für stabile Finanzanlagen gesichert werden kann.[552]

Neben einer flankierenden zivilrechtlichen Funktion nimmt der strafrechtliche Begriff der „Unerfahrenheit" daher auch im Bereich des öffentlichen Aufsichtsrechts eine mittelbare, nicht zu unterschätzende, stabilisierende Funktion wahr.

VII. Kompensationsmöglichkeiten und Kompensationspflichten im Rahmen der Unerfahrenheit

Unter Berücksichtigung dieser Aspekte, ist weiter zu untersuchen, wie es möglich ist, dem Anleger die notwendige Einsicht in das jeweilige Finanzprodukt zu verschaffen. Es stellt sich mithin die Frage, wie eine bestehende Unerfahrenheit zu kompensieren ist und ob diesbezüglich gesetzliche Voraussetzungen vorliegen, welche zu einer Kompensation zwingen könnten.

Unerfahrenheit liegt nach den Feststellungen der letzten Abschnitte bei einer zum Abschluss von Börsenspekulationsgeschäften verleiteten Person dann vor, wenn sie infolge fehlender Einsicht die Tragweite des konkreten Spekulationsgeschäfts nicht verlässlich überblicken kann, wobei es auf die Verhältnisse des Einzelfalls ankommt.[553]

Die Strafbarkeit gemäß den §§ 49, 26 BörsG ist demzufolge dann nicht gegeben, wenn jemand einen erfahrenen Anleger zu einem Börsenspekulationsgeschäft verleitet. Aufgrund der Vielfalt der existierenden derivativen Finanzinstrumente muss der Anlageberater bzw. Anlagevermittler, schon vor dem Hintergrund einer möglichen zivilrechtlichen Inhaftungnahme gemäß § 823 Abs. 2 BGB i.V.m. §§ 49, 26 BörsG, grundsätzlich davon ausgehen, dass sein Kunde unerfahren im Sinne des Straftatbestandes ist, sprich gerade keine verlässliche Einsicht in die Tragweite und Bedeutung des konkreten Spekulationsgeschäfts besitzt.[554] So ist es nicht unüblich, dass bei verschiedenen Banken die Möglichkeit besteht, in über

---

551 Zur Begrifflichkeit *Akerlof*, The Quarterly Journal of Economics 1970, S. 488 ff.

552 Vgl. *Sinn*, ifo Standpunkt Nr. 94, 19.08.2008 = Börsen- Zeitung, Nr. 81, 26.04.2008, S. 7 ff.

553 BGHR Strafsachen, Nebengesetze 1, § 89 BörsG, Unerfahrenheit 2.

554 Vgl. *Schröder*, Aktienhandel und Strafrecht, 1994, S. 102. Dies auch in Anbetracht der Bond- Rechtsprechung (BGH XI ZR 12/93, Urteil vom 06.07.1993).

zwanzig verschiedene Formen von Zertifikaten zu investieren. Es kann von einem durchschnittlichen inländischen Privatanleger nicht verlangt werden, dass er über jede einzelne Investitionsvariante informiert ist, zumal stets neue Produkte, Varianten und Untervarianten entwickelt werden.[555]

Um vor allem auch möglichen strafrechtlichen Konsequenzen entgehen zu können, stellt sich die Frage, wie der Anlageberater bzw. Anlagevermittler aus einem unerfahrenen Anleger einen erfahrenen Anleger macht, also wie und ob man eine herrschende Unerfahrenheit des Anlegers kompensieren kann.

In einem zweiten Schritt ist zu klären, ob und welche gesetzlichen Voraussetzungen es gibt, welche zu einer umfassenden Aufklärung bzw. Information verpflichten könnten. Zu hinterfragen bleibt hierbei, ob durch diese Voraussetzungen das Tatbestandsmerkmal der Unerfahrenheit beseitigt werden kann.

1. Kompensationsmöglichkeiten

Aufgrund der Definition des Tatbestandsmerkmals der Unerfahrenheit ergibt sich zunächst die Frage nach einer Kompensationsmöglichkeit. Eine bestehende Unerfahrenheit zu kompensieren scheint auf den ersten Blick einfach: Erfahrung in Spekulationsgeschäften erlangt man durch umfassende Aufklärung und Unterrichtung über das konkret vorzunehmende Spekulationsgeschäft.[556]

Hierbei müssen aber beide Vertragsseiten Beachtung finden.

Der Anlageberater bzw. -vermittler hat seinem Kunden zunächst geeignete Materialien über das konkret geplante Börsenspekulationsgeschäft zur Verfügung zu stellen[557] bzw. diesen mündlich über das konkrete Börsenspekulationsgeschäft

555 Als Beispiel hierfür kann auf die verschiedenen Möglichkeiten von Zertifikaten verwiesen werden, welche z.B. auch als Bonus- Zertifikate zu erhalten sind; als Untervariante hierfür gibt es wiederum die Möglichkeit das Bonus- Zertifikat mit einem „Cap" zu versehen, welche dann als „Capped Bonus- Zertifikate" bezeichnet werden; siehe hierzu S. 86 ff.

556 Vgl. *Rössner/Worms*, 1987, 319, 321; *Park*, in: Park, Kapitalmarktstrafrecht, 2. Aufl. (2008), Kap. 4, T2, §§ 26, 49, Rn. 26 f; *Schröder*, in: Achenbach/Wannemacher, Beraterhandbuch zum Wirtschafts- und Steuerstrafrecht, § 24 II Rn. 88; OLG Bremen wistra 1993, 34; OLG Bremen wistra 1993, 36, 37; *Hagemann*, „Grauer Kapitalmarkt" und Strafrecht, 2005, § 5 C, S. 400.

557 Dies v.a. vor dem Hintergrund der Informationspflichten gem. § 31 Abs. 2 bis 10 WpHG und der neuen Regelungen bezüglich der Ausgabe von Produktinformationsblättern in § 31 Abs. 3a WpHG, welche im Wege des AnsFuG (BGBl. I, 07.04.2011, Nr. 14, 538) vom 05.04.2011 eingeführt wurden und am 01.07.2011 gem. Art. 9 Abs. 2 des AnsFuG in Kraft treten (BGBl. I, 07.04.2011, Nr. 14, 538, 548).

zu informieren. Der Kunde muss versuchen diese Informationen, schon aus finanziellem Eigeninteresse, zu verstehen. Erkennt der Anlageberater bzw. Anlagevermittler, dass sein Kunde die ihm vorgelegten Materialien bzw. die ihm mitgeteilten Informationen aus welchen Gründen auch immer, nicht versteht, so hat der Anlageberater bzw. Anlagevermittler seinem Kunden von dem zunächst geplantem Börsenspekulationsgeschäft abzuraten.

Eine einseitige Zur Verfügung Stellung von Lehrmaterial bzw. das „Herunterbeten" von relevanten Produktinformationen ohne Rückkopplung mit dem Kunden über das konkrete Börsenspekulationsgeschäft, kann nicht ausreichen, um eine bestehende Unerfahrenheit des Kunden zu beseitigen.[558] Diese Feststellung wurde auch jüngst durch die „Swap- Entscheidung" des BGH unterstrichen.[559]

Trotz bestehender Unerfahrenheit muss es aber nicht stets zur Bejahung des Straftatbestandes kommen.

Macht der Kunde keine Anstalten, die ihm zur Verfügung gestellten Materialien zu lesen, so stellt sich die Frage, ob eine Ausnutzungssituation im Sinne der §§ 49, 26 BörsG vorliegt.[560] Erkennt der Anlageberater bzw. der Anlagevermittler, dass sein Kunde keine Ahnung von dem geplanten Geschäft besitzt, weil er sich mit den zur Verfügung gestellten Materialien nicht auseinandergesetzt hat, so sollte er diesem raten, hiervon Abstand zu nehmen. Erkennt der Anlageberater bzw. der Anlagevermittler die mangelnde Einsicht des Anlegers und schließt das Geschäft dennoch ab, so nutzt er die Unerfahrenheit seines Kunden aus.

Erkennt der Anlageberater bzw. Anlagevermittler, dass sein Kunde die ihm zur Verfügung gestellten Unterlagen nicht gelesen hat, und spricht er diesen diesbezüglich an und gibt der Kunde daraufhin zu verstehen, dass er keine Lust habe, die Unterlagen zu lesen und das konkrete Geschäft zu verstehen aber dennoch unbedingt den Geschäftsabschluss durchführen möchte, so ist der Kunde zwar unerfahren im Sinne des Straftatbestandes, aber es liegt keine Ausnutzungssituation aufgrund mangelnder Unlauterbarkeit im Sinne des Straftatbestandes vor.[561]

---

558 Vgl. *Rössner/Worms*, 1987, 319, 321; vgl. auch BGH XI ZR 33/10, Urteil vom 22.03.2011.

559 BGH XI ZR 33/10, Urteil vom 22.03.2011; siehe hierzu oben, S. 128 f.

560 Zur Bestimmung des Tatbestandsmerkmals der „Ausnutzung", siehe die S. 153, 165.

561 Vgl. *Park*, in: Park, Kapitalmarktstrafrecht, 2. Aufl. (2008), Kap. 4, T2, §§ 26, 49, Rn. 29; siehe zu der Frage, ob das „Ausnutzen" unlautere Züge aufweisen muss, S. 154 f.

Als **vorläufiges Zwischenergebnis** ist zu konstatieren, dass es durch Aufklärung möglich ist, die Unerfahrenheit des Anlegers zu kompensieren. Der Anlageberater hat, wie oben bereits ausgeführt, asymmetrische Informationsverteilungen zu vermeiden.[562]

Zu beachten ist hierbei jedoch, dass nicht nur eine Aufklärung seitens des Anlagevermittlers- bzw. Anlageberaters die Unerfahrenheit beseitigen kann. Der Anleger kann sich auch z.B. einem Selbststudium unterziehen oder gar selbst als Spekulant beruflich tätig sein. Mithin kann es vorkommen, dass überhaupt keine Beratung stattgefunden hat und auch keine Materialien zur Verfügung gestellt wurden und der Straftatbestand dennoch mangels Tatbestandsmäßigkeit nicht einschlägig ist. Dies gilt sowohl bei Vornahme eines erneuten Börsenspekulationsgeschäfts als auch bei Vornahme eines Erstgeschäfts.[563]

Schwieriger zu beantworten ist die Frage der Konkretisierung des Umfangs der Kompensation. Dies kann jedoch nicht pauschal beantwortet werden sondern muss schon aufgrund der vorhandenen Vielfalt der Börsenspekulationsgeschäfte der Einzelfallbetrachtung vorbehalten bleiben.[564] Als Faustformel gilt hierbei jedoch: je komplexer ein Finanzprodukt strukturiert ist, desto höhere Voraussetzung werden auch an die jeweilige Beratung gestellt.[565]

2. Kompensation der Unerfahrenheit durch Informations- bzw. Aufklärungspflichten

Wie im obigen Abschnitt festgestellt wurde, kann eine Unerfahrenheit im Sinne des Straftatbestandes in den meisten Fällen nur durch gründliche Aufklärung beseitigt werden. Hierdurch wird die Möglichkeit geschaffen, die Unerfahrenheit zu kompensieren.

Es stellt sich die Frage, ob es Aufklärungspflichten bzw. Informationspflichten gibt, welche das Tatbestandsmerkmal der Unerfahrenheit kompensieren können. Mithin könnten sich diese Aufklärungs- bzw. Informationspflichten als „Kompensationspflichten" herauskristallisieren.

Hierbei kann zwischen den öffentlich-rechtlichen Informationspflichten des WpHG und allgemeinen zivilrechtlichen Aufklärungspflichten unterschieden

---

562 Siehe hierzu oben, S. 128 f.

563 Siehe oben zu der Problematik des Erstgeschäfts, S. 105 f.

564 Vgl. *Bröker*, wistra 1993, 161, 165; *Park*, in: Park, Kapitalmarktstrafrecht, 2. Aufl. (2008), Kap. 4, T2, §§ 26, 49 Rn. 26 f.

565 Vgl. BGH XI ZR 33/10, Urteil vom 22.03.2011, Rz. 29 (juris).

werden. Beachtet werden muss hierbei, dass natürlich auch ein Verstoß gegen öffentlich-rechtliche Informationspflichten zivilrechtliche Ansprüche auslösen *kann.*

a) Informationspflichten des WpHG- öffentliches Aufsichtsrecht

aa) Überblick

In Betracht kommen hierfür zunächst die aufgrund des Finanzmarktrichtlinie-Umsetzungsgesetzes aus dem Jahre 2007[566] erweiterten Regelungen der §§ 31 ff. WpHG. Für Wertpapierdienstleistungsunternehmen i.S.d. § 2 Abs. 4 WpHG werden in den §§ 31 ff. WpHG sog. Wohlverhaltensregeln bei der Erbringung von Wertpapierdienstleistungen festgelegt.[567]

Durch die Verordnung zur Konkretisierung der Verhaltensregeln und Organisationsanforderungen für Wertpapierdienstleistungsunternehmen (WpDVerOV) werden die Wohlverhaltenspflichten i.S.d. WpHG weiter konturiert. Die Relevanz der Vorschriften des WpHG und der WpDVerOV für das Tatbestandsmerkmals der „Unerfahrenheit“ werden in diesem Abschnitt erläutert.

Einige Stimmen in der Literatur waren sich schon im Jahre 2006, vor dem In Kraft Treten der FRUG im Jahre 2007, einig, dass aufgrund der Prüfung der Wertpapierdienstleister durch die BaFin und der gleichzeitig zu beobachtenden umfangreichen Aufklärungswelle „Straftaten nach § 61 BörsG[568] in Zukunft mangels unerfahrener bzw. unaufgeklärter Anleger keine Bedeutung mehr haben“ werden.[569]

Im Folgenden soll gezeigt werden, dass sich einerseits diese Prognose, vor allem in Anbetracht der sich im Jahre 2007 abzeichnenden Finanzkrise, nicht bewahrheitet hatte[570] und andererseits dieser These auch schon vom Ansatz her nicht gefolgt werden kann.

---

566 BGBl. I., 16.06.2007, Nr. 31, S. 1330 (S. 1362), „Gesetz zur Umsetzung der Richtlinie über Märkte für Finanzinstrumente und der Durchführungsrichtlinie der Kommission“; Finanz-Marktrichtlinie-Umsetzungsgesetz (FRUG), welches am 01.11.2007 in Kraft getreten ist.

567 *Brinckmann*, BKR 2010, 45, 47.

568 § 61 BörsG a.F. entspricht dem heutigen § 49 BörsG.

569 Vgl. *Benner*, in: Volk, Verteidigung in Wirtschafts- und Steuerstrafsachen, 2006, § 22 Rn. 671; so wohl auch *Bröker*, in: MüKo, Nebenstrafrecht II Band 6/1, 2010, § 26 BörsG Rn. 5 f. a.E, 20 f. zur aktuellen Rechtslage.

570 Man nehme nur die unzähligen deutschen Anleger, welche in Lehman- Zertifikate investiert haben. Die Geschädigten sehen sich als Opfer einer unseriösen Bankpraxis, vor allem in Anbetracht der Aufklärungspflichten in Bezug auf das Risiko eines Totalverlustes bei der Anlage in diese Zertifikate und der Eigeninteresse bei deren Verkauf; vgl. hierzu *Brinckmann*, BKR 2010, 45.

Die Wohlverhaltenspflichten wurden im Zuge des FRUG im Verhältnis zu dem Kunden in den §§ 31 ff. WpHG grundlegend neu gefasst. Besonderes Augenmerk gilt hierbei dem § 31a WpHG, welcher den Begriff des Kunden definiert und die potentiellen Empfänger von Wertpapierdienstleistungen gemäß den Vorgaben nach Anhang II in Verbindung mit Art. 4 Abs. 1 Nr. 10 der Markets in Financial Instruments Directive (MiFID)[571] in drei Kategorien einteilt.[572] Dem jeweils angemessenen Schutzbedürfnis der definierten Typen kann somit aufgrund von unterschiedlichen Anforderungen an Umfang und Reichweite der Pflichten der Wertpapierdienstleistungsunternehmen genüge getan werden.

Von vorrangigem Interesse ist es, die Kundenkategorie „Privatkunde" i.S.d. § 31a Abs. 1, 3 WpHG näher zu beleuchten. Die anderen Kundenkategorien i.S.d. § 31 a Abs. 2 und 4 WpHG haben für den Straftatbestand der Verleitung zu Börsenspekulationsgeschäften nur eine untergeordnete Bedeutung. „Professionelle Kunden" und „Geeignete Gegenparteien" i.S.d. § 31a WpHG tätigen Wertpapiergeschäfte im Rahmen ihres Berufes und gelten alleine schon zumeist aus diesem Grund als erfahren im Sinne des Straftatbestandes.[573]

bb) Konkretisierung der Informationspflichten des WpHG

Gemäß § 31 Abs. 3 S. 1 WpHG sind Wertpapierdienstleistungsunternehmen verpflichtet, Kunden rechtzeitig und in verständlicher Form Informationen zur Verfügung zu stellen, die angemessen sind, damit die Kunden nach vernünftigem Ermessen die Art und die Risiken der ihnen angebotenen oder von ihnen nachgefragten Arten von Finanzinstrumenten oder Wertpapierdienstleistungen verstehen und auf dieser Grundlage ihre Anlageentscheidung treffen können. Gemäß § 31 Abs. 3 S. 2 WpHG müssen sich die Informationen auf das Wertpapierdienstleistungsunternehmen und seinen Dienstleistungen, die Arten von Finanzinstrumenten und vorgeschlagene Anlagestrategien einschließlich damit verbundener Risiken, Ausführungsplätze und Kosten und Nebenkosten beziehen.

Nach § 31 Abs. 4 WpHG muss ein Wertpapierdienstleistungsunternehmen, das Anlageberatung oder Finanzportfolioverwaltung erbringt, von den Kunden alle

---

571 Richtlinie 2004/39/EG des Europäischen Parlamentes und des Rates vom 21.04.2004.

572 Diese werden als „Privatkunde" i.S.d. § 31a Abs. 1, 3 WpHG, „Professioneller Kunde" i.S.d. § 31a Abs. 1, 2 WpHG, „Geeignete Gegenpartei" i.S.d. § 31a Abs. 1, 4 WpHG bezeichnet; vgl. *Fuchs*, in: Fuchs, WpHG Kommentar, 2009, § 31a Rn. 1.

573 Vgl. *Böhm*, BKR 2009, 221, 222. Wobei freilich auch hier der konkrete Einzelfall ausschlaggebend ist und nicht per se eine Strafbarkeit von vornherein ausgeschlossen werden kann.

Informationen über Kenntnisse und Erfahrungen der Kunden in Bezug auf Geschäfte mit bestimmten Arten von Finanzinstrumenten oder Wertpapierdienstleistungen, über ihre Anlageziele und über ihre finanziellen Verhältnisse einholen, die erforderlich sind, um den Kunden ein für sie geeignetes Finanzinstrument oder eine für sie geeignete Wertpapierdienstleistung empfehlen zu können. Die Geeignetheit beurteilt sich danach, ob das konkrete Geschäft, das dem Kunden empfohlen wird, oder die konkrete Wertpapierdienstleistung im Rahmen der Finanzportfolioverwaltung den Anlagezielen des betreffenden Kunden entspricht, die hieraus erwachsenden Anlagerisiken für den Kunden seinen Anlagezielen entsprechend finanziell tragbar sind und der Kunde mit seinen Kenntnissen und Erfahrungen die hieraus erwachsenden Anlagerisiken verstehen kann. Erlangt das Wertpapierdienstleistungsunternehmen die erforderlichen Informationen nicht, darf es im Zusammenhang mit einer Anlageberatung kein Finanzinstrument empfehlen oder im Zusammenhang mit einer Finanzportfolioverwaltung keine Empfehlung abgeben.

Diese gesetzlichen Voraussetzungen klingen bezüglich des Tatbestandsmerkmals der „Unerfahrenheit" auf den ersten Blick vielversprechend.

Zu hinterfragen bleibt deswegen, ob auch bei Beachtung der Verhaltensregeln durch die Wertpapierdienstleistungsunternehmen das Tatbestandsmerkmal der „Unerfahrenheit" trotzdem einschlägig sein kann. Zumal in § 31 Abs. 4 S. 2 WpHG davon gesprochen wird, dass sich die Geeignetheit des Finanzinstrumentes danach beurteilt, ob „der Kunde mit seinen Kenntnissen und Erfahrungen die hieraus erwachsenden Anlagerisiken verstehen kann".

Ungeeignete Anlageprodukte dürfen demzufolge nicht empfohlen werden.[574]

Eine „Beseitigungspflicht" bezüglich der Unerfahrenheit i.S.d. Straftatbestandes kann aufgrund der Voraussetzungen des § 31 WpHG allerdings nicht konstatiert werden. Das WpHG lässt eine bloße Information des Anlegers ausreichen.[575]

Einer Nachprüfung, ob der Anleger diese Informationen tatsächlich verstanden hat, bedarf es gerade nicht.[576] Ausreichend gemäß § 31 Abs. 4 S. 2 WpHG ist, dass der Kunde die Informationen „verstehen kann", verlangt wird nicht, dass er diese Informationen auch „versteht". Für die sich an die Geeignetheitsprüfung anschließende Empfehlung lassen sich im WpHG keine Voraussetzungen

574 Vgl. *Teuber*, BKR 2006, 429, 431.

575 Vgl. *Brinckmann*, BKR 2010, 45, 47.

576 Vgl. *Fuchs*, in: Fuchs, WpHG Kommentar, 2009, § 31 Rn. 139, vor §§ 37e und 37 g, Rn. 96 und vor §§ 31 bis 37a Rn. 35 f; *Park*, in: Park, Kapitalmarktstrafrecht, 2. Aufl. (2008), Kap. 4, T2, §§ 26, 49, Rn. 26 f.

finden.[577] Diesbezüglich haben sich die Voraussetzungen der Informationspflichten im Vergleich zu den alten Regelungen des WpHG vor dem FRUG nicht verändert.[578]

An dem eben Gesagten kann auch weder die MaComp der BaFin[579] noch das Anlegerschutz- und Funktionsverbesserungsgesetz vom 05.04.2011[580] etwas ändern. Die MaComp der BaFin „interpretiert" lediglich die Voraussetzungen des § 31 Abs. 2 WpHG und des § 4 WpDVerOV und kann darüber hinaus auch keine weiteren Voraussetzungen schaffen.[581] Das Anlegerschutz- und Funktionsverbesserungsgesetz sieht wiederum gem. § 31 Abs. 3a WpHG i.V.m. § 5a WpDVerOV[582] vor, dass dem Kunden im Fall einer Anlageberatung rechtzeitig vor dem Abschluss des Geschäfts ein kurzes und leicht verständliches Informationsblatt über jedes Finanzinstrument zur Verfügung zu stellen ist, auf das sich die Kaufempfehlung bezieht. Auch hier wird lediglich vorausgesetzt, dass der Kunde die ihm ausgehändigten Informationen verstehen kann, nicht vorausgesetzt wird jedoch, dass er sie tatsächlich auch versteht. Desweiteren gelten diese zuletzt genannten Anforderungen zudem lediglich bei der Anlageberatung und nicht bei der Anlagevermittlung.[583]

Zu beachten ist weiterhin, dass sich sowohl die Informationen gemäß § 31 Abs. 3 S. 3 Nr. 2 WpHG, § 5 Abs. 1 WpDVerOV als auch die Informationen gem. §§ 31 Abs. 3a WpHG i.V.m. § 5a WpDVerOV nur auf die einschlägige Gattung der Finanzinstrumente beziehen müssen und nicht auf das konkrete Produkt.[584] Wie gezeigt werden konnte, setzt der Straftatbestand der Verleitung zu Börsenspekulationsgeschäften hingegen voraus, dass das Opfer Einsicht in die Tragweite des *konkreten* Spekulationsgeschäftes besitzen muss, um als erfahren gelten

---

577 Vgl. *Veil*, ZBB 2008, 34, 38.

578 Vgl. *Veil*, ZBB 2008, 34, 38.

579 Siehe hierzu BT 3.3 der MaComp vom 07.06.2010 bzw. 14.06.2011.

580 BGBl. I, Nr. 14, 07.04.2011, 538.

581 Die MaComp der BaFin besitzen keine Gesetzeskraft; siehe hierzu *Zingel*, BKR 2010, 500, 501; sie ist lediglich als norminterpretierende Verwaltungsvorschrift zu werten, vgl. *Lösler*, WM 2010, 1917 f.; vgl. auch *Assmann*, in: Assmann/Schneider, WpHG Kommentar, 6. Aufl. (2012), Einl. Rn. 67.

582 Beide Normen treten am 01.07.2011 in Kraft, vgl. BGBl. I, 07.04.2011, Nr. 14, 538, 548.

583 Kritisch hierzu der Bundesrat in seiner Stellungnahme zum Anlegerschutz- und Funktionsverbesserungsgesetz in BT-Drucks. 17/3628 vom 08.11.2010, S. 34.

584 Vgl. *Koller*, in: Assmann/Schneider, WpHG Kommentar, 6. Aufl. (2012), § 31 Rn. 103 f.; *Brinckmann*, BKR 2010, 45, 47.

zu können.[585] Das Erfordernis der „Erfahrenheit" im Sinne des § 26 Abs. 1 BörsG muss daher weiter als der Umfang der Informationspflicht nach § 31 Abs. 3, 4 WpHG verstanden werden, da das WpHG eine bloße Information des Anlegers ausreichen lässt. § 31 Abs. 3, 4 WpHG entsprechen daher lediglich inhaltlich der „Erfahrenheit" des § 26 Abs. 1 BörsG.[586]

Zumindest lässt sich im Umkehrschluss konstatieren, dass der Anleger jedoch indiziell nicht als erfahren gilt, sofern der Berater seiner Informationspflicht nach § 31 Abs. 3 WpHG nicht genügt.[587]

Auch treten durch das „Gesetz zur Neuregelung der Rechtsverhältnisse bei Schuldverschreibungen aus Gesamtemissionen und zur verbesserten Durchsetzbarkeit von Ansprüchen von Anlegern aus Falschberatung" vom 31.07.2009,[588] welches u.a. Banken seit dem 01.01.2010 gemäß § 34 Abs. 2a WpHG verpflichtet, den Inhalt jeder Anlageberatung bei Privatanlegern zu protokollieren und den Kunden eine Ausfertigung des Protokolls auszuhändigen, bezüglich der Problematik der Beseitigung der Unerfahrenheit im Sinne der §§ 49, 26 BörsG, keine Änderungen ein.

So stellt sich auch hier das Problem, dass der Anleger zwar aufgrund der Protokollierungspflicht besser Beweis über die Informationspflichten des Anlageberaters führen kann,[589] jedoch sagt das geführte Protokoll nichts darüber aus, ob der Anleger die Information auch wirklich verstanden hat.[590] Auch muss ein Protokoll vom Anlageberater überhaupt erst einmal angefertigt werden.[591]

Die statuierte Protokollierungspflicht kann darüber hinaus auch bezüglich der Unerfahrenheit keine Aussagen treffen dürfen. Würde man stets die Unerfahrenheit

---

585 Siehe oben, S. 125 ff.

586 Vgl. *Benner*, in: Volk, Verteidigung in Wirtschafts- und Steuerstrafsachen, 2006, § 22 Rn. 661; *Hagemann*, „Grauer Kapitalmarkt" und Strafrecht, 2005, § 5 C., S. 402.; a.A. *Gehrmann/Zacharias*, WiJ 2012, 89, 99.

587 Vgl. *Benner*, in: Volk, Verteidigung in Wirtschafts- und Steuerstrafsachen, 2006, § 22 Rn. 662.

588 BGBl. I. 2009, Nr. 50, S. 2512 ff. vom 31.07.2009.

589 Vgl. *Brinckmann*, BKR 2010, 45, 50.

590 Vgl. *Strohmeyer*, ZBB 2009, 197, 203.

591 So hat die Zeitschrift Finanztest, Heft 08/2010, S. 25 ff., bei einer Überprüfung von Beratungsgesprächen der Banken feststellen müssen, dass bei 146 getesteten Beratungsgesprächen lediglich 61- mal ein Beratungsprotokoll angefertigt wurde; kritisch äußert sich auch die BaFin bezüglich der Qualität der tatsächlich stattfindenden Protokollierung im Rahmen der Markterhebung zum Beratungsprotokoll, Mitteilung vom 04.05.2010, siehe unter http://www.bafin.de/SharedDocs/Mitteilungen/DE/Service/PM__2010/pm__100504__ beratungsprotokoll__ergebnisse.html.

bei erfolgter tadelloser Protokollierung des Beratungsgespräches verneinen wollen, so wäre es leichter als zuvor sich dem Straftatbestand entziehen zu können. Da es trotz der neuen Protokollierungspflichten immer noch im Ermessen des Beraters liegt, *was* er protokolliert,[592] könnte der Berater die Risikohinweise in den Gesprächssituationen wieder mündlich relativieren, natürlich ohne dies zu protokollieren.[593] Der Anleger müsste dann als erfahren gewertet werden.

Dies kann jedoch so nicht vom Gesetzgeber gewollt sein. Der Anleger würde durch eine trotzdem erfolgte Unterzeichnung des Protokolls eher seine Unerfahrenheit und der Täter seine hierdurch besonders zum Ausdruck kommende kriminelle Energie unter Beweis stellen.[594]

Alleine schon aus diesem Grund, darf es eine wie auch immer geartete Freizeichnungsmöglichkeit aus der strafrechtlichen Haftung nicht geben.[595]

Auch ist zu erwarten, dass von der Beratungspraxis Standardprotokolle entwikkelt werden.[596] Diese können erst recht keine individuelle Beratung garantieren,[597] welches allerdings nicht der zur Beseitigung der Unerfahrenheit notwendigen Aufklärung über das konkrete Börsenspekulationsgeschäft taugen würde.

Diese Maßstäbe werden auch nicht etwa dadurch relativiert, weil der Kunde gemäß § 31a Abs. 7 WpHG eine „Höherstufung" von der Kundenkategorie „Privatkunde" auf die Kundenkategorie „professioneller Kunde" wünscht. Wird unter den Voraussetzungen nach § 31a Abs. 7 S. 3 WpHG tatsächlich eine „Höherstufung" vorgenommen, so kann dies allenfalls als Indiz für eine Erfahrenheit im Sinne des Straftatbestandes gewertet werden. Ein Automatismus in der Form, dass in einem solchen Falle stets die notwendige Erfahrenheit angenommen werden kann, um den Straftatbestand ausschließen zu können, kann nicht vorliegen. Auch der „professionelle Kunde" i.S.d. § 31a Abs. 7 WpHG verdient den gleichen Schutz.

---

592 *Köndgen*, ZBB 2009, 157, 160.

593 Vgl. *Brinckmann*, BKR 2010, 45, 50; siehe auch FAZ vom 03.07.2011, Nr. 26, S. 41 ff., „Geld & Mehr Special", „Guter Rat für ihr Geld" zur bewusst falschen Protokollierung.

594 *Schröder*, Handbuch Kapitalmarktstrafrecht, 2. Aufl. (2010), Rn. 843.

595 So auch *Schröder*, Handbuch Kapitalmarktstrafrecht, 2. Aufl. (2010), Rn. 843.

596 Vgl. *Brinckmann*, BKR 2010, 45, 50; kritisch äußert sich auch die BaFin bezüglich der Qualität der tatsächlich stattfindenden Protokollierung im Rahmen der Markterhebung zum Beratungsprotokoll, Mitteilung vom 04.05.2010, siehe unter http://www.bafin.de/SharedDocs/Mitteilungen/DE/Service/PM__2010/pm__100504__ beratungsprotokoll__ergebnisse.html.

597 Vgl. *Veil*, ZBB 2008, 34, 39.

Es kann nämlich auch der professionelle Kunde, welcher gemäß § 31a Abs. 7 S. 3 Nr. 1 WpHG während des letzten Jahres durchschnittlich zehn Geschäfte von erheblichem Umfang im Quartal tätigte, bezüglich der Vornahme eines elften Geschäfts keine Einsicht in die Tragweite des konkreten Spekulationsgeschäfts besitzen. Der Umstand, dass er gemäß § 31a Abs. 7 S. 3 WpHG ein weiteres Kriterium erfüllen muss, hilft ihm mit unter auch nicht weiter. So wird im genannten Beispiel die Unerfahrenheit auch nicht dadurch beseitigt, dass er nach § 31a Abs. 7 S. 3 Nr. 2 WpHG über ein Bankguthaben und Finanzinstrumente im Wert von mehr als 500.000 Euro verfügen muss.

Ein noch stärkeres Indiz für die Erfahrenheit im Sinne des Straftatbestandes, aber auch kein Automatismus, kann die Möglichkeit des Wunsches der Eingrenzung der „Hochstufung" gemäß § 31a Abs. 7 WpHG, § 2 Abs. 2 Nr. 1 WpDVerOV für die Vornahme bestimmter Finanzinstrumente, eines bestimmtes Geschäfts etc. darstellen.

Hierbei muss wiederum von der vom BGH erläuterten Indizwirkung bei erneuter Vornahme von in der Vergangenheit getätigten verlustreichen Optionsgeschäften unterschieden werden.[598] Wie oben dargestellt, kann nach der Ansicht des BGH gerade als Indiz für die Unerfahrenheit gewertet werden, wenn trotz vorangegangener, verlustreicher Optionsgeschäfte nochmals Optionen gekauft wurden, welche kaum eine realistische Gewinnchance boten.[599] In diesem Fall wurden die geschädigten Opfer trotz eingetretener Verluste in Optionsgeschäften immer wieder dazu überredet nochmals Optionen zu kaufen. Hierzu hat man bei den telefonischen Verkaufsgesprächen sachliche Informationen aus der Werbebroschüre wieder zunichte gemacht.[600] Anhand der Tatsache, dass die gleichen Optionsgeschäfte, trotz vorangegangener, verlustreicher Geschäfte, nochmals getätigt wurden, konnte zu Recht im zu entscheidenden Fall als Indiz für eine Unerfahrenheit i.S.d. Straftatbestandes gewertet werden. Denn es wurde anhand der telefonischen Verkaufsgespräche suggeriert, dass in dem jeweils neuen Geschäft die Hoffnung eines Gewinns läge und nun andere Umstände vorliegen würden. Ein *erfahrener* Anleger hätte von der Vornahme eines gleichen Geschäfts jedoch Abstand genommen.[601] Aufgrund der Manipulierbarkeit der Opfer im konkreten Fall, konnte von einer Unerfahrenheit durchaus ausgegangen werden.[602]

598 Siehe oben, S. 119.

599 Vgl. BGHR Strafsachen, Nebengesetze 1, § 89 BörsG, Unerfahrenheit 1; BGHR Strafsachen, Nebengesetze 1, § 89 BörsG, Unerfahrenheit 2.

600 Vgl. BGHR Strafsachen, Nebengesetze 1, § 89 BörsG, Unerfahrenheit 1; zu BGH 3 StR 66/99, Urteil vom 14.07.1999.

601 Vgl. BGH 3 StR 66/99, Urteil vom 14.07.1999.

602 Vgl. BGH 3 StR 66/99, Urteil vom 14.07.1999.

Die Umstände und Beweggründe im Rahmen des § 31a Abs. 7 WpHG sind zumeist jedoch andere.

Zum einen muss der Wunsch für die „Höherstufung" ausdrücklich vom Kunden selbst kommen, § 31a Abs. 7 S. 1 Fall 1 WpHG; bzw. geht die Initiative vom Wertpapierdienstleister aus, so muss er das Einverständnis des Kunden einholen, für dessen Erklärung mindestens Textform vorgeschrieben ist.[603] Der Kunde muss vom Wertpapierdienstleistungsunternehmen gem. § 31a Abs. 7 S. 4 WpHG darauf hingewiesen werden, dass es aufgrund der „Hochstufung" zu einer Absenkung des Schutzniveaus kommt.[604] Eine Reflexion über die Tragweite der eigenen Entscheidung wird mithin über den bloßen Vertragsschluss hinaus gewährleistet.

Zum anderen müssen auch die Voraussetzungen gemäß § 31a Abs. 7 S. 3 WpHG vorliegen.

Es ist nur schwer vorstellbar, dass ein Kunde gemäß § 31a Abs. 7 S. 3 Nr. 1 WpHG schriftlich auf sein vorhandenes Schutzniveau verzichtet, obwohl er in den vergangenen zehn Optionsgeschäften nur Verluste eingefahren hat, um weitere (genau die selben) Optionsgeschäfte zu tätigen. Auch der Konstellation gemäß § 31a Abs. 7 S. 3 Nr. 3 WpHG, bei welcher verlangt wird, dass der Kunde mindestens für ein Jahr einen Beruf am Kapitalmarkt ausgeübt hat, der Kenntnisse über die in Betracht kommenden Geschäfte, Wertpapierdienstleistungen und Wertpapiernebendienstleistungen voraussetzt, ist eine Indizwirkung dahingehend zu entnehmen, dass von einer Erfahrenheit im Sinne des Straftatbestandes ausgegangen werden kann. Zwingend ist dies indes nicht. Denn selbst ausschließlich innerhalb der Regelungen des WpHG soll weder Bildungsstand noch Beruf als verlässliches Indiz für hinreichende Kenntnis oder Erfahrungen dienen können.[605] Zudem kann auch hier die „Höherstufung" zwar vom Kunden selbst schriftlich beantragt, jedoch vom Anlageberater nur unter dem Vorwand einer schnelleren Abwicklung der Transaktionen mit Nachdruck initiiert worden sein.[606] Eine wie auch immer geartete Manipulation kann somit nicht immer von vornherein ausgeschlossen werden.

---

603 Vgl. *Fuchs*, in: Fuchs, WpHG Kommentar, 2009, § 31a Rn. 34.

604 Vgl. *Fuchs*, in: Fuchs, WpHG Kommentar, 2009, § 31a Rn. 33.

605 Vgl. *Teuber*, BKR 2006, 429, 433. Beruf und Qualifikation stellen keine Gewähr für eine vorliegende Erfahrenheit dar: BGH XI ZR 33/10, Urteil vom 22.03.2011; BGH XI ZR 453/02, Urteil vom 21.10.2003.

606 Vgl. *Hildner*, WM 2004, 1068, 1073 f.

Die Indizwirkung kann mithin nicht von einer Einzelfallbetrachtung entbinden.[607] Dies lässt sich einerseits aus der bevorzugten Definition der Unerfahrenheit entnehmen, andererseits auch aus den Regelungen des WpHG, wonach die Herabstufung zu korrigieren ist, wenn erkennbar wird, dass die Voraussetzungen der Herabstufung weggefallen sind.[608] Eine Einstufung im Rahmen des WpHG kann demzufolge nicht immer den wirklichen Erfahrungsstand des Anlegers wiedergeben,[609] sondern dient oft der Möglichkeit der schnelleren Ausführung von Transaktionen.[610]

Auch beim Vorliegen der Voraussetzungen des § 31a Abs. 7 WpHG kann das Tatbestandsmerkmal der Unerfahrenheit somit durchaus noch einschlägig sein.

cc) Zwischenergebnis

Als Zwischenergebnis bleibt festzuhalten, dass die Informationspflichten des WpHG keine Kompensationspflichten für das Tatbestandsmerkmal der „Unerfahrenheit" beinhalten. Auch *wollen* und *dürfen* sie keine individuellen Kompensationspflichten beinhalten.

Sie *dürfen* keine Kompensationspflichten nach der vorhandenen Gesetzeslage beinhalten, da man am Beispiel einer Freizeichnungsmöglichkeit erkennen kann, dass hierdurch eher eine Umgehung statt eine Vermeidung des Straftatbestandes stattfinden würden. Den Informationspflichten des WpHG ist auch nach den umfassenden Änderungen des WpHG durch das FRUG im Jahre 2007 nicht mehr Bedeutung beizumessen, als der Abzeichnung der Allgemeinen Geschäftsbedingungen von Warenterminoptionsvermittlern, die darin formal vor ihren eigenen Geschäften warnen.[611]

Die Informationspflichten des WpHG *wollen* keine individuellen Kompensationspflichten enthalten, da auf die unterschiedlichen Regelungszwecke der verschiedenen Gesetze abgestellt werden muss. Die Intensionen des BörsG, des WpHG und dem BGB sind nicht unbedingt deckungsgleich.[612]

---

607 Vgl. *Schröder*, in: Achenbach/Wannemacher, Beraterhandbuch zum Wirtschafts- und Steuerstrafrecht, § 24 II Rn. 88.

608 Vgl. *Koller*, in: Assmann/Schneider, WpHG Kommentar, 6. Aufl. (2012), § 31a Rn. 10 f.

609 Vgl. *Seyfried*, WM 2006, 1375, 1377.

610 Vgl. *Böhm*, BKR 2009, 221, 222.

611 So folgerichtig *Schröder*, in: Achenbach/Wannemacher, Beraterhandbuch zum Wirtschafts- und Steuerstrafrecht, § 24 II Rn. 88.

612 Vgl. *Brinckmann*, BKR 2010, 45, 49; diesen Umstand nicht berücksichtigend *Gehrmann/Zacharias*, WiJ 2012, 89 ff.

Die Wohlverhaltensregeln des WpHG sind als Aufsichtsrecht ausgestaltet.[613] Hierdurch soll sichergestellt werden, dass sich Wertpapierdienstleistungsunternehmen an die dort normierten Verhaltensregeln und Organisationspflichten halten.[614] Die Funktionsfähigkeit des Wertpapiermarktes stellt ein Schutzgut dar, welches überwiegend dem öffentlichen Interesse dient und nicht bzw. nur reflexartig dem Individualschutz.[615]

Glaubt ein Anleger, er sei aufgrund mangelhafter Beratung *infolge des Verstoßes gegen Informationspflichten* geschädigt worden, so steht ihm der Zivilrechtsweg offen. Hier kann er geltend machen, dass aufgrund mangelhafter Beratung gegen vertragliche Interessenpflichten verstoßen wurde.[616] Mangels konkreter Ausgestaltungen der zu wahrenden Interessen im BGB bzw. HGB liegt es an der Rechtsprechung, die Interessenwahrungspflichten zu konkretisieren,[617] welches insbesondere anhand der sogenannten Bond-Entscheidung[618] aus dem Jahre 1993 vorgenommen wurde. Die aufsichtsrechtlichen Informationspflichten des WpHG können zwar Ausstrahlungswirkung für die Bestimmung der zivilrechtlichen Pflichten besitzen,[619] zwingend ist dies aber indes nicht.[620] Die Rechtsprechung ist hierbei aber um eine Annäherung bemüht.[621] Insoweit wird von einer gegenseitigen Befruchtung der BGH-Rechtsprechung und der Gesetzgebung gesprochen.[622]

Das strafrechtliche Tatbestandsmerkmal der Unerfahrenheit kann aufgrund der Bestimmungen des WpHG und den Ausprägungen des BGH bezüglich der zivilrechtlichen Beratungspflichten konturiert, aber nicht ausgelegt werden.[623]

Die aufsichtsrechtlichen Regelungen des WpHG sind hierfür zu starr. Ihnen fehlt aufgrund eines systemorientierten und damit generalisierenden Zugriffs der Bezug zur *einzelnen* Anlageberatung.[624] Und dies selbst dann, wenn man von einer

---

613 Vgl. *Veil*, WM 2009, 1585, 1586.

614 *Fuchs*, in: Fuchs, WpHG Kommentar, 2009, Vor §§ 31 bis 37a Rn. 1.

615 Vgl. BGBl. 12/7918, S. 102.

616 Zumeist werden die Parteien konkludent ein Beratungsvertrag i.S.d. § 675 BGB geschlossen haben, wobei alle in Betracht kommenden Vertragsarten als Interessenwahrungsverträge gewertet werden können, vgl. *Veil*, WM 2009, 1585.

617 Vgl. *Veil*, WM 2009, 1585.

618 BGH XI ZR 12/93, Urteil vom 06.07.1993.

619 Vgl. *Veil*, WM 2009, 1585, 1587.

620 Vgl. *Brinckmann*, BKR 2010, 45, 49; Veil, WM 2009, 1585, 1587.

621 Vgl. *Brinckmann*, BKR 2010, 45, 49.

622 Vgl. *Fuchs*, in: Fuchs, WpHG Kommentar, 2009, Vor §§ 31 bis 37a Rn. 63 f.

623 A.A. *Gehrmann/Zacharias*, WiJ 2012, 89, 99.

624 Vgl. *Brinckmann*, BKR 2010, 45, 49.

Schutzgesetzeigenschaft des § 31 WpHG und somit von einem zumindest partiellen individualschützenden Charakter der Norm ausgeht, was jedoch streitig ist.[625] Denn primäres Ziel der §§ 31 ff. WpHG ist Funktionenschutz und nicht Individualschutz. Das Zivilrecht kann wiederum auf den jeweiligen Einzelfall abstellen und darlegen, ob wegen der *Verletzung von Informationspflichten* gegen individuelle Vertragspflichten verstoßen wurde oder nicht. Über das Tatbestandsmerkmal der Unerfahrenheit i.S.d. §§ 49, 26 BörsG ist hierdurch aber nicht immer zugleich etwas gesagt. Eine Verletzung der Informations- bzw. Aufklärungspflichten kann nämlich etwa auch dann zu einem Schadensersatz führen, ohne dass der jeweilige Anleger „unerfahren" sein musste. Die Auslegung des strafrechtlichen Tatbestandsmerkmals der Unerfahrenheit bleibt daher insoweit dem Strafrecht überlassen.

b) „Unerfahrenheit" und Allgemeine zivilrechtliche Aufklärungspflichten

Um den Fokus auf das Themengebiet „Kompensation der Unerfahrenheit durch Aufklärungspflichten" nicht zu verlieren, ist hier nicht der richtige Ort über das gesamte Spektrum der durch Einzelfallrechtsprechung des BGH geprägten zivilrechtlichen Aufklärungspflichten im Rahmen der Anlageberatung zu dissertieren. Eine Eingrenzung hat daher auf das Tatbestandsmerkmal der „Unerfahrenheit" i.S.d. §§ 49, 26 BörsG stattzufinden. Es ist speziell danach zu fragen, ob das Zivilrecht zu einer Aufklärung zwingt, welche diese Unerfahrenheit beseitigen muss.

Dies muss im Endeffekt bejaht werden.[626] Denn die Auskunftspflicht über einzelne Finanzprodukte wird durch das Auskunftsbedürfnis des Kunden bestimmt.[627] Ist ein Anleger unerfahren i.S.d. §§ 49, 26 BörsG, so besitzt er automatisch ein Auskunftsbedürfnis, welches durch den Anlageberater bzw. -vermittler zu stillen ist. Wird er seinen Pflichten vorsätzlich oder fahrlässig nicht gerecht, so hat er dies nach § 276 BGB zu vertreten. In Betracht kommen neben Ansprüchen aus Vertragsverletzung auch Ansprüche aus §§ 823 Abs. 2 BGB i.V.m. §§ 49, 26 BörsG bzw. § 826 BGB etc.

Anlageberater werden mithin (neben dem Strafrecht) über das Zivilrecht verpflichtet, sich vertragsgetreu zu verhalten und eine bestehende „Unerfahrenheit" des Kunden zu beseitigen. Entsprechen sie diesen Anforderungen vorsätzlich bzw.

---

625 Zu den einzelnen Meinungen *Fuchs*, in: Fuchs, WpHG Kommentar, 2009, Vor §§ 31 bis 37a Rn. 80 ff.

626 Siehe hierzu schon die Ausführungen zum „Bond-Urteil" in BGH XI ZR 12/93, Urteil vom 06.07.1993.

627 *Grundmann*, in: MüKo, BGB Kommentar, 6. Aufl. (2012), § 276 Rn. 120.

fahrlässig nicht, drohen dem jeweiligen Anlageberater bzw. gar der Geschäftsleitung[628] Schadensersatzansprüche. Diese Aufklärungspflichten gehen mithin über die Informationspflichten des WpHG hinaus.

Beachtet werden muss hierbei jedoch, dass diese Aufklärungspflichten lediglich individueller, vertragsbedingter Natur sind.[629] Eine öffentlich-rechtliche Verpflichtung hierzu besteht nicht.

c) Kollision mit Kundeninteressen i.S.d. WpHG

Ob jedoch tatsächlich keine öffentlich-rechtliche Verpflichtung der Wertpapierdienstleistungsunternehmen dahingehend besteht, das Tatbestandsmerkmal der „Unerfahrenheit" vermeiden zu müssen, könnte wiederum aufgrund des Bestehens von § 31 Abs. 1 Nr. 1, 2 WpHG und § 33 Abs. 1 Satz 2 Nr. 1, Nr. 3 WpHG i.V.m. § 13 WpDVerOV bezweifelt werden. In den genannten Normen geht es hauptsächlich darum, Kundeninteressen gerecht zu werden.

aa) § 31 Abs. 1 Nr. 1, 2 WpHG

§ 31 Abs. 1 Nr. 1 WpHG bestimmt im Rahmen der Verhaltenspflichten nämlich, dass ein Wertpapierdienstleistungsunternehmen verpflichtet ist, Wertpapierdienstleistungen und Wertpapiernebendienstleistungen mit der erforderlichen Sachkenntnis, Sorgfalt und Gewissenhaftigkeit im Interesse seiner Kunden zu erbringen. Nach § 31 Abs. 1 Nr. 2 WpHG hat das Unternehmen sich weiter zu bemühen, Interessenkonflikte, welche zwischen diesem und dessen Kunden entstehen können, zu vermeiden.

Neben dem zu erfüllenden Funktionenschutz des Wertpapiermarktes, wird diesen Vorschriften teilweise ein individuell schützender Charakter zugesprochen.[630] Es ist somit danach zu fragen, ob hierdurch das jeweilige Wertpapierdienstleistungsunternehmen verpflichtet wird, die „Unerfahrenheit" des Kunden i.S.d. §§ 49, 26 BörsG zu vermeiden.

---

628 Vgl. etwa BGH XI ZR 381/97, Urteil vom 02.02.1999; BGH XI ZR 76/05, Urteil vom 22.11.2005; OLG Düsseldorf I- 16 U 138/07, Urteil vom 18.07.2008; LG Hamburg, 302 O 282/96, Urteil vom 15.10.1997.

629 Siehe hierzu *Brinckmann*, BKR 2010, 45, 49.

630 Vgl. *Fuchs*, in: Fuchs, WpHG Kommentar, 2009, Vor §§ 31 bis 37a, Rn. 82, § 31 Rn. 19; Koller, in: Assmann/Schneider, WpHG Kommentar, 6. Aufl. (2012), Vor § 31 Rn. 7. A.A. der BGH in BGH VI ZR 212/09, Rz. 24 ff. (juris) - Urteil vom 22.06.2010 und BGH XI ZR 56/05, Rz. 16 ff. (juris)- Urteil vom 19.12.2006.

Dies muss jedoch verneint werden. Denn die Pflichten i.S.d. § 31 Abs. 1 Nr. 1, Nr. 2 WpHG werden gerade durch die Informationspflichten nach § 31 Abs. 2 bis 9 WpHG konkretisiert.[631] Sowohl § 31 Abs. 1 Nr. 1 WpHG als auch § 31 Abs. 1 Nr. 2 WpHG können keine weiter gehenden Anforderungen an die Informationspflicht stellen, welche gerade ihre Ausprägung in § 31 Abs. 2 bis 10 WpHG findet.

Wie oben gezeigt werden konnte, können diese Informationspflichten aber eine „Unerfahrenheit" gerade nicht beseitigen. Eine darüber hinausgehende Informationspflicht kann durch § 31 Abs. 1 Nr. 1 und Nr. 2 WpHG nicht statuiert werden. Anderenfalls würden die Voraussetzungen des § 31 Abs. 2 bis 10 WpHG selbst nicht mehr der auferlegten Informationspflicht gerecht werden können. Denn ein Wertpapierdienstleistungsunternehmen hätte z.B. um eine „Unerfahrenheit" i.S.d. §§ 49, 26 BörsG zu beseitigen, nicht nur die Pflicht, dass der Kunde die Informationen nach § 31 Abs. 4 Satz 2 WpHG „verstehen kann" sondern stets auch darauf zu achten, dass dieser sie auch zumindest „versteht". Dies wird vom Gesetzgeber des WpHG aber gerade nicht vorausgesetzt. Eine dahingehende Verpflichtung besteht nicht.

Die allgemeinen Vorschriften nach 31 Abs. 1 Nr. 1 und Nr. 2 WpHG werden mithin durch die § 31 Abs. 2 bis 10 WpHG konkretisiert und können keine weitergehenden Anforderungen an die zu erbringende Informationspflichten stellen.

Hierbei muss allerdings beachtet werden, dass zwar anhand von § 31 Abs. 1 Nr. 1, 2 WpHG Wertpapierdienstleistungsunternehmen nicht gezwungen werden, eine bestehende Unerfahrenheit zu kompensieren, indem sie über die bestehenden Informationspflichten i.S.d. § 31 Abs. 2 bis 10 WpHG handeln müssten. Handelt aber ein Anlageberater trotz erkannter Unerfahrenheit weiter und verleitet seinen Kunden zu einem Börsenspekulationsgeschäft i.S.d. §§ 49, 26 BörsG, so verstößt dieser aufgrund der Begehung einer Straftat freilich gegen Kundeninteressen gem. § 31 Abs. 1 Nr. 1, 2 WpHG. Organisatorisch hat das Wertpapierdienstleistungsunternehmen dies im Wege der notwendig einzurichtenden präventiven Compliance-Funktion i.S.d. § 33 WpHG zu verhindern.[632]

bb) § 33 Abs. 1 Satz 2 Nr. 1, Nr. 3 WpHG i.V.m. § 13 WpDVerOV

Weitergehende Anforderungen an die von Wertpapierdienstleistungsunternehmen zu erbringenden Informationspflichten können auch durch die § 33 Abs. 1 Satz 2 Nr. 1, Nr. 3 WpHG i.V.m. § 13 WpDVerOV nicht unmittelbar erzwungen werden.

---

631 Vgl. *Fuchs*, in: Fuchs, WpHG Kommentar, 2009, Vor §§ 31 bis 37a Rn. 33 und § 31 Rn. 17.

632 Zu der Compliance-Funktion i.S.d. § 33 WpHG siehe Teil B der Dissertation, S. 216 ff.

Im Wege dieser Normen werden Wertpapierdienstleistungsunternehmen gezwungen, eine „Compliance-Funktion“[633] einzurichten, welche dafür zu sorgen hat, dass bei der Erbringung von Wertpapierdienstleistungen Interessenkonflikte zwischen Unternehmen und Kunden vermieden werden. Dieses muss somit anhand von präventiv wirkenden Mechanismen sicherstellen, dass Wertpapierdienstleistungen ohne Manipulationsrisiko erbracht werden.[634] Mithin muss durch Wertpapierdienstleistungsunternehmen auch sichergestellt werden, dass Straftaten bzw. ein pflichtwidriges Verhalten im Rahmen der erbrachten Dienstleistung zu unterbleiben haben.

Hierdurch wird das jeweilige Unternehmen zwar verpflichtet, sich stets gesetzesgetreu gegenüber seinen Kunden zu verhalten; ein allgemeiner Zwang zur Beseitigung der „Unerfahrenheit“ i.S.d. §§ 49, 26 BörsG kann dadurch jedoch nicht hergeleitet werden. Hiergegen sprechen nämlich die folgenden zwei Argumente.

Erstens ist Hauptanliegen des § 33 WpHG, Interessenkonflikte *durch Organisation* zu eliminieren.[635] Im Mittelpunkt des § 33 WpHG steht grundsätzlich das öffentliche Interesse an der Erhaltung der Funktionsfähigkeit des Kapitalmarkts und nicht der Individualschutz.[636] Eine unmittelbare Verpflichtung zur Kompensierung der „Unerfahrenheit“ kann folglich nicht aus § 33 WpHG i.V.m. der konkretisierenden Vorschrift des § 13 WpDVerOV hergeleitet werden. Diese Verpflichtung wird nur *mittelbar* über die Organisation im Wege der „Compliance-Funktion“ gewährleistet werden können. Ein Verstoß gegen Organisationspflichten nach § 33 WpHG stellt aber nicht stets zugleich einen Verstoß gegen Kundeninteressen im Sinne des § 31 Abs. 1 Nr. 1 WpHG dar.[637]

Zweitens wäre es widersprüchlich, wenn über den Umweg der Organisationspflichten i.S.d. § 33 WpHG die Verhaltenspflichten i.S.d. § 31 WpHG konkretisiert bzw. modifiziert werden könnten. Es verhält sich nämlich genau andersherum.

Hierfür können zudem die gleichen, oben zu § 31 Abs. 1 Nr. 1 und Nr. 2 WpHG hergeleiteten Argumente vorgebracht werden.[638] Eine über den § 31 Abs. 2 bis 10 WpHG hinausgehende Informationspflicht besteht nicht unmittelbar, somit auch keine Pflicht zur Kompensation der „Unerfahrenheit“ im Wege der auferlegten Informationspflichten. Lediglich im Wege der Organisationsanforderungen des

633 Zu der Compliance-Funktion i.S.d. § 33 WpHG siehe Teil B der Dissertation, S. 216 ff.

634 *Koller*, in: Assmann/Schneider, WpHG Kommentar, 6. Aufl. (2012), § 31 Rn. 34 f.

635 *Koller*, in: Assmann/Schneider, WpHG Kommentar, 6. Aufl. (2012), § 31 Rn. 34 f.

636 *Fuchs*, in: Fuchs, WpHG Kommentar, 2009, § 31 Rn. 19 f.

637 *Fuchs*, in: Fuchs, WpHG Kommentar, 2009, § 31 Rn. 19 f.

638 Siehe oben, S. 144 ff.

§ 33 WpHG i.V.m. mit den Vorschriften der WpDVerOV besteht eine mittelbare Verpflichtung, die „Unerfahrenheit" i.S.d. §§ 49, 26 BörsG bei Bedarf zu kompensieren.[639]

Sind Mechanismen im Rahmen der „Compliance-Funktion" nicht integriert, welche im Fall des Bestehens einer „Unerfahrenheit" zu einer Kompensation zwingen, so kann im Zweifel davon ausgegangen werden, dass diese fehlerhaft ist.[640]

d) Ergebnis

Die These, dass „Straftaten nach § 61 BörsG [heutige §§ 49, 26 BörsG] in Zukunft mangels unerfahrener bzw. unaufgeklärter Anleger keine Bedeutung mehr haben" werden,[641] kann aus der heutigen Sicht mithin nicht bestätigt werden. Die Informationspflichten des WpHG haben auch bei normgemäßer Einhaltung keinen unmittelbaren Einfluss auf die Definition der Unerfahrenheit i.S.d. § 26 BörsG. Eine reine „Papieraufklärung" durch die Wertpapierdienstleistungsunternehmen genügt gerade nicht, um von vornherein das Tatbestandsmerkmal der Unerfahrenheit verlässlich beseitigen zu können.[642]

Zu beachten ist des Weiteren, dass die Regelungen des WpHG nur für Wertpapierdienstleistungsunternehmen gelten.[643] Börsenspekulationsgeschäfte im Sinne der §§ 49, 26 BörsG werden jedoch nicht immer nur von Wertpapierdienstleistungsunternehmen im Sinne des WpHG betrieben, sondern der Tatbestand kann grundsätzlich zunächst jeden treffen.[644]

Auch aus diesem Grund kann der These, dass „Straftaten nach § 61 BörsG [heutige §§ 49, 26 BörsG] in Zukunft mangels unerfahrener bzw. unaufgeklärter Anleger keine Bedeutung mehr haben" werden,[645] nicht gefolgt werden.

---

639 Inwieweit und wen die „Compliance-Funktion" i.S.d. § 33 WpHG zur Strafvermeidung speziell des Straftatbestandes gem. §§ 49, 26 BörsG zwingen kann, ist Frage des zweiten Teils der Dissertation, S. 217 ff.

640 Zu den Folgen einer nicht vorhandenen bzw. „mangelhaften" Compliance-Funktion siehe Teil B der Dissertation, S. 234 ff.

641 Vgl. *Benner*, in: Volk, Verteidigung in Wirtschafts- und Steuerstrafsachen, 2006, § 22 Rn. 671.

642 Vgl. *Rössner/Worms*, wistra 1987, 319, 321.

643 Vgl. *Fuchs*, in: Fuchs, WpHG Kommentar, 2009, § 2 Rn. 132; *Bamberger*, in: Derleder/Knops/Bamberger, Handbuch zum deutschen und europäischen Bankrecht, 2. Aufl. (2009), § 50 Rn. 3, 5 f., 55 f., 98.

644 Vgl. *Fichtner*, Die Börsen- und depotrechtlichen Strafvorschriften, 1993, S. 126 f.

645 Vgl. *Benner*, in: Volk, Verteidigung in Wirtschafts- und Steuerstrafsachen, 2006, § 22 Rn. 671.

Größere Auswirkungen hat die Bestimmung des Begriffs des „Wertpapierdienstleistungsunternehmens" auf die Frage der Notwendigkeit der Ergreifung von Compliance-Maßnahmen nach dem WpHG und der sich daraus ergebenden Möglichkeit der Strafvermeidung, v.a. im Sinne der §§ 49, 26 BörsG.[646] Denn die „Compliance-Funktion" i.S.d. § 33 Abs. 1 WpHG zwingt Wertpapierdienstleistungsunternehmen mittelbar, auch den Straftatbestand des BörsG zu vermeiden. Dieser Frage wird jedoch gezielter im zweiten Teil des Dissertationsvorhabens nachgegangen werden.[647]

Die Finanzkrise, welche sich im Jahre 2007 bemerkbar machte, hat zudem gezeigt, dass es Unmengen von Fehlinvestitionen gegeben hat, welche zumeist auf mangelnde Aufklärung zurückzuführen sind.[648]

So zählen zu der Gruppe der Lehman- Geschädigten in Deutschland ca. 40.000 Personen, welche insgesamt 692 Mio. € mit Lehman- Zertifikaten verloren haben.[649] Gerade die Investmentbank Lehman Brothers steht als Synonym für „Totalverlust" und „fragwürdige Bankberatungsgespräche".[650] Von heutzutage nur noch anzutreffenden aufgeklärten Anlegern kann somit keine Rede sein.[651]

Festzuhalten bleibt, dass sowohl aufgrund der neuen als auch aufgrund der alten Regelungen des WpHG bezüglich der den Wertpapierdienstleistungsunternehmen auferlegten Informationspflichten, der Anleger grundsätzlich nicht erfahrener i.S.d. § 26 BörsG gemacht werden kann bzw. konnte. Zudem lässt sich konstatieren, dass der Anleger durch diese Regelungen tatsächlich auch nicht vermehrt aufgeklärt wurde.

Das Zivilrecht zwingt Wertpapierdienstleistungsunternehmen hingegen zwar zur Kompensierung der „Unerfahrenheit", dies allerdings nur mittelbar. Eine öffentlich-rechtliche Verpflichtung hierzu kann auch nicht über den Weg des Zivilrechts erreicht werden.

3. Kompensation der Unerfahrenheit durch Qualitätskontrolle der Anlageberatung

Zu hinterfragen ist hierbei, ob eine Unerfahrenheit eines Anlegers durch die Gewährleistung von gewissen Mindeststandards bei der Anlageberatung und des Bestehens

646 Vgl. *Bamberger*, in: Derleder/Knops/Bamberger, Handbuch zum deutschen und europäischen Bankrecht, 2. Aufl. (2009), § 50 Rn. 98.

647 Siehe unten, S. 223 f.

648 Vgl. *Brinckmann*, BKR 2010, 45, 52.

649 Vgl. *Witte/Mehrbrey*, ZIP 2009, 744.

650 *Meder/Arndt*, BKR 2009, 215.

651 Vgl. *Schröder*, ZBB 2010, 280, 282 f.

von Repressionsmöglichkeiten bei Verstößen des Anlageberaters gegen Vorschriften des WpHG kompensiert werden kann.

Einen sinnvollen Weg, eine möglichst qualitative Anlageberatung zu gewährleisten, schlägt hierbei das Anlegerschutz- und Funktionsverbesserungsgesetz (AnsFuG) im Wege des neu eingeführten § 34d WpHG ein.[652] Dieser bestimmt, dass Anlageberater bestimmten Qualifikationsanforderungen genügen müssen und zudem vor Aufnahme deren Tätigkeit der BaFin angezeigt werden müssen. Zudem erhält die BaFin die Kompetenz, den Einsatz von Mitarbeitern bei Verstößen gegen die wertpapierhandelsrechtlichen Wohlverhaltenspflichten vorübergehend zu untersagen. Hierdurch rückt der Mitarbeiter ins Blickfeld der Finanzaufsicht, wodurch ein Anreiz für diesen geschaffen wird, sich regelkonform zu verhalten.[653]

Eine Strafvermeidung kann hierdurch jedoch alleine nicht erreicht werden. Denn zum einen richten sich diese Vorgaben lediglich an Anlageberater und nicht etwa an Anlagevermittler.[654] Zum anderen stellt die Möglichkeit der Untersagung des Einsatzes von Mitarbeitern durch die BaFin „lediglich" eine weitere Möglichkeit dar, den betroffenen Mitarbeiter neben strafrechtlichen Sanktionen und zivilrechtlichen Ansprüchen in Regress nehmen zu können. Mithin schwebt über dem Anlageberater neben dem strafrechtlichen und zivilrechtlichen nun auch ein „aufsichtsrechtliches Damoklesschwert", welches bei durch die BaFin registrierten erheblichen Verstößen gegen die durch die Wohlverhaltenspflichten geschützten Interessen fallen wird.

Lediglich mittelbar wird somit der Anlageberater gezwungen, eine beim Anleger entdeckte Unerfahrenheit gem. §§ 49, 26 BörsG durch § 34d WpHG zu beseitigen, will er aufsichtsrechtlich nicht in Erscheinung treten. Aufsichtsrechtlich in Erscheinung treten wird dieser jedoch erst dann, wenn sich Beschwerden häufen werden bzw. ein erheblicher Verstoß gegen Wohlverhaltenspflichten des WpHG vorliegt.

Durch das durchaus sinnvolle Instrumentarium des § 34d WpHG können die „Daumenschrauben" beim Anlageberater noch fester angelegt und justiert werden. Eine beim Anleger bestehende Unerfahrenheit kann diese Vorschrift jedoch nicht kompensieren können. Hierfür ist sie viel zu allgemein gehalten. Sie appelliert lediglich pauschal mit der Rechtsfolgenandrohung einer Untersagung, jedwede Anlageberatung im Sinne der Wohlverhaltenspflichten des WpHG durchzuführen.

652 Dieser tritt gem. Art. 9 Abs. 4 des AnsFuG am 01.11.2012 in Kraft, BGBl. I 2011, Nr. 14, 538, 548.

653 *Halbleib*, WM 2011, 673, 674.

654 Siehe zu dieser Problematik unten, S. 281 ff.

Wie die Anlageberatung wiederum auszusehen hat, also wie konkret eine bestehende Unerfahrenheit des Anlegers zu kompensieren ist, wird durch § 34d WpHG gerade nicht erwähnt.

D. „Verleitung" zu Börsenspekulationsgeschäften

Der Täter muss gewerbsmäßig sein Opfer unter Ausnutzung der Unerfahrenheit zu einem Börsenspekulationsgeschäft *verleitet haben.*

Ein Verleiten ist in dem Bestimmen durch Willensbeeinflussung im Sinne eines Anstiftens zu erblicken.[655] Der Begriff des Verleitens ist wertneutral.[656] Ein Element der Unlauterkeit wird hier gerade nicht vorausgesetzt.[657]

Nicht vermischt werden darf das Tatbestandsmerkmal des „Verleitens" mit dem Tatbestandsmerkmal des „Ausnutzens".[658] Um der Genauigkeit des Tatbestandes gerecht zu werden, hat stets eine getrennte Prüfung dieser beiden Tatbestände zu erfolgen.

Eine Untersuchung, ob dem Tatbestand ein gesteigerter Missbrauch innewohnen muss, erfolgt in der Literatur oft im Zusammenhang mit dem Tatbestandsmerkmal des „Verleitens".[659] Dies erscheint jedoch zweifach bedenklich.

Zum einen werden Teile des alten Tatbestandsmerkmals „Ausbeuten" über den Umweg des Tatbestandsmerkmals „Verleiten" transferiert. Dies ist aber vom Gesetzgeber so nicht gewollt.[660] Auch wird hierdurch die Eigenständigkeit des Tatbestandsmerkmals des „Ausnutzens" in Frage gestellt.

Zum anderen wird ein Element *unlauterer Willensbeeinflussung* weder vom Tatbestandsmerkmal des „Ausnutzens"[661] noch vom Tatbestandsmerkmal des „Verleitens" vorausgesetzt. Eine unlautere Willensbeeinflussung versucht eher in kumulierter Weise das „Ausnutzen unter Verleitung" zu beschreiben. Die *Unlauterkeit*

---

655 *Schröder*, Handbuch Kapitalmarktstrafrecht, 2. Aufl. (2010), Rn. 846.

656 Vgl. *Park*, in: Park, Kapitalmarktstrafrecht, 2. Aufl. (2008), Kap. 4, T2, §§ 26, 49, Rn. 31 f.

657 Vgl. unten, S. 154 f.

658 Siehe unten S. 158.

659 Vgl. etwa *Schwark*, in: Schwark/Zimmer, Kapitalmarktrechtskommentar, 4. Aufl. (2010), Rn. 4; *Hagemann*, „Grauer Kapitalmarkt" und Strafrecht, 2005, § 5 C, S. 403 f.; Achilles -Baumgärtel, NStZ 1998, 603, 604; *Bröker*, wistra 1993, 161, 164.

660 Vgl. BT-Drucks. 10/318, S. 48; siehe auch unten, S. 158 f.

661 Siehe unten, S. 158 f.

ist als Element in der Definition des „Ausnutzens“ enthalten.[662] Die *Willensbeeinflussung* ist wiederum als Element der Definition des „Verleitens“ enthalten.[663]

Auch sind die Ängste einer Ausuferung des Straftatbestandes aufgrund des Nichtvoraussetzens einer Unlauterkeit im Rahmen des Verleitens nicht begründet.[664] Hierfür ergeben sich keine Anhaltspunkte.[665] So ist dem Tatbestandsmerkmal der „Ausnutzung“ eine Unlauterkeit wortimmanent.[666] Eine zusätzliche Prüfung im Rahmen des Tatbestandsmerkmals des „Verleitens“ macht schlicht keinen Sinn und würde auch der Wortlautauslegung und der Gesetzessystematik widersprechen.[667]

Das Wort „Verleiten“ wird im Duden als „jemanden dazu bringen, etwas zu tun, was er für unklug oder unerlaubt hält, was er von sich aus nicht getan hätte“ beschrieben.[668] Eine unlautere Methode, die Person zu dem erwünschten Vorhaben zu bringen, wird hier nicht vorausgesetzt.

Auch lässt sich diesbezüglich im Rechtswörterbuch von Creifelds keine andere Deutung entnehmen, in welchem Verleiten als „eine Art des Bestimmens zur Tat i.S. der Anstiftung“ gesehen wird, „wobei die Art des angewandten Mittels ohne Bedeutung ist“.[669]

Ebenso widerspricht eine solche Auslegung der Gesetzessystematik. Das Tatbestandsmerkmal des Verleitens taucht in verschiedenen Tatbeständen auf, so z.B. in den §§ 120 Abs. 1, 160 Abs. 1, 323 b, 357 Abs. 1 StGB, 33, 34 WStG, 14 Abs. 1 Nr. 3, 38 Abs. 1 Nr. 2, 39 Abs. 2 Nr. 4 WpHG. In keinem der Tatbestände wird das Tatbestandsmerkmal des Verleitens mit Unlauterkeit definiert.

Demzufolge kann sich auch nicht der Ansicht angeschlossen werden, welche regelmäßig ein Verleiten stets in den Fällen des unerlaubten Erstkontaktes per Telefon (sog. cold calling) annimmt, da dies ein Vorgehen mittels unlauterer Mittel darstelle.[670]

---

662 Siehe unten, S. 158 f.

663 Siehe unten, S. 158 f.

664 Vgl. *Achilles-Baumgärtel*, NStZ 1998, 603, 604.

665 Siehe S. 158 f.

666 Siehe S. 158 f.

667 Siehe auch unten, S. 158.

668 Duden, Das große Wörterbuch der deutschen Sprache, 8. Band (Uri - Zz), 2. Aufl. (1995), „Verleiten“.

669 Vgl. Creifelds, Rechtswörterbuch, 20. Aufl. (2011), „Verleiten“.

670 So aber *Schwark*, in: Schwark/Zimmer, Kapitalmarktrechtskommentar, 4. Aufl. (2010), § 26 BörsG Rn. 4 (Fn. 3); *Ledermann*, in: Schäfer, Wertpapierhandelsgesetz/ Börsengesetz Kommentar, 1998, § 89 Rn. 5; *Bröker*, wistra 1993, 161, 164.

Durch cold calling- Maßnahmen kann weder automatisch etwas über das Tatbestandsmerkmal des „Verleitens“ noch etwas über das Tatbestandsmerkmal des „Ausnutzens“ ausgesagt werden.

Zwar ist dem Wort des „Ausnutzens“ die Unlauterkeit immanent,[671] jedoch muss das Tatgeschehen mit Blick auf die Unerfahrenheit des Opfers unlautere Züge aufweisen,[672] sprich der Täter muss aufgrund seines erkannten intellektuellen Wissensvorsprungs die Unerfahrenheit des Opfers nutzen, um dieses zu einem Spekulationsgeschäft zu verleiten.[673] Die bloße Tatsache, dass Kunden unerlaubterweise über cold calling zu Spekulationsgeschäften verleitet werden sollen, stellt noch kein Ausnutzen im Sinne des Tatbestandes dar.

Ein Verleiten allein liegt aufgrund der Vornahme eines unerlaubten telefonischen Erstkontaktes ebenfalls nicht automatisch[674] vor, da die Grenze des Einwirkens auf den Willen des anderen nur aufgrund des getätigten Telefonats noch nicht überschritten wird.[675] Hierfür bedarf es einer Einwirkung auf den Willen des Opfers zwecks Abschluss eines Börsenspekulationsgeschäfts. Zusätzlich muss der Geschäftsabschluss als Erfolg verbucht werden können.

Im Fall der Verwendung grob unrichtiger oder irreführender Prospekte durch den Täter kann hingegen sowohl eine Ausnutzung als auch eine Verleitung gesehen werden.[676]

Ein Ausnutzen kann hierin gesehen werden, da das Tatgeschehen mit Blick auf die Unerfahrenheit des Opfers unlautere Züge aufweist. Das Prospekt nimmt gerade dem Opfer die Möglichkeit „Erfahrung“ über das konkrete Geschäft zu sammeln, da es irreführende oder unrichtige Angaben enthält.

Ein Verleiten kann gerade darin gesehen werden, weil das Tatbestandsmerkmal des Verleitens nicht nur bei mündlicher sondern auch bei erfolgreicher schriftlicher Akquisition vorliegen kann.[677] Wie bei der Anstiftung[678] ist es bei dem Tatbestandsmerkmal des Verleitens möglich, das Opfer auch konkludent zu bestimmen. Durch das Prospekt wird auf den Willen des Opfers eingewirkt, um dieses zum Abschluss des Börsenspekulationsgeschäftes zu bewegen.

---

671 Siehe S. 158 f.

672 *Schröder*, Handbuch Kapitalmarktstrafrecht, 2. Aufl. (2010), Rn. 851.

673 Siehe S. 155.

674 Allenfalls besitzt es indizielle Bedeutung.

675 Vgl. *Bröker*, in: MüKo, Nebenstrafrecht II Band 6/1, 2010, § 26 BörsG Rn. 13.

676 Vgl. *Hagemann*, „Grauer Kapitalmarkt“ und Strafrecht, 2005, § 5 C. S. 404.

677 Vgl. *Hagemann*, „Grauer Kapitalmarkt“ und Strafrecht, 2005, § 5 C. S. 404.

678 Vgl. Fischer, StGB Kommentar, 58. Aufl. (2011), § 26 Rn. 6.

Mithin erfordert das Tatbestandsmerkmal des Verleitens lediglich, dass auf den Willen eines anderen zu dem Zwecke eingewirkt wird, ihm zum Abschluss von Börsenspekulationsgeschäften zu bewegen und das die ausgeübte Einwirkung hier ihren Niederschlag gefunden hat.[679] Nicht ausschlaggebend ist, ob das Spekulationsgeschäft tatsächlich vorgenommen wurde.[680]

E. „Ausnutzung“ der Unerfahrenheit

Die bestehende Unerfahrenheit des Opfers muss vom Täter *ausgenutzt* werden.

Ein Verleiten eines Unerfahrenen zum Geschäftsabschluss genügt zur Tatbestandsverwirklichung demnach nicht.[681]

Bis zum Jahre 1986 wurde vom Tatbestand eine „Ausbeutung“ der Unerfahrenheit statt der heute normierten „Ausnutzung“ vorausgesetzt. Hiernach wurde bestraft, wer gewohnheitsmäßig in gewinnsüchtiger Absicht andere unter Ausbeutung ihrer Unerfahrenheit oder ihres Leichtsinns zu Börsenspekulationsgeschäften verleitet, welche nicht zu ihrem Gewerbebetrieb gehören.

Teile der Literatur und Rechtsprechung definierten „Ausbeutung“ der Unerfahrenheit oder des Leichtsinns als bewusste Ausnutzung dieser Eigenschaft.[682] Hiernach gehöre zur Strafbarkeit, dass der Täter diese Eigenschaften bei Eingehung oder doch im Verlauf der Geschäftsverbindung erkannt hat („weite“ Definition).[683]

Teilweise wurde jedoch zusätzlich verlangt, dass im Ausbeuten ein besonders missbräuchliches Vorgehen zum Ausdruck kommen muss („enge“ Definition).[684]

Die „Ausbeutungsvariante“ wurde aufgrund dieser unterschiedlichen Auslegung durch das zweite Gesetz zur Bekämpfung der Wirtschaftskriminalität gestrichen und durch die „Ausnutzungsvariante“ ersetzt.[685] Begründet wurde dies anhand der erhöhten Schutzbedürftigkeit des Bürgers. Das Merkmal der „Ausbeutung“ würde als zu eng betrachtet:

---

679 *Wehowsky*, in: Erbs/Kohlhaas, Strafgesetzliche Nebengesetze, 2011, § 49 Rn. 6.
680 *Schröder*, Handbuch Kapitalmarktstrafrecht, 2. Aufl. (2010), Rn. 846.
681 Vgl. *Schröder*, Handbuch Kapitalmarktstrafrecht, 2. Aufl. (2010), Rn. 849.
682 Vgl. etwa *Meyer/Bremer*, Börsengesetz, 4. Aufl. (1956), § 94 Rn. 4.
683 Vgl. RG JW 1913, 1049, 1050.
684 Vgl. *Schlüchter*, 2. WiKG, 1987, S. 153.
685 BGBl. I. 1986, Nr. 21, S. 721, Art. 3 (S. 725), 15.05.1986, „Zweites Gesetz zur Bekämpfung der Wirtschaftskriminalität“ (2. WiKG), Bezug auf BT-Drucks. 10/318 (1983); In Kraft Treten des Gesetzes am 01.08.1986.

„Da Ausbeuten aber nach seinem Wortsinn mehr sein kann als Ausnutzen, besteht die Gefahr, dass das Merkmal „Ausbeuten“ nicht das reine Ausnutzen der Unerfahrenheit erfasst, sondern nur ein besonders missbräuchliches, also gesteigertes Ausnutzen tatbestandsmäßig wäre. Strafwürdig handelt aber schon derjenige, der die Unerfahrenheit anderer gewerbsmäßig ausnutzt, um sie zu Börsenspekulationsgeschäften zu verleiten“.[686]

Hierdurch sollte der Voraussetzung, dass im Ausbeuten ein besonders missbräuchliches Vorgehen zum Ausdruck kommen muss, ein Riegel vorgeschoben werden.

Demzufolge wird heute zur Bejahung des Tatbestandsmerkmals der „Ausnutzung“ (mindestens) verlangt, dass der Täter die besondere Lage des Opfers für den Geschäftsabschluss bewusst in seinen Dienst stellt.[687] Diese Definition entspricht der damaligen „weiten“ Definition der „Ausbeutung“.[688]

Der Versuch der zu engen Definition der „Ausbeutung“ durch die Ersetzung mit dem Tatbestandsmerkmals der „Ausnutzung“ entgegenzuwirken, hat sich zunächst scheinbar nicht durchgesetzt. Auch heute machen sich Stimmen in Literatur und Rechtsprechung bemerkbar, welche ebenso für das Tatbestandsmerkmal der Ausnutzung eine ähnliche „enge“ Definition bevorzugen.[689]

Das Merkmal des Ausnutzens als Willensbeeinflussung im Sinne einer Anpreisung oder Werbung genüge hiernach nicht, sondern das Tatgeschehen mit Blick auf die Unerfahrenheit des Opfers müsse unlautere Züge aufweisen,[690] wobei die Unlauterkeit jedoch nicht als objektiv nachprüfbarer Umstand in die Außenwelt treten müsse.[691]

Diese Voraussetzung ergäbe sich aus der Notwendigkeit des subjektiven Tatbestandsmerkmals der finalen Verknüpfung zwischen Unerfahrenheit und Verleitung zum Geschäftsabschluss, welches Ausstrahlungswirkung auf den objektiven Tatbestand besitze.[692] Alleine die Feststellung, dass die Unerfahrenheit mitursächlich für den Geschäftsabschluss war, reiche nicht aus.[693]

---

686 Vgl. BT-Drucks. 10/318, 1983, S. 48.

687 Vgl. *Schlüchter*, 2. WiKG, 1987, S. 153.

688 Vgl. *Schlüchter*, 2. WiKG, 1987, S. 153.

689 Vgl. etwa *Park*, in: Park, Kapitalmarktstrafrecht, 2. Aufl. (2008), Kap. 4, T2, §§ 26, 49, Rn. 29.

690 Vgl. LG Düsseldorf, WM 1988, 1557, 1559.

691 Vgl. *Schröder*, Handbuch Kapitalmarktstrafrecht, 2. Aufl. (2010), Rn. 851.

692 Vgl. *Schröder*, in: Achenbach/Ransiek, Handbuch Wirtschaftsstrafrecht, 3. Aufl. (2011), 10. Teil, Rn. 279.

693 Vgl. *Schröder*, in: Achenbach/Ransiek, Handbuch Wirtschaftsstrafrecht, 3. Aufl. (2011), 10. Teil, Rn. 279.

Die Gegenansicht macht geltend, dass das Tatgeschehen kein gesteigertes Ausnutzen im Sinne eines besonders missbräuchlichen Verhaltens aufweisen müsse.[694] Es genüge das bloße Ausnutzen in der Form, dass nur solche Geschäfte unter Strafe gestellt werden, bei denen die Unerfahrenheit nicht durch eine ausreichende Aufklärung ausgeglichen worden ist. Folglich liegt ein Ausnutzen der Unerfahrenheit auch bei schlichter Kausalität vor, sprich wenn sich der Täter die Unerfahrenheit des Verleiteten als zumindest mitursächliches Moment für den Geschäftsabschluss zunutze macht.[695]

Bei näherer Betrachtung muss jedoch festgestellt werden, dass beide Ansichten zum selben Ergebnis gelangen. Der ersten Ansicht ist jedoch zugutezuhalten, dass diese das Tatbestandsmerkmal näher und damit genauer erläutern kann. Auf den zweiten Blick erkennt man, dass auch die erste Ansicht im Gegensatz zur alten engen Definition des „Ausbeutens"[696] gerade kein *besonders* missbräuchliches Verhalten voraussetzt.

Die zweite Ansicht wiederum setzt eine Definition des „Ausnutzens" voraus, kann diese aber nicht beschreiben.

Das Tatbestandsmerkmal des Ausnutzens ist als notwendige Brücke zwischen Unerfahrenheit und Geschäftsabschluss zu sehen. Wie beim Betrug die Vermögensverfügung das notwendige Bindeglied zwischen Irrtum und Vermögensschaden darstellt, so stellt hier das Ausnutzen die notwendige Brücke zwischen Unerfahrenheit und Geschäftsabschluss dar.

Ein Ausnutzen i.S.d. Tatbestandes setzt denklogisch eine Art von Unlauterkeit in Form eines schädigenden Wissensvorsprungs voraus. Dies ergibt sich schon aus der Wortlautauslegung. Im Duden wird Ausnutzen als „in rücksichtsloser, egoistischer Weise für seine Zwecke in Anspruch nehmen, bzw. aus seiner vorteilhaften Situation für sich bedenkenlos Nutzen, Vorteil ziehen" definiert.[697]

Bezüglich des Tatbestandsmerkmals des Ausnutzens ist festzuhalten, dass dieses schon vom Wortstamm her von „nutzen" spricht. Genauer gesagt, der Täter muss die Unerfahrenheit seines Opfers irgendwie nutzen, hier im negativen Gebrauch des „Ausnutzens". Mit der bloßen Werbung oder Anpreisung eines Produktes nutzt man die Unerfahrenheit des Opfers noch nicht aus. Hierzu muss erst vom Täter der Wissensstand des Opfers überprüft werden. Er wird erkennen

694 Vgl. *Rössner/Worms*, wistra 1987, 319, 320.

695 Vgl. OLG Düsseldorf, wistra 1989, 115, 118; *Rössner/Worms*, wistra 1987, 319, 320.

696 Zur „engen" Definition des „Ausbeutens" siehe oben S. 153 f.

697 Vgl. Duden, Das große Wörterbuch der deutschen Sprache, 1. Band (A - Bim), 2. Aufl. (1993), „Ausnutzen".

müssen, ob Unerfahrenheit auf Seiten des Opfers vorliegt. Eine Unerfahrenheit kann nur dann ausgenutzt werden, wenn diese tatsächlich auch besteht.[698]

Ein Ausnutzen eines vollumfänglich, das anbahnende Geschäft überblickenden Opfers ist nicht möglich und wäre auch nicht tatbestandsmäßig, da es nunmehr an der Unerfahrenheit selbst fehlende würde; andererseits kann auch ein Täter, welcher selbst vom Geschäftsgeschehen keine Ahnung hat, nicht Täter des Straftatbestandes sein, da er sein Opfer aus mangelndem Wissensvorsprung nicht ausnutzen kann.[699]

Auch wenn nur Teile der bestehenden bestimmenden Unerfahrenheit für den Geschäftsabschluss ausgereicht haben, liegt dennoch eine partielle Ausnutzung vor, sprich auch wenn die Unerfahrenheit ein nur mitursächliches Moment darstellt, z.B. neben einer herrschenden Neugier geschäftsbestimmend ist,[700] so muss dieser Teilbereich durch Unlauterkeit geprägt sein. Mithin liegt ein Ausnutzen der Unerfahrenheit auch dann vor, wenn sich der Täter die Unerfahrenheit des Verleiteten als zumindest mitursächliches Moment für den Geschäftsabschluss zunutze macht. Der Bejahung der Tatbestandsmerkmale „Ausnutzung der Unerfahrenheit" steht dies nicht entgegen. Das mitursächliche Moment der Unerfahrenheit wird ausgenutzt, mithin durch Unlauterkeit „erworben".

Entscheidend ist nur, dass der Täter aufgrund eines erkannt intellektuellen Wissensvorsprungs gegenüber seinem Opfer dessen Unerfahrenheit zumindest als mitursächliches Moment für einen Geschäftsabschluss nutzt.

Darüber hinausgehende Voraussetzungen lassen sich weder dem Gesetzeswortlaut noch dem Willen des Gesetzgebers entnehmen.

So kann auch der Ansicht, dass dem Täter die Wahrscheinlichkeit eines Verlustes erheblich größer als die eines Gewinnes erscheinen muss, ohne dass er das Opfer hierauf hinweist, um das Tatbestandsmerkmal bejahen zu können, nicht gefolgt werden.[701]

Zum einen kommt es für die Tatbestandsmäßigkeit nicht darauf an, ob das Opfer ex ante Gewinne oder Verluste aufgrund des abgeschlossenen Geschäft einfahren wird. Diese Prognose kann bei hochspekulativen Geschäften selbst vom Täter zumeist kaum getroffen werden. Auch ein eingefahrener Gewinn beim Opfer kann die Tatbestandsmäßigkeit nicht beseitigen, wenn der Täter sonst tatbestandsmäßig

---

698 Vgl. *Schlüchter*, 2. WiKG, 1987, S. 154.

699 Vgl. *Schröder*, Handbuch Kapitalmarktstrafrecht, 2. Aufl. (2010), Rn. 852.

700 So in BGH NStZ-RR 2002, 84.

701 So aber *Schlüchter*, 2. WiKG, 1987, S. 154.

handelte.[702] Denn der Straftatbestand ist als Vermögensgefährdungsdelikt ausgestattet und nicht als Vermögensschädigungsdelikt.[703]

Zum anderen kann der Täter selbst dann tatbestandsmäßig handeln, wenn er im Zeitpunkt des Vertragsschlusses subjektiv von einer hohen Gewinnwahrscheinlichkeit ausgegangen ist. Denn für die Tatbestandsmäßigkeit ist nur ausschlaggebend, ob der Täter gewerbsmäßig sein Opfer zu einem Börsenspekulationsgeschäft verleitet hat, indem er seine Unerfahrenheit ausnutzte. Wichtig ist nur, *dass* der Täter seinen intellektuellen Wissensvorsprung ausnutzt, z.B. dass er trotz des erwarteten Gewinns auch von einem möglichen Totalverlust aufgrund der bestehenden Struktur des Produktes weiß, sein Opfer hingegen hierüber offenkundig keine Ahnung besitzt und er dieses dennoch nicht aufklärt.

Die Erwartung eines Verlustes oder eines Gewinns bei dem abzuschließenden Spekulationsgeschäft sagt mithin nichts über das Tatbestandsmerkmal des „Ausnutzens“ aus.

Der Sinn und Zweck der Vorschrift besteht gerade darin, Personen vor einer Gefährdung ihres Vermögens zu schützen, welche von dem Täter durch Ausnutzung ihrer Unerfahrenheit auf diesem speziellen Gebiet des Wirtschaftslebens herbeigeführt wird.[704] Die besondere Schutzbedürftigkeit ergibt sich vor allem aufgrund der bestehenden Komplexität der getätigten Spekulationsgeschäfte.[705] Würde man eine Wahrscheinlichkeitsprognose des Täters bezüglich des einzufahrenden Gewinns bzw. Verlustes als Annex voraussetzen, so würden sich im Prozess große Beweisschwierigkeiten ergeben. Denn dass der Täter ex ante im getätigten Geschäft eher von einem Verlust, als von einem Gewinn ausgehen musste, ist ex post nicht immer belegbar. Hierfür eignen sich Spekulationsgeschäfte schlicht nicht. Dem Straftatbestand würde ein noch größerer Unsicherheitsfaktor zukommen. Das Nachsehen hätte zumeist das geschädigte Opfer.

Das Kriterium der Wahrscheinlichkeitsprognose kann jedoch außerhalb des Tatbestandes Einfluss besitzen. Hält der Täter einen Vermögensverlust für wenig wahrscheinlich, so kann dies im Rahmen der Schuld bis hin zu einer Verfahrenseinstellung gemäß § 153 StPO berücksichtigt werden.[706]

---

702 Vgl. *Schröder*, Handbuch Kapitalmarktstrafrecht, 2. Aufl. (2010), Rn. 772.

703 Vgl. *Schröder*, Handbuch Kapitalmarktstrafrecht, 2. Aufl. (2010), Rn. 772.

704 *Wehowsky*, in: Erbs/Kohlhaas, Strafgesetzliche Nebengesetze, 2011, § 49 Rn. 2.

705 Vgl. *Schröder*, ZBB 2010, 280, 284; Schröder, Handbuch Kapitalmarktstrafrecht, 2. Aufl. (2010), Rn. 772.

706 *Wehowsky*, in: Erbs/Kohlhaas, Strafgesetzliche Nebengesetze, 2011, § 49 Rn. 11.

Insgesamt lässt sich mithin feststellen, dass es ausreichend ist, wenn der Täter die Unerfahrenheit erkennt und diese zum Geschäftsabschluss nutzt, ohne sie vorher durch Aufklärung kompensiert zu haben. Als bestimmendes Moment reicht hierfür aus, dass die Unerfahrenheit neben anderen geschäftsbestimmenden Gründen zumindest mitursächlich ist.

Ein gesteigertes Ausnutzen, sprich eine Unlauterkeit über das Ausnutzen hinaus, wird nicht vorausgesetzt.[707] Bereits das Ausnutzen der Unerfahrenheit weist unlautere Züge auf. Diese Unlauterkeit ist dem Wort „Ausnutzen" immanent.

Nicht vermischt werden darf wiederum das Tatbestandsmerkmal des „Verleitens" mit dem Tatbestandsmerkmal des „Ausnutzens".[708] Um der Genauigkeit des Tatbestandes gerecht zu werden, hat stets eine getrennte Prüfung zu erfolgen.

Eine Untersuchung, ob dem Tatbestand ein gesteigerter Missbrauch innewohnen muss, erfolgt heute oft im Zusammenhang mit dem Tatbestandsmerkmal des „Verleitens".[709] Dies erscheint zweifach bedenklich.

Zum einen werden Teile des alten Tatbestandsmerkmals „Ausbeuten" über den Umweg des Tatbestandsmerkmals „Verleiten" transferiert. Dies ist aber vom Gesetzgeber so nicht gewollt.[710] Auch wird hierdurch die Eigenständigkeit des Tatbestandsmerkmals des „Ausnutzens" in Frage gestellt.

Zum anderen wird ein Element „unlauterer Willensbeeinflussung" weder vom Tatbestandsmerkmal des „Ausnutzens" noch vom Tatbestandsmerkmal des „Verleitens" vorausgesetzt. Eine unlautere Willensbeeinflussung versucht eher in kumulierter Weise das „Ausnutzen unter Verleitung" zu beschreiben. Die *Unlauterkeit* ist als Element in der Definition des „Ausnutzens" enthalten. Die *Willensbeeinflussung* ist als Element der Definition des „Verleitens" enthalten.

Auch sind die Ängste einer Ausuferung des Straftatbestandes aufgrund des Nichtvoraussetzens einer Unlauterkeit im Rahmen des Verleitens nicht begründet.[711] Hierfür ergeben sich keine Anhaltspunkte.[712] So ist, wie oben gezeigt, dem Tatbestandsmerkmal der „Ausnutzung" eine Unlauterkeit wortimmanent. Eine zusätzliche Prüfung im Rahmen des Tatbestandsmerkmals des „Verleitens" macht keinen

707 *Park*, wistra 2002, 107, 108.

708 So aber *Achilles-Baumgärtel*, NStZ 1998, 603, 604; *Bröker* wistra 1993, 161, 164.

709 Vgl. *Schwark*, in: Schwark/Zimmer, Kapitalmarktrechtskommentar, 4. Aufl. (2010), Rn. 4; *Hagemann*, „Grauer Kapitalmarkt" und Strafrecht, 2005, § 5 C, S. 403 f.; *Achilles-Baumgärtel*, NStZ 1998, 603, 604; *Bröker* wistra 1993, 161, 164.

710 Vgl. BT-Drucks. 10/318, S. 48.

711 Vgl. *Achilles-Baumgärtel*, NStZ 1998, 603, 604.

712 Siehe auch zum Tatbestandsmerkmal des „Verleitens", S. 150 ff.

ersichtlichen Sinn[713] und würde auch der Wortlautauslegung und der Gesetzessystematik widersprechen.[714]

Im subjektiven Tatbestand hat sich, wie beim Raub, der Vorsatz auf den Finalzusammenhang zu erstrecken.

F. Unmittelbare und mittelbare Beteiligung

§ 26 BörsG unterscheidet zwischen drei verschiedenen Möglichkeiten der Verleitung zum Geschäftsabschluss. Die Verleitung zum unmittelbaren Abschluss, die Verleitung zur unmittelbaren Beteiligung und die Verleitung zur mittelbaren Beteiligung an Börsenspekulationsgeschäften.

Unter der **Verleitung zum unmittelbaren Geschäftsabschluss** sind all diejenigen Fälle zu subsumieren, bei welchen der Anleger die Börsenspekulationsgeschäfte für sich auf eigene Rechnung eingeht.

Bei der **Verleitung zur unmittelbaren Beteiligung an Börsenspekulationsgeschäften** wird das jeweilige Börsenspekulationsgeschäft aufgrund eines gemeinsamen Kontos mit anderen gemeinsam getätigt. Schließt ein Verwalter eines treuhänderisch gehaltenen Sammelkontos in eigenem Namen und für Rechnung der Anleger Börsenspekulationsgeschäfte ab, welche zumindest einen schuldrechtlichen Anspruch auf eine Beteiligung am Gewinn haben, so liegt bei Vorliegen der weiteren Tatbestandsvoraussetzungen wiederum eine **Verleitung zu einer mittelbaren Beteiligung** an Börsenspekulationsgeschäften vor[715]. Beispielhaft hierfür sei der Erwerb von Fondsanteilen zu nennen.[716]

Von der Variante der mittelbaren Beteiligung werden gerade auch die Fälle erfasst, bei welchen Kapitalien von Fonds zu noch unbestimmten Spekulationsgeschäften eingesetzt werden sollen.[717] Denn es sollen auch die Fälle abgedeckt werden, bei welchen der Anleger noch keine dinglichen Rechte am Fondsvermögen besitzt, sondern diesem nur schuldrechtliche Ansprüche zustehen.[718]

713 Vgl. *Wehowsky*, in: Erbs/Kohlhaas, Strafgesetzliche Nebengesetze, 2011, § 49 Rn. 6.
714 Siehe auch zum Tatbestandsmerkmal des „Verleitens", S. 150 ff.
715 *Schröder*, Handbuch Kapitalmarktstrafrecht, 2. Aufl. (2010), Rn. 837.
716 Siehe oben zu „Fonds als Börsenspekulationsgeschäfte", S. 93.
717 *Schlüchter*, 2. WiKG, 1987, S. 152.
718 Vgl. BT-Drucks. 10/318, S. 49.

G. Subjektiver Tatbestand

Der Täter muss zur Tatbestandsverwirklichung vorsätzlich handeln. Hierbei reicht es aus, wenn er bezüglich des gesamten objektiven Tatbestandes mit dolus eventualis handelt.

Probleme bei der Prüfung des subjektiven Tatbestandes ergeben sich zum einen bei der Bestimmung der Gewerbsmäßigkeit und zum anderen, wenn der Verleitende Unterlagen verwendet, welche durch die Geschäftsleitung oder Dritte zur Verfügung gestellt wurden.

I. Gewerbsmäßigkeit

1. Allgemeines

Die Gewerbsmäßigkeit i.S.d. § 26 Abs. 1 BörsG stellt ein subjektives Tatbestandsmerkmal dar.[719] Denn gewerbsmäßig handelt, wer sich bei seinem Handeln von der *Absicht* leiten lässt, sich durch wiederholte Tätigkeit eine Einnahmequelle von einiger Dauer und einigem Umfang zu verschaffen, wobei es nicht darauf ankommt, ob der Täter die Vermögensvorteile für sich oder einen anderen erstrebt.[720]

Bei der Gewerbsmäßigkeit handelt es sich um ein persönliches strafbegründendes Merkmal im Sinne des § 28 Abs. 1 StGB.[721]

Das Tatbestandsmerkmal der Gewerbsmäßigkeit wurde im Zuge des 2. WiKG im Jahre 1986 eingefügt.[722] Zuvor wurde gem. § 89 BörsG a.F. verlangt, dass der Täter „gewohnheitsmäßig in gewinnsüchtiger Absicht" handeln muss, um sich strafbar zu machen. Dies wurde als unbefriedigend angesehen, da der Täter erst bestraft werden konnte, wenn der aus wiederholter Begehung abgebildete, selbständig fortwirkende Hang zur Tatverwirklichung in Erscheinung tritt,[723] sprich gewohnheitsmäßiges Handeln lag erst dann vor, „wenn ihre Verwirklichung den Ausfluss eines durch Übung entwickelten Hangs zu ihrer Begehung bildete".[724]

---

719 *Park*, in: Park, Kapitalmarktstrafrecht, 2. Aufl. (2008), Kap. 4, T2, §§ 26, 49, Rn. 37; *Schröder*, Handbuch Kapitalmarktstrafrecht, 2. Aufl. (2010), Rn. 854 f., 858 f.

720 Vgl. *Wehowsky*, in: Erbs/Kohlhaas, Strafgesetzliche Nebengesetze, 2011, § 49 Rn. 12; *Worms*, in: Assmann/Schütze, Handbuch des Kapitalanlagerechts, 3. Aufl. (2007), § 9 Rn. 33; BGHSt 1, 383; *Schröder*, Aktienhandel und Strafrecht, 1994, S. 101.

721 *Wehowsky*, in: Erbs/Kohlhaas, Strafgesetzliche Nebengesetze, 2011, § 49 Rn. 14.

722 BGBl. I. 15.05.1986, Nr. 21, S. 721, Art. 3 (S. 725).

723 BT-Drucks. 10/318, S. 48.

724 *Meyer/Bremer*, Börsengesetz, 4. Aufl. (1956), § 94 Rn. 2.

Ausreichen sollte deswegen schon, wenn die Tat mit dem Plan begangen wird, die Begehung gleichartiger Taten zu einem wiederkehrenden Bestandteil der Beschäftigung zu machen.[725] Die Begehung von mindestens zwei Einzeltaten sollte nicht mehr vorausgesetzt werden.[726] Aufgrund dessen wurde das Tatbestandsmerkmal der *„gewohnheitsmäßigen* gewinnsüchtigen Absicht“ durch das Tatbestandsmerkmal der „Gewerbsmäßigkeit“ ersetzt. Das Tatbestandsmerkmal der „gewinnsüchtigen Absicht“ sei wiederum im Merkmal der Gewerbsmäßigkeit integriert, denn dieses bedeute nichts anderes, als dass der Täter für sich oder einen anderen einen Vermögensvorteil anstrebt, so dass letztendlich ein gewohnheitsmäßiges Handeln nicht mehr vorausgesetzt wurde.[727]

2. Provisionszahlungen als Voraussetzung der Gewerbsmäßigkeit?

a) Problemaufriss

Umstritten ist im Rahmen der „Gewerbsmäßigkeit“, ob der potentielle Täter eine Vergütung in Form einer Provision für sein Handeln erhalten muss, um tatbestandsmäßig zu handeln.

Teile der Literatur und Rechtsprechung gehen davon aus, dass Gewerbsmäßigkeit erst dann vorliegen würde, wenn der Verleitende ein Entgelt in Form einer Provision erhält.[728] Hierfür reiche eine mittelbare Provision aus.[729] Wer auf der Basis eines festen Gehalts handelt und damit keine Vorteile aus dem Geschäftsabschluss erzielt, handele nicht gewerbsmäßig, mithin nicht tatbestandsmäßig.[730]

Die Gegenmeinung ist der Ansicht, dass das Tatbestandsmerkmal der Gewerbsmäßigkeit nicht davon abhängig sei, ob der Täter für seine Dienste eine

725 Vgl. BT-Drucks. 10/318, S. 48.

726 Vgl. *Bröker*, wistra 1993, 161, 164.

727 Vgl. BT-Drucks. 10/318, S. 48.

728 Vgl. *Wehowsky*, in: Erbs/Kohlhaas, Strafgesetzliche Nebengesetze, 2011, § 49 Rn. 12; *Bröker*, wistra 1993, 161, 164 f.

729 *Bröker*, wistra 1993, 161, 164 f.; *Schröder*, Handbuch Kapitalmarktstrafrecht, 2. Aufl. (2010), Rn. 854 f.

730 So z.B. *Wehowsky*, in: Erbs/Kohlhaas, Strafgesetzliche Nebengesetze, 2011, § 49 Rn. 12; *Bröker*, wistra 1993, 161, 164 f.; offen gelassen *Schröder*, Handbuch Kapitalmarktstrafrecht, 2. Aufl. (2010), Rn. 854 f. und *Park*, in: Park, Kapitalmarktstrafrecht 2008, Kap. 4, T2, §§ 26, 49, Rn. 38; *Bröker*, in: MüKo, Nebenstrafrecht II Band 6/1, 2010, § 26 BörsG Rn. 17 f.

Provision erhält.[731] Denn ob der Täter Vorteile für sich oder einen anderen anstrebe, sei für die Verwirklichung des Straftatbestandes unerheblich.[732]

Aus Klarstellungsgründen muss zunächst folgendes differenziert betrachtet werden: Unstreitig und bezüglich der Strafbarkeit unerheblich ist, ob der Täter *die* Vermögensvorteile der Tat für sich oder einen anderen anstrebt. Ausreichend ist, wie schon oben festgestellt, dass eine mittelbare Provision an den Täter ausgezahlt wird, welche Bezug auf den unmittelbaren Vermögensvorteil nimmt. Streitig und erheblich ist aber gerade, ob es ausreicht, dass der Täter für sich oder einen anderen *einen* Vermögensvorteil anstrebt.[733] In diesem Fall wäre es unerheblich, ob dem Täter eine Provision mittelbar oder unmittelbar zufließen würde. Das Handeln auf Basis eines festen Gehalts würde zur Strafbarkeit ausreichen, denn ein festes Gehalt stellt keinen *direkten* Vermögensvorteil der Tathandlung dar.

b) Stellungnahme

Betrachtet man den Sinn und Zweck der Vorschrift, so ist festzustellen, dass zur Vermeidung von Strafbarkeitslücken ein Entgelt in Form einer Provision nicht als Voraussetzung für ein gewerbsmäßiges Handeln herangezogen werden sollte. Ausschlaggebend wären ansonsten die zwischen dem Verleitenden und seinem Arbeitgeber ausgemachten Vergütungsvereinbarungen. Ein vorausschauender Täter könnte somit auf die Zahlung eines festen Gehalts pochen, um der Strafbarkeit entgehen zu können. Auch die zumeist auf der Grundlage eines festen Gehalts arbeitenden Anlageberater einer Bank, welche mit zu dem Kreis der potentiellen Täter des Straftatbestandes zu zählen sind, könnten demnach nicht gem. §§ 49, 26 BörsG bestraft werden.[734] Dies kann aber so nicht vom Gesetzgeber gewollt sein.

Für die Strafbarkeit relevant ist lediglich das Bestreben des Täters, sich durch wiederholte Begehung entsprechender Taten eine Einnahmequelle zu erschließen.[735] Die Modalitäten dieser Einnahmequelle können wiederum nicht ausschlaggebend sein. Ausreichend ist, wenn irgendein die äußere, wirtschaftliche

---

731 Vgl. *Schröder*, in: Achenbach/Wannemacher, Beraterhandbuch, § 89 Rn. 85; BT-Drucks. 10/318, S. 48.

732 Vgl. BT-Drucks. 10/318, S. 48.

733 So BT-Drucks. 10/318, S. 48.

734 Siehe hierzu auch unten, S. 217 f.

735 Vgl. *Fischer*, StGB Kommentar, 58. Aufl. (2011), Vor § 52 Rn. 62.

Lage des Täters verbessernder Vorteil von dem Täter erstrebt wird.[736] Somit kann als Einnahmequelle auch ein festes Gehalt dienen.

Freilich liegt bei einer Provisionsvergütung aufgrund zumeist höherer Verdienstmöglichkeiten ein gesteigertes Eigeninteresse des Täters vor, wodurch sogleich auch der Hang zur quantitativen Tatbegehung erhöht sein wird. Als Mindestvoraussetzung der Strafbarkeit sollte das Merkmal der Provision dennoch nicht herangezogen werden. Geradezu noch verwerflicher und demzufolge strafwürdiger erscheint nämlich die Tatbegehung, wenn mit der Tat lediglich ein festes Gehalt und nicht einmal ein Gewinn in Form einer Provision gesichert werden soll.

Als abstraktes Gefährdungsdelikt ausgestaltet, kommt es für die Strafbarkeit nach §§ 49, 26 BörsG auch nicht darauf an, ob der Täter durch die Handlung einen direkten oder indirekten Vorteil tatsächlich erlangt.[737] Ausreichend ist, dass der Täter sich durch die *Absicht* leiten lässt, durch wiederholte Tätigkeit eine Einnahmequelle von einiger Dauer und einigem Umfang zu verschaffen. Auf einen erlangten direkten oder indirekten Vorteil als Kehrseite eines Vermögensschadens muss es gerade nicht ankommen. Der Schutzzweck der Norm setzt auch im „negativen Sinne“ mithin viel früher an.[738] Kommt es nicht immer auf eine mittelbare oder unmittelbare Vorteilserlangung an, welche sich unmittelbar aus der jeweiligen Handlung in Form z.B. einer Provision bzw. eines Provisionsanspruchs ergibt, so muss auch ein Handeln auf Basis eines festen Gehalts Strafwürdigkeit erlangen können. Zwar ist auch die Gehaltszahlung nach erfolgten Taten ein Vorteil im weiten Sinne, jedoch erfolgt dieser nicht unmittelbar und aufgrund einer spezifischen Tathandlung sondern als „kriminell geregelter Verdienst“ am Monatsende. Der Täter will hierdurch lediglich seine Einnahmequelle sichern.

Auch nach dem Willen des Gesetzgebers lässt sich nicht entnehmen, dass eine Provision als Voraussetzung für ein gewerbsmäßiges Handeln heranzuziehen ist.[739]

---

736 Vgl. *Stenglein*, Kommentar zu den strafrechtlichen Nebengesetzen, 5. Aufl. (1931), Band 2, § 92 Rn. 3b.

737 So aber *Bröker*, wistra 1993, 161, 164.

738 Als abstraktes Gefährdungsdelikt kommt es auf einen beim Opfer eingebüßten Vermögensschaden nicht an. Kommt es auf einen Vermögensschaden nicht an, so kann es auch nicht auf einen (Vermögens-) Vorteil beim Täter ankommen.

739 Vgl. BT-Drucks. 10/318, S. 48.

c) *Ergebnis*

Um tatbestandsmäßig zu handeln, muss der potentielle Täter keine Vergütung in Form einer Provision für sein Handeln erhalten. Auch das Handeln auf der Grundlage eines festen Gehalts kann ein gewerbsmäßiges Handeln darstellen.

II. Verwendung von überlassenen Unterlagen

1. Problemaufriss

Fraglich ist weiterhin, ob Unterlagen, welche durch die Geschäftsleitung oder Dritte dem „unmittelbar handelnden" Täter zur Verfügung gestellt wurden, ein vorsätzliches Handeln des (Telefon-) Vermittlers ausschließen können. Denn schließlich muss dem Verleitenden ein Ausnutzungsbewusstsein nachgewiesen werden.

Teilweise vertreten Stimmen in der Literatur den Standpunkt, dass Unterlagen, welche durch Geschäftsleitung oder Dritte zur Verfügung gestellt wurden, ein vorsätzliches Handeln des Telefonvermittlers ausschließen können.[740] Denn in einem solchen Fall hat es die Geschäftsleitung bzw. der Dritte verantwortlich in der Hand, wie der Telefonverkäufer nach außen hin auftritt und nicht der „unmittelbare" Täter selbst.[741]

Andere vertreten wiederum die Ansicht, dass auch wenn Unterlagen durch die Geschäftsleitung oder Dritte dem Täter zur Verfügung gestellt wurden, ein vorsätzliches Handeln nicht automatisch entfallen könne.[742]

2. Stellungnahme

Bei einer Begutachtung ist stets der jeweilige Einzelfall und dessen Umstände zu berücksichtigen. Eine Verweisung auf die Möglichkeit der Abwälzung einer potentiellen zivilrechtlichen Inanspruchnahme des Verleitenden auf seine Arbeitgeber, sind hierbei nicht zufriedenstellend, da sie nichts über den Vorsatz und der Notwendigkeit eines Ausnutzungsbewusstseins, folglich nichts über die strafrechtliche Relevanz aussagen.[743]

---

740 Vgl. z.B. *Park*, wistra 2002, 107, 108; *Bröker*, wistra 1993, 161, 163, 164; *Bröker*, Spekulation auf Zeit, 1994, S. 76 f.

741 Vgl. *Bröker*, Spekulation auf Zeit, 1994, S. 76 f.

742 Vgl. OLG Bremen wistra 1993, 34, 36; offengelassen in OLG Bremen wistra 1993, 36, 38; OLG Bremen WM 1990, 1703, 1705.

743 Vgl. OLG Bremen wistra 1993, 36, 38.

Zu unterscheiden ist zunächst danach, ob die von dem Unternehmen ausgeteilten Unterlagen ordnungsgemäße Angaben beinhalten. Hält sich der Täter, welcher oft Telefonvermittler sein wird, in diesem Fall an die dem Anleger ausgeteilten Unterlagen, kann auch keine Strafbarkeit festgestellt werden.[744] Sind die Unterlagen beschönigend bzw. das jeweils zugrundeliegende Geschäft verharmlosend und somit zu einer Verleitung prädestiniert, so kommt es ebenso darauf an, ob sich der „unmittelbare Täter" an diese Vorgaben hält *und* er den vorliegenden Missstand erkennt. Glaubt er an die Sachgemäßheit der Unterlagen und liegen auch keine offensichtlichen Umstände vor, welche ihn zweifeln lassen sollten, so kann diesem kein Vorsatz nachgewiesen werden. Erkennt er die unrichtigen oder fehlenden bzw. beschönigenden Angaben des Prospektes bzw. der Broschüre und nutzt sie mit dem Zweck der Verleitung aus, so liegt ein vorsätzliches Handeln vor.[745] Dies gilt wiederum nicht, wenn der Telefonvermittler zwar die Unrichtigkeit der Unterlagen erkennt und sie auch nicht in Gegenwart des Kunden korrigiert aber sie sich nicht zu Eigen macht. Zu Eigen macht er sie sich aber schon dann, wenn er während des Gesprächs, welches der Geschäftsvermittlung dienen soll, auf die Unterlagen in einem bestimmten Umfang Bezug nimmt. Dies kann nicht schon dann sein, wenn er auf konkrete Stellen der Unterlagen verweist, welche den Tatsachen entsprechen. Er müsste vielmehr den (konkludenten) Eindruck erwecken, dass die zur Verfügung gestellten Unterlagen in Ihrer Gesamtheit ordnungsgemäß sind.

Sind die ausgeteilten Unterlagen weder beschönigend noch verharmlosend, sondern der Realität entsprechend und macht der Telefonvermittler anders lautende Angaben, so liegt ein vorsätzliches Handeln vor.[746] Denn in einem solchen Fall wird deutlich, dass die zur Verfügung gestellten Unterlagen den Anleger nicht erfahren i.S.d. Straftatbestandes gemacht haben, ansonsten hätte er nach den anderslautenden Angaben des Telefonvermittlers vom Geschäft Abstand genommen, wodurch der „unmittelbare Täter" die Unerfahrenheit seines Opfers bewusst zum Geschäftsabschluss ausnutzt.

Hat der Anleger die beschönigenden Unterlagen nicht gelesen und bemerkt der Telefonvermittler dies, so kommt es ganz darauf an, welche Angaben während des Gesprächs von diesem gemacht werden.

---

744 Über die Möglichkeit der zivilrechtlichen Inanspruchnahme ist jedoch noch nichts gesagt. Zumindest der Anlageberater hat stets auch eigene Nachforschungen zu dem von ihm angebotenen Finanzprodukt anzustellen, vgl. *Gansel/Gängel*, NJ 2010, 312, 317.

745 Vgl. *Achilles-Baumgärtel*, NStZ 1998, 603, 605.

746 Anderer Ansicht *Park*, wistra 1993, 107, 108.

Der Straftatbestand der Verleitung zu Börsenspekulationsgeschäften stellt nämlich gerade unter Strafe, wenn ein Wissensvorsprung des Verleitenden unter bewusster Ausnutzung zu einem Geschäftsabschluss mit spekulativem Charakter geführt hat. Unerheblich ist dabei, ob der Verleitende selbst das Geschäft in seinem Umfang vollumfassend überblickte oder nur aufgrund von zur Verfügung gestellten Unterlagen handelte; entscheidend ist nur das bewusste Ausnutzen eines Wissensvorsprungs.[747]

3. Ergebnis

Auch bei ausschließlicher Verwendung von Unterlagen, welche durch die Geschäftsleitung oder durch Dritte zur Verfügung gestellt wurden, lässt sich ein vorsätzliches Handeln nicht automatisch verneinen. Der Verleitende handelt zumeist aufgrund von einer erhofften Provision, mithin aus erheblichem Eigeninteresse. Würde eine Strafbarkeit in solchen Fällen zu schnell verneint werden, würden sich Strafbarkeitslücken auftun. Denn der Straftatbestand wird zumeist von Telefonvermittlern ausgeübt. Würde keine Strafbarkeit in einem solchen Falle bestehen, so würden weder die Geschäftsleitung noch der unmittelbare „Täter" mangels einer bestehenden Unternehmenssanktionierung außerhalb von §§ 30, 130 OWiG strafrechtlich belangt werden könne. Zu überprüfen wäre die Möglichkeit einer mittelbaren Täterschaft in einem solchen Fall, welche jedoch aufgrund der rechtlichen Konstruktion des Straftatbestandes nicht einschlägig sein kann.[748]

H. Unterlassen

Die Verwirklichung des Straftatbestandes durch ein Unterlassen ist nicht möglich. Vorstellbar ist zwar, dass der Anleger sich allein durch präparierte Unterlagen verleiten lässt und der Telefonvermittler als „unmittelbarer Täter" die bestehende Unerfahrenheit zu einem Geschäftsabschluss ausnutzt, indem er die zur Erlangung der Erfahrenheit notwendige Sachaufklärung unterlässt.[749] Jedoch ist ein Verleiten durch Unterlassen alleine nicht denkbar. Ein Verleiten ist in dem Bestimmen durch Willensbeeinflussung im Sinne eines Anstiftens zu erblicken.[750] Ein bloßes

747 Siehe hierzu zum Tatbestandsmerkmal des „Ausnutzens", S. 153 ff.
748 Siehe zum nächsten Abschnitt „Täterschaft und Teilnahme".
749 Vgl. OLG Bremen, wistra 1993, 36, 38.
750 Siehe oben zu dem Tatbestandsmerkmal des „Verleitens", S. 150 ff.

Unterlassen kann, wie bei der Anstiftung auch, kein Bestimmen durch Willensbeeinflussung bewirken.[751]

Über die Möglichkeit der Bestrafung des *Geschäftsherrn* im Wege eines unechten Unterlassungsdelikts ist damit noch nichts gesagt, denn dieser muss als Überwachergarant dafür sorgen, dass von seinem Betrieb keine Gefahren für andere Rechtsgüter ausgehen.[752] Gefahren stellen hierbei insbesondere Straftaten dar, welche von Unternehmensmitarbeitern ausgehen. Kommt es somit vor, dass Unternehmensmitarbeiter Straftaten nach §§ 49, 26 BörsG verüben und nimmt der Geschäftsherr keine Maßnahmen vor dies zu unterbinden, so macht er sich nach §§ 49, 26 BörsG (als Täter oder Teilnehmer) durch Unterlassen strafbar.

I. Täterschaft und Teilnahme

Aufmerksamkeit verlangt auch die Begehungsform in mittelbarer Täterschaft. Eine mittelbare Täterschaft kommt immer dann in Betracht, wenn der „unmittelbare Täter", welcher zumeist Telefonvermittler eines Wertpapierdienstleistungsunternehmens sein wird, werkzeuggetreu unrichtige Prospektangaben auch bei der unmittelbaren Geschäftsabwicklung vertritt. Dieser stellt sich mithin als „Handlanger" der Geschäftsführung dar, welche die Unterlagen in den Verkehr bringen. Wurde der Tatmittler bewusst im Sinne der Geschäftsleitung manipuliert und fehlt ihm auch die Einsicht die unrichtigen Angaben entlarven zu können, so liegt es nahe, die Begehung des Straftatbestandes in mittelbarer Täterschaft sanktionieren zu wollen- vorausgesetzt es kann Vorsatz bei der Geschäftsleitung festgestellt werden.

Eine mittelbare Täterschaft kommt jedoch aufgrund der vorliegenden Struktur des Straftatbestandes nicht in Betracht. Verantwortlich hierfür ist das Tatbestandsmerkmal der „Verleitung". Durch diese Voraussetzung wird der Straftatbestand zu einem *eigenhändigen Delikt*. Eine mittelbare Täterschaft ist bei eigenhändigen Delikten ausgeschlossen.[753] In Betracht kommt nur eine Anstiftung oder Beihilfe, wobei der Teilnehmer nicht gewerbsmäßig handeln muss, da es sich bei der Gewerbsmäßigkeit um ein persönliches strafbegründendes Merkmal i.S.d. § 28 Abs. 1 StGB handelt.

---

751 Vgl. Fischer, StGB Kommentar, 58. Aufl. (2011), § 26 Rn. 6.

752 Siehe zur Möglichkeit der Geschäftsherrenhaftung unten, S. 238 ff.

753 *Heintschell-Heinegg*, in: Beck´scher Online- Kommentar StGB, Deliktstypen und ihre spezifischen Eigenheiten, Rn. 15, Stand: 01.05.2011, Edition 15.

J. Tatbestandsirrtum/Verbotsirrtum

I. Tatbestandsirrtum

Die Begehung des Straftatbestandes in einem vorsatzausschließenden Tatbestandsirrtum nach § 16 Abs. 1 Satz 1 StGB ist technisch nicht konstruierbar.

Hierfür müsste der Täter bei Begehung der Tat einen Umstand nicht kennen, der zum gesetzlichen Tatbestand gehört. Anknüpfungspunkt könnte lediglich die beim Opfer vorliegende Unerfahrenheit sein. Denn wenn es für den Täter nicht ersichtlich war, dass eine vorangegangene Aufklärung die Unerfahrenheit nicht zu beseitigen vermochte, so könne von einem Tatbestandsirrtum ausgegangen werden.[754] Dieser teilweise in der Literatur vertretenen Schlussfolgerung, kann jedoch letztendlich nicht gefolgt werden.

Denn der Anlageberater nutzt in einem solchen Moment schon gar nicht die Unerfahrenheit des Anlegers aus. Mithin ist schon der objektive Tatbestand nicht erfüllt. Zu bedenken ist nämlich, dass das Tatbestandsmerkmal des Ausnutzens ein objektives Tatbestandsmerkmal ist, welches zudem eine subjektive Komponente (Ausnutzungsbewusstsein) beinhaltet.[755] Wenn es für den potentiellen Täter nicht ersichtlich war, dass eine vorangegangene Aufklärung die Unerfahrenheit nicht zu beseitigen vermochte, so liegt schon automatisch kein Ausnutzen i.S.d. Straftatbestandes vor. Denn dann kann dieser schon gar nicht die Unerfahrenheit seines Opfers in seinen Dienst stellen und dazu nutzen, um dieses verleiten zu können.[756]

Dogmatisch gesehen ist demnach schon der objektive Tatbestand im Fall eines fehlenden Ausnutzens nicht erfüllt, womit der subjektive Tatbestand nicht mehr zu prüfen wäre. Der Konstruktion eines Tatbestandsirrtums bedarf es somit nicht.

---

754 So etwa *Schwark*, in: Schwark/Zimmer, Kapitalmarktrechtskommentar, 4. Aufl. (2010), § 23 BörsG Rn. 7; dies bejahend *Bröker*, in: MüKo, Nebenstrafrecht II Band 6/1, 2010, § 26 BörsG Rn. 25.

755 Vgl. *Park*, in: Park, Kapitalmarktstrafrecht, 2. Aufl. (2008), Kap. 4, T2, §§ 26, 49 Rn. 8 ff., 28, 35; *Schröder*, Handbuch Kapitalmarktstrafrecht, 2. Aufl. (2010), Rn. 858 f.; dass „Ausnutzen" sowohl aus objektiver als auch aus subjektiver Komponente besteht, wird auch im Vergleich der Handhabung dieses Tatbestandsmerkmals in anderen Gesetzen gestützt: zu § 239a StGB, *Valerius*, in: Beck´scher Online- Kommentar StGB, § 239a Rn. 14; *Sosnitza* zu § 4 UWG, in: Piper/Ohly/Sosnitza, UWG-Kommentar, 5. Aufl. (2010), § 4 Rn. 2/4.

756 Siehe oben zum Tatbestandsmerkmal des „Ausnutzens", S. 153 ff.

Eingeräumt werden muss jedoch, dass es wohl nicht möglich ist, beim Tatbestandsmerkmal des „Ausnutzens" trennscharf zwischen objektiven und subjektiven Tatbestandsmerkmal zu unterscheiden.[757]

Berücksichtigt man jedoch auch überwiegend die subjektive Tatbestandsseite, so ergibt sich auch hier kein anderes Bild.

Denn der Täter muss *bei Begehung der Tat* die Unerfahrenheit des potentiellen Opfers nicht gekannt haben. Um dies herauszufinden, muss in irgendeiner Form eine Rückkopplung mit dem Anleger stattgefunden haben, sprich der Anlageberater etc. muss sich nach erfolgter Aufklärung irgendwie mit diesem kurzgeschlossen haben. Daraufhin sind zwei Szenarien denkbar.

Entweder der Anlageberater erkennt die Unerfahrenheit des Anlegers, woraufhin die Tatbestandsmäßigkeit weiterhin gegeben wäre. Oder er erkennt die Unerfahrenheit des Anlegers nicht, weil er etwa glaubt, tatsächlich alles Notwendige zur Aufklärung beigetragen zu haben. Daraufhin sind wiederum zwei Varianten des zweiten Szenarios denkbar. Handelt der Täter weiter und kann er seinen Wissensvorsprung aufgrund der noch tatsächlich bestehenden Unerfahrenheit nicht erkennen, so nutzt er die Unerfahrenheit des Anlegers schon gar nicht aus. Oder der Täter handelt daraufhin weiter und erkennt ab einem bestimmten Zeitpunkt, dass er bezüglich des bestehenden Geschäfts einen überlegenen Wissensvorsprung besitzt. Nutzt der Täter den bestehenden Wissensvorsprung zu seinen Gunsten in Form eines Geschäftsabschlusses aus, so nutzt er die Unerfahrenheit seines Opfers bewusst aus.

Für einen Tatbestandsirrtum ist sonach kein Platz. Dieser wäre nur im zweiten Szenario in der ersten Variante überhaupt denkbar, also wenn der Täter glaubt, alles Notwendige zur Aufklärung beigetragen zu haben und er seinen Wissensvorsprung aufgrund der noch tatsächlich bestehenden Unerfahrenheit nicht erkennt. Dogmatisch korrekt mag es zunächst erscheinen, wenn man bezüglich der Unerfahrenheit dann einen vorsatzausschließenden Tatbestandsirrtum i.S.d. § 16 Abs. 1 Satz 1 StGB annimmt. Denn primär hat eine Überprüfung des Tatbestandsmerkmals der „Unerfahrenheit" und einem diesbezüglichen Vorsatz stattzufinden; das Nichtvorliegen des Tatbestandsmerkmals des „Ausnutzens" (als reine subjektive Komponente unterstellt) hätte dann keine Relevanz mehr. Es wäre an einen Tatbestandsirrtum zu denken.

757 Vgl. nur *Schröder*, Handbuch Kapitalmarktstrafrecht, 2. Aufl. (2010), Rn. 851 f., verdeutlicht, dass das Ausnutzen i.S.d. §§ 49, 26 BörsG bezüglich der in ihr enthaltenen Unlauterkeit nicht als objektiv nachprüfbarer Umstand in die Außenwelt treten muss.

Beachtet werden muss jedoch, dass das Tatbestandsmerkmal des „Ausnutzens" und der „Unerfahrenheit" in diesem Fall zeitlich zusammenfallen. Ab dem Zeitpunkt, ab dem der Täter die Unerfahrenheit des Opfers erkennt und dennoch in Hinblick auf einen Geschäftsabschluss weiterhandelt, nutzt er seinen Wissensvorsprung auch aus und handelt mithin mit Ausnutzungsbewusstsein. Erkennt er die Unerfahrenheit des Opfers, überlegt er sich aber noch, ob er diese Unerfahrenheit in der Folgezeit ausnutzen möchte, so kann schon kein Tatbestandsirrtum bezüglich der „Unerfahrenheit" vorliegen. Kann er aber nicht erkennen, dass der Anleger „Unerfahren" i.S.d. Straftatbestandes ist, so nutzt er es denklogisch im gleichen Atemzug auch nicht aus, denn einen erfahrenen Anleger kann man nicht ausnutzen. Eine Trennung der beiden Tatbestände (Unerfahrenheit und Ausnutzen) im subjektiven Tatbestand ist somit schon gar nicht möglich, weswegen bei einem hypothetischen Tatbestandsirrtum in Bezug auf die „Unerfahrenheit" kein Ausnutzungsbewusstsein, also auch kein Ausnutzen vorliegen kann.

Da aber, wie oben ausgeführt, das Tatbestandsmerkmal des „Ausnutzens" sowohl objektive, als auch subjektive Komponente beherbergt, liegt in einem solchen Fall schon objektiv gesehen kein „Ausnutzen" vor, weswegen es auf die Frage des Tatbestandsirrtums bezüglich der Unerfahrenheit gar nicht mehr ankommt.

Die Frage der dogmatischen Korrektheit besitzt jedoch lediglich akademische Relevanz und hat für die Praxis kaum eine messbare Bedeutung. Denn entweder ist der objektive Tatbestand mangels „Ausnutzens" nicht gegeben oder es liegt schon kein Vorsatz bezüglich des Ausnutzens vor (unterstellt, das Tatbestandsmerkmal des Ausnutzens hätte nur eine subjektive Komponente). Bevorzugt man die Ansicht, welche einen Tatbestandsirrtum im Rahmen des Straftatbestandes gem. §§ 49, 26 BörsG für möglich hält, so kann ein vorsätzliches Handeln wegen des vorliegenden Tatbestandsirrtums bezüglich der vorhandenen Unerfahrenheit beim Opfer nicht festgestellt werden. Bei allen drei Fällen würde eine Strafbarkeit mangels Tatbestandsmäßigkeit nicht festgestellt werden können. Ein fahrlässiges Handeln i.S.d. § 16 Abs. 1 Satz 2 StGB kommt von vornherein nicht in Betracht.

II. Verbotsirrtum

Auch ein Handeln in einem unvermeidbaren **Verbotsirrtum** i.S.d. § 17 StGB ist kaum vorstellbar.[758] Als strafrechtliche Referenz hat für den Täter nicht die

---

758 Vgl. *Schwark*, in: Schwark/Zimmer, Kapitalmarktrechtskommentar, 4. Aufl. (2010), § 26 BörsG Rn. 7; a.A. *Bröker*, in: MüKo, Nebenstrafrecht II Band 6/1, 2010, § 26 BörsG Rn. 26 f.

zivilrechtliche Rechtsprechung oder die vom Gesetzgeber auferlegte Aufklärungspflicht und dessen Umfang zu dienen, sondern lediglich die *individuell* vorliegende Erfahrenheit bzw. Unerfahrenheit des jeweiligen Opfers.[759] Sowohl gesetzliche Aufklärungs- bzw. Informationspflichten als auch zivilrechtliche Rechtsprechung können bezüglich der „Unerfahrenheit" im Sinne des Straftatbestandes keine umfänglichen Vorgaben treffen.[760]

So kann etwa eine vollkommen unterlassene Aufklärung nicht zur Strafbarkeit führen, wenn der Anleger sich anderweitig „erfahren" gemacht hat.

Auch kann trotz umfangreich erfolgter Aufklärung der Straftatbestand erfüllt sein, z.B. wenn das Opfer rein intellektuell das Geschäft nicht versteht bzw. verstehen kann und der Täter dies erkennt und dennoch das Geschäft abschließt. Dieser müsste in einem solchen Fall von einem Geschäftsabschluss Abstand nehmen. Ein unvermeidbarer Verbotsirrtum wird aber gerade nicht vorliegen, denn es ist zum einen fraglich, wie dem Täter die Einsicht fehlen sollte Unrecht zu tun, wenn er gleichzeitig aber zur tatbestandsmäßigen Begehung die Unerfahrenheit des Anlegers bewusst ausnutzen müsste. Glaubt er, alles zur Aufklärung notwendige getan zu haben und liegt auf Seiten des Anlegers keine „Unerfahrenheit" mehr vor, so ist an eine Strafbarkeit i.S.d. §§ 49, 26 BörsG nicht zu denken. Glaubt der Täter alles zur Aufklärung notwendige getan zu haben und liegt auf Seiten des Opfers dennoch „Unerfahrenheit" vor, so muss der Täter dies erkannt haben. Anderenfalls würde kein Ausnutzen i.S.d. Straftatbestandes vorliegen. Liegt das Tatbestandsmerkmal des Ausnutzens vor, so herrscht beim Täter zumeist zugleich auch die Einsicht vor, Unrecht zu tun. Ist diese (juristisch relevante) Einsicht nicht vorhanden, so muss von einem *vermeidbaren* Verbotsirrtum ausgegangen werden. Denn vermeidbar ist ein Verbotsirrtum, wenn dem Täter sein Vorhaben unter Berücksichtigung seiner Fähigkeiten und Kenntnisse hätte Anlass geben müssen, über dessen mögliche Rechtswidrigkeit nachzudenken oder sich zu erkundigen und er auf diesem Wege zur Unrechtseinsicht gekommen wäre.[761] Erkennt der Täter, welcher zumeist Anlageberater oder Anlagevermittler sein wird, die Unerfahrenheit des Opfers und will er sein überlegenes Wissen als Überrumpelungseffekt zu einem Geschäftsabschluss ausnutzen, so ist diesem zuzumuten, sich über die Rechtmäßigkeit dieser Geschäftspraktik zu informieren. Setzt der Täter all seine Erkenntniskräfte und sittlichen Wertvorstellungen ein, so wird er in den meisten Fällen zur Einsicht i.S.d. § 17 StGB gelangen, Unrecht zu tun. Als Indiz hierfür

---

759 A.A. *Bröker*, in: MüKo, Nebenstrafrecht II Band 6/1, 2010, § 26 BörsG Rn. 26 f.

760 Siehe oben zu dem Tatbestandsmerkmal der „Unerfahrenheit", S. 146 ff.

761 Fischer, StGB Kommentar, 58. Aufl. (2011), § 17 Rn. 7.

dient diesem zumindest, dass er sein Opfer ausnutzt, sprich in rücksichtsloser, egoistischer Weise für seine Zwecke in Anspruch nimmt, bzw. aus seiner vorteilhaften Situation für sich bedenkenlos nutz, also Vorteil zieht.[762]

K. Konkurrenzen

Der Straftatbestand der Verleitung zu Börsenspekulationsgeschäften kann zu verschiedenen Strafnormen in Konkurrenz stehen. Als Konkurrenztatbestände kommen in Betracht v.a.: Betrug (§ 263 StGB), Kapitalanlagebetrug (§ 264a StGB), Untreue (§ 266 StGB), Verbotene Geschäfte (§ 54 KWG), Verbot der Marktmanipulation (§ 38 Abs. 2 i.V.m. 20a WpHG), Unerlaubte Veranstaltung eines Glückspiels (§ 284 StGB), Untreue (§ 246 StGB) und Strafbare Werbung (§ 16 UWG).

I. Betrug (§ 263 StGB)

Ist der Straftatbestand des Betrugs gem. § 263 StGB neben §§ 49, 26 BörsG erfüllt, so stehen sie in Tateinheit zueinander.[763]

Als abstraktes Gefährdungsdelikt ausgestattet, greift der Straftatbestand der Verleitung zu Börsenspekulationsgeschäften im Gegensatz zum Betrug schon unabhängig vom Bestehen eines Vermögensschadens ein. Der potentielle Täter muss einen Schädigungsvorsatz schon gar nicht aufweisen. Der Schutz des Straftatbestandes gem. §§ 49, 26 BörsG greift mithin viel früher ein.

II. Kapitalanlagebetrug (§ 264a StGB)

Auch zum Kapitalanlagebetrug ist eine Konkurrenz in Tateinheit möglich. Der Gesetzgeber differenziert hierbei zwischen Börsenspekulations- und Kapitalanlagegeschäften. Der Begriff der Kapitalanlage findet sich jedoch im Gesetzeswortlaut nicht wieder. Um die Eigenständigkeit des Straftatbestandes der Verleitung zu Börsenspekulationsgeschäften herauszuarbeiten, muss deswegen der Begriff der Kapitalanlage definiert werden.

---

762 Siehe oben zum Tatbestandsmerkmal des „Ausnutzens", S. 61 ff.; Duden, Das große Wörterbuch der deutschen Sprache, 1. Band (A - Bim), 2. Aufl. (1993), „Ausnutzen".

763 *Schröder*, Handbuch Kapitalmarktstrafrecht, 2. Aufl. (2010), Rn. 874.

Im Gesetzesentwurf aus dem Jahre 1983 heißt es hierzu: „Bei den von § 89 BörsG [heutigen §§ 49, 26 BörsG] erfassten Börsenspekulationsgeschäften handelt es sich um An- oder Verkaufsgeschäfte, die in der Absicht geschlossen werden, aus zwischenzeitlichen Preisunterschieden einen Gewinn zu erzielen, der durch ein Gegengeschäft realisiert werden soll. Ein Güteraustausch findet nicht statt, vielmehr ist stets beabsichtigt, eine Preisdifferenz als Gewinn zu erzielen. Geschäfte, die einer Kapitalanlage dienen, auch wenn diese nur kurzfristig ist und auf die Erzielung von Kursgewinnen ausgerichtet ist, sind folglich keine Börsenspekulationsgeschäfte“.[764]

Börsenspekulationsgeschäfte stellen hiernach aufgrund der Gewinnrealisierung durch Eingehung von Gegengeschäften keine Kapitalanlagegeschäfte dar. Kapitalanlagengeschäften ist die Eingehung eines Gegengeschäfts nämlich nicht eigentümlich.[765] Die Differenzierung anhand des Merkmals der Gewinnrealisierung durch ein Glattstellungsgeschäft ist hierbei eine Weichenstellung zur Unterscheidung ungebundener und gebundener Kapitalien. Ziel eines Börsenspekulationsgeschäfts ist es, aufgrund eines Gewinns über ungebundene Kapitalien verfügen zu können, denn aufgrund der Tätigung eines Gegengeschäfts wird der Vorgang der Kapitalbindung „liquidiert“.[766]

Dieser Grundsatz hält auch bei Nichtausübung von Optionen und bei Hedgegeschäften stand. Denn bei Nichtausübung der Option kommt es ebenso zu keinem Leistungsaustausch, welcher das Kapital binden könnte.[767] Hedgegeschäfte wiederum ähneln zwar strukturell Börsenspekulationsgeschäften, deren Sicherungsfunktion bezieht sich jedoch auf ein physisches Engagement, welches aus gebundenen Kapitalien besteht, das die Werthaltigkeit des zu sichernden Geschäfts verändert.[768]

Somit ist eine Überschneidung zwischen beiden Straftatbeständen grundsätzlich nicht möglich. § 264a StGB und §§ 49, 26 BörsG können allerdings bei fondsmäßig betriebenen Spekulationen tateinheitlich zusammenfallen.[769] Dadurch, dass eine Kapitalbindung im Pool als Sammelkonto des Fonds stattfindet, liegt eigentlich auch hier eine Kapitalanlage i.S.d. § 264a Abs. 2 StGB vor.[770] Der Gesetzgeber

---

764 BT-Drucks. 10/318, S. 46.

765 *Fichtner*, Die Börsen- und Depotrechtlichen Strafvorschriften, 1993, S. 165.

766 Vgl. *Fichtner*, Die Börsen- und Depotrechtlichen Strafvorschriften, 1993, S. 164 f.

767 *Fichtner*, Die Börsen- und Depotrechtlichen Strafvorschriften, 1993, S. 165.

768 Vgl. *Fichtner*, Die Börsen- und Depotrechtlichen Strafvorschriften, 1993, S. 165.

769 *Schröder*, Handbuch Kapitalmarktstrafrecht, 2. Aufl. (2010), Rn. 875.

770 Vgl. *Fichtner*, Die Börsen- und Depotrechtlichen, 1993, S. 165.

rechtfertigt eine Einbeziehung in §§ 49, 26 BörsG damit, dass „wegen der Undurchschaubarkeit des erfahrungsgemäß noch größeren Risikos solcher Geschäfte, eine besondere Schutzbedürftigkeit der Anleger gegeben [ist]“.[771]

III. Untreue (§ 266 StGB)

Besteht zwischen Berater und Verleitetem ein besonderes Treueverhältnis, kann auch §§ 49, 26 BörsG tateinheitlich mit § 266 StGB verwirklicht werden.[772]

IV. Handeln ohne Erlaubnis (§ 54 KWG)

§ 54 KWG schützt vor dem Betreiben verbotener Geschäfte i.S.d. § 3 KWG bzw. dem Handeln ohne Erlaubnis gem. 32 Abs. 1 KWG.

Einen adäquaten Schutz, wie die §§ 49, 26 BörsG sie leisten, kann diese Strafnorm, wie jedoch in der Literatur teilweise vertreten wird,[773] nicht bieten, denn die Verleitung zu einem Börsenspekulationsgeschäft stellt schon kein verbotenes Geschäft i.S.d. §§ 3, 53b Abs. 3 Satz 1 oder 2 KWG dar.

Findet eine Anlagevermittlung bzw. Anlageberatung unerlaubt statt, so kann gem. § 54 Abs. 1 Nr. 2 Fall 2 KWG zwar ein strafbares Handeln ohne Erlaubnis vorliegen, welches zu §§ 49, 26 BörsG in Tateinheit stehen kann.

Möglich ist jedoch, dass zu einem Börsenspekulationsgeschäft trotz bestehender Erlaubnis verleitet wird. Dieser Fall wird bei Anwendung der §§ 49, 26 BörsG gar die Regel sein. Denn bei der Erlaubnispflicht i.S.d. § 32 KWG geht es lediglich darum, „ob“ geplante Bankgeschäfte oder Finanzdienstleistungen einer Erlaubnis bedürfen und nicht darum „wie“ der Geschäftsbetrieb ausgeführt wird. Besitzt man eine Erlaubnis für den Betrieb von Finanzdienstleistungen i.S.d. § 32 Abs.1 Satz 1 Fall 2 KWG, so ist also noch lange nichts darüber gesagt, in welcher Art und Weise die Geschäfte betrieben werden.[774]

---

771 BT-Drucks. 10/318, S. 49.

772 Vgl. *Schröder*, Handbuch Kapitalmarktstrafrecht, 2. Aufl. (2010), Rn. 875.

773 So etwa *Bröker*, in MüKo, Nebenstrafrecht II Band 6/1, 2010, § 26 BörsG Rn. 3, 5 f.

774 Beachtet werden muss, dass die BaFin nicht über den Straftatbestand der Verleitung zu Börsenspekulationsgeschäften wacht, vgl. hierzu Benner in Volk, Verteidigung in Wirtschafts- und Steuerstrafsachen, 2006, § 22 Rn. 679; eine erfolgte Genehmigung des Geschäftsbetriebs durch die BaFin kann eine Strafbarkeit nach den §§ 49, 26 BörsG nicht verhindern, a.A. wohl *Bröker*, in: MüKo, Nebenstrafrecht II Band 6/1, 2010, § 26 BörsG Rn. 3, 15.

Würde man die §§ 49, 26 BörsG nun ersatzlos streichen, so entstünden erhebliche Strafbarkeitslücken.[775] Denn straflos würden etwa diejenigen handeln, welche eine Erlaubnis gemäß § 32 KWG nachweisen können und durch ihre ansonsten gemäß §§ 49, 26 BörsG tatbestandsmäßigen Handlungen beim Opfer einen Vermögensschaden nicht herbeigeführt haben.

§ 54 KWG entfaltet mithin keine adäquate Schutzwirkung im Vergleich zu den §§ 49, 26 BörsG.

V. Verbot der Marktmanipulation (§ 38 Abs. 2 i.V.m. § 20a WpHG)

Ein Konkurrenzverhältnis zwischen § 38 Abs. 2 i.V.m. § 20a WpHG und §§ 49, 26 BörsG, liegt nicht vor. Hierfür ist der jeweilige Schutzzweck der Normen zu verschieden.

Die Regelung der Verleitung zu Börsenspekulationsgeschäften bezweckt primär den Schutz des Vermögens von Personen, die in Börsenspekulationsgeschäften unerfahren sind.[776] Der Schutzzweckcharakter ist vorrangig individueller Natur. Das Verbot der Marktmanipulation bezweckt hingegen primär das Vertrauen der Marktteilnehmer in die Zuverlässigkeit und Wahrheit der Preisbildung an den Börsen.[777] Der Schutzzweckcharakter ist somit genereller Natur. Zwar gewährleistet der Straftatbestand der verbotenen Marktmanipulation auch einen Vermögensschutz für diejenige, welche Kapital an den organisierten Märkten investieren. Dieser Vermögensschutz ist jedoch überindividueller Natur.[778]

Zu denken wäre zwar an ein Konkurrenzverhältnis beider Straftatbestände bei der Vornahme von abusive naked short sales,[779] welche den Straftatbestand gemäß § 38 Abs. 2 i.V.m. § 20a Abs. 1 S. 1 Nr. 2 WpHG erfüllen. Jedoch kann bei der Vornahme von abusive naked short sales keine Strafbarkeit gemäß den §§ 49, 26 BörsG ausfindig gemacht werden.[780] Bei der Vornahme gedeckter als auch ungedeckter Leerverkäufe kann zwar wiederum ein Börsenspekulationsgeschäft und

775 Für eine ersatzlose Streichung aber *Bröker*, in: MüKo, Nebenstrafrecht II Band 6/1, 2010, § 26 BörsG Rn. 3.

776 *Schröder*, Handbuch Kapitalmarktstrafrecht, 2. Aufl. (2010), Rn. 771 f.

777 *Schröder*, Handbuch Kapitalmarktstrafrecht, 2. Aufl. (2010), Rn. 372.

778 *Schröder*, Handbuch Kapitalmarktstrafrecht, 2. Aufl. (2010), Rn. 373; 2 BvR 742/02; Beschluss vom 24.09.2002.

779 Siehe hierzu S. 52 f.

780 Siehe hierzu S. 52 f.

mithin eine Strafbarkeit gem. §§ 49, 26 BörsG vorliegen, jedoch keine Strafbarkeit nach § 20a WpHG.[781]

VI. Unerlaubte Veranstaltung eines Glückspiels (§ 284 StGB)

Ein Konkurrenzverhältnis zwischen §§ 49, 26 BörsG und § 284 StGB besteht nicht. Börsenspekulationsgeschäfte stellen nach h.M. kein Glücksspiel i.S.d. § 284 StGB dar.[782] Der Erfolg bzw. Misserfolg eines Börsenspekulationsgeschäfts hängt nicht vom Zufall ab, sondern von wirtschaftlichen Ereignissen, welche begründet werden können.[783]

Da diese jedoch ebenfalls vom Zufall[784] abhängen können, ist eine genaue Abgrenzung kaum zu bewerkstelligen. Dies zeigt auch die aktuelle Tendenz der Rechtsprechung, Finanzderivate unter bestimmten Umständen ebenfalls als „Glücksspiel" zu behandeln.[785]

Relevanz besitzt dieser Streit jedoch nur dann, wenn ein Glücksspiel ohne behördliche Erlaubnis, also unerlaubt veranstaltet wird. Denn nur dann ist überhaupt erst an eine Strafbarkeit i.S.d. § 284 StGB zu denken. Derivate sind als Teil des Handels mit „Wertpapieren" in § 2 Abs. 2 WpHG ausdrücklich vorgesehen, wodurch ein „unerlaubter" Handel i.S.d. § 284 StGB zumeist ausscheiden wird.

---

781 Vgl. *Trüg*, NJW 2010, 3202, 3205 f.

782 *Wohlers*, in Nomos, Kommentar StGB, 3. Aufl. (2010), § 284 Rn. 14 f.; *Rosenau*, in: Satzger/Schmitt/Widmaier, StGB Kommentar, 2009, § 284 Rn. 8; *Salewski*, BKR 2012, 100, 106; *Fichtner*, Die Börsen- und Depotrechtlichen Strafvorschriften, 1993, S. 183; *Heine*, in Festschrift Amelung, 2009, S. 413, 420 ff., welcher eine durch das Gemeinschaftsrecht rechtsgutsbezogene teleologische Reduktion des Tatbestandes als notwendig sieht.

783 *Salewski*, BKR 2012, 100, 104 ff.; vgl. *Fichtner*, Die Börsen- und Depotrechtlichen Strafvorschriften, 1993, S. 183.

784 Denn „Zufall" bedeutet nichts anderes, als dass die Entscheidung über Gewinn oder Verlust nicht von Fähigkeiten und Kenntnissen der Spieler abhängt, sondern allein oder hauptsächlich vom Zufall, d.h. vom Wirken unberechenbarer, dem Einfluss der Beteiligten entzogener Ursachen; *Roberts* DStR 2010, 1082, 1084; RGSt 61, 12, 15, Urteil vom 19.11.1926.

785 Das OLG Stuttgart hat in BeckRS 2010, 5267 (Urteil vom 26.02.2010, Az: 9 U 164/08) Ladder- Swaps als Glücksspiel eingeordnet. Zu dem gleichen Ergebnis ist das OLG Stuttgart in einem Urteil vom 27.10.2010, Az: 9 U 148/08 gekommen.

VII. Unterschlagung (§ 246 StGB)

Eignet der Täter sich die aufgrund eines geplanten Börsenspekulationsgeschäfts gezahlten Beträge zu, indem er diese für sich oder für eigene Zwecke verwendet, so ist eine Tatbegehung in Tateinheit zu §§ 49, 26 BörsG möglich.

VIII. Strafbare Werbung (§ 16 UWG)

Werden Spekulationsprodukte in einer bestimmten Art und Weise angepriesen, so kann eine Strafbarkeit nach § 16 UWG vorliegen. Auch hier ist eine tateinheitliche Verwirklichung zu den §§ 49, 26 BörsG möglich.[786]

L. Prozessuales

I. Allgemeines

Wird das Hauptverfahren eröffnet oder ist die Straftat in zweiter Instanz anhängig, so entscheidet die zuständige Wirtschaftsstrafkammer am Landgericht gem. § 74 c Abs. 1 Nr. 2 GVG.

Die Straftat der Verleitung zu Börsenspekulationsgeschäften verjährt nach § 78 Abs. 3 Nr. 4 StGB in fünf Jahren. Hat der Täter sich durch die Tat bereichert oder zu bereichern versucht, kann nach § 41 StGB neben einer Freiheitsstrafe zusätzlich auf eine Geldstrafe erkannt werden.

Bis es jedoch hierzu kommt, muss die Staatsanwaltschaft als Herrin des Ermittlungsverfahrens, welches i.d.R. von den für Wirtschaftsstrafsachen zuständigen Schwerpunktstaatsanwaltschaften geleitet wird, zunächst einige Hürden nehmen. Denn Probleme im Ermittlungsverfahren können sich v.a. bei der Subsumtion dieser vorliegenden Sachverhalte unter den Straftatbestand und bei der Beweiserbringung ergeben.

Der gesetzliche Überwachungsauftrag der BaFin hingegen erstreckt sich nicht auf §§ 49, 26 BörsG, wodurch die Staatsanwaltschaft bei ihren Ermittlungstätigkeiten im Gegensatz zu den Straftaten im WpHG v.a. auf sich alleine gestellt ist.[787]

---

786 *Wehowsky*, in: Erbs/Kohlhaas, Strafgesetzliche Nebengesetze, 2011, § 49 Rn. 17.

787 Vgl. *Hienzsch*, HRR 2006, 144; *Benner*, in: Volk, Verteidigung in Wirtschafts- und Steuerstrafsachen, 2006, § 22 Rn. 679; siehe hierzu auch unten, S. 276 f.

II. Subsumtionsprobleme in der Praxis

Bei den Rechtsanwendern können sich zunächst Probleme bei der Subsumtion des Sachverhaltes unter den Straftatbestand der Verleitung zu Börsenspekulationsgeschäften ergeben.

Die Komplexität der Materie ergibt sich aus der Schnittstelle zwischen Kapitalmarktrecht und Strafrecht. So kann z.B. auch nach genauer Untersuchung eines derivativen Finanzproduktes nicht immer sofort die Zugehörigkeit zu einem Börsenspekulationsgeschäft bejaht oder verneint werden. Die hierfür anhand verschiedener Hilfskonstruktionen vorzunehmende Bestimmung fällt nicht immer leicht.[788] Es hat stets eine Einzelfallbetrachtung stattzufinden. Eine Kategorisierung anhand der Produktgattung ist nicht möglich. Denn der Begriff des Börsenspekulationsgeschäfts ist eine rein strafrechtliche Schöpfung, welche weder mit dem bis zum 4. FGG verwendeten Begriff des „Börsentermingeschäfts"[789] noch mit dem heute verwendeten Begriff des „Finanztermingeschäfts"[790] des WpHG, auch nicht mit dem Begriff des Spekulationsgeschäfts- oder Risikogeschäfts[791] oder dem Begriff des Differenzgeschäfts i.S.d. § 764 BGB a.F.[792] synonym gesetzt werden kann. Freilich können sich untereinander Schnittstellen ergeben, eine Kongruenz der Begriffe liegt aber nicht immer vor. Schwierig ist gerade deswegen, die jeweils bestehenden Inkongruenzen richtig zu werten.

Die Rechtsanwender, also sowohl Staatsanwaltschaft bzw. Schwerpunktstaatsanwaltschaft als auch das Gericht, sind oftmals mit den speziellen Problemen des Kapitalmarktstrafrechts überfordert.[793] Denn die an diese gestellten Anforderungen sind hoch, v.a. in Anbetracht der Tatsache, dass die Verfolgung börsenbezogener Delikte nicht nur Fähigkeiten im Bereich der Strafverfolgung, sondern auch ein Grundverständnis für die dynamischen Gebiete des Kapitalmarktrechts, des Börsen- und Wertpapierhandelsrechts voraussetzt.[794]

---

788 Siehe zu dem Abschnitt „Börsenspekulationsgeschäfte", S. 31 ff.

789 So zur alten Rechtslage *Bröker*, in: MüKo, Nebenstrafrecht II Band 6/1, 2010, § 26 BörsG Rn. 1.

790 *Schröder*, Handbuch Kapitalmarktstrafrecht, 2. Aufl. (2010), Rn. 803 f.; vgl. oben zu dem Tatbestandsmerkmal „Börsenspekulationsgeschäfte", S. 20 ff.

791 So sind Risikogeschäfte denkbar, welche den Begriff des Börsenspekulationsgeschäfts nicht abdecken und umgekehrt.

792 So erfasst ein Differenzgeschäft etwa auch ein getätigtes Hedgegeschäft, ein Börsenspekulationsgeschäft erfasst dieses gerade nicht.

793 Vgl. *Hienzsch*, HRR 2006, 144, 145.

794 So *Hienzsch*, HRR 2006, 144, 145.

III. Probleme bei der Beweiserbringung

Probleme bei der Beweiserbringung ergeben sich nahezu bezüglich jedes einzelnen Tatbestandsmerkmals des Straftatbestandes.

Dies gilt jedoch v.a. für das Tatbestandsmerkmal der Unerfahrenheit, des Verleitens und der Ausnutzung, aber nur bedingt bezüglich des Vorliegens eines Börsenspekulationsgeschäfts und des Vorliegens der Gewerbsmäßigkeit.

1. Der Beweis des Vorliegens eines „Börsenspekulationsgeschäfts"

Hat man ein Geschäft als Börsenspekulationsgeschäft eingeordnet, so kann zumeist anhand vorhandener Unterlagen das Eingehen dieses bestimmten Geschäfts nachgewiesen werden. Dies wird zudem durch das „Gesetz zur Neuregelung der Rechtsverhältnisse bei Schuldverschreibungen aus Gesamtemissionen und zur verbesserten Durchsetzbarkeit von Ansprüchen von Anlegern aus Falschberatung" vom 31.07.2009[795] wohlmöglich noch verbessert, welches u.a. Banken seit dem 01.01.2010 gemäß § 34 Abs. 2a WpHG verpflichtet, den Inhalt jeder Anlageberatung bei Privatanlegern zu protokollieren und den Kunden eine Ausfertigung des Protokolls auszuhändigen. Zwar kann die aufgrund des Gesetzes statuierte Protokollierungspflicht nicht die Unerfahrenheit i.S.d. Straftatbestandes beseitigen,[796] jedoch wohlmöglich zur Beweiserleichterung bezüglich des konkret einzugehenden Geschäfts beitragen.

2. Der Beweis des Vorliegens der „Gewerbsmäßigkeit"

Auch das Bestimmen des Vorliegens der **Gewerbsmäßigkeit** kann zwar materiell-rechtlich durchaus problembehaftet sein,[797] prozessual beweisen lässt es sich zumeist jedoch recht einfach. Nur selten wird ein Täter bei seiner ersten tatbestandsmäßigen Handlung gefasst und angezeigt. Zumeist handelt der Täter nicht einmalig und alleine, sondern organisiert als Anlageberater bzw. –vermittler eines Wertpapierdienstleistungsunternehmens, ist vertraglich an ein solches gebunden bzw. arbeitet als unabhängiger Finanzvermittler für dieses.[798] Von einer Gewerbsmäßigkeit kann dann zumeist ausgegangen werden, denn der Täter muss seine

795 BGBl. I. 2009, Nr. 50, S. 2512 ff. vom 31.07.2009.
796 Siehe oben zu „Unerfahrenheit", S. 137 ff.
797 Siehe oben zu dem Tatbestandsmerkmal der „Gewerbsmäßigkeit", S. 160 ff.
798 Siehe zum potentiellen Täterkreis der §§ 49, 26 BörsG auch S. 217 ff.

Handlungen mit der Absicht begehen, sich durch wiederholte tatbestandsmäßige Handlungen eine fortlaufende Einnahmequelle von einiger Dauer und einigem Umfang zu verschaffen, welches er durch die begangenen Taten zumeist unter Beweis stellen wird.[799] Schwierigkeiten ergeben sich mithin dann, wenn die Absicht bei einem einmaligen Handeln des Täters nachgewiesen werden soll, welches zwar zur Verwirklichung des Tatbestandsmerkmals der Gewerbsmäßigkeit ausreichen würde,[800] jedoch tatsächlich schwieriger zu beweisen sein wird. Als Indizien für ein gewerbsmäßiges Handeln können hierfür verschiedene Kriterien dienen: Organisation des Täters, Erstellung von Prospekten, Werbung für seine Dienstleistung, Verkaufsgespräche mit anderen Anlegern (Versuch straflos), Provisionsinteresse etc.

Schwieriger nachzuweisen sein wird jedoch das Tatbestandsmerkmal der Unerfahrenheit, der Verleitung und der Ausnutzung.

3. Der Beweis des Vorliegens der „Unerfahrenheit“

Nach der zu bevorzugenden Definition des BGH liegt Unerfahrenheit beim Anleger dann vor, wenn er „infolge fehlender Einsicht die Tragweite des konkreten Spekulationsgeschäfts nicht verlässlich überblicken kann, wobei es auf die Verhältnisse des Einzelfalls ankommen soll“.[801]

Liegt eine schriftliche Bestätigung seitens des Anlegers vor, dass er vollumfänglich aufgeklärt sei und die Aufklärung auch verstanden habe, so ist über die tatsächliche Unerfahrenheit des Anlegers noch lange nichts gesagt.[802] Denn die schriftlichen Warnungen und tatsächlichen Abläufe und Funktionsweisen eines Finanzproduktes können mündlich ohne Probleme wieder relativiert werden. Geht der Anleger in einem solchen Fall ein Geschäft ein, trotzdem er das ordnungsgemäß erstellte und inhaltlich zutreffende Prospekt gelesen hatte, so ist eher von seiner Unerfahrenheit auszugehen.[803] Denn ein erfahrener Anleger hätte die Tragweite des konkreten Spekulationsgeschäfts überblickt und hätte daraufhin von einem

799 Siehe oben zu dem Tatbestandsmerkmal der „Gewerbsmäßigkeit“, S. 160 ff.

800 Vgl. *Park*, in: Park, Kapitalmarktstrafrecht, 2. Aufl. (2008), Kap. 4, T2, §§ 26, 49, Rn. 37.

801 Vgl. BGH 3 StR 191/01, Urteil vom 22.08.2001.

802 Siehe oben zu dem Tatbestandsmerkmal der „Unerfahrenheit“, S. 136 f.

803 In einem solchen Fall wird zumeist zugleich ein Betrug tateinheitlich verwirklicht worden sein. Der Straftatbestand der Verleitung zu Börsenspekulationsgeschäften erlangt v.a. aber schon dann seine eigenständige Bedeutung, wenn abstrakt eine Vermögensgefährdung besteht. Ein Vermögensschaden muss schon gar nicht erst eingetreten sein.

solchen Geschäft Abstand genommen und nicht nur aufgrund der mündlichen Relativierung seitens des Anlageberaters das Geschäft dennoch abgeschlossen.

Hingegen kann wiederum als Indiz für die Erfahrenheit eines Anlegers dann ausgegangen werden, wenn eine Risikobelehrung durch den Beschuldigten gerade unterlassen wurde.[804] Genauso gut kann jedoch die Aufklärung bewusst unterlassen worden sein, um den Anleger z.B. nicht zu verschrecken.

Auch kann bei erneuter Vornahme eines Börsenspekulationsgeschäfts, wohlmöglich sogar des gleichen, nicht automatisch auf die Erfahrenheit des Anlegers geschlossen werden.[805]

Im Sinne der zu bevorzugenden Definition des BGH kommt es stets auf die Verhältnisse des Einzelfalls an. Es muss also immer die Frage gestellt werden, ob der Anleger infolge der fehlenden Einsicht die Tragweite des konkreten Börsenspekulationsgeschäfts nicht verlässlich überblicken konnte. Freilich kann als Indiz für die bestehende Einsicht der Beruf, die Häufigkeit der Vornahme eines Börsenspekulationsgeschäfts, das persönliche Interesse an der Materie oder die umfassende Beschäftigung mit dem konkreten Produkt dienen. Eine Einsicht als ausschließendes Tatbestandsmerkmal muss hierbei dennoch nicht zwingend vorliegen.[806]

Wichtig ist nur, dass aufgrund fehlender Einsicht der Anleger die Tragweite des konkreten Spekulationsgeschäfts nicht verlässlich überblicken konnte. Es muss demzufolge nachgewiesen werden können, dass der Anleger die Gefahren des abgeschlossenen Börsenspekulationsgeschäfts im Zeitpunkt des Geschäftsabschlusses aufgrund mangelnder Erkenntnis nicht realisiert haben konnte.

Wusste der Anleger jedoch im Zeitpunkt der Eingehung des Kontraktes, dass er die eingesetzten Mittel höchstwahrscheinlich verlieren wird und signalisierte er diesbezüglich Bereitschaft, so liegt keine Strafbarkeit i.S.d. Straftatbestandes vor. Zwar liegt weiterhin Unerfahrenheit auf Seiten des Anlegers vor, jedoch wird diese nicht ausgenutzt. Schutzzweck der Norm ist gerade Vermögensschutz in einem frühen Stadium zu gewähren. Verzichtet der Anleger aber auf den Schutz seines Vermögens im Kontraktzeitpunkt, so kann eine Strafbarkeit i.S.d §§ 49, 26 BörsG nicht vorliegen.

Nur selten wird jedoch der Anleger bereit sein, all sein eingesetztes Geld zu verlieren. Zu untersuchen ist daraufhin, ob Unterlagen von Seiten des Wertpapierdienstleistungsunternehmens etc. bereit gestellt wurden und ob diese Angaben

---

804 So *Hildner*, WM 2004, 1068, 1073.

805 Siehe oben zu dem Tatbestandsmerkmal der „Unerfahrenheit", S. 122 f.

806 Siehe oben zu dem Tatbestandsmerkmal der „Unerfahrenheit", S. 99 ff., 118 ff.

zur Aufklärung des Anlegers bezüglich des konkreten Geschäfts taugen konnten. Alleine die zur Verfügung gestellten Unterlagen können die Unerfahrenheit nicht kompensieren.[807] Hierfür muss sich der Anleger die Mühe machen, diese Informationen auch zu verstehen. Die Auffassungsgabe jedes einzelnen Anlegers ist freilich individueller Natur, weswegen auch das alleinige Lesen der Unterlagen den Anleger nicht immer erfahrener im Sinne des Straftatbestandes machen muss. Wiederum kann nicht verlangt werden, dass dem Anleger ein Privatstudium vermittelt wird. Es muss ausreichen, dass er das Finanzinstrument und dessen Funktionen kennt. Hierzu reicht ein abstrakter Überblick aus. Umfassen zu erläutern sind die auf diesen zukommenden Kosten und Risiken, wie z.B. ein Nachschussrisiko oder ein drohender Totalverlust. Auch muss der Anleger darüber aufgeklärt werden, wie, wo und wann er nach Erwerb des Finanzinstrumentes mit diesem weiter Verfahren kann (Weiterverkauf, Option einlösen etc.). Denn nur dann können drohende Verluste rechtzeitig abgewendet werden. Insgesamt muss dem Anleger *im Wesentlichen* der gleiche Kenntnis- und Wissensstand bezüglich des konkreten Produkts vermittelt werden, wie ihn der Bankberater selbst besitzt.[808]

Erkennt der Anlageberater, dass sein Kunde trotz intensivster Aufklärung mit dem angebotenen Finanzprodukt intellektuell überfordert ist, so muss er, um nicht Gefahr zu laufen vorgeworfen zu bekommen, die Unerfahrenheit des Anlegers ausgenutzt zu haben, von einem Geschäft Abstand nehmen.

Wurde von Seiten des Anlageberaters die zur Verfügung gestellten Unterlagen beschönigt oder verharmlost, so sind die getätigten Aussagen des Anlageberaters oft schwierig zu belegen, da sie zumeist am Telefon erfolgten. Anwesende Zeugen sind in diesem Falle zumeist unbrauchbar, denn sie hören lediglich nur den einen Gesprächspartner. Ein Zeuge kann dann nur insoweit dienen, als dass er die unmittelbar nach dem Gespräch vom Opfer getätigten Aussagen wiedergeben kann. Wurden auf Seiten des Wertpapierdienstleistungsunternehmens mit Zustimmung des Anlegers zur Qualitätssicherung der Anlageberatung Tonbandaufnahmen vom geführten Telefonat getätigt, so können diese durch die Staatsanwaltschaft nach richterlicher Anordnung im Wege der Beschlagnahme gem. §§ 94 ff. StPO sichergestellt werden.

Sind Tonbandaufnahmen nicht vorhanden, so können auch Zeugenaussagen von anderen Anlegern gehört werden. Zumeist steckt hinter der Vorgehensweise der Anlageberater ein System und nicht eine Vorgehensweise im Einzelfall. Erklären die anderen Anleger, dass sie stets ordnungsgemäß und ausreichend aufgeklärt

807 Siehe oben zu dem Tatbestandsmerkmal der „Unerfahrenheit", S. 146 f.

808 Siehe hierzu BGH XI ZR 33/10, Urteil vom 22.03.2011 und die Seiten 126 ff.

worden seien, so kann davon ausgegangen werden, dass auch im konkreten Fall versucht wurde, die Unerfahrenheit des potentiellen Opfers zu beseitigen.[809]

Wurden keine Unterlagen ausgeteilt, so muss der Anlageberater die Aufklärung mündlich vornehmen. Dieser muss dann darlegen, dass er auf alle notwendigen Informationen hingewiesen hatte.

4. Der Beweis des Vorliegens der „Ausnutzung“

Hat man die Unerfahrenheit des Anlegers nachgewiesen, so muss auch das bewusste Ausnutzen des Beschuldigten diesbezüglich belegt werden können. Hierzu muss der Beschuldigte einen Wissensvorsprung vor seinem potentiellen Opfer besitzen und diesen zu seinen Gunsten in Form eines Geschäftsabschlusses „nutzen“.[810] Notwendig ist hierfür, dass der Beschuldigte diesen Wissensvorsprung erkennt. Diese innere Tatseite nachzuweisen wird nicht immer leicht sein und muss der Einzelfallbetrachtung vorenthalten bleiben, jedoch muss auch hier ermittelt werden, ob das Vorgehen des Anlageberaters System hat. Fällt die Wahl der potentiellen Opfer hauptsächlich auf eine offensichtlich unversierte Anlegergruppe,[811] so kann dies zumindest als Indiz für eine systematische Ausnutzung des eigenen Wissensvorsprungs angesehen werden.

5. Der Beweis des Vorliegens der „Verleitung“

Ein Verleiten ist in dem Bestimmen durch Willensbeeinflussung im Sinne eines Anstiftens zu erblicken.[812] Indizielle Bedeutung für ein Verleiten kann schon die bestehende Unerfahrenheit des potentiellen Opfers entfalten. Ein unerfahrener Anleger wird zumeist bei der Wahl des Börsenspekulationsgeschäfts den Aussagen des Anlageberaters vertrauen und schon aus mangelnder Erfahrung nicht von selbst die Vornahme eines bestimmten Börsenspekulationsgeschäftes vorschlagen.

Auch kann zwar ein unerlaubter telefonischer Erstkontakt (sog. cold calling) nicht automatisch ein „Verleiten“ bewirken, jedoch besitzt dieser Umstand bezüglich der Verleitung zumindest indizielle Bedeutung.[813]

---

809 Vgl. *Park*, in: Park, Kapitalmarktstrafrecht, 2. Aufl. (2008), Kap. 4, T2, §§ 26, 49 Rn. 30 f.

810 Siehe hierzu das Tatbestandsmerkmal des „Ausnutzens“, S. 153 ff.

811 Sogenannte AD- Kunden, wobei „AD“ für „alt und doof“ steht.

812 Siehe hierzu das Tatbestandsmerkmal des „Verleitens“, S. 150 ff.

813 Siehe hierzu das Tatbestandsmerkmal des „Verleitens“, S. 151 f.

Auch die Verwendung grob unrichtiger oder irreführender Prospekte durch den Täter können sowohl Indizwirkung für eine Ausnutzung als auch eine Verleitung entfalten.[814]

M. Standort des Straftatbestandes im BörsG

I. Allgemeines

Vereinzelt stellte sich im Schrifttum die Frage, ob der Straftatbestand dogmatisch im BörsG deplatziert sei und eher eine Berücksichtigung im Wertpapierhandelsgesetz stattfinden müsste.[815] Dies vor allem in Anbetracht der vorgenommenen Änderungen durch das Vierte Finanzmarktförderungsgesetz („4. FGG") im Jahre 2002, durch welches u.a. auch eine Herausnahme der „Börsentermingeschäfte" in das WpHG durch das 4. FGG im Jahre 2002 stattgefunden hatte.[816]

Die Verortung des Straftatbestandes der Verleitung zu Börsenspekulationsgeschäften im Börsengesetz ist jedoch nach wie vor gerechtfertigt.

Der Standort des Straftatbestandes „Verleitung zu Börsenspekulationsgeschäften" im Börsengesetz wird in der Literatur teilweise als Relikt eines früheren Rechtszustandes angesehen.[817] Schließlich seien auch (heute) unstreitig Spekulationsgeschäfte außerhalb der Börse erfasst. Zudem erfasse der Straftatbestand das Vertragsverhältnis zwischen Wertpapierdienstleistern und Anlegern, also das Verhältnis Händler und Kunde, und er gehöre deshalb nach neuerer Konzeption nicht in das BörsG, weswegen u.a. auch eine Herausnahme der „Börsentermingeschäfte" aus dem BörsG und eine Umsiedlung dieser in das WpHG durch das 4. FGG im Jahre 2002 stattgefunden habe, welche nun dort als „Finanztermingeschäfte" bezeichnet werden.[818]

Eine Umstellung des Standortes des Straftatbestandes auf das WpHG sollte dennoch nicht erfolgen. Der derzeitige Standort ist nach wie vor rechtlich zu bevorzugen.

---

814 Siehe hierzu das Tatbestandsmerkmal des „Verleitens", S. 152 f.

815 Vgl. *Samtleben* in ZBB 2003, 69, 75; *Benner*, in: Volk, Verteidigung in Wirtschafts- und Steuerstrafsachen, 2006, § 22 Rn. 679.

816 Vgl. *Kienle*, in Schimansky/Bunte/Lwowski, Bankrechts-Handbuch, 3. Aufl., (2007), § 106, Rn. 1.; *Samtleben* z.B. in ZBB 2003, 69, 73.

817 So *Samtleben* z.B. in ZBB 2003, 69, 74, 75.

818 Vgl. *Kienle*, in: Schimansky/Bunte/Lwowski, Bankrechts-Handbuch, 3. Aufl. (2007), § 106, Rn. 1.; *Samtleben* z.B. in ZBB 2003, 69, 73.

II. Historischer Hintergrund

Die Verortung des Straftatbestandes im BörsG hat zunächst historische Gründe.

Schon zu Beginn der Entstehung des Börsengesetzes am 22. Juni 1896 wurde der Straftatbestand im BörsG, dem damaligen § 78 BörsG, verortet.[819] Das Wertpapierhandelsgesetz ist hingegen erst am 01.08.1994 bzw. am 01.01.1995 in Kraft getreten.[820] Bis zum Inkrafttreten des WpHG konnte demnach der Straftatbestand der Verleitung zu Börsenspekulationsgeschäften nur im BörsG seinen Niederschlag finden.

Bis zum Jahre 1986[821] wurde der sachliche Anwendungsbereich des Straftatbestandes durch den BGH eng umgrenzt. Nach diesem bedrohte der Straftatbestand nur die Verleitung zu solchen Spekulationsgeschäften mit Strafe, die an einer inländischen amtlichen Börse getätigt wurden.[822] Erst durch die Einführung des Abs. 2 in § 89 n.F. (heutige §§ 49, 26 BörsG) wurde klargestellt, dass der Straftatbestand neben außerbörslichen Geschäften auch Geschäftsabschlüsse an ausländischen Börsen erfassen soll.

Richtig ist somit der Einwand, dass der Straftatbestand heute nicht nur börsliche Geschäfte erfasse. Ihn alleine deswegen jedoch aus dem BörsG verbannen zu wollen, scheint nicht gerechtfertigt zu sein. Denn immer noch werden auch börsliche Geschäfte erfasst.

III. Diskrepanz zwischen Finanztermin- und Börsenspekulationsgeschäften

Zudem besteht zwar eine Diskrepanz zwischen dem Begriff des Finanztermingeschäfts und dem des Börsenspekulationsgeschäfts.[823] Diese ist jedoch notwendig. Würde strafrechtlicher Schutz nur bei Finanztermingeschäften bestehen, dann würden sich Strafbarkeitslücken auftun.[824] Die bestehende Diskrepanz ist mithin nicht Relikt eines früheren Rechtszustands, sondern zur Gewährleistung eines möglichst umfassenden strafrechtlichen Schutzes auch heute noch so gewollt und durchaus sinnvoll.

---

819 Siehe hierzu „Geschichte des Straftatbestandes im BörsG“, S. 18.

820 BGBl. I 1994, Nr. 48, 1749, 1784.

821 Also bis zum 2. WiKG, BGBl. I. 15.05.1986, Nr. 21, S. 721, Art. 3 (S. 725).

822 BGH ZIP 1983, 148 = BGH 5 StR 342/82, Urteil vom 09.11.1982.

823 Eine Diskrepanz bestand auch schon zwischen „Börsentermingeschäft“ und „Börsenspekulationsgeschäft“, sprich vor dem 4. FGG.

824 Siehe hierzu S. 28 f.

Durch die „räumliche“ Trennung zwischen den heutigen „Finanztermingeschäften“ und den „Börsenspekulationsgeschäften“ wird zudem deutlich, dass beide Begriffe nicht synonym zu verstehen sind. Durch die Verortung der beiden Begriffe in verschiedenen Gesetzen ist der Unterschied nun auch optisch sichtbar. Börsenspekulationsgeschäfte erschöpfen sich einerseits gerade nicht im gesteckten Rahmen des WpHG, können diesen aber auch nicht immer ausfüllen.[825]

Richtig ist zwar weiterhin auch, dass der Straftatbestand das Verhältnis Händler und Kunde, also praktisch allein Börsenaußengeschäfte erfasse[826] und nicht etwa die Organisation und den Aufbau der Börse an sich, was primär Regelungsgegenstand des BörsG ist.[827] Das WpHG hingegen behandelt v.a. im Rahmen der Finanztermingeschäfte gerade das Verhältnis Händler und Kunde. Die Einbettung des Straftatbestandes in das WpHG könnte somit „harmonisiert“ werden.

Dieses Argument überzeugt jedoch hauptsächlich nur in Bezugnahme auf die Verschiebung der „Börsen- bzw. Finanztermingeschäfte“ vom BörsG in das WpHG. Diese Verschiebung hatte v.a. den Beweggrund der Vermeidung des weiteren Eingreifens des Börsengesetzes in die materiellen Rechtsverhältnisse eines Börsentermingeschäfts.[828] Der Straftatbestand der Verleitung zu Börsenspekulationsgeschäften hat hingegen mit den materiellen Rechtsverhältnissen zwischen Händler und Kunde nichts zu tun. Dieser betrifft lediglich die strafrechtliche Seite und gehört somit ausschließlich dem öffentlichen Recht an.

Eine unbedingte Notwendigkeit der Hinzufügung des Straftatbestandes gerade in das WpHG besteht somit nicht. Die weiter bestehende Zugehörigkeit zum BörsG ist unschädlich. Die besseren Gründe sprechen für die Beibehaltung des bestehenden Rechtszustandes, denn auch im Fall der Verortung des Straftatbestandes im WpHG könnte dem Straftatbestand eine partielle Fremdkörperartigkeit nicht abgesprochen werden. Dass der Straftatbestand nämlich nach wie vor am richtigen Platz verortet ist, kann zunächst durch das folgende praktische Argument gestützt werden:

---

825 Siehe hierzu S. 28 f.

826 Vgl. *Samtleben* in Hopt/Rudolph/Baum, S. 489 f.

827 Vgl. *Fuchs*, in: Fuchs, WpHG Kommentar, 2009, Einl. Rn. 2.

828 Vgl. *Kienle*, in: Schimansky/Bunte/Lwowski, Bankrechts-Handbuch, 3. Aufl. (2007), § 106, Rn. 1.

IV. Praktische Argumente

Die Aussiedelung des Straftatbestandes der Verbotenen Marktmanipulation durch das 4. FGG im Jahre 2002 vom BörsG in das WpHG[829] hatte vorrangig den Zweck, die BaFin mit der Überwachung des Straftatbestandes nach § 20b Abs. 1 WpHG a.F. betraut zu machen.[830] Würde der Straftatbestand der Verleitung zu Börsenspekulationsgeschäften in das WpHG ausgesiedelt werden, so würde dieser ebenso unter den heutigen § 4 Abs. 2 WpHG fallen. Der BaFin würde somit die Aufgabe der Überwachung auch dieser Vorschrift obliegen.[831] Ob dies tatsächlich sinnvoll wäre, scheint fraglich. Schon vom praktischen Standpunkt her gesehen, würde dies wohl ein kaum zu bewältigendes Unterfangen darstellen. Die BaFin wäre zumindest verpflichtet, bei der Staatsanwaltschaft Anzeige zu erstatten, wenn sich bei ihrer Aufsichtstätigkeit der Verdacht einer Straftat ergibt.[832] Eine Anzeigepflicht der BaFin bestünde aber nicht nur bei eigenen Ermittlungen nach § 4 Abs. 3, 4 WpHG, sondern auch dann, wenn aufgrund sonstiger Erkenntnisse Verdachtsmomente entstehen.[833] Diese können durchaus aufgrund von Hinweisen aus der Bevölkerung gewonnen werden. Eine Beaufsichtigung der Vorschriften gemäß den heutigen §§ 49, 26 BörsG durch die BaFin würde somit eine erhebliche Mehrbelastung für die Behörde bedeuten und zudem, im Gegensatz zum Kontrollbedürfnis bezüglich der Manipulation von Börsen- und Marktpreisen, einer Notwendigkeit entbehren.

Denn anders als der Straftatbestand der verbotenen Marktmanipulation gem. §§ 38 Abs. 2, 20a WpHG, welcher generell die Zuverlässigkeit und Wahrheit der Preisbildung an Börsen und Märkten schützen soll,[834] gewährleistet der Straftatbestand der Verleitung zu Börsenspekulationsgeschäften „lediglich“ den individuellen Schutz des Vermögens von Personen, die in Börsenspekulationsgeschäften unerfahren sind,[835] Zwar gewährleistet der Straftatbestand der verbotenen Marktmanipulation auch einen Vermögensschutz für diejenige, welche

---

829 BGBl. I 2002, Nr. 39, S. 2010, 2029, 2032.

830 Vgl. *Fleischer*, in: Fuchs, WpHG Kommentar, 2009, Vor §§ 20a Rn. 15 f.

831 Der gesetzliche Überwachungsauftrag der BaFin erstreckt sich auch heute nicht auf § 26 BörsG; vgl. *Benner*, in: Volk, Verteidigung in Wirtschafts- und Steuerstrafsachen, 2006, § 22 Rn. 679; siehe unten zu Überwachungsauftrag der BaFin „Compliance“, S. 265 f.; a.A. wohl *Bröker*, in: MüKo, Nebenstrafrecht II Band 6/1, 2010, § 26 BörsG Rn. 3.

832 Vgl. *Schlette/Bouchon*, in: Fuchs, WpHG Kommentar, 2009, § 4 Rn. 86.

833 Vgl. *Schlette/Bouchon*, in: Fuchs, WpHG Kommentar, 2009, § 4 Rn. 87.

834 Vgl. *Fleischer*, in: Fuchs, WpHG Kommentar, 2009, Vor § 20a Rn. 1f.

835 *Schröder*, Handbuch Kapitalmarktstrafrecht, 2. Aufl. (2010), Rn. 771 f.

Kapital an den organisierten Märkten investieren. Dieser Vermögensschutz ist jedoch überindividueller bzw. nur mittelbar individueller Natur.[836] Eine präventive Kontrolle individueller Interessen lässt sich mit den Aufgaben der BaFin nicht vereinbaren.

V. Systematische Argumente

Aber auch mit dem gesamten Regelungsgehalt des WpHG lässt sich der Straftatbestand der Verleitung zu Börsenspekulationsgeschäften nicht unbedingt vereinbaren. Die Regelungen des WpHG sollen primär dazu beitragen, die Funktions- und Wettbewerbsfähigkeit des deutschen Kapitalmarktes zu fördern[837] und nicht Individualschutz zu gewährleisten.[838] Die Funktions- und Wettbewerbsfähigkeit des Kapitalmarktes kann freilich nur gefördert werden, wenn auch das Vertrauen der Anleger gewährleistet wird, was zwar ebenso mit Sanktionen in Form von Strafvorschriften sichergestellt werden kann. Hierzu bedarf es aber vielmehr überindividueller Sanktionsformen,[839] zu welchen der Straftatbestand der Verleitung zu Börsenspekulationsgeschäften jedoch nicht gezählt werden kann. Dieser schützt in erster Linie den Anleger und sein Vermögen und nicht den Kapitalmarkt an sich und dessen Funktionsfähigkeit. Das geschieht nur reflexartig, wobei dem Straftatbestand, wie auch dem Betrug gem. § 263 StGB, dennoch auch eine nicht zu unterschätzenden Bedeutung bezüglich des Schutzes des Anlegers zukommt und schon deswegen für einen funktionierenden Finanzmarkt unabdingbar sind. Die Intention des Schutzzwecks der Norm ist aber im Vergleich zu den anderen beiden Strafvorschriften des WpHG, dem Straftatbestand der Verbotenen Marktmanipulation gem. §§ 20a, 38 Abs. 2 WpHG und dem Straftatbestand des Verbots von Insidergeschäften nach §§ 14, 38 Abs. 1 WpHG eine andere, nämlich primär individueller und nicht überindividueller Natur.[840]

---

836 Siehe hierzu oben zum Verbot der Marktmanipulation, S. 175 f.; vgl. *Forst*, BKR 2009, 454, 456.

837 Vgl. BT-Drucks. 12/6679, S. 33.

838 Vgl. *Brinckmann*, BKR 2010, 45, 49, welcher einen Vergleich zwischen zivilrechtlichem und aufsichtsrechtlichem Schutz zieht.

839 Zu diesen überindividuell Schützenden Strafvorschriften kann hingegen der Straftatbestand der Verbotenen Marktmanipulation gem. §§ 20a, 38 Abs. 2 WpHG und der Straftatbestand des Verbots von Insidergeschäften nach §§ 14, 38 Abs. 1 WpHG gezählt werden.

840 Vgl. *Hienzsch*, HRR 2006, 144, 145 zum Insiderhandelsverbot.

Auch im systematischen Vergleich passt daher der Straftatbestand der Verleitung zu Börsenspekulationsgeschäften nicht unbedingt in das Regelwerk des WpHG.

Der Gesetzgeber hat, zumal nur zwei Strafvorschriften im BörsG bis zum 4. FFG existierten,[841] somit durchaus bewusst lediglich den Straftatbestand der Verbotenen Marktmanipulation in das WpHG aufgenommen. Der Verbleib der Strafvorschrift der Verleitung zu Börsenspekulationsgeschäften ist mithin vom Gesetzgeber so gewollt und auch aus den genannten Gründen folgerichtig.

VI. Ergebnis

Als Ergebnis lässt sich somit festhalten, dass es keine Notwendigkeit für eine Verschiebung des Straftatbestandes in das WpHG gibt. Zwar ist auch der Verbleib der Vorschrift im BörsG nicht unbedingt zufriedenstellend, denn dieser hat wenig mit dem primären Regelungsgegenstand des BörsG, sprich Organisation und Aufbau der Börse zu tun. Die Alternative, diesen Straftatbestand im WpHG zu verorten, wäre jedoch mindestens genauso unzufriedenstellend. Der Grund hierfür liegt zum einen darin, dass der Straftatbestand im Gegensatz zu den Regelungen des WpHG primär einen individuellen Schutz bezweckt, welches v.a. im Vergleich zu den beiden anderen überindividuellen Strafvorschriften deutlich wird. Zum anderen sprechen praktische Erwägungen gegen eine Einbeziehung des Straftatbestandes in das WpHG, denn im Fall der Einbeziehung wäre die BaFin daran gehalten auch die Einhaltung der Vorschriften, welche den Straftatbestand der Verleitung zu Börsenspekulationsgeschäften betreffen, zu kontrollieren. Freilich könnte dieser „Kontrollzwang“ in einem neuen potentiellen Regelwerk des WpHG wieder ausgeschlossen werden. Hierdurch würde aber der Straftatbestand zu einem Fremdkörper des WpHG, denn die BaFin hat die Einhaltung der Vorschriften des WpHG zu überwachen.[842] Es würde schlicht keinen Sinn machen, eine Vorschrift extra in das WpHG aufzunehmen, diese dann aber wieder in einem zweiten Schritt der Kontrollbefugnis der BaFin entziehen zu müssen.

Weniger dogmatische und rechtliche Probleme ergeben sich daher, wenn der Straftatbestand der Verleitung zu Börsenspekulationsgeschäften als einziger Straftatbestand des Börsengesetzes dort verbleibt, wo er zumindest in systematischer Hinsicht schon seit 1896 keine Probleme bereitete: im Börsengesetz.

---

841 Den unter § 89 BörsG fallenden Straftatbestand der Verleitung zu Börsenspekulationsgeschäften und den unter § 88 BörsG fallenden Straftatbestand der Verbotenen Marktmanipulation.

842 *Schlette/Bouchon*, in: Fuchs, WpHG Kommentar, 2009, § 4 Rn. 3.

N. §§ 49, 26 BörsG als Schutzgesetz i.S.v. § 823 Abs. 2 BGB

Die §§ 49, 26 BörsG stellen als Strafnorm ein Schutzgesetz i.S.d. § 823 Abs. 2 BGB dar.[843] Dies hat sich auch durch die regulatorische Trennung des Straftatbestandes in Bezugsnorm bzw. blankettausfüllende Norm[844] (§ 26 BörsG) und Strafnorm (§ 49 BörsG) im Zuge des 4.FFG aus dem Jahre 2002 nicht geändert.[845]

Nicht gefolgt werden kann der Auffassung von *Bröker*, dass „mit der Aufspaltung in eine Bezugsnorm und eine Strafnorm § 26 dogmatisch seine Funktion als Schutzgesetz [verliere]",[846] Nach *Bröker* werde die Konsequenz der durch den Gesetzgeber geschaffenen Aufspaltung verkannt.[847]

Bröker macht zum einen geltend, dass „einer Bezugsnorm, wie es der Gesetzgeber selbst ausdrücklich genannt hat, grundsätzlich keine Schutzfunktion im Sinne des § 823 Abs. 2 BGB zukommen [kann], zumal die Verletzung eines Schutzgesetzes zivilrechtlich automatisch die Widerrechtlichkeit indiziert",[848]

Warum jedoch einer Bezugsnorm keine Schutzfunktion zukommen können sollte, ist nicht ersichtlich. Weder Sinn und Zweck des § 823 Abs. 2 BGB sprechen für eine gegenteilige Auffassung, noch lässt sich diese Behauptung aufgrund anderer gesetzlicher Bezugsnormen stützen.

Gemäß Art. 2 EGBGB ist Gesetz i.S.d. § 823 Abs. 2 BGB jede Rechtsnorm.[849] Bezugsnormen stellen Gesetze im materiellen Sinne dar und erfüllen schon von vornherein den „Gesetzesbegriff" des § 823 Abs. 2 BGB. Liegen die weiteren Voraussetzungen des § 823 Abs. 2 BGB vor, so kann ohne weiteres eine Bezugsnorm Schutzwirkung entfalten. Alleine aufgrund der Normqualität lässt sich mithin die Schutzgesetzeigenschaft vorliegend nicht verneinen.

---

843 *Hopt*, in: Baumbach/Hopt, HGB Kommentar, 35. Aufl. (2012), § 26 BörsG Rn. 3; *Worms*, in: Assmann/Schütze, Handbuch des Kapitalanlagerechts, 3. Aufl. (2007), § 9 Rn. 39; *Benner*, in: Volk, Verteidigung in Wirtschafts- und Steuerstrafsachen, 2006, § 22 Rn. 651 zu §§ 23, 61 a.F. BörsG; *Schwark*, in: Schwark/Zimmer, Kapitalmarktrechtskommentar, 4. Aufl. (2010), § 23 Rn. 8 f. zu §§ 23, 61 BörsG a.F.; so wohl auch (noch) *Hagemann*, „Grauer Kapitalmarkt" und Strafrecht, 2005, § 5 C, S. 395.

844 *Bröker*, in: MüKo, Nebenstrafrecht II Band 6/1, 2010, § 26 BörsG Rn. 8.

845 Siehe oben zu „Geschichte des Straftatbestandes im BörsG", S. 18.

846 *Bröker*, in: MüKo, Nebenstrafrecht II Band 6/1, 2010, § 26 BörsG Rn. 6 f.

847 *Bröker*, in: MüKo, Nebenstrafrecht II Band 6/1, 2010, § 26 BörsG Rn. 6 f.

848 *Bröker*, in: MüKo, Nebenstrafrecht II Band 6/1, 2010, § 26 BörsG Rn. 6 f.

849 *Wagner*, in: MüKo, BGB Kommentar, 5. Aufl. (2009), § 823 Rn. 332.

Diese Auffassung wird auch durch den folgenden systematischen Vergleich gestützt, denn *Bezugsnormen* werden beim Vorliegen der Voraussetzungen ohne weiteres als Schutzgesetze i.S.d. § 823 Abs. 2 BGB herangezogen. Hierfür sei etwa nur § 32 KWG zu erwähnen. Dieser dient als Bezugsnorm der Strafnorm § 54 Abs. 1 Nr. 2 KWG und ist als Schutzgesetz i.S.d. § 823 Abs. 2 BGB allgemein anerkannt.[850] Ebenso verhält es sich mit § 4 MPG als Bezugsnorm und § 40 Abs. 1 Nr. 1 MPG als Strafnorm.[851] Der pauschalen Behauptung, dass „grundsätzlich" einer Bezugsnorm keine Schutzfunktion zukommen könne, kann somit nicht gefolgt werden.

Unschädlich ist demzufolge auch, dass die Verletzung des Schutzgesetzes automatisch die Widerrechtlichkeit indiziert. Es ist nicht ersichtlich, warum das geschädigte Opfer die vom Täter praktizierten Handlungen hinnehmen sollte.

Die §§ 49, 26 BörsG ergeben zusammen die Vollvorschrift,[852] welche als solche Schutzgesetz i.S.d. § 823 Abs. 2 BGB ist.

Zum anderen macht *Bröker* geltend, dass „im Übrigen [bei Vorliegen der Schutzgesetzeigenschaft von §§ 49, 26 BörsG] dann auch die Ausgestaltung als gesetzliches Verbot im Sinne des § 134 BGB mit der Nichtigkeitsfolge entbehrlich [wäre]".[853]

Die Tatsache, dass § 26 BörsG ein Schutzgesetz i.S.d. § 823 Abs. 2 BGB darstellt, macht die Ausgestaltung des § 26 BörsG als Verbotsgesetz jedoch nicht entbehrlich. Beide Eigenschaften, also Schutzgesetz- und Verbotsgesetzeigenschaft, schließen sich nicht gegenseitig aus sondern können unbedenklich nebeneinander bestehen bleiben. Ein Konkurrenzverhältnis besteht insofern nicht. So stellte z.B. § 611a BGB sowohl ein Verbotsgesetz i.S.d. § 134 BGB[854] als auch ein Schutzgesetz i.S.d. § 823 Abs. 2 BGB[855] dar. Und auch § 32 Abs. 1 Satz 1 KWG kann sowohl Schutzgesetz als auch Verbotsgesetz i.S.d. § 134 BGB sein.[856]

---

850 Vgl. BGH III ZR 238/03; BGH VI ZR 341/04; BGH VI ZR 340/04; *Schwennicke*, in: Schwennicke/Auerbach, KWG Kommentar, 2009, § 32 Rn. 77; *Häberle*, in: Erbs/Kohlhaas, Strafgesetzliche Nebengesetze, 2011, § 32 KWG Rn. 10.

851 Vgl. *Rehmann/Wagner*, Medizinproduktegesetz, 2005, § 4 Rn. 8.

852 Vgl. *Fischer*, StGB Kommentar, 58. Aufl., 2011, § 1 Rn. 5a; *Schmitz* in MüKo, StGB Kommentar, 2003, § 1 Rn. 49.

853 *Bröker*, in: MüKo, Nebenstrafrecht II Band 6/1, 2010, § 26 BörsG Rn. 6 f.

854 *Richardi*, in: Münchener Handbuch zum Arbeitsrecht, 2. Aufl. (2000), § 46 Rn. 6.

855 BVerfGE 89, 276 = 1 BVR 258/86 Rn. 32 (juris).

856 Vgl. *Schwennicke*, in: Schwennicke/Auerbach, KWG Kommentar, 2009, § 32 Rn. 76 f.; OLG Stuttgart NJW 1980, 1798, 1800; *Armbrüster*, in: MüKo, BGB Kommentar, 6. Aufl. (2012), § 134 Rn. 69.

Dies macht auch Sinn. Denn die sich aus der Nichtigkeit nach § 134 BGB ergebenden bereicherungsrechtlichen Ansprüche verdrängen nicht eventuell bestehende Schadensersatzansprüche. Demzufolge kann auch nicht das Argument von *Bröker* durchschlagen, dass „es auf diese Einstufung- Schutzgesetz oder Verbotsnorm- bei der Frage der Verjährung und der Rechtsprechung des BGH zum Verjährungsbeginn bei Termingeschäften im Zusammenhang mit §§ 823, 826 BGB an[komme]", welches erhebliche Konsequenzen für die Rechtspraxis hätte.[857] Denn die Verjährung von Bereicherungsansprüchen beträgt, wie bei den Schadensersatzansprüchen gem. § 823 BGB, drei Jahre (§ 195 BGB).[858] Der Verjährungsbeginn bei Bereicherungsansprüchen bestimmt sich nach § 199 Abs. 1 BGB, bei Schadensersatzansprüchen gem. § 823 Abs. II i.V.m §§ 49, 26 BörsG, § 826 BGB nach § 199 Abs. 1 bzw. Abs. 3 BGB. Ein möglicher unterschiedlicher Verjährungsbeginn zwischen Bereicherungsrecht und Schadensersatzanspruch ist nicht schädlich sondern de lege lata.

O. Verfassungsrechtliche Bedenken

Verfassungsrechtliche Bedenken bezüglich des Straftatbestandes der Verleitung zu Börsenspekulationsgeschäften können sich zum einen aufgrund des Tatbestandsmerkmals des „Börsenspekulationsgeschäfts" und zum anderen aufgrund der Aufteilung des Straftatbestandes in „unechte" Blankettnorm[859] (§ 49 BörsG) und blankettausfüllende Norm (§ 26 BörsG) ergeben.

I. Unbestimmtheit des Begriffs „Börsenspekulationsgeschäft"

Nach *Bröker* sei „die offene, beispielhafte Beschreibung der Börsenspekulationsgeschäfte in § 26 Abs. 2 BörsG für einen Straftatbestand zu unbestimmt".[860]

Dieser Kritik kann jedoch nicht gefolgt werden. Ein gesetzlicher Tatbestand ist dann bestimmt, wenn die Voraussetzungen der Strafbarkeit so konkret umschrieben sind, dass der Einzelne die Möglichkeit hat, sein Verhalten auf die Rechtslage

857 *Bröker*, in: MüKo, Nebenstrafrecht II Band 6/1, 2010, § 26 BörsG Rn. 6 f.

858 Vgl. *Ellenberg*, in: Palandt, 71. Aufl. (2012), § 195 Rn. 4, 5.

859 Siehe zu der Unterscheidung zw. „echten" bzw. „engen" und „unechten" bzw. „weiten" Blankettgesetzen BGHSt 6, 30, 41 f., *Dietmeier*, Blankettstrafrecht, 2002, S. 41 f.

860 *Bröker*, in: MüKo, Nebenstrafrecht II Band 6/1, 2010, § 26 BörsG Rn. 4 f., 8; *Weber* WM 1986, 1133, 1138.

einzurichten, und wenn sich Tragweite und Anwendungsbereich des Straftatbestandes erkennen lassen.[861] Aufgrund der Konkretisierung durch § 26 Abs. 2 BörsG kann der Einzelne sein Verhalten sicher auf die Rechtslage einrichten, denn Tragweite und Anwendungsbereich des Straftatbestandes lassen sich hieraus gerade ausreichend schließen. Die §§ 49, 26 BörsG lassen das zu schützende Rechtsgut ebenso klar erkennen wie die besonderen Gefahren, vor denen der Gesetzgeber dieses mit Hilfe des Tatbestandes bewahren will.[862] Auch lässt der Straftatbestand der Verleitung zu Börsenspekulationsgeschäften eine konkretisierende Auslegung zu.

Die meisten der Börsenspekulationsgeschäfte lassen sich unter § 26 Abs. 2 BörsG subsumieren.[863] Die nicht abschließende Formulierung des zweiten Absatzes durch den Einschub „insbesondere“ führt nicht zur Unbestimmtheit des Straftatbestandes, denn die Dynamik des Kapitalmarktes macht eine Öffnungsklausel notwendig. Nur hierdurch kann verhindert werden, dass durch Konstruierung gleich vermögensgefährdender Produkte es zu einer Umgehung des Straftatbestandes kommt, wodurch Strafbarkeitslücken und ein minderwertiger Anlegerschutz die Folgen wären. Eine „starre“ Definition des Begriffs „Börsenspekulationsgeschäft“ ist bei der Vielfalt der angebotenen Finanzprodukte gar nicht erst möglich.[864]

Der bestehende Aufwand, ein Börsenspekulationsgeschäft zu bestimmen,[865] kann wiederum nicht auf die Unbestimmtheit des Straftatbestades zurückgeführt werden, sondern die Schwierigkeiten ergeben sich aufgrund der Komplexität der zu subsumierenden, zumeist derivativen, Finanzprodukte. Um eine Einordnung als Börsenspekulationsgeschäft vornehmen zu können, muss auch das jeweilige

---

861 Fischer, StGB Kommentar, 58. Aufl. (2011), § 1 Rn. 5; diese Grundsätze gelten jeweils auch für Blankettnormen und deren ausfüllende Vorschrift, vgl. Fischer, StGB Kommentar, 58. Aufl. (2011), § 1 Rn. 5a.

862 Vgl. BVerfG, BvR 2 2559/08, Rn. 85, Beschluss vom 23.06.2010, zu finden über http://www.bundesverfassungsgericht.de/entscheidungen/rs20100623_2bvr255908.html?Suchbegriff=2+BvR+2559%2F08.

863 Siehe oben zu dem Tatbestandsmerkmal der „Börsenspekulationsgeschäfte“, S. 20 ff.; so kann beispielshaft für einen nicht auf einen in § 26 Abs. 2 BörsG normierten Fall der Handel mit Indizes genannt werden, welcher zumeist ein Börsenspekulationsgeschäft darstellt. Eine vergleichbare Lage mit einem Wertpapiertermindirektgeschäft im engeren Sinne, welches unter die beispielhaft erwähnte Legaldefinition des § 26 Abs. 2 BörsG fällt, liegt hier aber auf der Hand.

864 Laut der FAZ vom 16.02.2010, S. 18, belief sich die Anzahl der Zertifikate und Hebelprodukte in Deutschland im Dezember 2009 auf rund 351.000 verschiedene Typen.

865 Siehe hierzu nur zum Tatbestandsmerkmal des „Börsenspekulationsgeschäfts“, S. 31 ff.

Geschäft und dessen zugrundeliegenden Funktionen verstanden werden. Aufgrund der herrschenden Kreativität bei der Entwicklung von Finanzprodukten[866] ist eine treffendere Bestimmung als die Vorliegende kaum zu erschaffen. Anhand der Legaldefinition in § 26 Abs. 2 BörsG kann der Rechtsanwender auf „Anbieterseite" direkt ableiten, ob sein angebotenes Finanzprodukt dieser entspricht bzw. ob eine Vergleichbarkeit vorliegt.

Der Begriff des „Börsenspekulationsgeschäfts" ist zudem ein ausschließlich in § 49, 26 BörsG vorkommendes Tatbestandsmerkmal. Er ist weder mit dem Begriff des Börsentermin- bzw. Finanztermingeschäfts des WpHG[867] noch mit dem Begriff des Differenzgeschäfts i.S.d. § 764 BGB a.F.[868] deckungsgleich. Dies hat jedoch seine Bewandtnis, denn mittels eines neutralen, eigenständigen und nur partiell anlehnenden Begriffs, lassen sich Strafbarkeitslücken schließen. Dem Begriff geht es nicht um die Einordnung in eine bestimmte Kategorie für etwa aufsichtsrechtliche Zwecke, wie dem Begriff des „Finanztermingeschäfts", sondern er möchte möglichst alle Geschäfte mit einer gleich gelagerten tatbestandsspezifischen Gefahrenlage erfassen, um größtmöglichen Anlegerschutz gewährleisten zu können. Es hat demzufolge stets eine Einzelfallbetrachtung des jeweils vorliegenden Finanzproduktes stattzufinden, welche jedoch nur aufgrund der zu begutachtenden, oft sehr komplexen Materie schwer fällt. Eine Unbestimmtheit des Begriffs „Börsenspekulationsgeschäft" resultiert aus der Notwendigkeit der Einzelfallbetrachtung jedoch nicht. Diese hat, wie bei anderen Straftatbeständen auch, stets stattzufinden.

Eine Unbestimmtheit des Begriffs „Börsenspekulationsgeschäft" kann demzufolge nicht konstatiert werden.

II. Aufteilung der Strafnorm in Blankettnorm und blankettausfüllende Norm

Nicht gefolgt werden kann auch der Auffassung von *Bröker*, dass beim Straftatbestand gem. §§ 49, 26 BörsG eine „mehrfache Bezugstechnik" angewandt wurde, welche „dem verfassungsrechtlichen Bestimmtheitsgebot zuwider laufe".[869]

---

866 Siehe hierzu die S. 31 ff.

867 Siehe hierzu oben, S. 28 f.

868 So erfasst ein Differenzgeschäft etwa auch ein getätigtes Hedgegeschäft, ein Börsenspekulationsgeschäft erfasst dieses gerade nicht.

869 *Bröker*, in: MüKo, Nebenstrafrecht II Band 6/1, 2010, § 26 BörsG Rn. 4 f., 8.

Zum einen wurde zu keinem Zeitpunkt im Rahmen des Straftatbestandes eine „mehrfache" Bezugstechnik durch den Gesetzgeber angewandt[870] und zum anderen führt auch eine mehrfache Bezugstechnik nach h.M. nicht automatisch zu einem verfassungswidrigen Zustand.

§ 49 BörsG als Blankettnorm verweist nur auf § 26 Abs. 1 BörsG als blankettausfüllende Norm, wodurch lediglich „einfach" Bezug genommen wird. Eine solche Bezugstechnik ist verfassungsrechtlich unbedenklich.[871] Zwar verweist § 26 Abs. 1 BörsG indirekt auf § 26 Abs. 2 BörsG. § 49 BörsG nimmt jedoch nur auf § 26 Abs. 1 BörsG Bezug. § 26 Abs. 2 BörsG stellt lediglich eine Legaldefinition dar, dient mithin nur zur Konkretisierung des unbestimmten Rechtsbegriffs „Börsenspekulationsgeschäft" und weist keinen eigenen Verbotsinhalt auf. § 26 Abs. 2 BörsG stellt somit keine eigene Bezugsnorm von § 49 BörsG dar. Verfassungsrechtliche Bedenken bestehen aufgrund einer solchen Gesetzestechnik nicht.[872] Zudem ist keine räumliche Trennung vorhanden, welche die Übersichtlichkeit beeinflussen könnte.

Der Rechtsanwender wird von der „einfachen" Bezugstechnik nicht überfordert.

Verfassungsrechtliche Bedenken ergeben sich bei einer Blankettstrafnorm stets nur dann, wenn die Verweisungstechnik zu einer erheblichen Unübersichtlichkeit führt[873] und die Bezugsnormen mehrfach unbestimmte Rechtsbegriffe aufweisen[874] oder es sich um „echte" Blankettverweisungen handelt.[875]

Weder führt die Verweisungstechnik des Straftatbestandes gem. §§ 49, 26 BörsG zu einer erheblichen Unübersichtlichkeit, denn es wird lediglich von § 49 BörsG auf § 26 Abs. 1 BörsG verwiesen, noch weist § 26 BörsG, außer dem Begriff des „Börsenspekulationsgeschäfts", weitere unbestimmte Rechtsbegriffe auf. Dass dieser jedoch verfassungsrechtlich unbedenklich ist, wurde oben ausgeführt. Auch

---

870 *Bröker* suggeriert (vgl. den Verweis in *Bröker* in MüKo, Nebenstrafrecht II Band 6/1, 2010, § 26 BörsG Fn. 10 auf *Park* NStZ 2007, 369, 372) die Konstruktion einer mehrfachen Bezugstechnik bei §§ 49, 26 BörsG, welche jedoch vielmehr bei der strafbaren Marktmanipulation oder dem strafbaren Insiderhandel nach den §§ 38, 39, 20 a, 14 WpHG angewandt werden, vgl. *Park,* NStZ 2007, 369, 375.

871 Vgl. *Dietmeier*, Blankettstrafrecht, 2002, S. 80, 112 f., 118.

872 Vgl. *Dietmeier*, Blankettstrafrecht, 2002, S. 80, 112 f., 118.

873 Vgl. *Kohlmann*, in: Festschrift Vieregge, 1995, S. 443, 454, welcher aufgrund der „Ausgestaltung des § 38 WpHG als Blankettstraftatbestand mit geradezu unendlichen Verweisungen auf andere Vorschriften des WpHG" einen „strafrechtlichen Overkill" als Folge konstatiert.

874 Vgl. *Park*, NStZ 2007, 369, 372.

875 Vgl. *Dietmeier*, Blankettstrafrecht, 2002, S. 41 f., 118.

stellt § 49 BörsG keine „echte" Blankettverweisung dar, denn die blankettausfüllende Ergänzung des Tatbestandes wird schon gar nicht von einer anderen Stelle und auch nicht zu einem anderen Zeitpunkt vorgenommen.[876]

Verfassungsrechtliche Bedenken können sich zwar bei mehrfach gestuften Blanketten, wie z.B. bei § 34 Abs. 4 AWG[877] oder § 38WpHG ergeben,[878] aber selbst in diesem Fall nimmt die wohl herrschende Meinung keinen Verstoß gegen das Bestimmtheitsgebot an, solange es denjenigen, die mit dem in Bezug genommenen Rechtsgebiet vertraut sind, möglich ist, sich über die blankettausfüllenden Vorschriften zu informieren.[879] Wo im Fall der §§ 49, 26 BörsG ein Informationshindernis vorliegen sollte, ist nicht ersichtlich.

Die verfassungsrechtlichen Bedenken bezüglich §§ 49, 26 BörsG sind demnach unbegründet.

P. Schlussbetrachtung

Trotz des schon seit 1896 bestehenden Straftatbestandes der „Verleitung zu Börsenspekulationsgeschäften", lässt sich eine einheitliche Auslegung in Literatur und Rechtsprechung bezüglich der einzelnen Tatbestandsmerkmale nicht feststellen. Dies scheint auf den ersten Blick nichts Außergewöhnliches zu sein, werden doch wohl die einzelnen Tatbestandsmerkmale der meisten Straftatbestände uneinheitlich ausgelegt. Hierbei geht es zumeist jedoch immer nur um Nuancen.

Nur selten wird über dogmatische Grundfragen gestritten. Nur selten etwa darüber, ob der Tatbestandsirrtum i.S.d. § 16 StGB bzw. der Verbotsirrtum i.S.d. § 17 StGB überhaupt auf einen bestimmten Straftatbestand Anwendung finden. Im Rahmen der §§ 49, 26 BörsG wird zumeist darüber nicht einmal gestritten sondern begründungslos schlicht einfach verneint bzw. einfach bejaht. Nach der oben erfolgten Herleitung sind jedoch beide Irrtumskonstellationen schon aus strukturellen Gründen *nicht* auf die §§ 49, 26 BörsG anwendbar. Schon alleine hieraus lässt sich eine gewisse Unsicherheit bei der Handhabung und Anwendung des Straftatbestandes sowohl in Praxis als auch in Literatur herauslesen.

---

876 Vgl. BGHSt 6, 30, 40 f.; *Dietmeier*, Blankettstrafrecht, 2002, S. 41 f.

877 Vgl. *Schmitz*, in: MüKo, StGB Kommentar, 2003, § 1 Rn. 49; BVerfG NJW 2004, 2213.

878 Vgl. *Kohlmann*, in: Festschrift Vieregge, 1995, S. 443, 454.

879 Vgl. etwa 2 BvL 11/85 Rn. 44 f. (juris); 2 BvR 374/90, Rn. 13 (juris); kritisch hierzu *Schmitz*, in: MüKo StGB Kommentar, 2003, § 1 Rn. 49.

Als weiteres Beispiel kann hierfür die Auslegung des Straftatbestandsmerkmals der „Unerfahrenheit" dienen. Teile der Literatur befürchten aufgrund der diesbezüglichen Auslegung des BGH eine zu „extensive Handhabung" und versuchen in ihren Definitionen diese „extensive" Handhabung zu unterbinden. Hierbei verkennen sie jedoch einerseits, dass auch der BGH eine zu extensive Handhabung gerade aufgrund der erfolgten Definition gleichfalls nicht bevorzugt. Und andererseits wird weiter verkannt, dass der eigene Versuch der Eingrenzung der extensiven Handhabung der Definition des BGH zudem der eigenen restriktiven Auslegung entspricht.

Auch diese teilweise bestehenden Auslegungsschwierigkeiten deuten auf eine noch heute bestehende Unsicherheit im Umgang mit dem Straftatbestand hin.

An diesem Beispiel wird zudem deutlich, dass eine gewisse Skepsis bezüglich des im Vergleich zum Betrug bestehenden vorgelagerten Rechtsschutzes besteht bzw. die Angst vor einer zu extensiven Handhabung des Straftatbestandes generell vorherrscht. Gerade aufgrund der Ereignisse auf dem Kapitalmarkt der letzten Jahre, welche v.a. durch die Finanzkrise ihren Negativhöhepunkt erreicht haben, ist jedoch die Notwendigkeit eines möglichst weit vorgelagerten und umfassenden Rechtsschutzes in allen Rechtsgebieten offensichtlich unentbehrlich.

Der Straftatbestand der Verleitung zu Börsenspekulationsgeschäften stellt zwar kein im Zuge dieser Finanzkrise entwickeltes Novum dar. Dass dieser Straftatbestand seine schützende Wirkung nur marginal ausüben konnte bzw. kann, liegt jedoch hauptsächlich an der Unbekanntheit des Straftatbestandes in der Praxis,[880] aber auch teilweise in der Rechtsprechung.[881] Präventive Mechanismen können aber ihre Wirkung jedoch nur dann wirksam entfalten, wenn diese auch dem Täterkreis bekannt sind.

Die Unbekanntheit des Straftatbestandes resultiert wiederum aus verschiedenen Gründen.

Zum einen sind hierfür historische Gründe, zum anderen strukturbedingte Gründe heranzuziehen. Bis zum Jahr 1986 hatte nämlich der BGH den Straftatbestand lediglich auf inländische Börsengeschäfte angewendet. Termingeschäfte wurden für Privatanleger durch die Deutsche Terminbörse (DTB) jedoch in Deutschland erst ab dem Jahre 1990 ermöglicht, so dass bis zum Jahr 1986 der Straftatbestand durch den BGH stark eingeschränkt wurde.

Eine „Aufbruchstimmung" bezüglich der Beachtung des Straftatbestandes kann jedoch auch nach dem Jahr 1986 nicht konstatiert werden. Eine verstärkte

---

880 Siehe hierzu unten, Compliance-Programme in der Praxis, S. 291 ff.

881 Siehe oben die aufgeführten Beispiele in der Fn. 4 auf S. 11.

Beachtung des Straftatbestandes hat zwar als Schutzgesetz i.S.d. § 823 Abs. 2 BGB stattgefunden, in strafrechtlicher Hinsicht hat sich jedoch der Bekanntheitsgrad kaum erhöht. Auch die in der Folgezeit ergangenen strafrechtlichen Verurteilungen bzgl. der §§ 49, 26 BörsG sind verschwindend gering. Fragen zur Notwendigkeit der Norm sind daher durchaus berechtigt, jedoch bei näherer Betrachtung unbegründet.

Gründe für die verhältnismäßige Unbekanntheit der Norm sind nämlich hauptsächlich in den Konkurrenztatbeständen des Straftatbestandes zu suchen. Hier v.a. der Straftatbestand des Betrugs gem. § 263 StGB, welcher regelrecht die §§ 49, 26 BörsG zu verdrängen droht.

Die vorhandenen Konkurrenzdelikte, auch § 263 StGB, können jedoch eine gleiche Schutzwirkung gerade nicht entfalten. Die §§ 49, 26 BörsG setzen viel früher an. Ein Vermögensschaden muss gerade nicht eingetreten sein bzw. dem Täter muss es auf einen solchen nicht einmal ankommen. Selbst ein unmittelbarer Vermögensvorteil stellt kein Tatbestandsmerkmal dar. Desweiteren muss auch eine Täuschungsabsicht beim Täter zur Tatbestandsbegehung nicht vorliegen. Zudem konsumiert konkurrenzrechtlich § 263 StGB nicht die §§ 49, 26 BörsG, sondern dieser steht bei Vorliegen der Voraussetzungen tateinheitlich daneben.

Zur Anwendung der Norm wird es jedoch sowohl zivilrechtlich als auch strafrechtlich meistens erst dann kommen, wenn überhaupt ein Vermögensschaden beim Anleger eingetreten ist. In diesem Fall wird zumeist auch der Betrug i.S.d. § 263 StGB einschlägig sein. Die §§ 49, 26 BörsG geraten daraufhin in vielen Fällen schlicht in Vergessenheit bzw. haben dann, zumindest zivilrechtlich gesehen, kaum eine Relevanz mehr. Erst wenn einzelne Tatbestandvoraussetzungen des § 263 StGB hierbei nicht vorliegen sollten, gewinnt der Straftatbestand der Verleitung zu Börsenspekulationsgeschäften wieder an Bedeutung. Aber auch in diesem Fall muss dieser dem Rechtsanwender überhaupt erst einmal bekannt sein. Es ist daher von einer hohen Dunkelziffer bei den §§ 49, 26 BörsG auszugehen.

Der Anwendungsbereich der Strafnorm ist mithin eingegrenzt, jedoch keinesfalls entbehrlich. Denn nur aufgrund der §§ 49, 26 BörsG kann überhaupt ein umfassender Anlegerschutz gewährleistet werden. Der von den §§ 49, 26 BörsG gewährleistete Schlusssteincharakter im Gefüge des strafrechtlichen Anlegerschutzes wird vor allem in Zeiten nach der Finanzkrise verstärkt deutlich. Unerfahrene Anleger haben auch strafrechtlich schon möglichst frühzeitig vor der Eingehung hochkomplexer Anlagegeschäften geschützt zu werden. Nur so kann eine optimale Verzahnung von präventiv zivilrechtlich-, aufsichtsrechtlich- und strafrechtlich- anlegerschützenden Mechanismen gewährleistet werden.

Gerade die Realisierung des Anlegerschutzes in einem möglichst frühem Stadium, wurde bzw. wird sowohl von legislativen als auch exekutiven Stellen verstärkt in Zeiten nach der Finanzkrise herbeigesehnt bzw. es besteht diesbezüglich der Wunsch nach Verstärkung eines solchen.

So kann hierfür erneut die Studie „Anforderung an Finanzvermittler", welche im Auftrag des Bundesinnenministeriums für Ernährung, Landwirtschaft und Verbraucherschutz im September 2008 herangezogen werden, welche aufzeigt, dass dem Finanzvermittler der typische Verbraucher mit einem unzureichenden finanziellen Bildungsstand gegenüber steht. Der Nutzen einer finanziellen Entscheidung sei durch die meisten Verbraucher kaum zu erfassen oder gar zu bewerten. Mitunter herrsche der Wunsch vor, dem Berater die Entscheidung zu überlassen. Durch diese Ausgangskonstellation seien Fehlleistungen eher die Regel als die Ausnahme und auch empirisch zu belegen. Der Vermögensschaden auf Grund mangelhafter Finanzberatung werde auf jährlich 20–30 Mrd. EUR geschätzt.[882]

Der Wunsch des Anlegers, die Entscheidung der konkreten Anlage dem Anlageberater bzw. Anlagevermittler zu überlassen, deutet wiederum auf einen Vertrauensvorschuss hin, welchen der Anleger von sich aus gewährt. Gerade diesen Vertrauensvorschuss gilt es zu schützen. Genau hier greift wiederum im strafrechtlich relevanten Bereich der Straftatbestand der Verleitung zu Börsenspekulationsgeschäften ein.

Zu beachten sind weiterhin auch die Anmerkungen des Bundesministeriums der Justiz (BMJ), welche im Rahmen der Pressemitteilung „Kabinett beschließt neue Regeln zur Stärkung des Anlegerschutzes" vom 18.02.2009 getätigt wurden:

> *„Die aktuelle Finanzmarktkrise hat gezeigt, dass es bei der Anlageberatung Defizite gibt. Die starke Renditeausrichtung vieler Banken hat offensichtlich zu einem derartigen Vertriebsdruck geführt, dass sich manche Berater mehr an den Vertriebsprovisionen als am Kundeninteresse orientiert haben. Es gibt zahlreiche Beschwerden von Anlegern, die geltend machen, dass sie eigentlich eine risikolose Anlage wollten, ihnen der Bankberater aber tatsächlich eine riskante Anlage empfohlen hat, was sie erst jetzt aufgrund der Verluste in der Finanzmarktkrise gemerkt haben".*

Dieser gewünschte Schutz des Anlegers kann aus den oben erwähnten Gründen alleine durch § 263 StGB nicht gewährleistet werden. Die Notwendigkeit der §§ 49, 26 BörsG wird dementsprechend auch durch diese Anmerkung des BMJ bestätigt. Notwendig ist aber auch die §§ 49, 26 BörsG weiter publik zu machen. Mag der

882 Vgl. *Habschicht/Evers*, Anforderungen an Finanzvermittler, Studie im Auftrag des Bundesinnenministeriums für Ernährung, Landwirtschaft und Verbraucherschutz, September 2008, S. 9.

Anwendungsbereich der Norm dogmatisch, v.a. aufgrund der Existenz von § 263 StGB, begrenzt sein, so ist dessen präventives Potential offensichtlich und daher nicht zu unterschätzen. Anhand von den §§ 49, 26 BörsG kann gerade der herbeigesehnte frühzeitige Rechtsschutz des Anlegers gewährt werden. Es gilt nur, diese bestehende Norm auch anzuwenden und in das Bewusstsein der Finanzvertriebe zu rufen.

Aber auch die aktuellsten Gesetzesänderungen, welche im Wege des AnsFuG vom 05.04.2011 eingetreten sind, verdeutlichen die bestehende Relevanz der §§ 49, 26 BörsG durch den Wunsch des Entgegentretens gegen Falschberatung im Rahmen der Finanzdienstleitung. So führt der Bundestag im Gesetzentwurf[883] zum AnsFuG aus:

> *„Integre, effiziente und transparente Kapitalmärkte sind entscheidende Voraussetzungen dafür, dass die Finanzdienstleistungsindustrie ihrer dienenden Funktion gegenüber der Volkswirtschaft als Ganzes nachkommen kann. Im Rahmen der Finanzmarktkrise wurde an verschiedenen Stellen jedoch deutlich, dass Defizite an den Kapitalmärkten bestehen. Diese Defizite drohen das Vertrauen der Marktteilnehmer und insbesondere der Gesamtbevölkerung in funktionsfähige Märkte und ein faires, kundenorientiertes Finanzdienstleistungsangebot zu unterhöhlen. Beim Schutz von Privatanlegern vor Falschberatung deuten sowohl praktische Erfahrungen als auch Studien aus jüngerer Vergangenheit darauf hin, dass das Gebot der anlegergerechten Beratung in der Beratungspraxis nicht ausreichend zur Geltung kommt. Vielmehr droht sich in der öffentlichen Diskussion der Eindruck zu verfestigen, dass die Beratungsleistung der Institute wesentlich durch Vertriebsvorgaben und Provisionsinteressen beeinflusst wird und Kundeninteressen nur eine untergeordnete Rolle spielen. Ziel muss es angesichts der bestehenden Defizite daher sein, das Funktionieren der Kapitalmärkte zu verbessern und damit das Vertrauen in deren Integrität wiederherzustellen."*

Gerade diese Zielvorgabe kann in strafrechtlicher Hinsicht vollumfänglich nur im Wege der §§ 49, 26 BörsG gewährleistet werden. In jeder der erwähnten Zielvorgaben steckt der ursprüngliche Gedanke der §§ 49, 26 BörsG in Form eines möglichst frühzeitigen Anlegerschutzes. Mithin wird an der nur marginalen Beachtung von §§ 49, 26 BörsG in Praxis und Rechtsprechung deutlich, dass zwar der Wunsch des Gesetzgebers bzw. der Politik nach einem Schutzzweck, vergleichbar mit dem des Straftatbestandes, mehr denn je gefragt ist aber eine aktive Rechtsanwendung bzw. der Verweis auf die Gefahr der Eingehung eines strafrechtlich relevanten Vorgehens i.S.d. §§ 49, 26 BörsG in der Praxis selbst schlichtweg fehlt.

Weiter führt der Gesetzgeber in seinem Gesetzentwurf zum AnsFuG diesbezüglich aus:

---

883 BT-Drucks. 17/3628 vom 08.11.2010.

„Um Falschberatung entgegenzuwirken, sollen zum einen der Bundesanstalt für Finanzdienstleistungsaufsicht (BaFin) zusätzliche Möglichkeiten eingeräumt werden, um Verstöße gegen die Gebote der anlegergerechten Beratung und der Offenlegung von Provisionen als Ordnungswidrigkeiten zu ahnden. Zum anderen sollen Berater, Verantwortliche für Vertriebsvorgaben und die sog. Compliance-Funktion bei der BaFin registriert und ihre angemessene Qualifikation nachgewiesen werden. Bei Verstößen gegen anlegerschützende Vorschriften soll die BaFin als Sanktion gegen die Institute verhängen können, dass einzelne Personen für einen bestimmten Zeitraum nicht mehr in der Beratung eingesetzt werden dürfen.“

Gerade die §§ 49, 26 BörsG stellen anlegerschützende Vorschriften in dem genannten Sinne dar, deren Bestehen zu achten gilt. Es hat daher auch eine strukturelle Beachtung des Straftatbestandes stattzufinden, will man aufsichtsrechtlich nicht in Erscheinung treten.

2. Teil: Strafvermeidung im Wertpapiergeschäft durch Corporate Compliance

Das Verhältnis zwischen Wertpapier-Compliance und dem Straftatbestand der Verleitung zu Börsenspekulationsgeschäften (§§ 49, 26 BörsG)

A. Corporate Compliance im Strafrecht - Überblick

Damit der im ersten Teil dargestellte strafrechtliche Schutz gem. §§ 49, 26 BörsG tatsächlich umfassend auch in der Praxis erfolgen kann, haben Mechanismen gesetzlich fixiert zu werden, welche eine Straftatbestandsbegehung möglichst unterbinden können. Ein solcher organisatorischer Rahmen kann gerade durch „Wertpapier-Compliance" gewährleistet werde. Es ist in diesem Teil der Dissertation daher danach zu fragen, wie und ob der Straftatbestand gem. §§ 49, 26 BörsG im Wege von „Compliance-Vorschriften" vermieden werden kann. Wie zu zeigen sein wird, findet in der Praxis eine spezielle Einbeziehung der §§ 49, 26 BörsG im Rahmen der eigenen Compliance-Funktion nicht statt. Compliance-Beauftragten von Wertpapierdienstleistungsunternehmen, Anlageberatern sowie Anlagevermittlern ist der Straftatbestand weitgehend unbekannt. Um den Straftatbestand der Verleitung zu Börsenspekulationsgeschäften in das Bewusstsein der potentiellen Tätergruppe zu rufen, hat notwendig eine Beachtung in der Praxis stattzufinden. Die Praxis hat in Zukunft daher verstärkt im Wege von Compliance-Strukturen für eine diesbezügliche strafrechtliche Sensibilisierung zu sorgen.

I. Compliance-Begriff

Der Begriff „Compliance" stammt aus dem angelsächsischen Sprachraum[884] und wird im Deutschen als „Zustimmung", „Befolgung", „Einhaltung" übersetzt.[885] Aus juristischer Sicht versteht man unter Corporate Compliance die Einhaltung der rechtlichen Gebote bzw. die Einhaltung von Regeln durch ein Unternehmen.[886]

884 Vgl. *Bussmann*, BFuP 2009, 506.

885 Vgl. http://dict.tu-chemitz.de/dings.cgi?lang=de&service=deen&opterrors=0&optpro=0&query= compliance&iservice=&comment=&email=.

886 *Bussmann*, BFuP 2009, 506; *Schröder*, Handbuch Kapitalmarktstrafrecht, 2. Aufl. (2010), Rn. 1015; „Compliance" hängt aber nicht davon ab, ob das jeweilige Unternehmen börsennotiert ist oder nicht; so aber *Stober*, NJW 2010, 1573, 1575.

Dass Unternehmen und Organe im Einklang mit dem geltenden Recht handeln müssen ist eine Selbstverständlichkeit,[887] weswegen eine schlichte Gesetzestreue den Begriff Compliance nicht erschöpfend ausfüllen kann.[888] Aber auch die deduktive Sichtweise der Indizierung, dass Gesetzestreue zu einer Haftungsvermeidung führt, kann den Begriff „Compliance" nur partiell wiedergeben.[889] Als „gute Compliance" versteht man somit zunächst mehr als bloße Gesetzestreue und das Ziel der Haftungsvermeidung.[890] Sicherlich wird hierdurch schon ein zentraler Aussagegehalt des Begriffs getroffen- Compliance bedeutet jedoch mehr. So soll durch Compliance z.B. anhand von unternehmensinternen Richtlinien auch vor Reputationsschäden geschützt werden.[891] Diese können aber auch schon dann entstehen, obwohl sich ein Unternehmen gesetzestreu verhält.[892] Mithin spielt auch die Imagewahrung des jeweiligen Unternehmens eine nicht zu unterschätzende Bedeutung von Compliance.[893]

Das Wort „Compliance" findet nur vereinzelt seinen gesetzlichen Niederschlag. So findet sich der Begriff im Kapitalmarktrecht hauptsächlich im WpHG, in den § 33 Abs. 1 Satz 2 Nr. 1 i.V.m. §§ 12 Abs. 3–5 WpDVerOV, Nr. 5, 33b Abs. 5 Nr. 2, 39 Abs. 2b Nr. 9 i.V.m. Art 6 Abs. 2 Verordnung (EG) Nr. 1060/2009 und im Deutschen Corporate Governance Kodex[894] (DCGK) in den Ziffern 3.4, 4.1.3 und 5.3.2 wieder.

Darüber hinaus werden viele Normen mit „Compliance" in Verbindung gebracht bzw. als „Ausgestaltung" von Compliance angesehen. Zu nennen sind hierfür beispielsweise die §§ 130, 30 OWiG, 91 Abs. 2, 93 Abs. 1 Satz 1 AktG und 25a KWG.

Die Normen geben samt alle nur Zielvorgaben vor und treffen keine Aussage dazu, *wie* die beinhalteten Anforderungen im Einzelnen in der Unternehmenspraxis umgesetzt werden sollen.[895] Dies jedoch auch nicht ohne Grund. Denn für eine

887 Siehe etwa *Gößwein/Hohmann*, BB 2011, 963.

888 Vgl. *Hauschka*, NJW 2004, 257.

889 Vgl. *Schröder*, Handbuch Kapitalmarktstrafrecht, 2. Aufl. (2010), Rn. 1020 f.

890 Vgl. *Stober*, NJW 2010, 1573, 1574.

891 Siehe hierzu *Moosmayer*, Compliance, 2. Aufl. (2012), S. 22 f.; *Schäfer,* in: Compliance, 3. Aufl. (2010), Rn. 63; *Schäfer*, BKR 1011, 187, 196; *Schäfer/Baumann*, NJW 2011, 3601, 3602.

892 Vgl. *Schäfer*, BKR 2011, 45, 51; *Stober*, NJW 2010, 1573, 1574.

893 Vgl. *Fuchs*, in: Fuchs, WpHG Kommentar, 2009, § 33 Rn. 4 f.; *Gößwein/Hohmann*, BB 2011, 963, 964; *Moosmayer*, Compliance, 2. Aufl. (2012), S. 22 f.

894 In der Fassung vom 26. Mai 2010.

895 Vgl. *Bergmoser/Theusinger/Gushorst*, BB- Special Compliance 5.2008, zu Heft 25, 6; *Bussmann/Matschke*, CCZ 2009, 132, 133; *Gößwein/Hohmann*, BB 2011, 963, 965 f.; *Moosmayer*, Compliance, 2. Aufl. (2012), S. 5.

Umsetzungsregelung als Ausgestaltung des „Wie“ der Compliance-Anforderung, wäre die Vielschichtigkeit der jeweiligen Unternehmen zu groß.[896] Zudem würde eine legislative Ausgestaltung des „Wie“ in die unternehmerische Freiheit eingreifen.[897]

Anhand der einzelnen Normen lassen sich jedoch Gemeinsamkeiten feststellen, welche recht genau das Ziel von Compliance im Kapitalmarktrecht erklären können.

Hauptsächliches Anliegen der Normen ist der Anlegerschutz und somit auch der Schutz des Marktes an sich, mithin präventive Aspekte.[898] Dieser soll dadurch gewährleistet bzw. vertieft werden können, indem unternehmensinterne Verhaltens- und Kontrollstrukturen errichtet werden, welche unfaire und rechtswidrige Praktiken im Bereich der Kapitaldienstleistungen verhindern sollen.[899]

Durch den Verstoß gegen diese Strukturen, können zivilrechtliche Ansprüche aber auch straf- und bußgeldrechtlicher Konsequenzen drohen.

Die erwähnten Regelungen werden als Compliance-Anforderungen angesehen, welche durch externe Regelsetzungsbefugte vorausgesetzt werden.[900] Denn die Unternehmen sind gesetzlich verpflichtet diese Regelungen einzuhalten, wollen sie sich nicht schadensersatzpflichtig machen oder straf- bzw. ordnungsrechtlich relevant in Erscheinung treten. Mithin handelt es sich um Compliance-Maßnahmen, welche als Mindeststandard vorgenommen werden müssen, also aus unternehmerischer Sicht *notwendig* sind.

Zu unterscheiden sind diese von Regelungen, welche durch interne Regelsetzungsbefugte festgelegt werden, also vom Vorstand oder Geschäftsführer. Compliance wird hierbei als Mittel zur Erreichung unternehmerischer Ziele und Einhaltung der externen gesetzlichen Voraussetzungen angesehen.[901] Zumeist werden diese Vorgaben den gesetzlichen Anforderungen entsprechen, bzw. gar über diese hinausgehen.

Aufgrund der Vielschichtigkeit der jeweiligen Unternehmen, kann, wie oben festgestellt, eine gesetzliche Compliance-Anforderung kaum die Art und Weise der Umsetzung im jeweiligen Unternehmen festlegen. Diese können zumeist nur Eckpfeiler darstellen.[902] Den Unternehmen bleibt stets die Option eigenständige

896 Vgl. *Schäfer*, BKR 2011, 45, 55 f.
897 Vgl. *Schäfer*, BKR 2011, 45, 55 f.
898 Siehe hierzu *Schäfer*, BKR 2011, 187.
899 *Fuchs*, in: Fuchs, WpHG Kommentar, 2009, § 33 Rn. 3 f.
900 Vgl. *Bergmoser/Theusinger/Gushorst*, BB-Special Compliance 5.2008 zu Heft 25, 1, 2.
901 Vgl. *Bergmoser/Theusinger/Gushorst*, BB-Special Compliance 5.2008 zu Heft 25, 1, 2.
902 Vgl. *Bergmoser/Theusinger/Gushorst*, BB- Special Compliance 5.2008, zu Heft 25, 6.

Compliance-Regelungen zu entwerfen und als *Möglichkeit* wahrzunehmen vor spezifischen Gefahren, welche durch das Unternehmen selbst ausgehen, zu schützen.[903] Denn der Verstoß gegen kapitalmarktrechtliche Vorschriften wirkt sich zuvörderst auf unternehmensfremde Dritte aus.[904]

Wie sich zeigen soll, wird die tatsächliche Umsetzung oft den gesteckten internen Zielsetzungen jedoch nicht gerecht bzw. es wird im Rahmen der intern gesteckten Regelungen der Straftatbestand gem. den §§ 49, 26 BörsG gar nicht erst explizit berücksichtigt.[905]

Beiden Regelsetzungsbefugten, also sowohl internen als auch externen, kommt es auch in der Sache auf den gleichen Aspekt an- nämlich vor allem auf den Aspekt der Prävention.[906]

Interessieren sollen in den folgenden Kapiteln somit hauptsächlich die *Notwendigkeit* und die bestehenden *Möglichkeiten* zur Ergreifung von Compliance-Maßnahmen zur Vermeidung straf- und bußgeldlicher Risiken durch Verwirklichung des Straftatbestandes der Verleitung zu Börsenspekulationsgeschäften nach den §§ 49, 26 BörsG.

II. Corporate Compliance und Vertrauensschutz

Das Aufkommen eines immer dichter werdenden Netzwerkes von Compliance-Vorschriften in den verschiedensten Vorschriften des Kapitalmarktrechts hat, wie oben schon erläutert, v.a. seine Bewandtnis in einem möglichst umfassenden Anlegerschutz und den Schutz des Marktes vor unfairem oder gar rechtswidrigem Verhalten.[907] Das Vertrauen der Anleger ist für einen funktionierenden Markt essentiell.[908] Durch größtmögliche Vermeidung von Wirtschaftsskandalen kann das Vertrauen der Anleger gesteigert werden. Denn werden diese einmal von der breiten Öffentlichkeit wahrgenommen, so sind teilweise gravierende, mittelbare Schäden aufgrund eines Reputationsverlustes die Folge.[909] Aufgrund von spektakulären

903 Vgl. *Schröder*, Handbuch Kapitalmarktstrafrecht, 2. Aufl. (2010), Rn. 1022.

904 *Schröder*, Handbuch Kapitalmarktstrafrecht, 2. Aufl. (2010), Rn. 1022.

905 Siehe hierzu unten, Compliance-Programme in der Praxis, S. 291 ff.

906 Vgl. *Bussmann*, BFuP 2009, 506; Schäfer, BKR 2011, 187 f.

907 *Fuchs*, in: Fuchs, WpHG Kommentar, 2009, § 33 Rn. 3 f.; vgl. auch BT-Drucks. 17/3628 vom 08.11.2010, S. 1 (Gesetzentwurf Anlegerschutz- und Funktionsverbesserungsgesetz).

908 Vgl. *Schröder*, ZBB 2010, 280, 289; vgl. auch BT-Drucks. 17/3628 vom 08.11.2010, S. 17 (Gesetzentwurf Anlegerschutz- und Funktionsverbesserungsgesetz).

909 Vgl. *Bussmann/Salvenmoser*, CCZ 2008, 192, 193; *Kremer/Klahold*, ZGR 2010, 113, 139.

Wirtschaftsskandalen rund um Siemens, Ferrostaal, MAN, Enron, WorldCom, Lehman, Flotex, BP, AWD, IKB etc., nimmt die öffentliche Meinung diese auch zunehmend ernst und zeigt sich vermehrt sensibilisiert.[910] Die sich noch bemerkbar machende Finanzmarktkrise aus dem Jahre 2007/2008 wird die schon vorhandene Sensibilisierung noch um einiges gesteigert haben.[911]

Compliance-Regelungen stellen sich durchaus auch als Spiegel bzw. als Reaktion der tatsächlichen wirtschaftlichen Ereignisse dar. Die öffentliche Meinung nimmt dabei sowohl auf Seiten des internen als auch auf Seiten des externen Regelsetzungsbefugten eine kaum wegzudenkende Position ein. Denn die öffentliche Meinung kann durchaus unter den „wirtschaftlichen Erschütterungen" seismographisch die (temporäre) Notwendigkeit von weiteren bzw. strengeren Compliance Regelungen aufzeigen, welches zumindest als Indikator für einen Regelungsbedarf bzw. eine konsequentere Anwendung der vorhandenen Gesetze angenommen werden kann.[912] Nicht ohne Grund beschreibt die MaComp der BaFin vom 14.06.2011 in ihren allgemeinen Regeln zum Anwendungsbereich unter AT 1 als Hauptaufgabe, „das Vertrauen der Anleger in das ordnungsgemäße Funktionieren der Wertpapiermärkte zu fördern und die institutionelle Funktionsfähigkeit der Kapitalmärkte [zu] stärken".[913]

III. Rechtsprechung und Corporate Compliance

Mittlerweile gibt es eine kaum zu überblickende Anzahl von Entscheidungen hinweg über alle Instanzen und alle Rechtsgebiete, welche sich mit dem Thema Corporate Compliance befassen mussten.[914]

Als bahnbrechend und wegweisend für den Bereich „Compliance im Wirtschaftsstrafrecht" soll die Entscheidung des BGH zu dem Fall Siemens aus dem Jahre 2008,[915] sowie das obiter dictum rund um die strafrechtliche Verantwortlichkeit des Compliance Officers aus dem Jahre 2009[916] Erwähnung finden.

---

910 Vgl. *Bussmann/Salvenmoser*, CCZ 2008, 192, 193; *Bussmann*, BFuP 2009, 506.

911 Vgl. *Bussmann*, BFuP 2009, 506.

912 Kritisch zum „Regelungsaktionismus" im Kapitalmarktrecht *Schröder*, ZBB 2010, 280, 287 f.

913 Siehe hierzu Richter in Compliance, 3. Aufl. (2010), Rn. 1310.

914 Vgl. nur *Klindt/Pelz/Theusinger*, NJW 2010, 2385 ff.

915 BGH 2 StR 587/07 vom 29.08.2008.

916 BGH 5 StR 394/08 vom 17.07.2009.

IV. Entwicklung von Corporate Compliance in Deutschland

1. Allgemeines

Einen Zeitpunkt des „Inkrafttretens von Corporate Compliance“, wie etwa bei einem materiellen Gesetz, gibt es nicht. Corporate Compliance befindet sich in Deutschland in einem Entwicklungsprozess, welcher v.a. aus verschiedenen internationalen Geschehnissen resultiert und aufgrund dieser Synergieeffekte nutzen konnte bzw. kann. Als treibende Kraft der hierzulande stattfindenden Entwicklung können die weitreichenden US- Regelungen, wie z.B. der Sarbanes Oxley Act (SOA)[917] oder die US Federal Sentencing Guidelines (USSG),[918] welche u.a. auch die Einführung von Compliance-Programmen fordern, angesehen werden.[919] Der SOA ist wiederum als Reaktion auf die Bilanzskandale um Worldcom und Enron zu verstehen.[920]

So kommt es, dass nordamerikanische Unternehmen im Compliance-Bereich messbar häufiger über Compliance-Programme verfügen als deutsche Unternehmen.[921]

2. Der Deutsche Corporate Governance Kodex und Compliance

Aber auch Deutschland ist zur etwa gleichen Zeit des Inkrafttretens des Sarbanes Oxley Acts nicht untätig geblieben.

So hat die von der Bundesministerin für Justiz im September 2001 eingesetzte Regierungskommission am 26.02.2002 den Deutschen Corporate Governance

917 Welcher am 30.07.2002 in Kraft getreten ist.

918 Welche auf den Sentencing Reform Act von 1984 zurückgehen.

919 Vgl. *Bussmann*, BFuP 2009, 506, 513; *Bussmann/Matschke*, wistra 2008, 88, 95.

920 Vgl. *Strauch*, NZG 2003, 952.

921 Nach den Ergebnissen einer Studie von PricewaterhouseCoopers und der Martin-Luther-Universität Halle-Wittenberg unter Führung von Prof. Dr. Bussmann aus dem Jahr 2010, verfügen zwar 83% (64%) der deutschen börsennotierten (nicht börsennotierten) Unternehmen über ethische Richtlinien, aber nur 64% (bzw. 32%) über Compliance-Programme; dies gegenüber 100% in Bezug auf ethische Richtlinien bzw. 77% in Bezug auf Compliance-Programme bei Unternehmen, welche an der US- Börse notiert sind; siehe hierzu *Bussmann/Krieg/Nestler/Salvenmoser/Schroth/Theile/Trunk*, in: „Compliance und Unternehmenskultur“, 2010, S. 13 f. Nur 45% der deutschen Unternehmen mit mehr als 1000 Mitarbeiter verfügten noch im Jahr 2007 über Compliance-Programme und 72% über ethische Richtlinien gegenüber 83% bzw. 98% nordamerikanischer Unternehmen; vgl. hierzu *Bussmann*, BFuP 2009, 506, 507.

Kodex (DCGK) verabschiedet.[922] Aus der Präambel des Kodex lässt sich dessen Sinn und Zweck entnehmen: „Der vorliegende Deutsche Corporate Governance Kodex (der „Kodex“) stellt wesentliche gesetzliche Vorschriften zur Leitung und Überwachung deutscher börsennotierter Gesellschaften (Unternehmensführung) dar und enthält international und national anerkannte Standards guter und verantwortungsvoller Unternehmensführung. Der Kodex soll das deutsche Corporate Governance System transparent und nachvollziehbar machen. Er will das Vertrauen der internationalen und nationalen Anleger, der Kunden, der Mitarbeiter und der Öffentlichkeit in die Leitung und Überwachung deutscher börsennotierter Gesellschaften fördern.“[923]

Auch in dem DCGK wird mehrfach das Wort „Compliance“ verwendet.[924] So hat der Vorstand nach Ziffer 4.1.3 des DCGK „für die Einhaltung der gesetzlichen Bestimmungen und der unternehmensinternen Richtlinien zu sorgen und auf deren Beachtung durch die Konzernunternehmen [hinzuwirken] (Compliance)“.

Ein Zwang zu der Etablierung eines Compliance-Programms aufgrund der zugrundeliegenden Empfehlungen und Anregungen besteht indes aber nicht.

Zudem stellt der DCGK im Gegensatz zu den US-Regelungen kein Gesetz,[925] sondern nur einen nichtgesetzlichen Verhaltenskodex (sog. soft law) dar, welcher sich darüber hinaus primär an börsennotierte Gesellschaften richtet.[926] Nicht börsennotierten Gesellschaften wird lediglich eine Beachtung des Kodex empfohlen.[927]

Hält sich ein börsennotiertes Unternehmen nicht an den DCGK, so drohen diesem zwar keine Sanktionen,[928] jedoch mitunter schwerwiegendere Reputationsschäden oder ein Abschlag auf den Börsenkurs.[929]

---

922 Wobei aber auch hier der Wunsch der Selbstregulierung durch Verhaltenskodices in Form des DCGK dem angelsächsischen Vorbild folgt; vgl. *Berg/Stöcker*, WM 2002, 1569 f.

923 DCGK in der aktuellen Fassung vom 26.05.2010.

924 Siehe oben zu dem Begriff „Corporate Compliance“, S. 203 f.

925 Vgl. *Gößwein/Hohmann*, BB 2011, 963, 964.

926 Wobei beachtet werden muss, dass die „Empfehlungen“ des DCGK durch § 161 AktG, § 285 Nr. 16, § 314 Abs. 1 Nr. 8 HGB gesetzlich flankiert werden, vgl. *Berg/Stöcker*, WM 2002, 1569, 1571; vgl. *Seibt*, AG 2002, 249, 250.

927 Siehe Präambel des DCGK in der Fassung vom 26.05.2010.

928 Wie etwa im britischen Recht, wo ein Widerruf der Börsenzulassung bei Verstoß gegen die Informationspflicht die Folge sein kann; vgl. *Berg/Stöcker*, WM 2002, 1569, 1572.

929 *Berg/Stöcker*, WM 2002, 1569, 1572; *Bachmann/Prüfer*, ZRP 2005, 109, 112.

Der DCGK stellt mithin kein stumpfes Schwert dar.[930] Eine Waffengleichheit mit dem SOA kann dem DCGK mangels Gesetzeskraft und der geringeren Regelungsdichte dennoch nicht konstatiert werden.

3. Compliance im WpHG

Auch haben mit dem Inkrafttreten des § 33 WpHG am 01.01.1995 die Grundzüge der Compliance-Organisation erstmals eine gesetzliche Regelung in Deutschland erfahren.[931] Das Wort „Compliance“ wurde zwar zu diesem Zeitpunkt zumindest gesetzestechnisch noch nicht verwendet. Denn erst im Jahre 2007 fand der Begriff der Compliance-Funktion im Zuge des Finanzmarktrichtlinienumsetzungsgesetzes (FRUG)[932] erstmals seinen gesetzlichen Niederschlag in § 33 Abs. 1 Satz 2 Nr. 1 WpHG.[933] Der Grundgedanke von Compliance, also das Verhalten in Übereinstimmung mit den geltenden Gesetzen oder Vorschriften, lässt sich aber schon in diesen ersten Regelungen wiederfinden, welche später zudem durch die BaWe (heute BaFin) anhand der „Compliance-Richtlinie“ noch konkretisiert wurden.[934]

§ 33 Abs. 1 WpHG stellt heute die zentrale Compliance-Vorschrift für Wertpapierdienstleistungsunternehmen dar. Die Bedeutung dieser Vorschrift wird anhand des Rundschreibens der BaFin vom 07.06.2010 bezüglich der „Mindestanforderungen an Compliance und die weitere Verhaltens-, Organisations- und Transparenzpflichten nach §§ 31 ff. WpHG“ (MaComp) verdeutlicht. Die MaComp ersetzt die bis zum Inkrafttreten des FRUG am 01.11.2007 gültige „Compliance-Richtlinie“ der BaFin.

---

930 Dessen scheinen sich auch die meisten Unternehmen bewusst zu sein. So liegt z.B. die Befolgungsquote der Empfehlungen im DAX und im MDAX bei 96,3% bzw. bei 90,9%, diejenige der Anregungen bei 85,4% bzw. 72,9%; vgl. den Kodex Report 2010 von *Werder/Talaulicar*, DB 2010, 853, 854, 861.

931 *Fuchs*, in: Fuchs, WpHG Kommentar, 2009, § 33 Rn. 3.

932 BGBl. I 16.06.2007, Nr. 31, S. 1330.

933 *Eisele*, in: Schimansky/Bunte/Lwowski, Bankrechts-Handbuch, 4. Aufl. (2011), § 109, Rn. 92.

934 Die offizielle Bezeichnung der „Compliance-Richtlinie“ der BaWe vom 25.10.1999 lautete: „Richtlinie des Bundesaufsichtsamtes für den Wertpapierhandel zur Konkretisierung der Organisationspflichten von Wertpapierdienstleistungsunternehmen gemäß § 33 Abs. 1 WpHG“.

4. Compliance im KWG und AktG

Der erwähnte Grundgedanke von Compliance lässt sich genauso auch den § 25a KWG, § 25c KWG, § 91 AktG sowie § 93 AktG entnehmen.

Im Zuge des Finanzkonglomeraterichtlinie- Umsetzungsgesetzes aus dem Jahre 2004[935] wurde in § 25a KWG ein neuer Absatz 1 eingeführt, welcher vorsieht, dass ein Institut über eine ordnungsgemäße Geschäftsorganisation verfügen muss, „die die Einhaltung der vom Institut zu beachtenden gesetzlichen Bestimmungen…gewährleisten" muss, was nichts anderes als „allgemeine Compliance" bedeutet.[936]

Der im Zuge des Gesetzes zur Kontrolle und Transparenz im Unternehmensbereich neu eingefügte Absatz 2 des § 91 AktG[937] beinhaltet wiederum den Grundgedanken von Compliance, in dem es dem Vorstand die Pflicht auferlegt „ein Überwachungssystem" einzurichten, „damit den Fortbestand der Gesellschaft gefährdende Entwicklungen früh erkannt werden" können.

Auch dem allgemeiner gehaltenen § 93 Abs. 1 Satz 1 AktG, welcher schon 1937 in dieser Form im damaligen § 84 AktG enthalten war, lässt sich der Grundgedanke von Compliance nicht abstreiten. Denn dieser appelliert an die Vorstandsmitglieder, dass diese bei ihrer Geschäftsführung die Sorgfalt eines ordentlichen und gewissenhaften Geschäftsleiters anzuwenden haben. Ein ordentlicher und gewissenhafter Geschäftsleiter wird sich stets an die ihm vorgegebenen Gesetze halten, weswegen auch diese Appellfunktion als die Umschreibung von „Compliance" angesehen werden kann.

5. Fazit

Die Entwicklung der Compliance-Materie in Deutschland in den letzten Jahren ist mithin sehr dynamisch und verstärkt expandierend. Dies wird unter anderem an der zunehmenden und immer detaillierter werdenden Regelungsdichte, v.a. des WpHG und der WpDVerOV deutlich.[938] Die Bedeutung von Compliance wird weiter durch z.B. die MaComp der BaFin und dem DCGK zusätzlich flankiert.

---

935 BGBl. I 27.12.2004, Nr. 72, 3610, 3619.

936 Vgl. *Langen*, in: Schwennicke/Auerbach, KWG Kommentar, 2009, § 25a Rn. 47.

937 BGBl. I 27.04.1998, Nr. 24, 786.

938 Man beachte z.B. nur das zuletzt ergangene Anlegerschutz- und Funktionsverbesserungsgesetz vom 05.04.2011, BGBl. I, 07.04.2011, Nr. 14, 538. Siehe auch *Schäfer*, BKR 2011, 45, 46.

Zudem erschöpfen sich „Compliance-Regelungen" nicht nur im Kapitalmarktrecht, sondern erfüllen selbstverständlich auch in anderen Bereichen eine nicht mehr wegzudenkende Funktion. Beispielhaft hierfür sei nur der § 64a VAG[939] und § 53 Abs. 1 Nr. 1 HGrG zu nennen.[940]

B. Besonderheiten des Börsengeschäfts

Gesetzlich vorausgesetzte Compliance-Maßnahmen sind gerade im Börsenbereich sinnvoll und notwendig.

Vor allem ist hierbei die duale Organisationsstruktur der deutschen Börse zu berücksichtigen.

Auf der einen Seite gibt es die Börse als Anstalt des öffentlichen Rechts und auf der anderen Seite gibt es den privaten Börsenträger. Die Organe der Anstalt des öffentlichen Rechts ermöglichen durch einen entsprechenden organisatorischen Rahmen einen funktionierenden Handel. Aufgabe z.B. der Handelsüberwachungsstelle gem. § 7 BörsG ist die Preisfeststellung durch die Skontroführer zu überwachen. Durch diese Überwachung soll das Vertrauen der Anleger in die Fairness der Preisfindung an der Börse gewonnen werden.[941]

Vertrauensschutz als Aufgabenbereich der Börse als Anstalt des öffentlichen Rechts ist demzufolge eng mit dem Glauben der Anleger an die Sicherheit und Funktionsfähigkeit des Marktes verzahnt.[942] Die duale Organisationsstruktur der deutschen Börse ist mithin kein Zufall. Sie dient dem Schutz und der Stabilisierung des gesamten deutschen Finanzsystems.[943]

Um den Glauben der Anleger an die Sicherheit und Funktionsfähigkeit des Marktes darüber hinaus zu gewährleisten,[944] sind weitere staatliche Maßnahmen,

939 Welcher im Jahre 2007 im Zuge des 9. Gesetzes zur Änderung des Versicherungsaufsichtsgesetzes in das VAG eingeführt wurde; BGBl. I Nr. 70 vom 31.12.2007, 3248 (3250).

940 Welcher schon seit 1969 besteht; BGBl. I Nr. 81 vom 23.08.1969, 1273 (1281).

941 *Buck- Heeb*, Handbuch Kapitalmarktrecht, 5. Aufl. (2011), § 3 Rn. 101 f.

942 Vgl. auch *Kurth*, Börsen- Zeitung vom 06.05.2000, Ausgabe 87, S. B2.

943 Vgl. *Kümpel*, BKR 2003, 3, 4, 13.

944 Also einerseits über eine bloße Gewährleistung einer vertrauensschützenden Organisation der Börse i.S.d. BörsG hinaus, z.B. für multilaterale Handelssysteme i.S.d. §§ 31f ff. WpHG („MTFs"). Und andererseits eine vertrauensschützende Organisation nicht nur der Börse an sich bzw. anderen Handelssystemen sondern auch des gesamten Wertpapierhandels überhaupt.

bzw. die Ausgestaltung von öffentlich-rechtlichen Pflichten notwendig bzw. notwendig gewesen.[945]

Die Notwendigkeit des Anlegerschutzes im Börsenbereich wird u.a. durch die Studie „Anforderung an Finanzvermittler", welche im Auftrag des Bundesinnenministeriums für Ernährung, Landwirtschaft und Verbraucherschutz im September 2008 erfolgte, gestützt:[946] Hierbei wird, wie oben bereits erwähnt, aufgezeigt, dass dem Finanzvermittler der typische Verbraucher mit einem unzureichenden finanziellen Bildungsstand gegenüber steht. Der Nutzen einer finanziellen Entscheidung sei durch die meisten Verbraucher kaum zu erfassen oder gar zu bewerten. Mit unter herrsche der Wunsch vor, dem Berater die Entscheidung zu überlassen. Durch diese Ausgangskonstellation seien Fehlleistungen eher die Regel als die Ausnahme und auch empirisch zu belegen. Der Vermögensschaden auf Grund mangelhafter Finanzberatung werde auf jährlich 20–30 Mrd. EUR geschätzt.[947]

Die Börse gilt für Unternehmen aber auch für Privatpersonen mitunter als besonders sensibler Bereich, welcher zu stabilisieren gilt.[948]

Notwendig ist deswegen, dass bereits im Vorfeld der Anleger Vertrauen in den Markt gewinnt, denn der Glauben an die Sicherheit des Marktes trägt zur Stabilisierung der gesamten Finanzwirtschaft bei.[949]

Hierbei soll nicht nur die Fairness der Preisfindung an der Börse überwacht werden, sondern der Anleger verlangt aufgrund immer komplex gewordener Finanzierungsmöglichkeiten einen im Vorhinein stattfindenden Aufklärungsschutz.[950] Dies wird z.B. auch anhand des aktuellen „Gesetzes zur Neuregelung der Rechtsverhältnisse bei Schuldverschreibungen aus Gesamtemissionen und zur verbesserten

---

945 So werden z.B. die §§ 31 ff. WpHG nicht ganz unstreitig als öffentlich-rechtliche Pflichten angesehen, vgl. *Fuchs*, in: Fuchs, WpHG Kommentar, 2009, vor §§ 31 bis 37a Rn. 31; die gesamte MiFiD und damit auch die §§ 31 ff. WpHG sind vom „Gedanken des Kundenschutzes" geprägt, vgl. *Moser*, in: Böhlen/Kahn, MiFiD- Kompendium, Praktischer Leitfaden für Finanzdienstleister, 2008, S. 236.

946 *Habschicht/Evers*, Anforderungen an Finanzvermittler, Studie im Auftrag des Bundesinnenministeriums für Ernährung, Landwirtschaft und Verbraucherschutz, September 2008.

947 Vgl. *Habschicht/Evers*, Anforderungen an Finanzvermittler, Studie im Auftrag des Bundesinnenministeriums für Ernährung, Landwirtschaft und Verbraucherschutz, September 2008, S. 9.

948 Vgl. *Vetter*, DNotZ 2003, 748, 749.

949 Vgl. *Bachmann/Prüfer*, ZRP 2005, 109 f.; BT-Drucks. 17/3628 vom 08.11.2010, S. 17 (Gesetzentwurf Anlegerschutz- und Funktionsverbesserungsgesetz); *Schäfer*, Compliance, 3. Aufl. (2010), Rn. 66 f., 72.

950 *Fuchs*, in: Fuchs, WpHG Kommentar, 2009, vor §§ 37e und 37g, Rn. 1f.

Durchsetzbarkeit von Ansprüchen von Anlegern aus Falschberatung" vom 31.07.2009 deutlich, welches durch eine ab dem 01.01.2010 stattfindende Protokollierungspflicht der Anlageberatungsgespräche dem privaten Anleger die Durchsetzbarkeit von Ansprüchen im Fall einer Falschberatung bei Wertpapiergeschäften verbessert.[951] Deutlich wird die Notwendigkeit eines möglichst frühen Anlegerschutzes weiter auch etwa durch das „Anlegerschutz- und Funktionsverbesserungsgesetz" vom 07.04.2011,[952] welches neben der Zielsetzung eines einheitlichen Qualitätsstandards bei der Anlageberatung den Wertpapierdienstleistungsunternehmen auch weitere Vorgaben bezüglich der zu erteilenden Produktinformationen auferlegt.

Der Aufklärungsschutz kann einerseits durch die Legislative in Form von Gesetzen gewährleistet werden oder andererseits durch die Erstellung von Kodizes, womit letztlich das Vertrauen in die Unternehmensführung deutscher Gesellschaften und damit mittelbar in den deutschen Kapitalmarkt gestärkt werden soll.[953] Aber auch jedes einzelne Wertpapierdienstleistungsunternehmen hat es in der Hand, darüber hinausgehende Compliance-Programme zu gestalten. Dies mitunter auch im eigenen Interesse, v.a. im Interesse der Kundenbindung.

Compliance im Börsenbereich trägt mithin zum Anlegerschutz bei und bewirkt damit mittelbar eine Stabilisierung des Finanzsystems. Die Notwendigkeit eines Compliance-Systems, welches v.a. den Börsenbereich überwacht, um unfaire und rechtswidrige Praktiken im Bereich der Kapitaldienstleistungen möglichst zu verhindern, wird in Anbetracht der Finanzmarktkrise aus dem Jahre 2007/2008 verdeutlicht.[954]

---

951 Vgl. BGBl. I 2009, Nr. 50, 2512.

952 BGBl. I 2011, Nr. 14, 538.

953 Vgl. *Lucius*, CCZ 2009, 186, 187.

954 Siehe hierzu auch die Anmerkungen des Bundesministeriums der Justiz, welche im Rahmen der Pressemitteilung „Kabinett beschließt neue Regeln zur Stärkung des Anlegerschutzes" vom 18.02.2009 getätigt wurden: „Die aktuelle Finanzmarktkrise hat gezeigt, dass es bei der Anlageberatung Defizite gibt. Die starke Renditeausrichtung vieler Banken hat offensichtlich zu einem derartigen Vertriebsdruck geführt, dass sich manche Berater mehr an den Vertriebsprovisionen als am Kundeninteresse orientiert haben. Es gibt zahlreiche Beschwerden von Anlegern, die geltend machen, dass sie eigentlich eine risikolose Anlage wollten, ihnen der Bankberater aber tatsächlich eine riskante Anlage empfohlen hat, was sie erst jetzt aufgrund der Verluste in der Finanzmarktkrise gemerkt haben".

C. Notwendigkeit von Compliance-Maßnahmen bei Wertpapierdienstleistungsunternehmen

I. Einführung in die Untersuchung

Unternehmen, nicht nur Wertpapierdienstleistungsunternehmen, haben sich an die gesetzlichen Vorschriften zu halten, insbesondere an die strafrechtlichen Vorschriften. Dies stellt eine Selbstverständlichkeit dar und bedarf keiner Compliance-Regelungen.[955]

Zu hinterfragen bleibt jedoch, ob Wertpapierdienstleistungsunternehmen aufgrund bestehender, notwendig zu ergreifender Compliance-Vorschriften verpflichtet werden, Straftatbestände, v.a. im Hinblick auf §§ 49, 26 BörsG zu vermeiden und ob sie bei Nichtumsetzung dieser Compliance-Maßnahmen Sanktionen zu befürchten haben. Sonach geht es nicht um die Strafbarkeit des Täters, welcher mangels eines Unternehmensstrafrechts in Deutschland nur ein Individuum und kein Kollektiv sein kann,[956] sondern um die Frage einer Umsetzungspflicht strafrechtlich relevanter, präventiv wirkender Compliance-Maßnahmen und deren Sanktionierbarkeit bei Nichtumsetzung.

Eine Notwendigkeit zur Ergreifung von Compliance-Maßnahmen bei Wertpapierdienstleistungsunternehmen bzw. Aktiengesellschaften kann sich primär aus § 33 Abs. 1 WpHG i.V.m. § 25a KWG i.V.m. §§ 12, 13 WpDVerOV, § 91 Abs. 2 AktG, § 93 Abs. 1 AktG, § 43 Abs. 1 GmbHG, § 34 Abs. 1 GenG, §§ 130, 30 OWiG und der Nummer 4.3.1 des DCGK ergeben.

Diese zu untersuchenden Regelungen werden als Compliance-Anforderungen angesehen, welche durch externe Regelsetzungsbefugte vorausgesetzt werden.[957] Unterteilt werden kann diese Gruppe wiederum in aufsichtsrechtliche Pflichten, welche ein Wertpapierdienstleistungsunternehmen einzuhalten hat und Sorgfaltspflichten, welche sich an die Geschäftsleitung eines Unternehmens richten.

Zu den *aufsichtsrechtlichen Pflichten* zählen § 33 Abs. 1 Satz 1 WpHG i.V.m. § 25a KWG, § 33 Abs. 1 Satz 2 i.V.m. den §§ 12, 13 WpDVerOV, welche weiter durch die MaComp „konkretisiert“[958] werden.

---

955 Vgl. *Bachmann/Prüfer*, ZRP 2005, 109; siehe hierzu auch schon oben, S. 203 f.

956 Vgl. *Trüg*, wistra 2010, 241.

957 Siehe hierzu oben, S. 205 f.

958 Die MaComp ist jedoch lediglich als norminterpretierende Verwaltungsvorschrift zu werten, *Lösler* in WM 2010, 1917 f.; *Zingel*, BKR 2010, 500, 501; vgl. auch *Assmann*, in: Assmann/Schneider, WpHG Kommentar, 6. Aufl. (2012), Einl. Rn. 67.

Zu den *Sorgfaltspflichten* können wiederum § 91 Abs. 2 AktG, § 93 Abs. 1 AktG, § 43 Abs. 1 GmbHG, § 34 Abs. 1 GenG und die Nummer 4.3.1 des DCGK gezählt werden.

Die §§ 30, 130 OWiG stellen eine Bußgeldvorschrift dar, welche zur Bestimmung der „gehörigen Aufsicht" beispielsweise die Ausfüllung der genannten Normen bedarf.[959]

Vorwegnehmend ist jedoch zu konstatieren, dass eine effektive Vermeidung der Verwirklichung des Straftatbestandes der Verleitung zu Börsenspekulationsgeschäften und dessen Konkurrenzvorschriften sich jedoch, wie zu zeigen sein wird, aufgrund dieser Vorschriften nicht alleine erreichen lässt.[960]

II. Compliance Anforderungen durch § 33 Abs. 1 WpHG

1. Allgemeines

§ 33 Abs. 1 WpHG stellt eine zentrale Compliance-Vorschrift mit „Streuwirkung" dar. Im Zusammenhang mit § 33 Abs. 1 WpHG sind auch stets die Vorschriften nach § 25a Abs. 1 und 4 KWG, die §§ 12, 13 WpDVerOV und die MaComp der BaFin heranzuziehen.

In § 33 Abs. 1 Satz 2 Nr. 1 WpHG findet der Begriff der Compliance-Funktion erstmals seinen gesetzlichen Niederschlag.[961] Diese Regelung wurde im Zuge der FRUG im Jahre 2007 eingeführt.[962]

In § 33 Abs. 1 Satz 1 WpHG lässt sich der Verweis auf die Vorschrift des § 25a Abs.1 und 4 des KWG entnehmen.

Die §§ 12, 13 WpDVerOV (Verordnung zur Konkretisierung der Verhaltensregeln und Organisationsanforderungen für Wertpapierdienstleistungsunternehmen) verweisen wiederum auf § 33 Abs. 1 WpHG. Die WpDVerOV ist aufgrund verschiedener Verordnungsermächtigungen des WpHG entstanden[963] und zeitgleich

---

959 Vgl. *Bachmann/Prüfer*, ZRP 2005, 109, 111.

960 Siehe hierzu unten, Compliance-Programme in der Praxis, S. 291 ff.

961 Siehe schon oben, S. 210.

962 Siehe oben, S. 210.

963 Siehe hierzu BGBl. I Nr. 32 vom 20. Juli 2007, 1432, Eingangsformel: „Auf Grund des § 31 Abs. 11 Satz 1, des § 31a Abs. 8 Satz 1, des § 31b Abs. 2 Satz 1, des § 31c Abs. 3 Satz 1, des § 33 Abs. 4 Satz 1, des § 33a Abs. 9 Satz 1 und des § 34 Abs. 4 Satz 1 des Wertpapierhandelsgesetzes in der Fassung der Bekanntmachung vom 9. September 1998 (BGBl. I S. 2708), von denen § 31 Abs. 11 durch Artikel 1 Nr. 16 Buchstabe e, § 31a Abs. 8, § 31b Abs. 2 und § 31c Abs. 3 jeweils durch Artikel 1 Nr. 17, § 33 Abs. 4

mit dem FRUG am 01.11.2007 in Kraft getreten.[964] Die Beachtung gerade der §§ 12, 13 WpDVerOV im Rahmen des § 33 Abs. 1 Satz 2 WpHG, hat aufgrund der Verordnungsermächtigung zur näheren Bestimmung der organisatorischen Anforderungen stattzufinden, welche in § 33 Absatz 4 WpHG verankert ist.

Die MaComp der BaFin sollen als Kompendium für die Auslegung der §§ 31 ff. WpHG dienen. Sie besitzen jedoch keine Gesetzeskraft.[965]

2. Anwendungsbereich des § 33 Abs. 1 WpHG im Rahmen der §§ 49, 26 BörsG

Die Compliance-Anforderungen nach § 33 Abs. 1 WpHG richten sich zunächst an „Wertpapierdienstleistungsunternehmen".

Nach § 2 Abs. 4 WpHG sind Wertpapierdienstleistungsunternehmen Kreditinstitute i.S.d. § 1 Abs. 1 KWG, Finanzdienstleistungsinstitute i.S.d. § 1 Abs. 1 KWG und die Zweigstellen von Unternehmen mit Sitz im Ausland, die nach § 53 Abs. 1 Satz 1 KWG als Kredit- oder Finanzdienstleistungsinstitute gelten. Diese Institute müssen weiter Wertpapierdienstleistungen i.S.d. § 2 Abs. 3 WpHG allein oder zusammen mit Wertpapiernebendienstleistungen i.S.d. § 2 Abs. 3a WpHG gewerbsmäßig oder in einem Umfang erbringen, der einen in kaufmännischer Weise eingerichteten Geschäftsbetrieb erfordert.

Der Straftatbestand der Verleitung zu Börsenspekulationsgeschäften und auch dessen Konkurrenzvorschriften werden wiederum vornehmlich im Rahmen der Finanzdienstleistung der Anlageberatung i.S.d. § 2 Abs. 3 Satz 1 Nr. 9 WpHG und/ oder Anlagervermittlung i.S.d. § 2 Abs. 3 Satz 1 Nr. 4 WpHG verwirklicht.[966] Dies liegt hauptsächlich daran, dass nur im Rahmen dieser Wertpapierdienstleistungen überhaupt Finanzinstrumente i.S.d. § 2 Abs. 2b WpHG, mithin die meisten Börsenspekulationsgeschäfte vertrieben werden dürfen. Andere Finanzdienstleister dürfen grundsätzlich Finanzinstrumente i.S.d. § 2 Abs. 2b WpHG außerhalb des Geltungsbereichs des WpHG nicht anbieten.[967]

---

durch Artikel 1 Nr. 20, § 33a Abs. 9 durch Artikel 1 Nr. 21 und § 34 Abs. 4 durch Artikel 1 Nr. 22 des Gesetzes vom 16. Juli 2007 (BGBl. I S. 1330) eingefügt worden sind, verordnet das Bundesministerium der Finanzen" die WpDVerOV.

964 BGBl. I Nr. 32 vom 20. Juli 2007, 1432 (1441).

965 Vgl. *Theewen*, MaRisk Handbuch, 2007, S. 14, 15; Zingel, BKR 2010, 500, 501.

966 Vgl. *Fichtner*, Die Börsen- und Depotrechtlichen Strafvorschriften, 1993, S. 126.

967 Siehe das Zusammenspiel zwischen § 2 Abs. 4 WpHG und § 2 Abs. 3 Satz 1 Nr. 4, 9 WpHG und § 2 Abs. 2b WpHG.

Sowohl Anlagevermittlung als auch Anlageberatung stellen Wertpapierdienstleistungen i.S.d. § 2 Abs. 3 Satz 1 Nr. 4 bzw. Nr. 9 WpHG dar, welche in der Regel von Kreditinstituten i.S.d. § 1 Abs. 1 KWG ausgeführt werden, die grundsätzlich eine Zulassung nach § 32 KWG benötigen. Zwar gelten Anlagevermittlung und Anlageberatung als Finanzdienstleistung i.S.d. § 1 Abs. 1a Nr. 1 bzw. Nr. 1a KWG, welche von Finanzdienstleistungsinstituten betrieben werden. Jedoch werden neben Anlagevermittlung und Anlageberatung auch zumeist Bankgeschäfte i.S.v. § 1 Abs. 1 KWG, wie z.B. die Gewährung von Gelddarlehen erbracht, in Folge dessen zumeist die Tätigkeit eines Kreditinstitutes vorliegt. Denn der Begriff des Finanzdienstleistungsinstitutes ist lediglich subsidiärer Natur, vgl. § 1 Abs. 1a KWG.[968]

Ob eine Anlageberatung bzw. Anlagevermittlung dem Handeln eines Kreditinstitutes oder Finanzdienstleistungsinstitut zugerechnet werden kann, ist jedoch schlussendlich zur Bestimmung der Anwendbarkeit der §§ 31 ff. WpHG nicht ausschlaggebend, denn in beiden Fällen handelt ein Wertpapierdienstleistungsunternehmen, folglich ein Unternehmen, welches die Anforderungen nach den §§ 31 ff. WpHG, sonach die Compliance-Anforderungen i.S.d. § 33 WpHG zu beachten hat.

Eine Unterscheidung zwischen den beiden Formen der Wertpapierdienstleistung Anlageberatung bzw. -vermittlung fällt allerdings nicht immer leicht, denn die Grenzen sind fließend.[969]

Typisch für den *Anlagevermittler* ist jedoch, dass dieser eine bestimmte Kapitalanlage im Interesse des Kapitalsuchenden gegen Provision vertreibt.[970] Die Initiative zur Kontaktaufnahme geht somit zumeist vom Vermittler aus, welcher sich seine Kunden v.a. auch auf dem „grauen Kapitalmarkt" sucht.[971] Im Rahmen dieser Tätigkeit werden lediglich (werbende) Auskünfte erteilt.

Der *Anlageberater* hat indes neben zu erteilenden Sachinformationen auch Hilfe bei der Beurteilung und Bewertung der Fakten zu geben, wobei auch eine Handlungsempfehlung für den Empfänger unter Berücksichtigung seiner Anlageziele und Risikotragfähigkeit erfolgt.[972] Der Anlageberater wird hierfür

---

968 Vgl. *Langen*, in: Schwennicke/Auerbach, KWG Kommentar, 2009, § 1 Rn. 71.

969 *Hoegen*, in: Festschrift für Stimpel, 1985, S. 247, 248 f.; *Heymann/Edelmann*, in: Assmann/Schütze, Handbuch des Kapitalanlagerechts, 3. Aufl. (2007), § 4 Rn. 2; *Gansel/Gängel*, NJ 2010, 312, 318; *Fuchs*, in: Fuchs, WpHG Kommentar, 2009, § 2a Rn. 19, § 31 Rn. 243 f.; *Assmann*, in: Assmann/Schneider, WpHG Kommentar, 6. Aufl. (2012), § 2 Rn. 113 f.; siehe zum Problem der Unterscheidung zwischen Anlageberatung und Anlagevermittlung auch unten, S. 283 ff. und Fn. 1197 auf S. 284.

970 *Gansel/Gängel*, NJ 2010, 312, 313.

971 *Gansel/Gängel*, NJ 2010, 312, 313.

972 *Gansel/Gängel*, NJ 2010, 312, 313; *Fuchs*, in: Fuchs, WpHG Kommentar, 2009, § 31 Rn. 243 f.

typischerweise vom Kunden bezahlt.[973] Zumeist wurde der Berater vom Kunden aufgrund mangelnder wirtschaftlicher Kenntnisse selbst aufgesucht.

Sowohl Anlageberater als auch Anlagevermittler müssen sich an die „Compliance-Vorschriften" des WpHG halten, wenn sie ihre Dienstleistung unter dem Haftungsdach eines Wertpapierdienstleistungsunternehmen erbringen.[974] Dies betrifft v.a. auch den vertraglichen Anlagevermittler i.S.d. §§ 2a Abs. 2 WpHG i.V.m. § 2 Abs. 10 KWG.[975]

Der Kreis der tauglichen Täter lässt sich demnach in den meisten Fällen in einem Wertpapierdienstleistungsunternehmen wiederfinden, welche den Vorschriften des WpHG untersteht. Hierbei wird die Anlagevermittlung zumeist von freien Mitarbeitern ausgeführt, welche vertraglich an ein Finanzdienstleistungsinstitut, z.B. ein Finanzvertrieb gebunden sind.[976]

Der Anlageberater kann als unabhängiger oder als ein auf Anbieterseite stehender Berater fungieren.[977] So gehören zum Kreis der tauglichen Täter z.B. Anlageberater der Banken bzw. Sparkassen oder freie Mitarbeiter, welche vertraglich an ein Finanzdienstleistungsinstitut gebunden sind.

Auch spielt es für das Kredit- bzw. Finanzdienstleistungsinstitut keine Rolle, ob der jeweilige Anlageberater oder Anlagevermittler als vertraglich gebundener Anlagevermittler bzw. -berater i.S.d. § 2a Abs. 2 WpHG i.V.m. § 2 Abs. 10 KWG oder als festangestellter Mitarbeiter für dieses im Namen und auf Rechnung auftritt. In beiden Fällen erstreckt sich das aufsichtsrechtliche Haftungsdach des Wertpapierdienstleistungsunternehmens auf die Handlungen der Mitarbeiter.[978] Dieses muss demnach dafür sorgen, dass auch die freien vertraglich gebundenen Mitarbeiter im Sinne der §§ 31 ff. WpHG handeln, will es aufsichtsrechtlich nicht in Erscheinung treten.[979] Anderweitige freie Anlagevermittler bzw. Anlageberater i.S.d. § 2 Abs. 3

---

973 *Schwennicke*, in: Schwennicke/Auerbach, KWG Kommentar, 2009, § 1 Rn. 80.

974 Vgl. BaFin, Jahresbericht 2008, S. 136; *Böhm*, BKR 2009, 221, 222, 229.

975 Siehe hierzu *Knop*, BKR 2011, 89.

976 Vgl. BaFin, Jahresbericht 2008, S. 136; *Gansel/Gängel*, NJ 2008, 312.

977 *Gansel/Gängel*, NJ 2008, 312, 314.

978 Zu beachten ist hierbei nämlich, dass vertraglich gebundene Vermittler gem. § 33 b Abs. 1 WpHG „Mitarbeiter" des jeweiligen Wertpapierdienstleistungsunternehmens sind. Gerade § 33 Abs. 1 Satz 2 Nr. 1 WpHG spricht davon, dass das Wertpapierdienstleistungsunternehmen auch sicherstellen muss, dass „seine Mitarbeiter den Verpflichtungen dieses Gesetzes [des WpHG und damit auch der WpDVerOV] nachkommen"; vgl. auch BaFin, Jahresbericht 2008, S. 136.

979 *Lehrl/Wolf*, BKR 2009, 497, 501, 503; *Fuchs*, in: Fuchs, WpHG Kommentar, 2009, § 2a Rn. 41 f.

Satz 1 Nr. 4, 9 WpHG außerhalb von § 2a Abs. 2 WpHG i.V.m. § 2 Abs. 10 KWG oder § 2a Abs. 1 Nr. 7 WpHG bedürfen stets einer Zulassung nach § 32 KWG.[980] Werden Finanzdienstleistungen ohne die erforderliche Zulassung erbracht, drohen dem Betreiber neben einem Strafverfahren wegen Verstoßes gegen § 54 KWG auch zivilrechtliche Schadensersatzansprüche.[981] Bei Erfüllung der Zulassungsvoraussetzungen des § 32 KWG wird die Tätigkeit des jeweiligen Anlageberaters bzw. -vermittlers automatisch dem Handeln eines Wertpapierdienstleistungsunternehmens i.S.d. § 2 Abs. 4 i.V.m. § 1 Abs. 1a Nr. 1, 1a KWG zugerechnet, welches sich zwingend nach den §§ 31 ff. WpHG von selbst zu richten hat.

Das eben Gesagte gilt jedoch nur in den meisten Fällen. Denn ein Handeln des Täters in Zurechnung eines Wertpapierdienstleistungsunternehmens ist keine Tatbestandsvoraussetzung für die §§ 49, 26 BörsG.

Zum einen kann der Straftatbestand der Verleitung zu Börsenspekulationsgeschäften zunächst einmal von Jedermann verwirklicht werden.[982] So kann etwa eine Anlageberatung bzw. -vermittlung freilich auch ohne Erlaubnis i.S.d. § 32 KWG bzw. ohne Anbindung i.S.d. § 2 Abs. 10 KWG erbracht worden sein.[983]

Zum anderen sind auch Konstellationen denkbar, in welchen zwar eine Anlageberatung bzw. -vermittlung, also eine Wertpapierdienstleistung vorliegt, jedoch ein Ausnahmetatbestand nach § 2a WpHG greift.

So werden beispielsweise freie Finanzvermittler von Investmentfonds oder geschlossenen Fonds nach § 2a Abs. 1 Nr. 7 WpHG nicht als Wertpapierdienstleistungsunternehmen i.S.d. § 2 Abs. 4 WpHG angesehen,[984] weswegen diese nicht den Regelungen der §§ 31 ff. WpHG unterworfen werden.[985] Auch bedarf es für die Erbringung dieser Finanzdienstleistungen keiner Zulassung nach § 32

---

980 Vgl. *Hartmann* in Böhlen/Kan, MiFID- Kompendium, Praktischer Leitfaden für Finanzdienstleister, 2008, S. 223 f.; *Knop*, BKR 2011, 89. Ein Verstoß gegen § 32 KWG kann zu einer Strafbarkeit nach § 54 KWG führen.

981 Denn § 32 Abs. 1 Satz 1 KWG ist Schutzgesetz i.S.d. § 823 Abs. 2 BGB, siehe hierzu etwa BGH III 283/03, Urteil vom 21.04.2005.

982 Vgl. *Fichtner*, Die Börsen- und Depotrechtlichen, 1993, S. 126.

983 In Betracht kommt dann zusätzlich eine Strafbarkeit gem. § 54 Abs. 1 Nr. 2 KWG.

984 Kritisch hierzu *Böhm*, BKR 2009, 221, 222: ebenso, zumindest in Bezug auf den Anlageberater, auch der Bundesrat in BT-Drucks. 17/3628 vom 08.11.2010, S. 33.

985 Vgl. *Fuchs*, in: Fuchs, WpHG Kommentar, 2009, § 2a Rn. 1, 19; *Schäfer*, in: Boos/Fischer/Schulte-Mattler, KWG Kommentar, 3. Aufl. (2008), § 2 KWG Rn. 59; *Hartmann*, in: Böhlen/Kan, MiFID- Kompendium, Praktischer Leitfaden für Finanzdienstleister, 2008, S. 225 f. Auch gelten für diese nicht die MaComp der BaFin, vgl. MaComp AT 3.1, Stand: 14.06.2011.

KWG.[986] Für die nach § 2a Abs. 1 Nr. 7 WpHG erbrachte Anlageberatung und Anlagevermittlung wird mithin eine begrenzte Bereichsausnahme geschaffen.[987]

Die gesetzliche Aufsicht über die Anbieter des grauen Kapitalmarkts beschränkt sich demnach auf eine bloße Kontrolle der Vollständigkeit der Verkaufsprospekte.[988]

Dies alles scheint auch für das beauftragende Unternehmen bzw. Institut nicht ganz unproblematisch zu sein. Denn kriminelle Machenschaften des Anlagevermittlers- bzw. Anlageberaters können sich negativ auf die Reputation des Auftraggebers auswirken.[989]

Nach dem Gesagten lässt sich insgesamt folgendes feststellen: Nimmt ein Wertpapierdienstleistungsunternehmen eine Anlageberatung bzw. Anlagevermittlung vor, so hat es Compliance Maßnahmen nach § 33 Abs. 1 WpHG zu ergreifen.

Die genaue Ausgestaltung dieser Compliance-Anforderungen lässt sich dem nächsten Kapitel entnehmen.

3. Notwendigkeit zur Ergreifung von Compliance Maßnahmen nach § 33 Abs. 1 Satz 2 WpHG

Gemäß §§ 33 Abs. 1 Satz 1 WpHG hat ein Wertpapierdienstleistungsunternehmen die organisatorischen Pflichten nach § 25a Abs. 1 und 4 des KWG einzuhalten. Somit muss dieses über eine ordnungsgemäße Geschäftsorganisation verfügen, die die Einhaltung der vom Wertpapierdienstleistungsunternehmen zu beachtenden gesetzlichen Bestimmungen und der betriebswirtschaftlichen Notwendigkeit gewährleistet.

---

986 Erforderlich ist lediglich die Zulassung nach § 34c Abs. 1 Nr. 2, 3 GewO; vgl. *Lehrl/Wolf*, BKR 2009, 497, 498; *Hartmann*, in: Böhlen/Kan, MiFID- Kompendium, Praktischer Leitfaden für Finanzdienstleister, 2008, S. 221 f.

987 Ob für diese begrenzte Bereichsausnahme in Zukunft auch die §§ 31 ff. WpHG gelten werden, ist fraglich. Der Gesetzgeber hat sich hierzu noch nicht abschließend geäußert. Der Vorschlag des Bundesrates, zumindest den Anlageberater aus der Regelung des § 2a Abs. 1 Nr. 7 WpHG zu streichen (BT-Drucks. 17/3628 vom 08.11.2010, Stellungnahme des Bundesrates, S. 33), wurde im Anlegerschutz- und Funktionsverbesserungsgesetz vom 05.04.2011, BGBl. I, 07.04.2011, Nr. 14, 538 (vgl. hierzu BT-Drucks. 17/3628, 17/3803 in der Ausschussfassung BT-Drucks. 17/4710, 17/4739) nicht berücksichtigt (BT-Drucks.17/3803 vom17.11.2010, S. 1 f.). Eine diesbezügliche Reform wird jedoch zumindest angestrebt (vgl. BT-Drucks. 17/3803 vom17.11.2010, S. 2).

988 Stellungnahme des Bundesrates zum Entwurf in BR-Drucks. 180/09, S. 10.

989 Diesem Aspekt wird vertieft im Punkt „Schließung begrenzter Bereichsausnahmen durch Corporate Compliance“ auf den S. 286 ff. nachgegangen werden.

Darüber hinaus muss das Wertpapierdienstleistungsunternehmen nach § 33 Absatz 1 Satz 2 Nr. 1 WpHG angemessene Grundsätze aufstellen, Mittel vorhalten und Verfahren einrichten, die darauf ausgerichtet sind, sicherzustellen, dass das Wertpapierdienstleistungsunternehmen selbst und seine Mitarbeiter den Verpflichtungen des WpHG nachkommen, wobei insbesondere eine dauerhafte und wirksame Compliance-Funktion einzurichten ist, die ihre Aufgaben unabhängig wahrnehmen kann.

Es muss eine auf Dauer wirksame Vorkehrungen für angemessene Maßnahmen treffen, um Interessenkonflikte bei der Erbringung von Wertpapierdienstleistungen oder Wertpapiernebendienstleistungen zwischen ihm selbst einschließlich seiner Mitarbeiter und der mit ihm direkt oder indirekt durch Kontrolle im Sinne des § 1 Abs. 8 des Kreditwesengesetzes verbundenen Personen und Unternehmen und seinen Kunden oder zwischen seinen Kunden zu erkennen und eine Beeinträchtigung der Kundeninteressen zu vermeiden, § 33 Abs. 1 Satz 2 Nr. 3 WpHG.

Die Pflichten der Wertpapierdienstleistungsunternehmen werden weiter in den §§ 12, 13 WpDVerOV konkretisiert.

So hat das Wertpapierdienstleistungsunternehmen etwa nach § 12 Abs.1 WpDVerOV dafür sorgen, dass die nach § 33 Abs. 1 Satz 2 Nr. 1 WpHG niederzulegenden Grundsätze und einzurichtenden Verfahren darauf ausgerichtet sein müssen, die Gefahr einer Verletzung des Wertpapierhandelsgesetzes und der in entsprechenden Verordnungen geregelten Verpflichtungen durch das Wertpapierdienstleistungsunternehmen oder seine Mitarbeiter sowie die mit einer solchen Verletzung verbundenen Risiken aufzudecken.

Die Wertpapierdienstleistungsunternehmen haben nach § 12 Absatz 2 WpDVerOV angemessen Maßnahmen zu ergreifen und Verfahren einzurichten, um die Gefahren und Risiken nach Absatz 1 so weit wie möglich zu beschränken und der Bundesanstalt eine effektive Ausübung ihrer Aufsicht zu ermöglichen.

Weiter haben die Wertpapierdienstleistungsunternehmen eine Compliance-Funktion einzurichten, welche die Angemessenheit und Wirksamkeit der Grundsätze und Vorkehrungen im Sinne der Absätze 1 und 2 sowie die zur Behebung von Defiziten getroffenen Maßnahmen überwacht und regelmäßig bewertet (§ 12 Abs. 3 Nr. 1 WpDVerOV) und zudem die Mitarbeiter im Hinblick auf die Einhaltung der in Absatz 1 genannten Bestimmungen berät und unterstützt (§ 12 Abs. 3 Nr. 2 WpDVerOV).

Auch hat das Wertpapierdienstleistungsunternehmen einen verantwortlichen Compliance-Beauftragten zu ernennen, § 12 Abs. 4 WpDVerOV.

Um Interessenkonflikte effizient vermeiden zu können, werden die in § 33 Abs. 1 Satz 2 Nr. 3 WpHG erläuterten Pflichten in § 13 WpDVerOV näher konkretisiert.

So haben Wertpapierdienstleistungsunternehmen etwa zu prüfen, inwieweit sie selbst, ihre Mitarbeiter oder Personen oder Unternehmen, die direkt oder indirekt durch Kontrolle im Sinne von § 1 Abs. 8 des Kreditwesengesetzes mit ihm verbunden sind, aufgrund der Erbringung von Wertpapierdienstleistungen oder Wertpapiernebendienstleistungen zu Lasten von Kunden einen finanziellen Vorteil erzielen oder Verlust vermeiden könnten (§ 13 Abs. 1 Nr. 1 WpDVerOV) oder am Ergebnis einer für Kunden erbrachten Dienstleistung oder eines für diese getätigten Geschäfts ein Interesse haben, das nicht mit dem Kundeninteresse an diesem Ergebnis übereinstimmt (§ 13 Abs. 1 Nr. 2 WpDVerOV).

4. Vermeidung der Strafbarkeit gemäß §§ 49, 26 BörsG durch § 33 Abs. 1 WpHG

Es stellt sich aus den genannten Anforderungen die Frage, ob Wertpapierdienstleistungsunternehmen im Wege des § 33 Abs. 1 WpHG verpflichtet werden, den Straftatbestand der Verleitung zu Börsenspekulationsgeschäften nach §§ 49, 26 BörsG bzw. seine Konkurrenzvorschriften zu vermeiden.

Im Ergebnis ist diese Frage zu bejahen. Als Untermauerung dieses Ergebnisses dienen § 33 Abs. 1 S. 1 WpHG i.V.m. § 25a Abs. 1 Satz 1 KWG und die §§ 31 Abs. 1 Satz 2 Nr. 1, Nr. 3 i.V.m. §§ 12, 13 Abs. 1 Nr. 1 und Nr. 2 WpDVerOV.

a) Vermeidungspflichten durch § 33 Abs. 1 S. 1 WpHG i.V.m. § 25a Abs. 1 Satz 1 KWG

So spricht zunächst § 33 Abs. 1 S. 1 WpHG i.V.m. § 25a Abs. 1 Satz 1 KWG davon, dass das Wertpapierdienstleistungsunternehmen über eine ordnungsgemäße Geschäftsorganisation verfügen muss, welche die Einhaltung der gesetzlichen Bestimmungen gewährleistet. Was hierbei unter „gesetzliche Bestimmungen" zu verstehen ist, lässt sich durch eine teleologische Auslegung der Norm ermitteln. Sinn und Zweck des § 25a Abs. 1 KWG besteht darin, den Schutz des Vermögens des Einlegers zu gewährleisten sowie Nachteile für die Gesamtwirtschaft durch Missstände im Kredit- und Finanzdienstleistungswesen zu vermeiden.[990] Sicherlich führt jede gegen strafrechtliche Vorschriften verstoßende Handlungspraxis[991] eines Instituts bzw. eines Wertpapierdienstleistungsunternehmens zu Missständen im Kredit- und Finanzdienstleistungswesen, so dass dieses dafür zu sorgen hat,

990 Vgl. *Braun*, in: Boos/Fischer/Schulte-Mattler, KWG Kommentar, 3. Aufl. (2008), § 25a KWG Rn. 29.

991 Nicht aber das vereinzelt vorkommende Delikt.

dass das tägliche Geschäft im Einklang mit den strafrechtlichen Bestimmungen ausgeübt wird.

Aber auch die Voraussetzung der „Ordnungsmäßigkeit“ der Geschäftsführung lässt keinen anderen Schluss zu, denn anhand des Begriffs wird verdeutlicht, dass das Wertpapierdienstleistungsunternehmen das Kundeninteresse bestmöglich zu erfüllen hat.[992] Aufgrund dessen hat es dafür zu sorgen, dass es im Rahmen der Wertpapierdienstleistung zu keinen strafbaren Handlungen kommt.

b) *Vermeidungspflichten durch die §§ 31 Abs. 1 Satz 2 Nr. 1, Nr. 3 i.V.m. den §§ 12, 13 Abs. 1 Nr. 1 und Nr. 2 WpDVerOV*

Die Verpflichtung zur Ergreifung von Maßnahmen zur Vermeidung des Straftatbestandes nach §§ 49, 26 BörsG ergibt sich weiterhin auch aus den §§ 31 Abs. 1 Satz 2 Nr. 1, Nr. 3 i.V.m. den §§ 12, 13 Abs. 1 Nr. 1 und Nr. 2 WpDVerOV.

Denn das Wertpapierdienstleistungsunternehmen hat danach dafür zu sorgen, dass Interessenkonflikte mit seinen Kunden vermieden werden.[993] So hat nach den §§ 33 Abs. 1 Satz 2 Nr. 3 i.V.m. § 13 Abs. 1 Nr. 1 WpDVerOV das Wertpapierdienstleistungsunternehmen stets zu prüfen, inwieweit aufgrund des konkreten Geschäfts zu Lasten des Kunden ein finanzieller Vorteil erzielt wird bzw. wie Verluste bei der Erbringung der Wertpapierdienstleitung für den Kunden vermieden werden können.

Gerade durch die Notwendigkeit der Prüfung, ob Geschäfte zu Lasten des Kunden zu finanziellen Vorteilen des Unternehmens führen, kann vermieden werden, dass etwa Anlageberater dem Anleger lediglich aus Provisions- und nicht aus Kundeninteresse Produkte „andrehen“. Dieser Aspekt korreliert durchaus mit dem Straftatbestand der Verleitung zu Börsenspekulationsgeschäften. Denn wird der i.S.d. §§ 49, 26 BörsG unerfahrenen Anleger zu einem Finanzprodukt überredet, so handelt der Anlageberater zumeist aus monetärem Eigeninteresse, was reflexartig auch zu einem finanziellen Vorteil des Wertpapierdienstleistungsunternehmens führt.

Auch die Notwendigkeit der Prüfung der Verlustvermeidung zielt in die gleiche Richtung. Bei der Verleitung zu Börsenspekulationsgeschäften geht es zumeist um risikobehaftete Finanzprodukte mit einer hohen Verlustwahrscheinlichkeit. Maxime für jedwedes Wertpapierdienstleistungsunternehmen hat es daher zu sein, den unerfahrenen Anleger nicht in Berührung mit solchen Finanzprodukten kommen zu lassen, damit Interessenkonflikte möglichst vermieden werden können.

---

992 Vgl. *Fuchs*, in: Fuchs, WpHG Kommentar, 2009, § 33 Rn. 20 f.

993 *Lösler*, WM 2010, 1917, 1922.

Nach § 13 Abs. 1 Nr. 2 WpDVerOV hat das jeweilige Wertpapierdienstleistungsunternehmen zudem zu prüfen, ob es am Ergebnis einer für Kunden erbrachten Dienstleistung oder eines für diese getätigten Geschäfts ein Interesse hat, das nicht mit dem Kundeninteresse an diesem Ergebnis übereinstimmt.

Auch hierbei kann ein Bezug zu den §§ 49, 26 BörsG hergestellt werden. Denn ein Kunde hat kein Interesse an einem Geschäftsabschluss, von welchem er nicht genau weiß, was mit seinem Geld geschieht, er das vorhandene Risiko nicht abschätzen kann oder gar noch mit zukünftigen Nachschusspflichten konfrontiert wird.

Durch § 33 Abs. 1 Satz 2 Nr. 1 i.V.m. Nr. 3 WpHG soll gewährleistet werden, dass diese Vorkehrungen im Wege einer Compliance-Funktion auch tatsächlich umgesetzt werden und ihre Wirksamkeit entfalten können. Dies ergibt sich auch aus BT 1.2 Nummer 5 der MaComp. Hiernach hat die Compliance-Funktion dafür zu sorgen, dass die Geschäftsbereiche und die Mitarbeiter des Unternehmens im Hinblick auf die §§ 31 ff. WpHG durch Schulungen etc. dazu angehalten werden, diese Vorschriften einzuhalten.

5. Zwischenergebnis

Die Voraussetzungen des § 33 Abs. 1 WpHG zwingen die Wertpapierdienstleistungsunternehmen Maßnahmen zu ergreifen, welche u.a. auch die Verwirklichung des Straftatbestandes der Verleitung zu Börsenspekulationsgeschäften nach §§ 49, 26 BörsG verhindern sollen.[994] Denn Wertpapierdienstleistungsunternehmen haben über eine ordnungsgemäße Geschäftsorganisation zu verfügen, um dem Kundeninteresse gerecht zu werden und Interessenkonflikte zu vermeiden. Bei einer 1:1 Umsetzung dieser Regelungen, ist schon die Begehung des Straftatbestandes nach §§ 49, 26 BörsG nicht möglich. Voraussetzung einer erfolgreichen, strafrechtlich konformen Handlungspraxis ist jedoch, dass eine tatsächliche Umsetzung der präventiven Compliance-Maßnahmen erfolgt.

III. Vermeidungspflicht der Strafbarkeit gemäß den §§ 49, 26 BörsG durch § 91 Abs. 2 AktG und § 93 Abs. 1 AktG

Da eine große Zahl der Wertpapierdienstleistungsunternehmen als Aktiengesellschaft firmiert ist, haben sich diese freilich auch nach den Bestimmungen

994 Vgl. *Lösler*, WM 2010, 1917, 1918.

des Aktiengesetzes zu richten. Wie auch bei § 33 Abs. 1 WpHG ist hierbei der Frage nachzugehen, ob Wertpapierdienstleistungsunternehmen aufgrund des § 91 Abs. 2 AktG bzw. § 93 Abs. 1 AktG verpflichtet werden, Mechanismen einzurichten, welche die Begehung des Straftatbestandes nach §§ 49, 26 BörsG vermeiden sollen.

1. Strafrechtlich relevante Compliance-Pflichten nach § 91 Abs. 2 AktG

Nach § 91 Abs. 2 AktG hat der Vorstand geeignete Maßnahmen zu treffen, insbesondere ein Überwachungssystem einzurichten, damit den Fortbestand der Gesellschaft gefährdende Entwicklungen früh erkannt werden.

Im Rahmen der Prüfung des Jahresabschlusses hat nach § 317 Abs. 4 HGB eine Beurteilung bezüglich der Geeignetheit der ergriffenen Maßnahmen des Vorstandes stattzufinden.

Eine Pflicht zur Ergreifung präventiver Maßnahmen zur Vermeidung des Straftatbestands nach §§ 26, 49 BörsG und seinen Konkurrenzvorschriften lässt sich hieraus allerdings nicht herleiten.

Zwar sollen durch die Verpflichtung zur Einrichtung eines Frühwarnsystems i.S.d. § 91 Abs. 2 AktG auch Risiken erkannt werden, die sich aus Rechtsverstößen ergeben.[995] Somit hat der Vorstand auch dafür zu sorgen, dass die Begehung jedweder Straftaten vermieden werden soll.

Jedoch müssen die Gesetzesverstöße weiter geeignet sein, den Fortbestand der Gesellschaft zu gefährden. Nach der Regierungsbegründung sind zu den den Fortbestand der Gesellschaft gefährdenden Entwicklungen, insbesondere risikobehaftete Geschäfte, Unrichtigkeiten der Rechnungslegung und Verstöße gegen gesetzliche Vorschriften anzusehen, die sich auf die Vermögens-, Finanz- und Ertragslage der Gesellschaft oder des Konzerns wesentlich auswirken.[996] Als Erheblichkeitsmaßstab sollen nur solche Risiken dienen, welche ein Insolvenzrisiko begründen oder wesentlich steigern bzw. welche die dauerhafte Rentabilität der Gesellschaft gefährden.[997]

Aufgrund der Vornahme von Geschäften, durch welche der Straftatbestand gem. den §§ 49, 26 BörsG erfüllt wird, wird eine Aktiengesellschaft nicht in ihrem Fortbestand gefährdet. Die Verleitung anderer zu Börsenspekulationsgeschäften

---

995 Vgl. *Bachmann/Prüfer*, ZRP 2005, 109, 110.

996 BT-Drucks, 13/9712, S. 15.

997 *Krieger/Sailer*, in: Schmidt/Lutter, AktG Kommentar, 2010, § 91 Rn. 9 f.

i.S.d. §§ 49, 26 BörsG stellt für die Aktiengesellschaft weder ein risikobehaftetes Geschäft dar, noch wird hierdurch gegen gesetzliche Vorschriften verstoßen, die sich auf die Vermögens-, Finanz- und Ertragslage der Gesellschaft oder des Konzerns wesentlich auswirken.

Um den Grad der Fortbestandsgefährdung zu erreichen, müsste die Gesellschaft schon ein erheblich strafrechtliches Potenzial aufweisen, sprich die überwiegende Anzahl der Geschäftsabschlüsse müssten durch ein strafrechtlich relevantes Verhalten zustande gekommen sein. Sollte es soweit kommen, wird zumeist die Erlaubnis zum Geschäftsbetrieb der Aktiengesellschaft nach § 35 Abs. 2 Nr. 3 i.V.m. § 33 Abs. 1 Satz 1 Nr. 2 KWG bzw. nach § 35 Abs. 2 Nr. 6 KWG BaFin aufzuheben sein. Eine Existenzgefährdung bei einer Aktiengesellschaft ist bei Aufhebung der Erlaubnis durch die BaFin dann durchaus vorhanden.

In diesem Falle, also wenn sich die allgemeine Geschäftspraxis der Aktiengesellschaft hauptsächlich in kriminellen Handlungen widerspiegelt, weiß aber auch der Vorstand von den Unternehmungen seiner Gesellschaft und wird gerade bewusst auf die Einrichtung eines (funktionierenden) Überwachungssystems i.S.d. § 91 Abs. 2 AktG verzichten.

Mithin ist der Vorstand nicht verpflichtet, anhand eines Frühwarnsystems sicherzustellen, dass vereinzelt Straftaten nach den §§ 26, 49 BörsG und seinen Konkurrenzvorschriften begangen werden. Denn es ist nicht bekannt, dass ein Unternehmen aufgrund einzelner begangener Straftaten nach den §§ 49, 26 BörsG in den Ruin getrieben wurde. Hierfür sind die im Strafrecht vorgesehenen Sanktionen zu wirkungsarm.[998] Dies v.a. vor dem Hintergrund eines nicht bestehenden Unternehmensstrafrechts.

2. Strafrechtlich relevante Compliance-Pflichten nach § 93 Abs. 1 Satz 1 AktG

a) Verpflichtung zur Ergreifung von Compliance Maßnahmen durch 93 Abs. 1 Satz 1 AktG

Neben der Verpflichtung zur Einrichtung eines Überwachungssystems zur Früherkennung bestandsgefährdender Entwicklungen, haben die Vorstandsmitglieder einer Aktiengesellschaft nach § 93 Abs. 1 Satz 1 AktG bei ihrer Geschäftsführung die Sorgfalt eines ordentlichen und gewissenhaften Geschäftsleiters anzuwenden.

998 Vgl. *Bachmann/Prüfer*, ZRP 2005, 109, 111.

Anerkannt ist, dass der Vorstand einer Aktiengesellschaft unter dieser Prämisse auch zur Errichtung eines geeigneten Compliance-Systems gezwungen sein kann.[999] Vorausgesetzt wird hierfür jedoch, dass die Ergreifung von Compliance-Vorkehrungen für das jeweilige Unternehmen erforderlich und zumutbar ist.[1000] Alleine hieraus ergibt sich aber schon die Schwierigkeit der Bestimmung der Notwendigkeit der Einführung eines Compliance-Systems. Denn diese ist an den Sorgfaltsmaßstab des § 93 Abs. 1 AktG gekoppelt, welcher wiederum vom konkreten Einzelfall abhängt. Aber auch nicht jede Sorgfaltspflicht kann den Vorstand zur Einführung spezieller Compliance-Mechanismen zwingen. Dies würde nur zu einer Überregulierung und somit auch zu einer Handlungseinschränkung der Aktiengesellschaft führen, denn die allgemeinen Sorgfaltspflichten sind weitreichend. So haben die Vorstandsmitglieder nicht nur die erwerbswirtschaftlichen Interessen im Blickfeld zu haben, sondern auch die Interessen der Aktionäre und Gläubiger sowie das Wohl der Arbeitnehmer und der Allgemeinheit.[1001] Die Sorgfaltspflichten können demnach zwar zu Compliance-Maßnahmen zwingen, jedoch nicht 1:1 in ein Compliance-System gegossen werden.

Zu bestimmen ist deswegen, ab wann strafrechtlich präventive Compliance-Maßnahmen für ein aktiengesellschaftlich organisiertes Wertpapierdienstleistungsunternehmen erforderlich und zumutbar sind und ob diese dergestalt gestaltet sein müssen, dass sie die Begehung der §§ 49, 26 BörsG vermeiden können.

Zur Eingrenzung und Bestimmung der Notwendigkeit der Ergreifung von strafrechtlich relevanten Compliance-Maßnahmen dient der Kreis der tauglichen Täter des Straftatbestandes gem. §§ 49, 26 BörsG, also die Wertpapierdienstleistungsunternehmen, welche die Wertpapierdienstleistung der Anlageberatung bzw. Anlagevermittlung anbieten bzw. betreiben. In den meisten Fällen der Anlageberatung wird hierbei ein Kreditinstitut, v.a. eine Bank oder ein lediglich auf Finanzdienstleistungen spezialisierter Finanzvertrieb und in den meisten Fällen der Anlagevermittlung ein freier Mitarbeiter eines Finanzdienstleistungsinstituts handeln.[1002]

Um einer Schadensersatzpflicht nach § 93 Abs. 2 AktG bzw. einer Geldbuße nach den §§ 130, 30 OWiG zu entgehen und den aufsichtsrechtlichen Pflichten v.a. nach § 33 WpHG gerecht zu werden, werden die meisten aktiengesellschaftlich organisierten Banken ein Compliance-System eingeführt haben. Dieses wird auch

---

999 Vgl. *Krieger/Sailer*, in: Schmidt/Lutter, AktG Kommentar, 2010, § 93 Rn. 6; *Fleischer*, CCZ 2008, 1, 3; *Reichert/Ott*, ZIP 2009, 2173, 2174; *Meier-Greve*, BB 2009, 2555.

1000 *Fleischer*, CCZ 2008, 1, 3; *Reichert/Ott*, ZIP 2009, 2173, 2174.

1001 *Spindler*, in: MüKo, AktG Kommentar, 3. Aufl. (2008), § 93 Rn. 21.

1002 Siehe hierzu oben, S. 217 f.

zumeist aufgrund der bestehenden Größe der Banken erforderlich und zumutbar sein. Zu bedenken ist zunächst, dass es zu den Grundsätzen eines jeden Vorstands gehört, dass seine Geschäftsführung rechtmäßig durchgeführt wird.[1003] Anlageberatung bzw. Anlagevermittlung zählen mit zu dem Hauptbetätigungsfeld einer Bank, so dass die Möglichkeit der Verstöße gegen §§ 49, 26 BörsG und seinen Konkurrenzvorschriften hoch ist. Mithin besteht eine Erforderlichkeit dahingehend, Mechanismen einzurichten, welche verhindern können, dass im Rahmen der Anlageberatung bzw. Anlagevermittlung Straftaten begangen werden. Auch ist es Banken zumutbar eine funktionierende präventive Compliance-Funktion einzurichten. Dies schon unter Berücksichtigung der Notwendigkeit eines funktionierenden Anlegerschutzes.

Aber nicht nur bei den Banken, sondern auch bei den kleineren aktiengesellschaftlich organisierten Wertpapierdienstleistungsunternehmen, welche sich auf den Bereich der Anlagevermittlung und/oder Anlageberatung spezialisiert haben, ist die Einrichtung einer strafrechtlich relevanten präventiven Compliance Funktion erforderlich und zumutbar. *Erforderlich* ist die Einrichtung einer funktionierenden Compliance-Funktion bei diesen Unternehmen schon alleine deswegen, weil diese Gruppe hauptsächlich dafür bekannt ist, im Wege von geschickt geführten, zumeist unangemeldet geführten Telefongesprächen durch speziell geschulte Anlagevermittler Finanzprodukte „an den Mann zu bringen“.[1004] Mithin lässt sich in dieser Gruppe oftmals ein hohes Potential krimineller Energie wiederfinden. Demzufolge hat auch der Vorstand einer Aktiengesellschaft, welche sich auf den Bereich der Anlageberatung bzw. Anlagevermittlung spezialisiert hat, dafür Sorge zu tragen, dass insbesondere der Straftatbestand der Verleitung zu Börsenspekulationsgeschäften durch seine Angestellten nicht verübt wird, will er nicht gegen die Sorgfaltspflichten nach § 93 Abs. 1 Satz 1 AktG verstoßen.[1005]

Dies wird einem solchen Unternehmen auch unabhängig von der Größe *zumutbar* sein. Denn hierzu gehört lediglich, dass schon im Prozess der Einarbeitung des jeweiligen Mitarbeiters diesem die strafrechtlichen Bestimmungen aufgezeigt werden und auf dessen Einhaltung gedrungen wird, dass die weiteren täglichen Arbeitshandlungen der Mitarbeiter stichprobenartig kontrolliert werden sowie die Nichteinhaltung zur Sanktionierung führen muss. Mehr, aber auch nicht

---

1003 Vgl. *Krieger/Sailer*, in: Schmidt/Lutter, AktG Kommentar, 2010, § 93 Rn. 6.

1004 Vgl. Allgemeinverfügung der BaFin gemäß § 36 b Abs. 1 und Abs. 2 WpHG bezüglich der Werbung in Form des „cold calling“ vom 27. Juli 1999.

1005 Vgl. *Reichert/Ott*, ZIP 2009, 2173, 2174, welche ausführen, dass ein besonderes Risikopotenzial einer Aktiengesellschaft zu Compliance-Pflichten führen kann.

weniger kann von einem Vorstand eines aktienrechtlich organisierten Finanzdienstleistungsinstituts nicht verlangt werden, um seinen Sorgfaltspflichten bezüglich §§ 49, 26 BörsG gerecht zu werden.

b) Ergebnis

Mithin ergibt sich unmittelbar aus § 93 Abs. 1 Satz 1 AktG sowohl für aktienrechtlich organisierte Banken als auch für aktienrechtlich organisierte Finanzdienstleistungsinstitute eine Verpflichtung dahingehend, Compliance-Maßnahmen zu ergreifen, um die Verwirklichung des Straftatbestandes der Verleitung zu Börsenspekulationsgeschäften und seinen Konkurrenzvorschriften zu vermeiden, wollen sie sich nicht schadensersatzpflichtig machen bzw. ordnungswidrig i.S.d. §§ 130, 30 OWiG auffallen.[1006]

c) Verpflichtung zur Ergreifung von Compliance Maßnahmen durch 93 Abs. 1 Satz 1 AktG i.V.m. Nummer 4.1.3. des DCGK

Für dieses Ergebnis könnte auch die Nummer 4.1.3. des DCGK[1007] sprechen. Diese sieht nämlich vor, dass der Vorstand für die Einhaltung der gesetzlichen Bestimmungen und der unternehmensinternen Richtlinien zu sorgen hat und auf deren Beachtung durch die Konzernunternehmen hinwirken soll. Der DCGK versteht diese Ausführungen als „Compliance“.

Ob jedoch der DCGK eine bindende Konkretisierung des Verhaltensmaßstabes der Sorgfaltspflichten nach § 93 Abs. 1 Satz 1 AktG bilden kann, ist umstritten,[1008] zumal sich der DCGK lediglich an börsennotierte Gesellschaften richtet.

Nichtbörsennotierten Gesellschaften wird lediglich eine Empfehlung dahingehend erteilt, sich ebenfalls an die Vorgaben des DCGK zu halten.[1009] Demzufolge kann auch die mögliche Konkretisierung des Verhaltensmaßstabs der Nummer 4.1.3 des DCGK nicht für diese Gruppe gelten.

Aber auch für börsennotierte Gesellschaften ist die Aussage, dass Nummer 4.1.3 des DCGK als Konkretisierung des Verhaltensmaßstabes des § 93 Abs. 1 Satz 1 AktG zu werten ist, mit Vorsicht zu genießen. Denn der DCGK besitzt keine

---

1006 Im Ergebnis wohl auch *Reichert/Ott*, ZIP 2009, 2173, 2174 und *Kremer/Klahold*, ZGR 2010, 113, 120 f.

1007 In der Fassung vom 26.05.2010.

1008 Vgl. nur *Kort*, in: Festschrift für Karsten Schmidt, 2009, 945 ff.; Seibt, AG 2002, 249 ff.; *Israel* in Bürgers/Körber, Kommentar AktG, 2008, § 93 Rn. 4; *Lutter*, ZHR 166 (2002), 523 ff.

1009 Siehe hierzu oben, S. 208 f.

Gesetzeskraft, sondern stellt einen nur nichtgesetzlichen Verhaltenskodex (sog. soft law) dar.[1010] Den Vorständen einer Aktiengesellschaft steht es insgesamt frei, den Vorgaben des Kodex gerecht zu werden.[1011] Ihn über den Umweg der Anforderungen der Sorgfaltspflichten nach § 93 Abs. 1 Satz 1 AktG zu einer gesetzlichen Pflicht erklären zu wollen, erscheint aufgrund mangelnder legislativer Legitimation dogmatisch bedenklich.

Nach hiesiger Ansicht ist die Konkretisierung der Sorgfaltspflichten des § 93 Abs. 1 Satz 1 AktG anhand der Nummer 4.1.3 des DCGK auch nicht notwendig. Dies zumindest für die Ausführungen, dass der Vorstand für die Einhaltung der gesetzlichen Bestimmungen zu sorgen hat und dieser auf deren Beachtung durch die Konzernunternehmen hinwirken muss.[1012] Die genannten Bestimmungen ergeben sich nämlich schon aus einer gesetzlichen Auslegung des § 93 Abs. 1 Satz 1 AktG. Nummer 4.1.3 des DCGK konkretisiert diese gerade nicht, sondern zeichnet sie nur (sichtbar) nach.

d) Ergebnis

Einer Anwendung bzw. einer Berücksichtigung der Nummer 4.1.3 des DCGK im Rahmen des § 93 Abs.1 Satz 1 AktG bedarf es insoweit nicht. Anders stellt es sich freilich dar, wenn die Gesellschaft selbst den Inhalt des Kodex in die Satzung, die Geschäftsordnung von Vorstand und Aufsichtsrat oder in die Anstellungsverträge der Vorstandsmitglieder aufgenommen und sich diesen zu Eigen gemacht hat.[1013] In diesem Fall dienen die Bestimmungen des DCGK (zusätzlich) der Ausgestaltung der Sorgfaltspflichten der Vorstandsmitglieder und mithin als Haftungsmaßstab.[1014]

IV. Vermeidungspflicht der Strafbarkeit gemäß §§ 49, 26 BörsG durch § 43 Abs. 1 GmbHG und § 34 Abs. 1 GenG

Wie auch die Vorstandsmitglieder einer Aktiengesellschaft, werden auch die Geschäftsführer einer GmbH durch § 43 Abs. 1 GmbHG und die Vorstände von Genossenschaften durch § 34 Abs. 1 Satz 1 GenG bei ihrer Geschäftsführung gezwungen,

1010 Siehe hierzu oben, S. 208 f.
1011 *Lutter*, ZHR 166 (2002), 523, 542.
1012 Vgl. etwa *Reichert/Ott*, ZIP 2009, 2173.
1013 *Fleischer*, Handbuch des Vorstandsrechts, 2006, § 7 Rn. 33.
1014 Vgl. *Fleischer*, Handbuch des Vorstandsrechts, 2006, § 7 Rn. 33.

die Sorgfalt eines ordentlichen und gewissenhaften Geschäftsleiters anzuwenden. Wortlaut und Sorgfaltsmaßstab des § 93 Abs. 1 Satz 1 AktG gleichen insoweit dem des § 43 Abs. 1 GmbHG[1015] und des § 34 Abs. 1 Satz 1 GenG.

An diese Gesellschaften werden bezüglich der Frage der Etablierung bestimmter Mechanismen zur Vermeidung von Straftaten die gleichen Anforderungen gestellt, wie auch an Aktiengesellschaften.[1016]

Die oben zur Aktiengesellschaft herausgearbeiteten Ergebnisse, können demzufolge sinngemäß auch auf die GmbH und die Genossenschaft übertragen werden.

V. Vermeidungspflicht der Strafbarkeit gemäß den §§ 49, 26 BörsG durch Nummer 4.1.3 des DCGK in der Fassung vom 18. Juni 2009

Die Vorgaben der Nummer 4.1.3 des DCGK geben nur die Voraussetzungen des § 93 Abs. 1 Satz 1 AktG wieder.[1017] Einen darüber hinausgehenden Inhalt, welcher zu einer Ergreifung Compliance-relevanter Maßnahmen zwingen könnte, erzeugt diese Nummer des DCGK nicht. Aufgrund § 93 Abs. 1 Satz 1 AktG hat ein Wertpapierdienstleistungsunternehmen, welches überwiegend mit der Anlageberatung bzw. Anlagevermittlung beauftragt ist, Compliance-Maßnahmen zu ergreifen, um die Verwirklichung des Straftatbestandes der Verleitung zu Börsenspekulationsgeschäften nach §§ 49, 26 BörsG zu verhindern.

VI. Vermeidungspflicht der Strafbarkeit gemäß §§ 49, 26 BörsG durch die §§ 30, 130 OWiG

Eine unmittelbare Verpflichtung zur Errichtung eines Compliance-Systems gemäß den §§ 30, 130 OWiG, welches Straftaten nach den §§ 49, 26 BörsG zu vermeiden

---

1015 Bei welchem lediglich die „Gewissenhaftigkeit" im Wortlaut der Norm nicht enthalten ist. Trotz dem ist wohl anerkannt, dass an den Sorgfaltsmaßstab im Vergleich zu § 93 Abs. 1 AktG die gleichen Anforderungen zu stellen sind, statt aller: *Zöllner/Noack*, in: Baumbach/Hueck, GmbHG Kommentar, 19. Aufl. (2010), § 43 Rn. 7.

1016 Vgl. für die GmbH: *Zöllner/Noack*, in: Baumbach/Hueck, GmbHG Kommentar, 19. Aufl. (2010), § 43 Rn. 17 ff.; für die Genossenschaft: *Keßler*, in: Hillebrand/Keßler, GenG Kommentar, 2. Aufl. (2010), § 34 Rn. 26.

1017 Siehe oben zu den Voraussetzungen von § 93 Abs. 1 Satz 1 AktG, S. 227 f.

hat, besteht nicht.[1018] Denn § 130 Abs. 1 Satz 1 OWiG setzt voraus, dass vorsätzlich bzw. fahrlässig *erforderliche Aufsichtsmaßnahmen* durch den Inhaber eines Betriebs bzw. eines Unternehmens unterlassen wurden, um Zuwiderhandlungen gegen ihn treffende Pflichten zu verhindern und deren Verletzung mit Strafe oder Geldbuße bedroht ist. Ein Vorstand einer Aktiengesellschaft z.B. handelt demnach ordnungswidrig, wenn eine solche Zuwiderhandlung begangen wird und diese durch *gehörige Aufsicht* verhindert oder wesentlich erschwert worden wäre.

Vorausgesetzt wird demnach, dass durch den Vorstand erforderliche Aufsichtsmaßnahmen unterlassen wurden. Die Erforderlichkeit der Aufsichtsmaßnahmen bzw. die „gehörige Aufsicht" bedarf zur Bestimmung aber stets der Ausfüllung durch spezielle, unternehmensrechtliche Pflichten.[1019]

Unternehmensrechtliche Pflichten, welche zu Aufsichtsmaßnahmen zwingen, ergeben sich z.B. aus den oben erläuterten §§ 33 Abs. 1 WpHG, 25a KWG, 93 Abs. 1 und 91 Abs. 2 AktG.[1020] Aus den genannten Normen kann sich jeweils unmittelbar eine Verpflichtung zur Errichtung eines Compliance-Systems ergeben[1021] bzw. es können bei einem Verstoß dagegen bußgeldrechtliche Sanktionen drohen,[1022] wenn die Voraussetzungen vorliegen.

Eine unmittelbare Pflicht zur Errichtung eines Compliance-Systems ergibt sich, wenn überhaupt, stets nur aus den konkreten, spezialgesetzlich normierten Aufsichtspflichten.[1023] Zur „gehörigen Aufsicht" nach § 130 Abs. 1 Satz 1 OWiG a.E. wird der Inhaber eines Betriebes bzw. eines Unternehmens nur im Rahmen *dieser* Aufsichtspflichten verpflichtet. Aus den §§ 30, 130 OWiG resultieren demzufolge jedoch zumindest mittelbare Verpflichtungen zur Errichtung einer Compliance-Organisation.[1024]

VII. Zwischenergebnis

Die Pflicht zur Etablierung eines Compliance-Systems, welches v.a. den Straftatbestand der Verleitung zu Börsenspekulationsgeschäften nach den §§ 49, 26 BörsG verhindert, ergibt sich für Wertpapierdienstleistungsunternehmen

---

1018 So wohl auch *Kremer/Klahold*, ZGR 2010, 113, 119.

1019 *Bachmann/Prüfer*, ZRP 2005, 109, 111.

1020 Siehe oben zu den einzelnen Normen, S. 215 ff.

1021 Siehe oben zu den einzelnen Normen, S. 215 ff.

1022 Siehe unten unter „Sanktionierung bei Nichteinhaltung", 234 ff.

1023 Vgl. *Lösler*, Compliance, 2003, S. 132 f.

1024 *Gürtler*, in: Göhler, OWiG Kommentar, 15. Aufl. (2009), § 130 Rn. 9 f.; *Schneider*, ZIP 2003, 645, 649, 650.

sowohl aus der aufsichtsrechtlichen Vorschrift des § 33 Abs. 1 WpHG als auch aus den vorstands- bzw. geschäftsführerbezogenen Sorgfaltspflichten nach § 93 Abs. 1 AktG bzw. § 43 Abs. 1 GmbHG oder § 34 Abs. 1 Satz 1 GenG. Aufgrund der einzuhaltenden Sorgfaltspflichten nach § 91 Abs. 2 AktG wird der Vorstand einer Aktiengesellschaft nicht gezwungen, den Straftatbestand nach den §§ 49, 26 BörsG zu verhindern. Die Begehung der Verleitung zu Börsenspekulationsgeschäften wird in der Regel nicht dazu führen können, den Fortbestand der Gesellschaft zu gefährden. Auch allein aufgrund der §§ 30, 130 OWiG kann ein Wertpapierdienstleistungsunternehmen nicht gezwungen werden, Compliance-Maßnahmen zu ergreifen. Die unmittelbare Verpflichtung kann sich allein nur aus spezialgesetzlichen Aufsichtspflichten ergeben. Aufgrund dieser Ausfüllungsbedürftigkeit des § 130 OWiG entsteht lediglich mittelbar die Verpflichtung zur Errichtung einer Compliance-Organisation.

VIII. Sanktionen bei Nichteinhaltung der notwendig zu ergreifenden Compliance-Maßnahmen

1. Aufsichtsrecht und Zivilrecht

Wird entgegen der Voraussetzungen des § 33 Abs. 1 WpHG bzw. der § 93 Abs. 1 AktG, § 43 Abs. 1 GmbHG, § 34 Abs. 1 Satz 1 GenG kein Compliance-System eingerichtet, so drohen dem jeweiligen Wertpapierdienstleistungsunternehmen verschiedenartige Sanktionen. In Betracht kommen hierbei aufsichtsrechtliche, bußgeldrechtliche und zivilrechtliche Sanktionen:

Entschließt sich ein Wertpapierdienstleistungsunternehmen trotz der Verpflichtung zur Einführung eines Compliance-Systems nach § 33 Abs. 1 WpHG (§ 93 Abs. 1 AktG bzw. § 34 Abs. 1 GenG oder § 43 Abs. 1 GmbHG) dieses nicht einzuführen bzw. ist dieses mangelhaft, drohen diesem lediglich bei Beharrlichkeit dieses Verstoßes als letzte Konsequenz der Entzug der Erlaubnis zum Geschäftsbetrieb durch die BaFin nach § 35 Abs. 2 Nr. 3 i.V.m. § 33 Abs. 1 Satz 1 Nr. 2 KWG oder nach § 35 Abs. 2 Nr. 6 KWG, bzw. als milderes Mittel die Abberufung der verantwortlichen Geschäftsleiter gem. § 36 Abs. 1 KWG i.V.m. § 35 Abs. 2 Nr. 6 KWG durch diese.

Im WpHG waren bis zum 08.04.2011 diesbezüglich aber weder straf- noch bußgeldrechtliche Sanktionen vorgesehen. Die im Wege des Anlegerschutz- und Funktionsverbesserungsgesetz vom 05.04.2011 eingetretene Gesetzesänderung,[1025]

1025 BGBl. I, 07.04.2011, Nr. 14, 538.

welche vorsieht, die Nichteinführung einer Compliance-Funktion nach dem neu einzuführenden § 39 Abs. 2 Nr. 17b WpHG unter Bußgeld i.H.v. bis zu zweihunderttausend Euro stellen zu können, ist zu begrüßen. Die vorgenommene Gesetzesänderung ist aber noch nicht weitreichend genug. Auch eine Compliance-Funktion, welche unter gravierenden Mängeln leidet und zumeist lediglich eine Feigenblattfunktion erfüllen soll, hätte gleichermaßen eine bußgeldrechtliche Berücksichtigung im Gesetzestext finden sollen.

Kommt es soweit, dass im Zuge des Verstoßes gegen die Verpflichtung zur Etablierung eines Compliance-Systems Straftaten im eigenen Unternehmen begangen werden, so hat das Unternehmen gem. §§ 30, 130 OWiG aber auch die Geschäftsleitung über §§ 9, 130 OWiG erhebliche bußgeldrechtliche Sanktionen zu befürchten.[1026]

Zivilrechtlich kann, bei Vorliegen der Voraussetzungen, dann sowohl das Unternehmen als auch die Geschäftsleitung gem. § 826, (§§ 830, 840, 31)[1027] BGB in Anspruch genommen werden. Der Geschäftsleitung kann weiter eine Inanspruchnahme im Wege der § 823 Abs. 2, (§§ 830, 840) BGB i.V.m. §§ 49, 26 BörsG bzw. dessen Konkurrenzdelikten und im Wege des § 831 BGB[1028] drohen.[1029]

Mangels eines Unternehmensstrafrechts in Deutschland hat das gegen § 33 Abs. 1 WpHG bzw. gegen § 93 Abs. 1 AktG, § 43 Abs. 1 GmbHG oder § 34 Abs. 1 Satz 1 GenG verstoßende Unternehmen, keine strafrechtlichen Sanktionen zu befürchten.

Nicht zu verwechseln ist dies mit einer möglichen Bestrafung des Vorstandsmitglieds bzw. Geschäftsführers oder des Compliance-Officers im Wege ihrer

1026 Vgl. *Rettenmaier/Palm*, NJOZ 2010, 1414.

1027 Vgl. *Rössner/Arendts*, WM 1996, 1517, 1524; *Frisch*, VuR 2010, 283 ff.; OLG München 21 U 3291/08, Urteil vom 26.01.2009.

1028 Zum Streitstand: *Haas/Ziemons*, in: Michalski, GmbHG Kommentar, 2. Aufl. (2010), § 43 Rn. 332; *Altmeppen*, in: Krieger/Schneider, Handbuch Managerhaftung, 2. Aufl. (2010), § 7 Rn. 59, 76 f.

1029 Wobei sowohl § 33 WpHG als auch die §§ 30, 130 OWiG keine Schutzgesetze darstellen. Zu § 33 WpHG: Rössner/Arendts, WM 1996, 1517, 1524; *Fuchs*, in: Fuchs, WpHG Kommentar, 2009, § 33 Rn. 186; *Schwark*, in: Schwark/Zimmer, Kapitalmarktrechtskommentar, 4. Aufl., 2010, § 33 WpHG Rn. 4 f. Zu den §§ 30, 130 OWiG: Vgl. BGHZ 125, 366, 373 f., 376 f.; differenzierend *Schücking*, in: Krieger/Schneider, Handbuch Managerhaftung, 2. Aufl., 2010, § 36 Rn. 80 f.; verneinend *Altmeppen*, in: Krieger/Schneider, Handbuch Managerhaftung, 2. Aufl., 2010, § 7 Rn. 57 f.

potentiell bestehenden strafrechtlichen Garantenpflicht. Auf die Möglichkeit der Bestrafung wegen Begehung eines unechten Unterlassungsdelikts wird sogleich noch einzugehen sein.[1030]

2. Strafrechtliche Haftung

a) Überblick

Werden im Wertpapierdienstleistungsunternehmens Straftaten nach den §§ 49, 26 BörsG bzw. seinen Konkurrenzvorschriften verübt, so drohen dem jeweiligen Unternehmen keine *strafrechtlichen* Konsequenzen. Dies auch nicht etwa dann, wenn die Begehung der Straftaten im Betrieb auf ein mangelndes bzw. mangelhaftes Compliance-System zurückgeführt werden kann. Grund hierfür ist, dass es in Deutschland kein Unternehmensstrafrecht gibt bzw. der Gesetzgeber sich für die Einordnung einer möglichen Pönalisierung eines strafrechtlich auffälligen Unternehmens im Ordnungswidrigkeitenrecht nach den §§ 30, 130 OWiG entschieden hat.[1031]

Über die mögliche Bestrafung des Compliance-Officers, Vorstands, Aufsichtsrats bzw. Geschäftsführers im Wege ihrer potentiell bestehenden Garantenpflicht ist damit aber noch nichts gesagt.

Der Geschäftsleiter eines Unternehmens kann bei Vorliegen der Voraussetzungen nach wohl heute unstreitiger Meinung als Garant zur Verhinderung betriebsbezogener Straftaten seiner Untergebenen verpflichtet sein und demzufolge bei Zuwiderhandlungen als ein solcher bestraft werden. Gestritten wird überwiegend nicht mehr über die Frage des „Ob" der Möglichkeit der Bestrafung des Geschäftsleiters im Wege der Garantenpflicht, sondern vielmehr über die Frage, *wie weit* der Kreis der eine Unterlassungsstrafbarkeit des Geschäftsleiters auslösenden Straftaten zu ziehen ist.[1032]

Die gleiche Problemstellung ergibt sich in dem Fall der Delegation der den Geschäftsleiter treffenden Organisationspflichten auf einen sogenannten Compliance-Officer bzw. Compliance-Beauftragten,[1033] dessen Aufgabenbereich die Verhinderung

1030 Siehe unten, S. 236 ff.

1031 Vgl. *Trüg*, wistra 2010, 241 ff, welcher sich mit guten Gründen für die Beibehaltung des bestehenden Systems ausspricht. Zu den §§ 30, 130 OWiG siehe oben, S. 232 f.

1032 *Schall*, in: Festschrift Rudolphi, 2004, 267, 268; befürwortend *Rönnau/Schneider*, JZ 2010, 53, 56.

1033 Im Sinne des § 12 Abs. 4 WpDVerOV.

von Rechtsverstößen ist.[1034] Hierbei ist jedoch schon das „Ob“ der Garantenstellung heftig umstritten. Der Bundesgerichtshof hat in jüngster Zeit in einem obiter dictum die Möglichkeit der Garantenstellung eines Compliance-Officers bejaht,[1035] welches zu einem „Rauschen im juristischen Blätterwald“ geführt hat.[1036]

Um die Frage der Garantenstellung des Compliance-Officers beantworten zu können, müssen zunächst jedoch die *Grenzen der Bestrafung des Geschäftsleiters*[1037] im Wege der Garantenpflicht näher untersucht werden. Stellt sich heraus, dass schon ein Geschäftsleiter nicht für Straftaten von frei verantwortlichen Unternehmensangehörigen haften kann, so muss dies erst recht für den Compliance-Officer gelten können.[1038] Erst nach Beantwortung dieser heftig umstrittenen Frage,[1039] kann über die Möglichkeit und Weite der Bestrafung des Compliance-Officers bzw. Beauftragten im Wege eines unechten Unterlassungsdelikts nach § 13 StGB nachgedacht werden, falls im Wertpapierdienstleistungsunternehmen Straftaten gem. §§ 49, 26 BörsG bzw. seinen Konkurrenzdelikten verübt werden.[1040]

Wie zu zeigen sein wird, kann sowohl dem Geschäftsleiter als auch dem Compliance-Officer bzw. Beauftragten unter bestimmten Umständen eine Garantenstellung zukommen. Die Möglichkeit der Bestrafung eines Compliance-Officers im Wege eines unechten Unterlassungsdelikts kommt jedoch aufgrund tatbestandlicher Anforderungen seltener zum Zuge als man auf den ersten Blick zunächst vermuten mag.

1034 Vgl. BGH 5 StR 394/08, Urteil vom 17.07.2009, Rz. 27 (juris).

1035 BGH 5 StR 394/08, Urteil vom 17.07.2009, Rz 27. (juris).

1036 *Achenbach*, NStZ 2010, 621.

1037 Also die oben angesprochene, immer noch sehr umstrittene „Weite“ einer möglichen Bestrafung.

1038 *Berndt*, Anmerkungen zu BGH 5 StR 394/98, StV 2009, 687, 691; *Wessing/Hugger/Dann* in Renz/Hense, Wertpapier-Compliance, 2010, I.9, Rn. 20 f.; *Bürkle*, CCZ 2010, 4, 6; *Rönnau/Schneider*, ZIP 2010, 53, 54; *Dannecker/Dannecker*, JZ 2010, 981, 991.

1039 Vgl. *Warneke*, NStZ 2010, 312, 315; *Kraft/Winkler*, CCZ 2009, 29, 30; *Gebauer/Kleinert*, in: Krieger/Schneider, Handbuch Managerhaftung, 2. Aufl. (2010), § 20 Rn. 53 f.; *Campos Nave/Vogel*, BB 2009, 2546, 2549; *Berndt*, StV 2009, 687, 690.

1040 Anders aber *Dann/Mengel* in NJW 2010, 3265, 3267 welche hier zwar folgerichtig den Schluss ziehen, dass das obiter dictum des BGH vom 17.07.2009 „alles andere als spektakulär“ sei, wenn man der „sogenannten Lehre der Geschäftsherrenhaftung folgt“, jedoch hierbei nicht würdigen, dass gerade darin „des Pudels Kern“ liegt. Eine Beantwortung der Frage, warum man der „Lehre der Geschäftsherrenhaftung“ zu folgen hat bzw. die Frage der Reichweiter dieser, sucht man vergeblich. Beachtung findet dieses Problem aber wiederum in *Wessing/Hugger/Dann*, in: Renz/Hense, Wertpapier-Compliance, 2010, I.9, Rn. 20 f. Vgl. auch *Dannecke/Dannecker*, JZ 2010, 981.

b) Strafrechtliche Haftung der Geschäftsleitung

Wie oben schon ausgeführt, wird zumeist über das „Ob" der strafrechtlichen Haftungsmöglichkeit eines Geschäftsleiters („Geschäftsherrenhaftung") in der Literatur nicht mehr gestritten, bzw. wird aus rechtlich zutreffenderen Gründen bejaht.[1041] Aber auch der BGH geht von der Möglichkeit der Bestrafung eines Geschäftsherrn im Wege eines unechten Unterlassungsdelikts aus.[1042]

Die Bestrafung eines Geschäftsleiters im Wege eines unechten Unterlassungsdelikts muss auch möglich sein. Juristisch nicht haltbar wäre etwa der Fall, dass ein Geschäftsleiter eines Wertpapierdienstleistungsunternehmens, zumindest mit Eventualvorsatz Betrugs- oder Untreue- bedingte Vermögensschädigungen bei seinen Kunden zulässt, welche regelmäßig von seinen Mitarbeitern verübt werden und dieser daraufhin nicht strafrechtlich belangt werden könnte. Denn kann diesem ein aktives Tun im Rahmen dieser Straftaten nicht nachgewiesen werden, wodurch er zumindest als Mittäter, mittelbarer Täter, Anstifter oder Gehilfe in Frage kommen würde, so bleibt lediglich die Möglichkeit einer Unterlassungsstrafbarkeit gem. § 13 StGB i.V.m. dem jeweils einschlägigen Straftatbestand.

1041 Vgl. nur *Schall*, in Festschrift Rudolphi, 2004, 267, 268; *Dannecker/Dannecker*, JZ 2010, 981, 989; *Ransiek*, AG 2010, 147, 149 ff.; *Rönnau/Schneider*, JZ 2010, 53, 56; *Gößwein/Hohmann*, BB 2011, 963, 965. Der Einwand, dass eine Verantwortlichkeit des Betriebsleiters unter Berufung auf das Fehlen einer § 357 Abs. 1 StGB, § 108 Abs. 1 Satz 1 SeemG, § 41 WStG vergleichbaren Vorschrift scheitert, kann nicht durchschlagen. Neben der Tatsache, dass ohne die Möglichkeit der Geschäftsherrenhaftung Strafbarkeitslücken entstehen würden, können gerade diese Normen ebenso als normatives Beispiel einer anerkannten Geschäftsherrenhaftung herangezogen werden. Zudem sperrt auch nicht § 130 OWiG das Strafrecht. Es verhält sich gerade umgekehrt: die strafrechtlichen Regelungen gehen dem OWiG vor. Darüber hinaus verliert bei Bejahung einer strafbewehrten Pflicht § 130 OWiG nicht jede Bedeutung, da der Verantwortungsbereich der Ordnungswidrigkeit weiter gehen kann, als § 13 StGB, § 8 OWiG; vgl hierzu *Ransiek*, AG 2010, 147, 149 ff.

1042 Vgl. nur jüngst BGH 4 StR 71/11 (Urteil vom 20.10.2011); BGH 2 StR 549/89 (Urteil vom 06.07.1990, „Lederspray-Fall"); hierzu ist aber auch das obiter dictum des BGH vom 17.07.2009, Az: BGH 5 StR 394/08 zu zählen, denn wenn schon nach Ansicht des BGH der Compliance-Officer als Garant in Frage kommt (und die restlichen Voraussetzungen der Unterlassungstat vorliegen), dieser mithin strafrechtlich belangt werden kann, so muss erst recht ein Geschäftsleiter strafrechtlich einstehen können. A.A. *Spring*, AG 2010, 222, 224, 227, welcher zu dem fragwürdigen Ergebnis gelangt, dass der BGH in der genannten Entscheidung vom 17.07.2010 einer „umfassenden Geschäftsherrenhaftung eine klare Absage erteilt hat". Eine diesbezügliche Aussage lässt sich m.E. gerade nicht herauslesen- im Gegenteil.

Um Strafbarkeitslücken zu vermeiden, muss demnach eine Geschäftsherrenhaftung auch im Wege eines unechten Unterlassungsdelikts möglich sein. Dies macht auch Sinn, ist doch die Geschäftsleitung für die Organisation des „Gefahrenherds Betrieb" verantwortlich, hält diese doch u.a. die innerbetrieblichen Geschehensabläufe kraft Weisungsbefugnis und überlegenem Informationsmodus überwiegend in der Hand.[1043]

Hierbei kann dem Geschäftsleiter eine Garantenstellung sowohl als sogenannter Überwacher- als auch Beschützergarant zukommen.[1044] So ist etwa der Vorstand mit Übernahme der Organstellung verpflichtet, Schaden an Eigentum und Vermögen der AG abzuwenden.[1045] Auch als Überwachergarant kommt der Vorstand in Betracht, da dieser zu verhindern hat, dass die von seinem Betrieb ausgehenden Gefahren keinen Schaden bei außenstehenden Menschen oder Personen verursachen.[1046]

Die Reichweite der strafrechtlichen Haftung ist wiederum hochumstritten. Zum einen wird darüber gestritten, ob dem Geschäftsleiter auch dann eine Garantenstellung zukommen kann, wenn der „unmittelbare" Täter, also ein Mitarbeiter des Unternehmens, *eigenverantwortlich* Straftaten begeht.[1047] Zum anderen besteht

---

1043 Vgl. *Campos Nave/Vogel*, BB 2009, 2546, 2549; *Schall*, in Festschrift Rudolphi, 2004, 267, 271.

1044 Wobei eine schematische Einteilung Überwachergarant/Beschützergarant jedoch kaum zu bewerkstelligen ist. Denkbar sind nämlich auch Garanten, welche auf das gleiche Rechtsgut bezogen sowohl Beschützer- als auch Überwachergarant seien können- z.B. Eltern bei ihren Kindern. Im Bereich der Geschäftsherrenhaftung ist etwa an eine dualistische Stellung beim Einsatz von High-Frequency Rechnern zu denken. High-Frequency Trading erfreut sich immer größerer Beliebtheit, können doch im Wege dieser Handelsmöglichkeit bis zu 60 Mio. Kauf- und Verkaufsaufträge täglich abgegeben werden. Diese speziellen Rechner sind einerseits so zu beschützen, dass der Firma selbst kein Schaden entsteht- etwa durch Computerviren; und andererseits auch so zu überwachen, dass Dritten kein Schaden entsteht- etwa durch einen Computerfehler, welcher die gesamte Finanzstabilität gefährden kann. Das Einschmuggeln von Viren und anderen Daten in elektronische Handelssysteme ist auch keine Seltenheit, vgl. nur Spiegel- Online vom 06.02.2011: „Hacker schmuggelten Dateien in Nasdaq- System" (http://www.spiegel.de/wirtschaft/unternehmen/0,1518,743807,00.html) bzw. vom 01.03.2011: „Cyber- Gangster hackt Morgan- Stanleys Netzwerk" (http://www.spiegel.de/wirtschaft/unternehmen/0,1518,748277,00. html). Siehe zur Problematik der rechtlichen Einordnung Forst, BKR 2011, 454 ff.

1045 *Rönnau/Schneider*, ZIP 2010, 53, 54.

1046 *Rönnau/Schneider*, ZIP 2010, 53, 54.

1047 Vgl. *Ransiek*, AG 2010, 147, 150; *Warneke*, NStZ 2010, 312, 316; *Schall*, in Festschrift Rudolphi, 2004, 267, 275 ff; *Berndt*, Anmerkungen zu BGH 5 StR 394/08, StV 2009, 687, 690 f.; *Spring*, GA 2010, 222, 226.

Uneinigkeit darüber, wann die jeweilige Straftat noch die notwendige *Betriebsbezogenheit* aufweist, bzw. sich noch als Ausdruck der „Gefahrenquelle Betrieb" darstellt.[1048]

aa) Eigenverantwortlichkeit der Untergebenen

Im Schrifttum wird überwiegend vertreten, dass ein eigenverantwortliches strafbares Verhalten eines Unternehmensmitarbeiters die Garantenstellung des Geschäftsleiters ausschließe.[1049] Es soll grundsätzlich keine (Garanten-) Pflicht bestehen, das Verhalten anderer Menschen zu überwachen, wenn und soweit diese selbstverantwortlich handeln, also strafrechtlich vollumfänglich für ihr Verhalten einzustehen haben.[1050]

Dem ist im Grunde auch zuzustimmen. Dogmatisch gesehen stellt das Prinzip der Eigenverantwortlichkeit jedoch keine Frage der Garantenstellung, sondern eine Frage der objektiven Zurechnung dar.[1051] Erst hier erlangen die Ausführungen zum Prinzip der Selbstverantwortung Relevanz. Es geht nämlich gerade nicht um eine starre, durch Handlungen von Unternehmensmitarbeitern bedingte Einteilung Garant/Nichtgarant, sondern um die Frage, ob den Geschäftsleiter eine Erfolgsabwendungspflicht im konkreten Fall getroffen hat.[1052] Der eingetretene Erfolg ist

---

1048 Vgl. *Schall*, in: Festschrift Rudolphi, 2004, 267, 269.

1049 Vgl. etwa *Warneke*, NStZ 2010, 312, 316; *Berndt*, Anmerkungen zu BGH 5 StR 394/08, StV 2009, 687, 690 f.; *Spring*, GA 2010, 222, 226; differenzierend *Schall*, in Festschrift Rudolphi, 2004, 267, 274.

1050 *Warneke*, NStZ 2010, 312, 316.

1051 Überzeugend *Ransiek*, AG 2010, 147, 150 f.; bezugnehmend *Dannecker/Dannecker*, JZ 2010, 981, 990, 991.

1052 Folgerichtig schreibt *Ransiek* in AG 2010, 147, 150: „Ob andere autonom handeln und für die Herbeiführung des Erfolgs ihrerseits verantwortlich sind, ist also gar nicht relevant". A.A. *Mosbacher/Dierlamm*, NStZ 2010, 268, 269, welche lediglich eine Garantenstellung von Geschäftsleitern dann annehmen, wenn „besondere Gefahren" aufgrund der Besonderheit des Betriebs bestehen, sprich, wenn besondere Umstände zur Geschäftstätigkeit hinzukommen, „wie etwa durch Vergatterung zum Werben um jeden Preis im Stile von „Drückerkolonnen", durch Einrichtung oder Unterhaltung „schwarzer Kassen" zwecks Bestechung oder besonderer Aktivitäten auf kriminogenem Terrain". Bedenklich ist hierbei aber die Entstehung von Strafbarkeitslücken. Es kann nicht sein, dass ein Geschäftsherr wissentlich vereinzelt betriebsbezogene Straftaten in seinem Unternehmen zulassen darf, ohne strafrechtlich belangt werden zu können. Für die Garantenstellung kann nicht die nur schwerlich vorzunehmende Beantwortung der Frage ausschlaggebend sein, *wann* der Verpflichtete dafür zu sorgen hat, dass sich keine rechtwidrigen Gefahren aus dem Betrieb dem Garanten im Fall einer selbstverantwortlich begangenen Straftat nicht immer *zurechenbar*. Aber auch hierbei muss differenziert werden. Dazu jedoch später.[1053]

Begeht demnach ein Mitarbeiter des Unternehmens eigenverantwortlich eine Straftat, so ist über die Garantenstellung des Geschäftsleiters noch lange nichts gesagt. Zu folgen ist daher einem Beispiel von *Schall*, bei welchem er ausführt: „Sieht beispielsweise der Betriebsinhaber bzw. der jeweilige Vorgesetzte tatenlos zu, wie ein Arbeitnehmer den bei der Produktion angefallenen Sondermüll nicht wie üblich auf die Deponie, sondern auf dem Grundstücks des mit ihm (dem Arbeitnehmer) verfeindeten Nachbarn ablagert, so macht er sich unstreitig wegen der vom Arbeitnehmer verwirklichten Delikte (§§ 324a, 326 StGB) [als Garant] strafbar".[1054] Es kann nicht sein, dass der Geschäftsleiter in diesem Fall mangels Garantenstellung wegen eigenverantwortlichen Handelns des Mitarbeiters strafrechtlich nicht belangt werden kann. Denn er hat als Garant dafür zu sorgen, dass das Grundstück der Nachbarn nicht verunreinigt wird, mithin zu verhindern, dass der tatbestandliche Erfolg eintritt. Diese Garantenpflicht trifft ihn allein schon aus seinem Weisungs- und Direktionsrecht bzw. seiner Befehlsgewalt, welche er mit den Mitteln der Verbandsdisziplin ausüben kann.[1055] Ob der Mitarbeiter hierbei bewusst den Sondermüll auf des Nachbars Grundstück lädt oder dieser irrtümlich davon ausgeht, dass dieses noch zum Betriebsgelände gehört, kann für die rechtliche Einordnung der Garantenstellung nicht ausschlaggebend sein.[1056]

Strafrechtlich belangt werden könnte der Geschäftsleiter als Garant im genannten Fall dann nicht, wenn ihm die Tat objektiv nicht zugerechnet werden kann. Dies muss hierbei jedoch verneint werden. Objektive Zurechenbarkeit liegt nämlich stets dann vor, wenn sich im Erfolg die Gefahr verwirklichte, die durch das Untätigbleiben des

---

des Unternehmens realisieren, sondern *dass* keine rechtswidrigen Gefahren von dem Betreib ausgehen- unabhängig von dessen Betriebsbesonderheiten. Als Regulativ kommen hierbei die Betriebsbezogenheit und die Eigenverantwortlichkeit in Frage, welche jedoch Ausdruck der objektiven Zurechnung sind und keine Frage der Garantenstellung darstellen. Diese Maxime gilt genauso für den Überwachergarant Elternteil, Babysitter, Lehrer, Leiter einer Vollzugsanstalt, Hundehalter etc. Auch bei diesen kommt es unabhängig von der Gefährlichkeit des Kindes, der Gefangenen, des Tieres lediglich darauf an, dass Gefahren von diesen ausgehen (können), welche diese zu überwachen haben.

1053 Siehe hierzu gleich unten, S. 241 f.

1054 *Schall*, in: Festschrift Rudolphi, 2004, 267, 273.

1055 Vgl. *Ransiek*, AG 2010, 147, 149 f., wobei diese Mittel lediglich zur Konkretisierung herangezogen werden und sich hieraus die Garantenstellung des Geschäftsherrn nicht immer allein ergeben muss. Siehe hierzu auch unten, S. 246 f.

1056 Vgl. *Ransiek* in AG 2010, 147, 150 f.

Garanten geschaffen oder gesteigert worden ist und die nach dem Schutzzweck der Norm vermieden werden sollte.[1057] Im Beispielsfall beruht gerade der Erfolg auf der Pflichtwidrigkeit des Unterlassens. Mit an Sicherheit grenzender Wahrscheinlichkeit hätte der Erfolg vermieden werden können, wenn der Geschäftsherr sich pflichtgemäß verhalten hätte, sprich wenn dieser eingeschritten wäre.

Demnach lässt sich feststellen, dass ein eigenverantwortliches Verhalten auf die Frage der Bestimmung einer Garantenstellung im Rahmen der „Geschäftsherrenhaftung" keinen Einfluss besitzt.

Aus dieser Schlussfolgerung ergibt sich zudem zwingend, dass alleine die Aufsichts- und Weisungsbefugnis bzw. das Direktionsrecht eines Geschäftsleiters als Kriterium der Begründung einer Garantenstellung nicht immer dienen kann,[1058] da im Fall der bewussten, eigenverantwortlichen Begehung von Straftaten, der Bereich der Aufsichts- und Weisungsbefugnis überschritten wird. Der Geschäftsleiter hat hier schon im Vorfeld keine Möglichkeit, alleine über sein bestehendes Direktionsrecht eigenverantwortlich begangene Straftaten unterbinden zu können- eine diesbezügliche *tatsächliche* Macht besteht schon von vornherein nicht. Dies kann aber etwa in einem besonderen Gewaltverhältnis (z.B. Militär oder Strafvollzug) wiederum anders sein.[1059]

Eine Garantenstellung kann bei einem Geschäftsleiter aber darüber hinaus auch aus der Tatsache hergeleitet werden, dass diesem eine betriebliche Herrschaftsmacht über sein Unternehmen zukommt, welche dieser als Kehrseite der Medaille auch verpflichtet ist in dem Sinne einzusetzen, dass es zu keinen betriebsbezogenen (Sach- als auch Personen-) Gefahren kommt.[1060] Der Geschäftsherr hat somit dafür zu sorgen, dass aus seinem „Gefahrenherd Betrieb" keine Schäden bei Dritten entstehen.[1061] So macht sich im oben erwähnten Beispiel der Geschäftsleiter auch dann als Unterlassungstäter strafbar, wenn er zwar seinen Mitarbeiter anweist die Ablagerung auf des Nachbars Grundstück zu unterlassen, dieser aber unbekümmert weiter macht und der Geschäftsleiter daraufhin auch nicht weiter gegen diesen vorgeht. Seine Garantestellung folgt zwar nicht aus seiner Aufsichts- und Weisungsbefugnis, weil diese in dem genannten Fall tatsächlich nichts bewirken

1057 *Wessels/Beulke*, Strafrecht AT, 39. Aufl. (2009), Rn. 876.

1058 Noch zu eng daher *Schünemann* in ZStW 96 (1984), 287, 318 f. und *Rogall* in ZStW 98 (1986), 573, 617 f.

1059 Vgl. *Schall*, in: Festschrift Rudolphi, 2004, 267, 271.

1060 Vgl. *Schall*, in: Festschrift Rudolphi, 2004, 267, 272; *Dannecker/Dannecker*, JZ 2010, 981, 989; *Rönnau/Schneider*, ZIP 2010, 53, 56, 57.

1061 *Mosbacher/Dierlamm*, NStZ 2010, 268, 269; *Roxin*, Strafrecht AT II, 2003, § 32, Rn. 137.

kann, aber aus dem Faktum, dass er Herrschaft über seinen Betrieb als Gefahrenherd ausübt; mithin stellt dies einen klassischen Fall der Überwachergarantenstellung dar. Noch griffiger gestaltet sich das Beispiel, wenn man sich vorstellt, dass anstatt eines Mitarbeiters ein fremder Dritter den Sondermüll *des Unternehmens*- aus welchen Gründen auch immer- mit Wissen des Geschäftsleiters auf dem Nachbargrundstück ablädt. Hier kann schon von vornherein kein Weisungs- und Aufsichtsrecht bestehen. Trotzdem muss der Geschäftsleiter als Garant dafür sorgen, dass der Dritte ebenfalls die rechtswidrige Ablagerung unterlässt.

Tut er dies nicht, so ist ihm der tatbestandsmäßige Erfolg auch zuzurechnen, wodurch er sich im Wege eines unechten Unterlassungsdelikts strafbar macht.

Für die Tatbestandsmäßigkeit spielt die Einordnung der Eigenverantwortlichkeit keine Rolle. In beiden Fällen ist schon der objektive Tatbestand gar nicht erst einschlägig- entweder mangels Garantenstellung oder dogmatisch korrekter, mangels objektiver Zurechenbarkeit des tatbestandsmäßigen Erfolgs.

bb) Kriterium der Betriebsbezogenheit

Ob dem jeweiligen Geschäftsleiter auch bei eigenverantwortlichem Handeln eines Mitarbeiters eine Erfolgsabwendungspflicht trifft, wenn dieser Straftaten begeht, welche eher zufällig im Betrieb begangen werden, ist wiederum eine Frage der Betriebsbezogenheit, sonach ebenfalls eine Frage der *objektiven Zurechnung* des tatbestandsmäßigen Erfolgs und keine Frage der Garantenstellung. Denn hierbei ist stets nach dem Schutzzweck der Norm zu fragen, sprich ob der Geschäftsleiter im konkreten Fall rechtlich dafür einzustehen hat, dass der Erfolg nicht eintritt, der zum Tatbestand eines Strafgesetzes gehört.

Geschieht eine eigenverantwortliche Straftat außerhalb der mit dem „Gefahrenbereich Betreib“ typisch verbundenen Risiken bzw. unabhängig von diesem Bereich, so kann dem Geschäftsleiter mangels Erfolgsabwendungspflicht kein unechtes Unterlassungsdelikt angelastet werden. Beispielsweise bleibt der Geschäftsleiter einer Bank etwa auch dann Garant für einen Kunden, welcher von einem seiner Angestellten im Rahmen eines im Betrieb abgeschlossenen *privaten* Kaufvertrags betrogen wurde. Jedoch wird diesem die Tat mangels typischer Betriebsgefahr objektiv nicht zugerechnet werden können. Anders sieht die Wertung freilich aus, wenn etwa dem Vertrag als Inhalt ein Anlagegeschäft der Bank zugrundeliegen würde, bei welchem der Angestellte betrügerisch vorgeht.

Demzufolge muss die Tat Ausdruck der Gefahrenquelle Betrieb sein und darf sich nicht lediglich mehr oder weniger zufällig im Betrieb ereignen.[1062]

1062 Vgl. *Schall*, in: Festschrift Rudolphi, 2004, 267, 283.

cc) Zwischenergebnis

Festzuhalten ist, dass eine Bestrafung eines Geschäftsherrn im Wege eines unechten Unterlassungsdelikts nach § 13 StGB in Verbindung mit dem jeweils verwirklichten Straftatbestand möglich ist. Ob die jeweils vom Unternehmensangehörigen verübte Straftat eigenverantwortlich verübt wurde, spielt für die Bestimmung der Garantenstellung keine Rolle. Bei der Überprüfung der Strafbarkeit hat jedoch stets Berücksichtigung zu finden, ob dem Geschäftsleiter der tatbestandsmäßige Erfolg auch tatsächlich objektiv zugerechnet werden kann. Kann die Tat erst gar keine Betriebsbezogenheit aufweisen, so besteht schon keine Erfolgsabwendungspflicht des Geschäftsleiters. Darauf, ob dem Geschäftsleiter auch in diesem Fall eine Garantenstellung zukommt, was nach der hier zu bevorzugenden Ansicht zu bejahen ist, oder dies nach anderer Auffassung schon von vornherein zu negieren ist, ist für eine mögliche Bestrafung im Wege eines unechten Unterlassungsdelikts nicht mehr ausschlaggebend. Denn entweder besteht schon keine Garantenstellung bzw. die Tat kann dem Täter schon nicht objektiv zugerechnet werden.

Berücksichtigt werden muss auch, dass die Bejahung der Garantenstellung freilich nicht zugleich automatisch zur Strafbarkeit des Geschäftsleiters führt. Die Bejahung der (möglichen) Garantenstellung eines Geschäftsleiters entscheidet zunächst lediglich darüber, ob dieser in die Position des Normadressaten rückt, an den sich das Verhaltensgebot des strafrechtlichen Tatbestands richtet.[1063]

dd) Geschäftsherrenhaftung in Wertpapierdienstleistungsunternehmen

Überträgt man die zu befürwortende Möglichkeit der Geschäftsherrenhaftung speziell auf das Arbeitsumfeld der Wertpapierdienstleistungsunternehmen und

1063 Vgl. BGH 2 StR 549/89, Urteil vom 6. Juli 1990, Rz. 40 (juris); *Kraft*, wistra 2010, 81, 85; *Dannecker/Dannecker*, JZ 2010, 981, 991. Dieser grundsätzlichen Wertung wird teilweise in der Literatur m.E. zu wenig Beachtung geschenkt, wenn man etwa versucht die Garantenstellung anhand einer Gefährlichkeitsabstufung auszumachen, bzw. diese an das Vorliegen „besonderer Gefahren" knüpft, vgl. *Mosbacher/Dierlamm*, NStZ 2010, 268, 269. Denn solch ein Regulativ kann, unabhängig von der bestehenden Schwierigkeit der Bewertung von Gefahren, für eine Garantenstellung nicht ausschlaggebend sein- der Figur der Überwachergarantenstellung ist eine solche Gefahrenabstufung fremd; ausschlaggebend kann nur sein, *dass* eine Gefahr besteht, welche der Garant aufgrund eines materiellen Haftungsgrundes abzuwenden hat und nicht deren Intensität. Eine solche Wertung hat vielmehr in der Prüfung der weiteren Straftatbestandsvoraussetzungen, der Rechtswidrigkeit und Schuld Berücksichtigung zu finden. Die Bejahung alleine einer Garantenstellung des Geschäftsleiters, führt demnach nicht zu einer Erweiterung seiner strafrechtlichen Verantwortlichkeit.

den Straftatbestand der Verleitung zu Börsenspekulationsgeschäften nach §§ 49, 26 BörsG, so kann festgestellt werden, dass auch im Rahmen dieses Straftatbestandes eine Unterlassungsstrafbarkeit durchaus in Betracht kommt.

Denn der Geschäftsleiter muss als Überwachergarant dafür sorgen, dass von seinem Betrieb keine Gefahren für andere Rechtsgüter ausgehen. Gefahren stellen hierbei insbesondere Straftaten dar, welche von Unternehmensmitarbeitern ausgehen.[1064] Kommt es somit vor, dass Unternehmensmitarbeiter Straftaten nach §§ 49, 26 BörsG (und seinen Konkurrenzdelikten) verüben und nimmt der Geschäftsleiter keine Maßnahmen vor, dies zu unterbinden, so macht er sich, bei Vorliegen auch der weiteren Voraussetzungen, nach §§ 49, 26 BörsG (als Täter oder Teilnehmer) durch Unterlassen strafbar.[1065] Dieser Erfolg wird dem Geschäftsleiter in der Regel auch objektiv zugerechnet werden können. Muss dieser doch schon im Wege der bestehenden Compliance-Pflichten für die Einhaltung der gesetzlichen Vorgaben, v.a. der strafrechtlichen Bestimmungen sorgen, wodurch diesen eine Erfolgsabwendungspflicht trifft. Auch wird in den meisten Fällen ein betrieblicher Zusammenhang bestehen. Die §§ 49, 26 BörsG stellen gerade einen Straftatbestand dar, welcher typischerweise von Mitarbeitern von Wertpapierdienstleistungsunternehmen begangen wird und somit zumeist dem „Gefahrenbereich Betrieb" zuzuordnen sein wird.

Die Bestrafungsmöglichkeit besteht hierbei unabhängig von einer regelkonformen Umsetzung eines Compliance-Systems. Denn auch bei einer gesetzmäßigen Umsetzung eines Compliance-Systems zur Strafvermeidung, muss stets der Wille bestehen, dieses einzuhalten und nicht bloß einer Feigenblatt-Funktion unterzuordnen. Auch kann ein noch so ausgeklügeltes Compliance-System die Begehung von Einzelstraftaten im Betrieb nicht verhindern.

c) Strafrechtliche Haftung des Compliance-Officers

In diesem Lichte betrachtet ist die Möglichkeit der strafrechtlichen Haftung des Compliance-Officers nur eine logische Konsequenz. Insoweit ist der wohl überwiegenden Meinung Recht zu geben, wenn diese verlautet, dass das obiter dictum des BGH vom 17.07.2009 in BGH 5 StR 394/08 eher unspektakulär sei.[1066]

1064 Vgl. *Ransiek*, AG 2010, 147, 150.

1065 Vgl. *Mosbacher/Dierlamm*, NStZ 2010, 268, 269.

1066 Siehe hierzu nur *Gößwein/Hohmann*, BB 2011, 963, 965: „wenig spektakulär"; *Ransiek*, AG 2010, 147, 148; *Rönnau/Schneider*, ZIP 2010, 53, 57; *Dann/Mengel*, NJW 2010, 3265, 3267; *Mosbacher/Dierlamm*, NStZ 2010, 268: „Die Aufregung ist übertrieben"; *Kraft*, wistra 2010, 81, 84: „nur wenig überraschend oder gar

Mehrheitlich wird die Möglichkeit der strafrechtlichen Verantwortlichkeit eines Compliance-Officers im Schrifttum bejaht,[1067] vielfach jedoch strikt abgelehnt.[1068]

Der zu vernehmenden Tendenz, dem Compliance-Officer eine Garantestellung unter gewissen Umständen zukommen zu lassen und diese bei Vorliegen der Voraussetzungen im Wege eines unechten Unterlassungsdelikts bestrafen zu können, ist dogmatisch jedoch überzeugender und daher zu folgen.

aa) Das „Ob“ der Garantenstellung eines Compliance-Officers

Der Compliance-Officer kann, wie auch ein Geschäftsleiter, als Garant und somit auch als Unterlassungstäter bzw. -gehilfe in Frage kommen.

Eine potentielle Unterlassungsstrafbarkeit resultiert zwar nicht aus einer primären Garantenstellung des Compliance-Officers.[1069] Eine solche kann lediglich den Vorstand bzw. Geschäftsführer als „Geschäftsleitung“ treffen, haben diese doch über den Gefahrenherd „Betrieb“ zu wachen.[1070] Der Compliance-Officer hingegen wird in der Regel hierarchisch direkt unterhalb der Führungsebene angesiedelt sein, welchem grundsätzlich kein eigenes Anordnungs- und Weisungsrecht zusteht.[1071] Jedoch kann dem Compliance-Officer eine Garantenstellung im Wege der Delegation durch die Geschäftsleitung zukommen. Hauptsächlich wird hierbei darauf zu achten sein, dass neben dem im Dienstvertrag genau

---

sensationell“; *Wessing/Hugger/Dann in Renz/Hense*, Wertpapier-Compliance, 2010, I. 9 Rn. 19: „kein Anlass zu hektischem Aktionismus oder gar Hysterie“. Auch die Praxis hat das Urteil des BGH nur wenig beunruhigt, vgl. *Hastenrath*, CCZ 2011, 32, 35.

1067 *Rönnau/Schneider*, ZIP 2010, 53 ff.; *Kraft/Winkler*, CCZ 2009, 29 ff.; *Dann/Mengel*, NJW 2010, 3265; *Bürkle* CCZ 2010, 4 ff.; *Wessing/Hugger/Dann*, in: Renz/Hense, Wertpapier-Compliance, 2010, I. 9, Rn. 19 ff.; *Dannecker/Dannecker*, JZ 2010, 981 ff.; *Ransiek*, AG 2010, 147 ff.; *Moosmayer*, Compliance, 2. Aufl. (2012), S. 42 f.; differenzierend *Mosbacher/Dierlamm*, NStZ 2010, 268 ff.; *Kraft*, wistra 2010, 81 ff.; *Richter* in Compliance, 3. Aufl. (2010), Rn. 1311.

1068 *Berndt*, Anmerkungen zu BGH 5 StR 394/08, StV 2009, 689 ff.; *Warneke*, NStZ 2010, 312 ff.; *Spring*, GA 2010, 222 ff.; *Campos Nave/Vogel*, BB 2009, 2546 ff., (2549); *Rolshoven/Hense*, BKR 2009, 425; *Michalke*, AnwBl 2010, 666.

1069 *Dannecker/Dannecker*, JZ 2010, 981, 988; *Rönnau/Schneider*, ZIP 2010, 53, 57.

1070 Siehe oben zur „Geschäftsherrenhaftung“, S. 238.

1071 *Rönnau/Schneider*, ZIP 2010, 53, 57; *Kraft/Winkler*, CCZ 2009, 29, 31; *Kraft*, wistra 2010, 81, 84; *Engelhart*, ZIP 2010, 1832, 1840; dies wird wohl für den „Compliance-Beauftragten“ gemäß des im Zuge des Anlegerschutz- und Funktionsverbesserungsgesetz (BGBl. I Nr. 14 vom 07.04.2011) neu eingefügten § 12 Abs. 3 Satz 2 WpDVerOV nicht mehr immer gelten können; siehe hierzu unten, S. 263 ff.

festzulegenden Aufgabenbereich der Pflichtenkreis auch tatsächlich übernommen wurde.[1072] Denn erst durch die tatsächliche Übernahme der delegierten Aufgaben, kann eine Garantenstellung des Compliance-Officers begründet werden. Der bloße Vertragsschluss mit den delegierten Aufgaben als Inhalt reicht nicht aus.[1073]

Wird etwa von der Geschäftsleitung auf den Compliance-Officer lediglich allgemein übertragen, dass sein Aufgabengebiet die Verhinderung von Rechtsverstößen sei, insbesondere von Straftaten, die aus dem Unternehmen heraus begangen werden, so beherbergt dieses Aufgabengebiet zugleich seinen Pflichtenkreis.[1074]

1072 BGH 4 StR 289/01, Urteil vom 31.01.2002, Rz. 20 (juris); BGH 5 StR 394/08, Urteil vom 17.07.2009, Rz. 25, 27; *Ransiek*, AG 2010, 147, 148, 152; *Kraft/Winkler*, CCZ 2009, 29, 31; *Rönnau/Schneider*, ZIP 2010, 53, 59; *Dannecker/Dannecker*, JZ 2010, 981, 990; *Wybitul*, BB 2009, 2590, 2592; a.A. *Warneke*, NStZ 2010, 312, 314, welcher eine Garantenstellung kraft tatsächlicher Übernahme verneint, hier jedoch verkennt, dass beim Compliance-Officer eine Überwachergarantenstellung und keine Beschützergarantenstellung vorliegt. Ein besonderes Vertrauensverhältnis zum Opfer muss nur im Fall der *Beschützergarantenstellung* vorliegen, vgl. *Rudolphi/Stein*, in: SK StGB, Stand: September 2009, § 13 Rn. 58 ff. Durch tatsächliche, freiwillige Übernahme (eines Pflichtenkreises), kann jedoch auch eine Überwachergarantenstellung begründet werden, vgl. *Wessels/Beulke*, Strafrecht AT, 39. Aufl. (2009), Rn. 723 f.; BGH 4 StR 289/01, Urteil vom 31.02.2002.

1073 So BGH 5 StR 394/08, Urteil vom 17.07.2009, Rz. 25; *Rudolphi/Stein*, in: SK StGB, Stand: September 2009, § 13 Rn. 62 f.; A.A. wohl *Campos/Nave*, BB 2009, 2546, 2549, welche zwar argumentieren, dass „ausschlaggebend für die Bestimmung des Verantwortungsbereichs die konkrete Beschreibung des übertragenen Dienstpostens sei“ aber im gleichen Atemzug die Ansicht des BGH zitieren, welche „die strafrechtliche Begrenzung in Abhängigkeit vom *übernommenen* Pflichtenkreis“ ausmacht, mithin von einer tatsächlichen Übernahme ausgeht. Die vertragliche Seite ist gerade nicht alleine ausschlaggebend.

1074 Nach Ansicht von *Ransiek*, AG 2010, 147 wird diese Pflichtenstellung „regelmäßig“ dem Compliance-Officer auch zukommen; dies gilt auch unabhängig von dessen Bezeichnung als „Compliance-Officer“. Er kann genauso Sicherheitsberater oder Compliance-Beauftragter etc. genannte werden. Für die Möglichkeit der Garantenstellung ist dies ohne Belang; kritisch sind daher die Äußerungen von *Rolshoven/Hense*, BKR 2009, 425, 427 zu sehen, dass „mithin an die Schaffung von Compliance-Officern mangels inhaltlicher Klarheit des Begriffs auch keine Anknüpfung dergestalt vorgenommen werden kann, dass dies Personen regelmäßig eine Pflicht auch zur Vermeidung von Rechtsverstößen aus dem Unternehmen heraus trifft“. An die Begrifflichkeit wird gerade keine Garantenstellung geknüpft sondern an die delegierten, vertraglich festgelegten Aufgabe und dessen tatsächlich stattfindende Übernahme.

Im Rahmen dieses abgesteckten Pflichtenkreises hat der Compliance-Officer dann auch als Garant für eventuelle Straftaten einzustehen, wenn er die delegierte Tätigkeit auch tatsächlich übernommen hat.

Hat er die im Arbeitsvertrag enthaltenen delegierten Pflichten nicht tatsächlich übernommen, so bleibt es bei einer Garantenstellung der primär haftenden Geschäftsleitung. Dies macht auch Sinn, muss diese doch auch weiterhin den von ihm beauftragten Compliance-Officer bei seiner Arbeit überwachen und regelmäßig kontrollieren.[1075]

Wird umgekehrt im Arbeitsvertrag des Compliance-Officers ein nur beschränkter Aufgabenkreis delegiert, z.B. in der Weise dass dieser nicht für die Vermeidung von Delikten gegen Dritte aus dem Unternehmen heraus verantwortlich sein soll, er aber diesen Pflichtenkreis trotzdem tatsächlich übernimmt, so muss er sich auch hieran messen lassen.[1076] Verhält sich der Compliance-Officer wiederum strikt an die genannten übertragenen, zugrundeliegenden arbeitsvertraglich auferlegten Pflichten, so reicht diese schmal geschnittene Kompetenz[1077] wiederum dem Delegierenden, sprich der primär haftenden Geschäftsleitung zum Nachteil,[1078] da diese weiterhin (originär) bezüglich der verbleibenden „Restverantwortung" zu haften hat.[1079] Wäre dem nicht so, bestünde die Gefahr einer „organisierten Unverantwortlichkeit".[1080]

Mithin lässt sich eine *bedingt limitiert akzessorische Haftung* des Compliance-Officers konstatieren. Seine Haftung wird durch die Delegation begründet und im Umfang kraft tatsächlicher Übernahme limitiert. Zudem kann seine Haftung aufgrund seiner Stellung im Unternehmen aber auch nicht über die Reichweite der Geschäftsherrenhaftung hinausgehen, weswegen diese lediglich akzessorischer Natur seien kann.

Hieraus folgt, dass der Compliance-Officer im Rahmen der tatsächlich übernommenen Aufgaben auch als Überwachergarant kraft tatsächlicher Übernahme

1075 Vgl. *Rönnau/Schneider*, ZIP 2010, 53, 57, 58.

1076 Ob diese Funktion eine arbeitsvertraglich Regelung fand oder nicht, ist nicht ausschlaggebend; vgl. BGH 4 StR 289/01, Urteil vom 31.01.2002, Rz. 20 (juris).

1077 *Rönnau/Schneider*, ZIP 2010, 53, 59.

1078 *Wybitul*, BB 2009, 2590, 2592.

1079 *Dannecker/Dannecker*, JZ 2010, 981, 992. Dieses Argument verkennt aber *Campos Nave/Vogel* in BB 2009, 2546, 2548, denn eine an sich bestehende strafrechtliche Haftung kann sich alleine durch ihre Übertragung auf andere austauschbare Personen nicht „in Luft auflösen"; siehe hierzu auch unten, S. 257 ff.

1080 *Rönnau/Schneider*, ZIP 2010, 53, 58.

zu werten ist.[1081] Das Bestehen eines Aufsichts- oder Weisungsrechts bzw. einer Befehlsgewalt oder Verbandsdisziplin kann hierfür keine Voraussetzung sein.[1082]

Zum einen wird die Garantenstellung dem Geschäftsleiter auch nicht umfassend aufgrund seiner bestehenden Befehlsgewalt bzw. Verbandsdisziplin zuteil, sondern diese dient lediglich der Konkretisierung seiner potentiell bestehenden Abwendungsmacht und somit der Begründung seiner Garantenstellung.[1083] Freilich wird schon dem Geschäftsleiter zumeist allein aufgrund dieser Befugnisse eine Garantenstellung zukommen können. Die Reichweite seiner Garantenstellung kann hier jedoch nicht enden. Unabhängig vom Bestehen eines Aufsichts- oder Weisungsrechts bzw. einer Befehlsgewalt oder Verbandsdisziplin ist für die Bestimmung der Garantenstellung lediglich danach zu fragen, ob der Geschäftsleiter für den Eintritt des tatbestandlichen Erfolges rechtlich einzustehen hat oder nicht.[1084] Einzustehen hat dieser aber schon als Garant, wenn aus seinem „Gefahrenbereich Betrieb" Schäden entstehen,[1085] unabhängig davon, ob dieser Bereich überhaupt von seinem bestehenden Aufsichts- und Weisungsrechts beeinflusst werden kann.[1086]

Stellt das Bestehen eines Aufsichts- oder Weisungsrechts aber kein notwendiges Kriterium für die Begründung einer Garantenstellung der Geschäftsleitung dar, so muss dies auch für den Compliance-Officer gelten können.

Werden bestimmte originäre Aufgaben der Geschäftsleitung auf den Compliance-Officer delegiert und übernimmt er diese auch tatsächlich, so übernimmt er

---

1081 So auch *Kraft/Winkler*, CCZ 2009, 29, 32; *Wybitul*, BB 2009, 2590, 2592; *Ransiek*, AG 2010, 147, 152; *Dannecker/Dannecker*, JZ 2010, 981, 992; *Wessing/Hugger/Dann*, in: Renz/Hense, Wertpapier-Compliance, 2010, I. 9 Rn. 27; a.A. *Warneke*, NStZ 2010, 312, 314.

1082 A.A. *Campos Nave/Vogel*, BB 2009, 2546, 2551; *Spring*, AG 2010, 222, 226; *Warneke*, NStZ 2010, 312, 316; *Berndt*, StV 2009, 687, 690.

1083 Siehe oben, S. 242 ff.

1084 Vgl. *Ransiek* in AG 2010, 147, 150.

1085 Und der Erfolg diesem objektiv zugerechnet werden kann und die restlichen Tatbestandsvoraussetzungen vorliegen. Siehe hierzu auch oben, S. 242 ff., 246.

1086 Denn es kann durchaus vorkommen, dass die dem Geschäftsleiter im Wege seines Aufsichts- oder Weisungsrechts bzw. seiner Befehlsgewalt oder Verbandsdisziplin zukommende Machtposition gar keinen Einfluss verschafft, einen Schaden abzuwenden. Dies z.B. bei eigenverantwortlichen Straftaten; siehe hierzu schon oben, S. 240 ff. Nur alleine diesem deswegen eine Garantenstellung abzusprechen, ist nach der hier vertretenen Ansicht dogmatisch nicht haltbar. Ob eine Strafbarkeit durch Unterlassen tatsächlich vorliegt, muss weiter im Wege der objektiven Zurechnung und der sonstigen Voraussetzungen geprüft werden. Wird eine Garantenstellung zu schnell verneint, drohen Strafbarkeitslücken.

auch die ihm übertragenen Pflicht, Straftaten, welche von Unternehmensangehörigen verübt werden, zu verhindern. Die tatsächliche Übernahme der delegierten „Geschäftsherrnpflichten" reicht für die Begründung der Garantenstellung aus.

Die *Begrenzung der Abwendungsmacht* des Compliance-Officers wirkt jedoch als Regulativ für den Handlungsumfang der ihm auferlegten Erfolgsabwendungspflicht, welches im Rahmen der Prüfung der „Quasi- Kausalität" des Unterlassungsdelikts Berücksichtigung zu finden hat.[1087] Ist der Compliance-Officer weder mit einem Aufsichts- oder Weisungsrecht noch mit Befehlsgewalt oder Verbandsdisziplin ausgestattet, so kann ihm auch umgekehrt nicht die Pflicht treffen, die jeweils verübten Straftaten im Wege *dieser* Machtmittel zu unterbinden.[1088] Eine Verpflichtung besteht jedoch dahingehend, im Fall der Entdeckung bzw. des Bevorstehens einer Straftat die Geschäftsleitung über die ermittelten Vorgänge zu informieren (sogenannte Eskalation).[1089]

Zum anderen wird auch beim Vergleich der Tätigkeit des Compliance-Officers mit anderen Berufssparten, wie etwa dem Betriebsbeauftragten für den Umweltschutz, deutlich, dass auch hier ein Aufsichts- oder Weisungsrecht für die Begründung einer Garantenstellung keine notwendige Voraussetzung ist. Die Stellung des Betriebsbeauftragten lässt sich durchaus mit der Stellung eines Compliance-Officers vergleichen.[1090] So hat dieser die Einhaltung der Umweltgesetze im Betrieb zu überwachen, die Betriebsstätten zu kontrollieren, Mängel aufzuspüren, festgestellte Mängel der Betriebsleitung mitzuteilen und Maßnahmen der Beseitigung vorzuschlagen.[1091] Obwohl diesem eine originäre Entscheidungs- und Anordnungsbefugnis, wie auch dem Compliance-Officer, in der Regel nicht zukommt, wird ihm dennoch überwiegend eine Überwachergarantenstellung kraft tatsächlicher

---

1087 Vgl. BGH 4 StR 289/01, Urteil vom 31.01.2002, Rz. 22 (juris); BGH 2 StR 549/89, Urteil vom 6. Juli 1990, Rz. 53 (juris); Siehe hierzu auch unten, S. 253 ff.

1088 Dies wird wohl für den „Compliance-Beauftragten" gemäß des im Zuge des Anlegerschutz- und Funktionsverbesserungsgesetz (BGBl. I Nr. 14 vom 07.04.2011) neu eingefügten § 12 Abs. 3 Satz 2 WpDVerOV nicht immer gelten können; siehe zu dieser Problematik unten, S. 263 ff.

1089 *Rönnau/Schneider*, ZIP 2010, 53, 59; *Kraft*, wistra 2010, 81, 86; *Ransiek* in AG 2010, 147, 153; *Dannecker/Dannecker*, JZ 2010, 981, 990; *Mosbacher/Dierlamm*, NStZ 2010, 268, 269 f.; *Wessing/Hugger/Dann*, in: Renz/Hense, Wertpapier-Compliance, 2010, I. 9 Rn. 23.

1090 Vgl. *Kraft/Winkler*, CCZ 2009, 29, 32; *Kraft*, wistra 2010, 81, 84; A.A. *Campos Nave/Vogel*, BB 2009, 2546, 2548; *Berndt*, StV 2009, 687, 691.

1091 *Kraft/Winkler*, CCZ 2009, 29, 32.

Übernahme zugesprochen.[1092] Es ist nicht einzusehen, warum diese Grundsätze nicht auch auf den Compliance-Officer übertragen werden können/sollten.

Der Einwand, dass zwischen gesetzlich vorgeschriebenen Betriebsbeauftragten und der Funktion des Compliance-Officers „maßgebliche Unterschiede" bestehen,[1093] hat zumindest für die Frage der Übertragbarkeit dieses rechtlichen Konstrukts auf den Compliance-Officer keine Bedeutung. Denn kritisiert wird, dass sich der maßgebliche Unterschied zwischen beiden Beauftragten zum einen daraus ergebe, dass der Betriebsbeauftragte *spezifische betriebliche* Gefahrenquellen, von denen nach Auffassung des Gesetzgebers *erhöhte Risiken* für Rechtsgüter der Allgemeinheit oder Dritten ausgehen, überwacht und zum anderen dieser Gefahrenbereich *vom Gesetzgeber klar definiert* werde.[1094] Weder kann aber der Grad der Gefahr, noch eine legislative Risikobewertung alleine für die Begründung einer Garantenstellung herangezogen werden. Dies wird schon dadurch deutlich, dass gerade auch bei dem Betriebsbeauftragten für den Umweltschutz selbst seine Garantenstellung kraft *tatsächlicher Übernahme* begründet wird und weder der Grad der Gefahr, noch eine legislative Wertung ausschlaggebend ist. Desweiteren kann auch der Grad der Gefahr nicht als taugliches Kriterium zur Bestimmung einer Garantenstellung herangezogen werden.[1095] So ist es für das Bestehen einer (wohl unstreitigen) Überwachergarantenstellung des Leiters einer Strafvollzugsanstalt[1096] unerheblich, ob seine Insassen, welche eine Straftat begehen, ausschließlich Schwerstkriminelle oder lediglich Gelegenheitsdiebe sind. Ausschlaggebend für seine Garantenstellung kann nur sein, *dass* eine Gefahr besteht, welche von ihm aufgrund seiner bestehenden Rechtspflicht überwacht werden muss.[1097]

Auch eine gesetzliche Definition eines Gefahrenbereichs kann nicht notwendige Voraussetzung der Entstehung einer Garantenstellung sein, da die überwiegende Anzahl der verschiedenen Arten von Garantenstellungen und deren

1092 Statt aller: *Böse*, NStZ 2003, 636, 638; *Kraft/Winkler*, CCZ 2009, 29, 32.

1093 *Campos Nave/Vogel*, BB 2009, 2546, 2548.

1094 *Campos Nave/Vogel*, BB 2009, 2546, 2548.

1095 A.A. auch *Mosbacher/Dierlamm*, NStZ 2010, 268, 269.

1096 *Wessels/Beulke*, Strafrecht AT, 39. Aufl. (2009), Rn. 724 f.

1097 Gleiches muss für Eltern oder Lehrer gelten, welchen nach wohl h.M. neben einer Beschützergarantenstellung eine Überwachergarantenstellung zugesprochen wird. Für deren Garantenstellung kann nicht ausschlaggebend sein, ob das Kind zu Straftaten neigt oder ob dieses eine einmalige Straftat verübt. Zur Begründung der Garantenstellung muss ausreichen, *dass* Kinder (wie auch Betriebe) gefahrenträchtig sind. Gleiches gilt auch für andere Überwachergaranten, wie Lehrer, Tierhalter, Bauherrn etc.

Gefahrenbereiche keine gesetzliche Erwähnung finden. So wäre z.B. eine Garantenstellung kraft tatsächlicher Übernahme in den meisten Fällen undenkbar.

Aus den genannten Gründen lässt sich somit eine Übertragbarkeit der Garantenstellung des Betriebsbeauftragten zur Bestimmung einer Überwachergarantenstellung des Compliance-Officer herleiten.

Das Fehlen einer dem Compliance-Officer zukommenden Machtposition im Wege eines Aufsichts- oder Weisungsrechts bzw. einer Befehlsgewalt oder Verbandsdisziplin, kann diesen demzufolge vor der Möglichkeit der Entstehung einer Garantenstellung nicht bewahren.

Die im vorliegenden Abschnitt dargestellte Herleitung stellt in der Tat kein „juristisches Spektakel" dar. Dem Geschäftsleiter muss es schlicht möglich sein, seine bestehende Rechtspflicht zumindest limitiert auf andere zu delegieren, kann dieser doch nicht für jedweden Bereich im Betrieb verantwortlich sein.[1098]

Der Geschäftsleiter muss hingegen schon im Vorfeld dafür sorgen, dass der Compliance-Officer für die delegierten Aufgaben sorgfältig ausgewählt wurde, auch bei der später zu erfolgenden Einweisung und Überwachung muss er die erforderliche Sorgfalt walten lassen.[1099]

bb) Zwischenergebnis

Aufgrund der bedingt limitiert akzessorischen Haftung des Compliance-Officers, können auch die oben zur „Geschäftsherrenhaftung" dargestellten Grundsätze auf diesen übertragen werden. Die Frage des Bestehens einer strafrechtlichen Haftung kann demzufolge bejaht werden. Die Möglichkeit der strafrechtlichen Haftung wird durch Delegation und der tatsächlich stattfindenden Übernahme bestimmt. Über die strafrechtliche *Reichweite* der Stellung des Compliance-Officers ist allein hierdurch noch keine Aussage getroffen worden.[1100] Schon aufgrund der Tatsache,

---

1098 Folgerichtig schreibt *Ransiek* in AG 2010, 147, 149, dass „es geradezu abwegig [wäre], von Vorstandsmitgliedern zu verlangen, dass sie sich um die Verkehrssicherheit der Kfz im Fuhrpark der Aktiengesellschaft persönlich zu kümmern hätten".

1099 *Rönnau/Schneider*, ZIP 2010, 53, 57, 58, *Meier-Greve*, BB 2009, 2555, 2556 f.

1100 Dies wird m.E. von der Gegenauffassung zu wenig gewürdigt; vgl. nur *Michalke* in AnwBl 2010, 666, 669, welche anmerkt, dass „auch nicht jedes Mal, wenn eine Straftat verübt wurde, ein Polizeibeamter wegen Unterlassens von ausreichenden Präventivmaßnahmen bestraft [wird]". Dies ist richtig, jedoch in der vorliegenden Diskussion nicht zielführend. Denn auch ein Compliance-Officer soll nach dem obiter dictum des BGH nicht wegen dem bloßen Unterlassen von Präventivmaßnahmen bestraft werden können, sondern erst dann z.B., wenn aufgrund der zu billigenden Inkaufnahme, dass im Wege seines Untätigbleibens in Form der Falschinformation dass dem Compliance-Officer in der Regel keine umfängliche Abwendungsmacht wegen eines ihm mangelnden Aufsichts- oder Weisungsrechts etc. zukommt, können die Handlungspflichten, welche den strafrechtlichen Haftungsumfang bestimmen, gerade aufgrund einer nur bedingt limitiert akzessorischen Delegation im Vergleich zur Geschäftsleitung, weder kongruent noch akzessorisch sein.[1101]

cc) Die strafrechtliche Reichweite der Stellung eines Compliance-Officers

Handlungspflichten des Compliance-Officers, welche unbedingt arbeitsvertraglich festgelegt werden sollten, werden zumeist dahingehend bestehen, im Fall der Entdeckung bzw. des Bevorstehens einer Straftat, die Geschäftsleitung über die ermittelten Vorgänge zu informieren.[1102] Die Verpflichtung zur Eskalation in einem solchen Fall zwingt demnach den Compliance-Officer zu Informationshandlungen, welche im Fall des Unterlassens zu einer Strafbarkeit führen können.[1103]

Ob eine Strafbarkeit aber tatsächlich vorliegt, muss weiter im Rahmen des dreigliedrigen Deliktaufbaus geprüft werden. Im vorliegenden Kontext verdient, neben der Frage der Garantenstellung, gerade die Beurteilung der „Quasi-Kausalität" im Rahmen des objektiven Tatbestandes, des Vorsatzes im Rahmen des subjektiven Tatbestands und des Vorliegens einer Täterschaft oder Teilnahme, erhöhte Aufmerksamkeit.

aaa) Ursächlichkeit des Unterlassens für den konkreten Erfolg

Der objektive Tatbestand eines unechten Unterlassungsdelikts kann nur dann erfüllt sein, wenn das Unterlassen des Garanten für den konkreten Erfolg ursächlich ist. Ursächlichkeit liegt bei den unechten Unterlassungsdelikten vor, wenn bei Vornahme der pflichtgemäßen Handlung der tatbestandsmäßige Schadenserfolg ausgeblieben wäre, dieser also entfiele, wenn jene hinzugedacht würde.[1104] Der Richter

---

oder des gänzlichen Unterlassens der Überbringung relevanter Informationen an die Geschäftsleitung, eine Straftat oder Ordnungswidrigkeit begangen wird.

1101 Dies wird wohl für den „Compliance-Beauftragten" gemäß des im Zuge des Anlegerschutz- und Funktionsverbesserungsgesetzes (BGBl. I Nr. 14 vom 07.04.2011) neu eingefügten § 12 Abs. 3 Satz 2 WpDVerOV nicht immer gelten können; siehe zu dieser Problematik unten, S. 263 ff.

1102 *Rönnau/Schneider*, ZIP 2010, 53, 59; *Kraft*, wistra 2010, 81, 86; *Ransiek* in AG 2010, 147, 153; *Dannecker/Dannecker*, JZ 2010, 981, 990; *Mosbacher/Dierlamm*, NStZ 2010, 268, 269 f.; *Wessing/Hugger/Dann*, in: *Renz/Hense*, Wertpapier-Compliance, 2010, I. 9 Rn. 23.

1103 Vgl. *Wessing/Hugger/Dann*, in: Renz/Hense, Wertpapier-Compliance, 2010, I. 9 Rn. 23.

1104 BGH 2 StR 549/89, Urteil vom 6. Juli 1990, Rz. 55 (juris).

muss hierbei zu der Überzeugung gelangen, dass durch die gebotene Handlung der Schadenserfolg „mit an Sicherheit grenzende Wahrscheinlichkeit“ vermieden worden wäre.[1105]

Es ist somit danach zu fragen, ob der tatbestandsmäßige Erfolg vermieden worden wäre, wenn der Compliance-Officer seine Handlungspflicht, in concreto seine Eskalationspflicht, erfüllt hätte. Wurde die Straftat trotz ordnungsgemäßer Erfüllung der vertraglich auferlegten Handlungspflichten dennoch begangen, so entfällt die Ursächlichkeit des Unterlassens, was unmittelbar zum Tatbestandsausschluss führen würde. Ob die Geschäftsleitung nach ordnungsgemäß erfolgter Information einfach keine Lust hatte einzuschreiten[1106] oder die Gefahr fahrlässig verkannte, ist für die Beurteilung der Strafbarkeit des Compliance-Officers dann ohne Belang.[1107]

Eine Ursächlichkeit des Unterlassens liegt auch in dem Fall nicht vor, wenn zwar (bewusst) keine Eskalation stattfand, diese aber sowieso keine Auswirkung bei der Geschäftsleitung hätte, weil diese die Straftat billigte. Zu denken wäre hier an ein versuchtes unechtes Unterlassungsdelikt durch den Compliance-Officer.

Schwieriger ist der Fall zu lösen, wenn die Information über strafbare Handlungen fahrlässig bzw. vorsätzlich nicht weitergegeben wurde und die Geschäftsleitung, was der Regelfall sein dürfte, an der Strafvermeidung ein erhebliches Interesse besaß.[1108] Ob die Geschäftsleitung tatsächlich, alleine aufgrund der erhaltenen Information durch den Compliance-Officer, die Straftat „mit an Sicherheit grenzende Wahrscheinlichkeit“ noch hätte vermeiden können, ist eine Frage des jeweiligen Einzelfalls. Kann der zuständige Richter nicht zu der erforderlichen Überzeugung gelangen, muss der Compliance-Officer vom unechten Unterlassungsdelikt freigesprochen werden. In diesem Fall kann freilich auch der Geschäftsleitung kein Vorwurf gemacht werden.

1105 BGH 2 StR 549/89, Urteil vom 6. Juli 1990, Rz. 55 (juris).

1106 Diese Fallgestaltung veranschaulichend *Moosmayer*, Compliance, 2. Aufl. (2012), S. 45 f.

1107 Konnte der Compliance-Officer etwa im Rahmen seiner Tätigkeit feststellen, dass im Unternehmen schwarze Kassen unterhalten werden, auf welchen Gelder aus Betrugstaten verwaltet werden, und hat der Compliance-Officer ordnungsgemäß alle Daten gesammelt und an die Geschäftsleitung weitergegeben, so liegt die alleinige Haftung wieder bei der Geschäftsleitung; dem Compliance-Officer könnte sie schon mangels Ursächlichkeit gar nicht mehr objektiv zugerechnet werden. Die Geschäftsleitung kann sich, je nachdem, ob sie die Straftaten fahrlässig verkannte oder bewusst ignorierte, entweder nach einem fahrlässigen oder nach einem vorsätzlichen unechten Unterlassungsdelikt strafbar gemacht haben. Siehe hierzu auch unten, S. 255 ff.

1108 Vgl. *Kraft/Winkler*, CCZ 2009, 29, 33.

bbb) Vorsatzfragen

Kann die Ursächlichkeit des Unterlassens für den konkreten Erfolg festgestellt werden und liegen auch die sonstigen objektiven Tatbestandsmerkmale vor, muss weiter im subjektiven Tatbestand geprüft werden, ob der Compliance-Officer auch diesbezüglich vorsätzlich handelte. Der Compliance-Officer muss demnach zumindest billigend in Kauf nehmen, dass aufgrund seines Untätigbleibens in Form der Falschinformation oder des gänzlichen Unterlassens der Überbringung relevanter Informationen an die Geschäftsleitung, eine Straftat oder Ordnungswidrigkeit begangen wird.

Sollte ein vorsätzliches Handeln nicht nachgewiesen werden können, kommt ein fahrlässig begangenes unechtes Unterlassungsdelikt in Betracht.[1109] Hierbei muss aber die jeweils zugrunde liegende Tat auch fahrlässig begangen werden können, vgl. § 15 StGB.[1110] Dies reduziert die Gefahr der strafrechtlichen Inanspruchnahme des Compliance-Officers erheblich.[1111] Denn die typischen Delikte des Wirtschaftsstrafrechts, wie § 263 StGB (Betrug), § 266 StGB (Untreue), § 299 StGB (Bestechlichkeit und Bestechung im geschäftlichen Verkehr) aber auch der Straftatbestand der Verleitung zu Börsenspekulationsgeschäften nach §§ 49, 26 BörsG, sind fahrlässig gar nicht erst begehbar.

ccc) Täterschaft und Teilnahme

Der Compliance-Officer kann die Unterlassungsstraftat sowohl als Täter als auch als Teilnehmer begehen.

Diese rechtliche Schlussfolgerung stößt wohl in der überwiegenden Literatur auf Ablehnung.[1112] Vor allem wird geltend gemacht, dass dem Compliance-Officer alleine schon deswegen keine Täterschaft zukommen könne, weil dieser für eine erfolgreiche Erfolgsabwendung mangels eigener Anordnungsbefugnis auf das Tätigwerden weisungsbefugter Personen, wie das des Vorstandsvorsitzenden, des Geschäftsführers etc., angewiesen sei. So scheint mit der Aussage, dass im Bereich der Unterlassungsdelikte derjenige, der den Erfolg verhindern kann, Täter

1109 *Kraft/Winkler*, CCZ 2009, 29, 33; *Wessing/Hugger/Dann*, in: Renz/Hense, Wertpapier-Compliance, 2010, I. 9 Rn. 26. Nicht nachvollziehbar, da contra legem: *Campos Nave/Vogel* in BB 2009, 2546, 2550, welche dafür plädieren, dass der Compliance-Officer „sich nur dann strafbar macht, wenn er Vorsatz sowohl hinsichtlich der Haupttat sowie des eigenen Tatbeitrags hat".

1110 *Wessing/Hugger/Dann*, in: Renz/Hense, Wertpapier-Compliance, 2010, I. 9 Rn. 26.

1111 Vgl. *Kraft/Winkler*, CCZ 2009, 29, 33.

1112 Vgl. nur *Campos Nave/Vogel*, BB 2009, 2546, 2550; *Ransiek*, AG 2010, 147, 152.

ist und derjenige, der die Erfolgsherbeiführung erschweren kann, lediglich Gehilfe sein kann, die Einordnung des Compliance-Officers zementiert zu sein.[1113] Dieser kann sich mangels eigener Weisungs- und Anordnungsbefugnis stets nur als Gehilfe strafbar machen, wodurch diesem die obligatorische Strafmilderung nach § 27 Abs. 2 Satz 2 StGB i.V.m. § 49 Abs. 1 StGB zugutekommt. Da eine umfassende Abwendungsmacht allein der Geschäftsleitung zukommt, kommt nur bei dieser die Möglichkeit der Täterschaft in Betracht.

Vollends überzeugen können diese (guten) Argumente aber aus dem folgenden Grund nicht: Die Anordnungsbefugnis und die damit einhergehende Abwendungsmacht wird gerade in den meisten Fällen durch eine Handlung des Compliance-Officers *bedingt*. Ihm kommt gerade eine der Abwendungsmacht *vorgelagerte* Herrschaft kraft überlegenen Wissens zu, welche er aufgrund seines von der Geschäftsleitung delegierten Aufgabenkreises erlangt. Plakativ gesprochen, hat er es nämlich in der Hand, ob die Geschäftsleitung gegen eine Straftat vorgeht oder nicht, denn in der Regel wird diese ein erhebliches Interesse daran haben, einen Reputationsschaden etc. zu vermeiden und dann auch unverzüglich einschreiten.

Somit kann zumindest nicht pauschal davon ausgegangen werden, dass dem Compliance-Officer gar keine Abwendungsmacht zukommt, wenn dieser doch alleine dafür verantwortlich sein kann, ob eine Anordnungs- oder Weisungsbefugnis überhaupt ausgeübt wird. Ist sich der Compliance-Officer dieser ihm zukommenden „Machtposition" bewusst, ist nicht einzusehen, diesen stets lediglich als Gehilfen einzustufen.

Hierzu passen auch die wohl herrschenden Ansichten zur Unterscheidung zwischen Täterschaft und Teilnahme, bei welcher sowohl auf objektive als auch auf subjektive Kriterien abgestellt wird.[1114] Ein tatherrschaftliches Moment kommt dem Compliance-Officer gerade durch *seine* Handlungen bedingte Machtausübung der Geschäftsleitung zu. Dieser entscheidet gerade (auch) über das „Ob" der Ausübung der Anordnungsbefugnis. Will er die Tat auch noch als „eigene", so ist dieser Täter eines unechten Unterlassungsdelikts. Als Gehilfe ist der Compliance-Officer dann einzustufen, wenn Informationen bezüglich der Straftat schon anderweitig an die Geschäftsleitung gelangt sind, er also schon die Abwendungsmacht nicht mehr alleine bedingen kann, er aber über detailliertere Informationen verfügt, mithin die Erfolgsverhinderung erschweren kann und er die Tat zudem „als fremde" will.

Auch passt die Herleitung zum oben erwähnten Argument, wonach im Bereich der Unterlassungsdelikte derjenige, der den Erfolg verhindern *kann*, Täter

1113 Vgl. *Ransiek*, AG 2010, 147, 152.

1114 *Wessels/Beulke*, Strafrecht AT, 39. Aufl. (2009), Rn. 734, 517.

ist. Denn der Compliance-Officer kann zwar nicht alleine den Erfolg verhindern, aber der Erfolg kann nur im Zuge *seines* Tätigwerdens verhindert werden. Ist dies der Fall, ist also die Erfolgsverhinderung nur durch ihn bedingt, kommt diesem „Tatherrschaft“ zu.

Das Bestehen einer Anordnungsbefugnis kann somit zumindest nicht immer ein ausschlaggebendes bzw. ausschließendes Kriterium sein.[1115] Denn ob diese letztendlich ausgeübt wird oder nicht, kann alleine in den Händen des Compliance-Officers liegen.[1116]

Eine „Tatherrschaft“ kommt dem Compliance-Officer gerade aufgrund seiner an die Geschäftsleitung gekoppelten Abwendungsmacht zu, welcher er sich bewusst sein muss. Es ist davon auszugehen, dass in der Regel bei unverzüglicher Information der Geschäftsleitung diese auch sofort einschreiten wird. Besitzt der Compliance-Officer dieses Bewusstsein und bleibt er daraufhin untätig, so ist nicht ersichtlich, warum er stets lediglich als Gehilfe bestraft werden können sollte.

Wie auch sonst, ist die Frage der Täterschaft oder Teilnahme letztendlich eine Frage des jeweils vorliegenden Einzelfalls.

dd) Konfrontation kritischer Äußerungen zur Garantenstellung des Compliance-Officers

Der vereinzelt im Schrifttum aufkommenden Kritik an der Möglichkeit der Entstehung einer Garantenstellung des Compliance-Officers kann auch in den verbleibenden Kritikpunkten nicht gefolgt werden:

aaa) Mangelndes Bedürfnis strafrechtlicher Sanktionen

Das Argument, dass aufgrund des Bestehens eines ausreichenden zivilrechtlichen Instrumentariums kein Bedürfnis bestehe, den Compliance-Officer mit der Androhung strafrechtlicher Sanktionen zur Erfüllung seiner Pflichten anzuhalten, kann nicht überzeugen.[1117] Hierdurch würden sich zwangsläufig ungewollte Strafbarkeitslücken auftun.[1118] Kann nämlich der originär haftende Geschäftsleiter seine Aufgaben zu gewissen Teilen auf einen Compliance-Officer delegieren, so sorgt er im gleichen Atemzug dafür, dass er sich zu gewissen Teilen strafrechtlich

1115 A.A. *Campos Nave/Vogel*, BB 2009, 2546, 2550.

1116 Dies ist freilich Tatfrage.

1117 So aber *Campos Nave/Vogel*, BB 2009, 2546, 2547.

1118 A.A. wohl auch *Spring*, AG 2010, 222, 227, welcher schon eine umfassende Geschäftsherrenhaftung verneint.

entlastet[1119]- könnte er dies nicht, macht auch die Übertragung der Aufgaben für diesen keinen Sinn. Hat der Geschäftsleiter den Compliance-Officer ordnungsgemäß ausgesucht, geschult und regelmäßig überwacht, so kann er sich zumindest wegen eines fahrlässigen unechten Unterlassungsdelikts aufgrund von Straftaten, welche durch Unternehmensmitarbeiter begangen werden, nicht mehr strafbar machen, wenn der delegierte Bereich nicht ordnungsgemäß ausgeführt wurde- denn es könnte diesem die Tat objektiv nicht zugerechnet werden.

Würde aber auch der Compliance-Officer strafrechtlich nicht haften können, so hätte der Geschäftsleiter eine geschickte Möglichkeit gefunden, eine an sich strafbare Handlung (ursprünglich würde der Geschäftsleiter originär strafrechtlich haften) vollständig zu eliminieren. Dies kann aber so nicht richtig sein. Der Compliance-Officer tritt durch die tatsächliche Übernahme der delegierten Pflichten zumindest limitiert in die Pflichten des Geschäftsleiters. Ob der Compliance-Officer die ihm im Wege der Delegation auferlegten Pflichten wahrnimmt oder ob der Geschäftsleiter selbst originär diesen Pflichten in seinem Betrieb nachgeht, kann für die strafrechtliche Beurteilung keinen Unterschied machen. Eine andere Wertung würde zu einer „organisierten Unverantwortlichkeit“ führen.

Der Verweis auf das Vorhandensein zivilrechtlicher Instrumentarien kann daher nicht befriedigen. Denn ein (gleich) wirksamer Rechtsgüterschutz kann durch das Zivilrecht im Fall des Vorliegens von Strafbarkeitslücken gerade nicht gewährleistet werden. Es kann nicht sein, dass eine Übertragung von Pflichten zu einer gleichzeitigen Herabsetzung des Rechtsgüterschutzes führen kann- denn originär wird der Rechtsgüterschutz durch Strafrecht und Zivilrecht gleichzeitig gewährleistet, im Fall der Delegation nach der zu widersprechenden Ansicht lediglich durch das Zivilrecht.

Um Strafbarkeitslücken zu vermeiden, welche aufgrund einer „organisierten Unverantwortlichkeit“ entstehen würden, muss daher eine strafrechtliche Haftung des Compliance-Officers in Frage kommen.

bbb) Mangeln eines materiellen Haftungsgrundes

Desweiteren kann auch nicht der Ansicht von *Spring* gefolgt werden, nach welcher eine Garantenstellung des Compliance-Officers an einem mangelnden materiellen Haftungsgrund scheitern lassen will.[1120]

1119 Mindestens hat der Geschäftsführer also nicht mehr dafür zu sorgen, sich über Vorgänge der Informationsbeschaffung zu kümmern- dafür hat er schließlich den Compliance-Officer eingestellt.

1120 Vgl. *Spring*, AG 2010, 222 ff.

Der materielle Haftungsgrund beruht bei einem Compliance-Officer gerade aus der tatsächlichen Übernahme der Gefahrabwendungspflichten, welche originär die Geschäftsleitung trifft. Da *Spring* aber schon die Geschäftsherrenhaftung in den überwiegenden Fällen verneint (v.a. für den Bereich der eigenverantwortlich verübten Straftaten von Unternehmensmitarbeitern), kann schon kein materieller Haftungsgrund bei dem Geschäftsleiter vorliegen, welcher auf den Compliance-Officer übertragen werden könnte.[1121] Alleine aus der Übernahme (nicht vorhandener) Pflichten könne nach diesem keine Garantenstellung resultieren.[1122] Dies ist insoweit richtig. Das Ergebnis ist auch konsequent, jedoch einerseits nach der hier vertretenen Ansicht zu negieren und andererseits zudem nicht in sich schlüssig.

Eine Garantenstellung des Geschäftsherrn ist nach der hier zu bevorzugenden Ansicht auch in den Fällen eigenverantwortlich verübter Straftaten zu befürworten.[1123] Auch in solchen Fällen besteht der materielle Haftungsgrund in der Gefahrabwendungspflicht. Diese Gefahrabwendungspflicht kann zumindest bedingt, limitiert akzessorisch auf den Compliance-Officer übertragen werden.[1124] Ein materieller Haftungsgrund liegt kurzum vor.

Die Ansicht von *Spring* ist nicht in sich schlüssig, denn auch der BGH geht in seinem Urteil vom 17.07.2009[1125] konkludent davon aus, dass es eine Geschäftsherrenhaftung geben muss.[1126] Richtig ist nämlich, dass aus der Übernahme einer nichtvorhandenen Pflicht eine Garantenstellung nicht resultieren könne. Sinn macht daher das obiter dictum des BGH daher nur, wenn man von einer primären Geschäftsherrenhaftung ausgeht, welche zumindest teilweise übertragen werden kann.[1127] Dafür spricht, dass auch der BGH im umstrittenen obiter dictum von

---

1121 *Spring*, AG 2010, 222, 224, 226, 227.

1122 *Spring*, AG 2010, 222, 226, 227.

1123 Wodurch nicht automatisch auch etwas über dessen Strafbarkeit gesagt wird, vgl. etwa BGH 2 StR 549/89, Urteil vom 6. Juli 1990, Rz. 40 (juris); Hierzu auch schon oben, S. 240 ff.

1124 Siehe oben, „Ob" der Garantenstellung des Compliance-Officers", S. 246 ff, 252.

1125 BGH 5 StR 394/08.

1126 So auch *Dannecker/Dannecker*, JZ 2010, 981 f., 991; *Berndt*, StV 2009, 687, 690; *Kraft*, wistra 2010, 81, 84; A.A. *Spring*, AG 2010, 222, 224, 227, welcher zu dem fragwürdigen Ergebnis gelangt, dass der BGH in der genannten Entscheidung vom 17.07.2010 einer „umfassenden Geschäftsherrenhaftung eine klare Absage erteilt hat". Eine diesbezügliche Aussage lässt sich m.E. gerade nicht herauslesen- im Gegenteil.

1127 Ausdrücklich *Dannecker/Dannecker* in JZ 2010, 981, 991: „...es wäre höchst widersprüchlich, eine allgemeine Verhinderungspflicht unternehmensbezogener Straftaten beim Compliance-Officer zu bejahen, bei der Geschäftsleitung selbst hingegen abzulehnen...".

„gegenüber der Geschäftsleitung *übernommenen*" Pflichten spricht,[1128] also selbst davon ausgeht, dass es übertragbare Garantenpflichten bei der Geschäftsleitung geben muss. Denn wenn etwas übernommen wird, so wird es nicht neu begründet. Dem BGH ist demnach zu unterstellen, dass dieser eine Garantenstellung aus einem „luftleeren Raum" gerade nicht begründen wollte, sondern von einer tatsächlichen Übernahme von Pflichten ausgegangen ist, welche originär der Geschäftsleitung zustehen.

Aber auch bei einem strafrechtlich eigenverantwortlichen Handeln eines Unternehmensmitarbeiters lässt sich eine Garantenstellung des Compliance-Officers begründen. Der eigenverantwortlich handelnde Unternehmensmitarbeiter, welcher eine betriebsbezogene Straftat begeht, kann gerade nicht mit jedweden vollverantwortlich handelnden Erwachsenen verglichen werden. Der Aussage, dass „niemand alleine durch das Versprechen, eine andere Person zu überwachen, und sei es noch so innig abgegeben, zum Aufsichtsgaranten über diese [wird]", ist zu folgen, jedoch nicht mit der Konstellation eines eigenverantwortlich handelnden Unternehmensmitarbeiters, welcher eine betriebsbezogene Straftat begeht, zu vergleichen. Eine Ehefrau etwa, muss zwar aufgrund des Fehlens eines materiellen Haftungsgrundes nicht für ihren Ehemann als Garantin einstehen, wenn dieser Straftaten verübt. Ein materieller Haftungsgrund kann dieser schon gar nicht zukommen, denn von ihrem Ehemann geht keine rechtlich relevante Gefahr aus, welche *diese* überwachen müsste. Der Ehefrau trifft demnach keine Rechtspflicht zur Überwachung ihres Ehemannes, was z.B. bei ihrem Kind, Hund etc. freilich wiederum anders wäre.

Ein Vergleich mit der Konstellation eines straffälligen Unternehmensmitarbeiters kann aber wegen der folgenden Tatsache gerade nicht gezogen werden: der Unternehmensmitarbeiter handelt bei betriebsbezogenen Straftaten nicht rein autark, sondern als verlängerter Arm der Geschäftsleitung, wodurch seine Handlungen dem „Gefahrenbereich Betrieb" *zuzurechnen* sind.[1129] Eine Machtposition zur Abwendung einer betriebsbezogenen Gefahr kommt originär der Geschäftsleitung zu,[1130] weswegen dieser in der Regel eine Rechtspflicht zur Gefahrabwendung und

1128 BGH 5 StR 394/08, Urteil vom 17.07.2009, Rz. 27.

1129 Dabei wird nicht die Form der mittelbaren Täterschaft anvisiert, denn auszugehen ist nicht von einem „Werkzeug" mit einem Mangel auf irgendeiner Ebenen des Deliktsaufbaus, sondern von einem voll deliktisch handelndem Täter. Auch ist zu beachten, dass mit Bejahung der Garantenstellung weder der objektive noch der subjektive Tatbestand automatisch bejaht wird.

1130 Statt aller: *Rönnau/Schneider*, ZIP 2010, 53, 54.

mithin eine Garantenstellung zukommt.[1131] Ein Lebenspartner bzw. Ehemann handelt wiederum rein autark- er ist allein für sich zuständig und nur diesem kommt selbst eine Machtposition zur Verhinderung von (eigenverantwortlichen) Straftaten zu; oder anders gesprochen: niemand besitzt eine rechtliche Machtposition über diesen, anhand welcher eine von ihm ausgehende Gefahr oder zumindest das Tatgeschehen beeinflusst werden könnte. Dies ist im „Gefahrenbereich Betrieb" aus den genannten Gründen jedoch anders.

Kommt der Geschäftsleitung eine Abwendungsmacht aus ihrem Aufsichts- oder Weisungsrecht, ihrer Befehlsgewalt oder Verbandsdisziplin, ihrer Organisationshoheit, ihrem Hausrecht, ihrem Informationsvorsprung etc. zu, welche kumulativ ihre Garantenstellung begründen, reicht für den Compliance-Officer die tatsächliche Übernahme der ihm delegierten Pflichten aus- dieser ist limitiert akzessorischer Überwachergarant kraft Delegation.[1132]

Mithin können auch diese vorgebrachten Argumente nicht darlegen, weswegen eine Garantenstellung des Compliance-Officers nicht in Betracht kommen sollte.

ee) Zwischenergebnis

Dem Compliance-Officer kommt im Wege seiner delegierten Pflichten eine Garantenstellung kraft tatsächlicher Übernahme zu. Er ist limitiert akzessorischer Überwachergarant kraft bedingter Delegation.

Diese Feststellungen fügen sich nahtlos in das umstrittene obiter dictum des BGH vom 17.07.2009 in BGH 5 StR 394/08 ein. Denn hierin spricht der BGH von „übernommen" Pflichten. Einerseits wird hierdurch festgestellt, dass auch der Geschäftsleitung eine Garantenstellung zukommen muss und andererseits, dass die Entstehung der Garantenstellung des Compliance-Officers sich durch eine tatsächliche Übernahmehandlung begründet.

Desweiteren spricht auch die Aussage des BGH, dass „regelmäßig" derartigen Beauftragten eine Garantenpflicht i.S.d. § 13 StGB trifft, für die oben dargestellte Herleitung. Denn es kann durchaus vorkommen, dass dem Compliance-Officer dann keine Garantenstellung zukommt, wenn entweder eine tatsächliche Übernahme gar nicht erst stattfand bzw. diesem der Pflichtenkreis der Geschäftsleitung schon gar nicht übertragen wurde.

Durch die Möglichkeit des Vorliegens der Garantenstellung beim Compliance-Officer ist über dessen Strafbarkeit aber noch lange nichts gesagt, da sich im Rahmen der Bestimmung der Ursächlichkeit des Unterlassens für den konkreten

---

1131 Siehe zu der Frage der Geschäftsherrenhaftung oben, S. 238 ff.

1132 Siehe oben, zum „Ob" der Garantenstellung des Compliance-Officers, S. 246 ff, 252.

Erfolg, des Tatbestandsvorsatzes und der Frage der Täterschaft, schwierig zu beantwortende Beweisfragen im konkreten Fall ergeben können.

ff) Der Compliance-Beauftragte im Wertpapierdienstleistungsunternehmen

aaa) Stellung des Compliance-Beauftragten bis zum 11.02.2011

Die oben gezogenen Schlussfolgerungen sind erst recht auf den Compliance-Beauftragten zu übertragen, welcher in einem Wertpapierdienstleistungsunternehmen tätig ist. Der Aufgabenbereich des Compliance-Officers wird in der Regel dem Aufgabenbereich des Compliance-Beauftragten gleichen.[1133]

Bezüglich der Bestimmung des Vorliegens einer Garantenstellung kommt es auch nicht primär auf dessen dienstliche Bezeichnung an, sondern lediglich auf dessen tatsächlich übernommenen, delegierten Pflichtenkreis.[1134]

Im Gegensatz zu dem „gängigen" Compliance-Officer wird der Aufgabenbereich des Compliance-Beauftragten aber einerseits durch § 33 Abs. 1 Satz 2 Nr. 1 WpHG i.V.m. § 12 Abs. 3, 4 WpDVerOV gesetzlich fixiert und andererseits durch v.a. BT 1 der MaComp der BaFin vom 14.06.2011 „konkretisiert".[1135]

Zu den Pflichten eines Compliance-Beauftragten gehören demnach neben der Hauptaufgabe der Meldung und Überwachung von Unternehmensverstößen, Aufgaben wie Implementierung, Dokumentation und Weiterentwicklung des Compliance-Systems, Schulung und Information der Mitarbeiter, Beratung der Geschäftsleitung in compliance-relevanten Fragen.[1136]

Eine Unterlassungsstrafbarkeit des Compliance-Beauftragten wird aber hauptsächlich bei Unterlassung von Meldungen über strafrechtlich relevantes Verhalten im Unternehmen in Betracht kommen.[1137] Kaum vorstellbar ist hingegen etwa eine Strafbarkeit des Compliance-Beauftragten, wenn dieser es lediglich unterlassen hat, die Mitarbeiter zu schulen bzw. über relevante Gesetzesänderungen zu informieren. Allein hieraus erwächst dem Compliance-Beauftragten keine Garantenstellung und auch die übrigen Tatbestandsvoraussetzungen, v.a. die subjektive Komponente, müssen hierfür erst einmal vorliegen. Liegt Vorsatz vor, so ist allenfalls dann

---

1133 Im Gegensatz zum Aufgabenfeld eines Datenschutzbeauftragten etc., vgl. *Rolshoven/Hense*, BKR 2009, 425, 427.

1134 Siehe hierzu schon oben, S. 247 und die zugehörige Fn. 1074.

1135 Die MaComp der BaFin ist jedoch lediglich als norminterpretierende Verwaltungsvorschrift zu werten, *Lösler* in WM 2010, 1917 f.; vgl. auch *Assmann* in Assmann/Schneider, WpHG Kommentar, 6. Aufl. (2012), Einl. Rn. 67.

1136 *Wessing/Hugger/Dann*, in: Renz/Hense, Wertpapier-Compliance, 2010, I. 9 Rn. 18 f.

1137 Vgl. *Engelhart*, ZIP 2010, 1832, 1834.

an eine Bestrafung im Wege eines unechten Unterlassungsdelikts zu denken, wenn er die entdeckte, durch Fehl- oder Falschinformationen begünstigte Straftat nicht meldete, womit schwerpunktmäßig wieder auf die Melde- und Überwachungspflicht abgestellt wird. Durch die Verletzung anderer delegierter Pflichten lässt sich eine Unterlassungsstrafbarkeit nicht konstruieren. Ausschlaggebend hierfür ist die Tatsache, dass dem Compliance-Beauftragten eine lediglich delegierte Pflicht zukommt,[1138] welche ihm aber keine vollständige Abwendungsmacht im Wege eines Anordnungs- und Weisungsrechts einräumt.[1139]

Eine wirkliche „Machtposition" im Bereich des „Gefahrenherds Betrieb" kommt diesem nur im Wege seiner Melde- und Überwachungspflicht zu.[1140] Stellt man sich beispielsweise vor, dass die Geschäftsleitung diese Pflichten nicht delegiert hat, sondern sich selbst vorbehalten möchte und genügt der Compliance-Beauftragte nicht seinen Schulungspflichten, der Weiterentwicklung des Compliance-Systems etc., so hat sich die Geschäftsleitung über mögliche Straftaten im Betrieb immer noch originär selbst zu informieren und abzuwenden.[1141] Tut sie das nicht, macht sie sich im Wege eines fahrlässigen Unterlassungsdelikts strafbar bzw. tritt gem. §§ 30, 130 OWiG in Erscheinung. Anderweitig delegierte Pflichten als die Überwachungs- und Meldepflicht, führen demnach aufgrund eines dann mangelnden materiellen Haftungsgrundes zu keiner Garantenstellung des Compliance-Beauftragten. Eine strafrechtliche Gefahrabwendungspflicht ohne das Bestehen eines Aufsichts- und Weisungsrechts und ohne das Bestehen einer Eskalationspflicht ist schlicht nicht vorstellbar.

bbb) Stellung des Compliance-Beauftragten ab dem 11.02.2011

Delegierte Melde- und Überwachungspflichten gewähren dem Compliance-Officer mithin eine „Informationsmacht", welche seine Garantenstellung konturiert. Diese Informationsmacht wird jedoch für den Compliance-Officer aufgrund der Gesetzesänderung des § 12 WpDVerOV im Zuge des Anlegerschutz- und Funktionsverbesserungsgesetzes vom 11.02.2011[1142] wohl vielfach nur noch ein Mindestkriterium darstellen können.

1138 Vgl. *Lösler*, WM 2010, 1917, 1918.

1139 Siehe hierzu oben, S. 246 ff.

1140 Weswegen dieser nicht nur Gehilfe eines Unterlassungsdelikts sein kann, sondern auch Täter; siehe hierzu oben, S. 255 ff.; vgl. auch *Engelhart*, ZIP 2010, 1832, 1834, 1840.

1141 Vgl. *Engelhart*, ZIP 2010, 1832, 1834, 1836; *Lösler*, WM 2010, 1917, 1918.

1142 BGBl. I, 07.04.2011, Nr. 14, 538.

Denn § 12 Abs. 3 Satz 2 WpDVerOV bestimmt nun, dass „der Compliance-Beauftragte im Sinne des Absatzes 4 Satz 1 [...] berechtigt sein [muss], geeignete und erforderliche vorläufige Maßnahmen zu treffen, um eine konkrete Gefahr der Beeinträchtigung von Kundeninteressen bei der Erbringung von Wertpapierdienstleistungen oder Wertpapiernebendienstleistungen abzuwenden".

Das Informieren der Geschäftsleitung durch den Compliance-Beauftragten wird wohl demzufolge nur noch als eine, zumeist gar weniger wirksame Maßnahme in dessen Pflichtenrepertoire angesehen werden können. Denn dem Compliance-Beauftragten *muss* durch die Geschäftsleitung nun eine Art *bedingtes* Anordnungs- und Weisungsrecht antizipiert delegiert werden, damit dieser seiner Aufgabe gerecht werden kann.[1143] Andernfalls ist nicht ersichtlich, wie dieser sonst „geeignete und erforderliche vorläufige Maßnahmen" treffen können sollte, um eine „konkrete Gefahr bei der Erbringung von einer Wertpapierdienstleistungen" abzuwenden.

Als vorläufiges **Zwischenergebnis** ist insoweit festzustellen, dass der Compliance-Officer eines Wertpapierdienstleistungsunternehmens auch weiterhin ein limitiert akzessorischer Überwachergarant kraft bedingter Delegation ist. Hieran hat sich auch durch das Anlegerschutz- und Funktionsverbesserungsgesetz vom 11.02.2011 nichts geändert. Vielmehr wird gerade die bestehende Garantenstellung des Compliance-Beauftragten eines Wertpapierdienstleistungsunternehmens durch den Gesetzgeber mit der Einführung des § 12 Abs. 2 Satz 3 WpDVerOV unterstrichen. An der Frage des „Ob" der Garantenstellung eines Compliance-Beauftragten, dürften nach dieser Gesetzesänderung wohl kaum noch Zweifel bestehen.

Was sich jedoch ändern wird, ist der *Umfang* der potentiell bestehenden Abwendungsmacht durch eine notwendig zu erfolgende, erweiterte Pflichtendelegation. Wie oben angemerkt, ist nämlich davon auszugehen, dass dem Compliance-Beauftragten zukünftig zumindest partiell ein Anordnungs- bzw. Weisungsrecht durch das Unternehmen eingeräumt werden muss.

Beachtung hat hierbei jedoch zu finden, dass eine Expansion der Abwendungsbefugnisse des Compliance-Beauftragten mangels bestehender Anordnungs- und Weisungsbefugnis allerdings dann nicht stattfinden wird, wenn nicht Kundeninteressen, sondern *anderweitige* Interessen, wie etwa Interessen von anderen Firmen oder deren Mitarbeitern betroffen sind. In diesem Fall verbleibt es für den Compliance-Beauftragten stets bei seiner Eskalationspflicht und damit bei den oben erwähnten Grundsätzen zum Haftungsumfang des Compliance-Officers.[1144]

1143 Vgl. *Schäfer*, BKR 2011, 187, 190 f.

1144 Siehe oben, Reichweite der strafrechtlichen Haftung des Compliance Officers., S. 253 ff.

Besteht wiederum eine konkrete Gefahr, dass *Kundeninteressen* tangiert werden, werden dagegen die Garantenpflichten des Compliance-Beauftragten einer bedingten Modifizierung unterzogen.

Der Gesetzgeber legt im Wege der Gesetzesänderung durch das Anlegerschutz- und Funktionsverbesserungsgesetz den Wertpapierdienstleistungsunternehmen die Pflicht auf, dem Compliance-Beauftragten die Berechtigung zu erteilen, selbst Maßnahmen einleiten zu können. Dies allerdings nur dann zwingend, wenn eine „konkrete Gefahr" besteht.

Das dadurch temporäre bzw. bedingte Anordnungs- und Weisungsrecht, macht v.a. die Handhabbarkeit der strafrechtlichen Reichweite der Stellung eines Compliance-Officers umso schwerer, denn dieser darf erst dann geeignete und erforderliche, vorläufige Maßnahmen treffen, wenn eine *konkrete Gefahr* vorliegt. Wird er vertraglich zu einem stets eigenständigen Handeln bei Vorliegen der Voraussetzungen gezwungen, stellt sich für diesen die maßgebliche Frage, wann dies genau der Fall ist. Für den Compliance-Beauftragten stellt das Eintreten des Ereignisses der „konkreten Gefahr" nämlich eine Weichenstellung seiner ihn treffenden Garantenpflichten dar. Dieser wird daher wissen müssen, wann diese „konkrete Gefahr" vorliegt, um überhaupt seinen Pflichten gerecht werden zu können. Denn bei Vorliegen der Voraussetzungen wird dessen Abwendungsmacht wesentlich erweitert. Als Kehrseite der Medaille werden aber auch zugleich seine Handlungs- bzw. Garantenpflichten erweitert und somit auch sein strafrechtlicher Haftungsumfang.

Wie oben dargestellt, ist nämlich der objektive Tatbestand eines unechten Unterlassungsdelikts nur dann erfüllt, wenn das Unterlassen des Garanten für den konkreten Erfolg ursächlich ist.[1145] Ursächlichkeit liegt bei den unechten Unterlassungsdelikten vor, wenn bei Vornahme der pflichtgemäßen Handlung der tatbestandsmäßige Schadenserfolg ausgeblieben wäre, dieser also entfiele, wenn jene hinzugedacht würde.[1146] Der Richter muss hierbei zu der Überzeugung gelangen, dass durch die *gebotene Handlung* der Schadenserfolg „mit an Sicherheit grenzende Wahrscheinlichkeit" vermieden worden wäre.[1147]

Es stellt sich daher die Frage, welche Handlungen des Compliance-Beauftragten im relevanten Zeitraum *pflichtgemäß* zu erfolgen sind.

Eine konkrete Gefahr i.S.d. § 12 Abs. 3 Satz 2 WpDVerOV besteht nach der Gesetzesbegründung dann, wenn bei ungehindertem Geschehensablauf des Einzelfalls in überschaubarer Zukunft mit einer Beeinträchtigung der Kundeninteressen

---

1145 Siehe hierzu oben zur Quasi Kausalität des Compliance-Officers, S. 253 f.

1146 BGH 2 StR 549/89, Urteil vom 6. Juli 1990, Rz. 55 (juris).

1147 BGH 2 StR 549/89, Urteil vom 6. Juli 1990, Rz. 55 (juris).

mit hinreichender Wahrscheinlichkeit gerechnet werden kann.[1148] Die Einschätzung dieser Voraussetzungen kann den Compliance-Beauftragten eines Wertpapierdienstleistungsunternehmens, wie gleich auch zu zeigen sein wird, aber vor erhebliche Schwierigkeiten stellen.

Im Fall des Compliance-Beauftragten bestimmt sich die Gebotenheit seiner Handlung nun zunächst danach, ob eine konkrete Gefahr vorlag oder nicht. Liegt eine konkrete Gefahr nicht vor, so wird ihm auch kein Anordnungs- bzw. Weisungsrecht zukommen. Seine Abwendungsmacht besteht weiterhin in der stets vorhandenen Melde- und Überwachungspflicht.[1149] Liegt der Eintritt des Ereignisses „konkrete Gefahr" vor, so wird der Umfang seiner Abwendungsmacht durch die Möglichkeit, geeignete, erforderliche (eigene) vorläufige Maßnahmen zu treffen, erheblich erweitert. Diesen Ereigniseintritt zu bestimmen und richtig einzuschätzen, kann mithin über seine Strafbarkeit entscheiden.

Der nun daraus resultierende fallbedingte, divergierende Pflichtenumfang, kann am besten anhand des Straftatbestandes der Verleitung zu Börsenspekulationsgeschäften gem. §§ 49, 26 BörsG veranschaulicht werden:

Stellt der Compliance-Beauftragte fest, dass ein Anlageberater des Unternehmens in letzter Zeit Straftaten gegenüber Kunden nach §§ 49, 26 BörsG verübt hat, so kann auch die bestehende Abwendungsmacht in Form der Melde- und Überwachungspflicht den konkreten Schadenserfolg (abstrakte Vermögensgefährdung) nicht mehr verhindern. Eine Strafbarkeit wegen Unterlassens gem. §§ 49, 26 BörsG besteht mithin nicht. Vor dem Anlegerschutz- und Funktionsverbesserungsgesetz vom 11.02.2011 hätte der Compliance-Beauftragte dennoch seinen Informationspflichten gerecht werden müssen, denn nur er besitzt die Abwendungsmacht, einen konkreten Schadenserfolg und somit einen potentiell vollendeten Betrug i.S.d. § 263 StGB zu verhindern. Ist er seinen ihm auferlegten Informationspflichten nicht nachgekommen, so kam eine Unterlassungsstrafbarkeit in Betracht.

Nach neuer Fassung des § 12 Abs. 3 Satz 2 WpDVerOV ändert sich der Pflichtenumfang des Compliance-Beauftragten im Beispielsfall jedoch erheblich: dieser muss berechtigt sein, geeignete und erforderliche vorläufige Maßnahmen selbst zu treffen, um die bestehende konkrete Gefahr bei der Erbringung der Wertpapierdienstleistung abzuwenden.

Von einer konkreten Gefahr ist bei verübten bzw. bevorstehenden Straftaten nach §§ 49, 26 BörsG und dessen Konkurrenzstraftatbeständen wie § 263 StGB wohl stets auszugehen. Auch stellt die Anlageberatung bzw. -vermittlung eine

1148 BT-Drucks. 17/3628 vom 08.11.2010, S. 30.

1149 Siehe oben, S. 246 ff.

Wertpapierdienstleistung nach § 2 Abs. 3 Satz 1 Nr. 4, 9 WpHG dar. Fraglich ist nur, ob eine konkrete Gefahr *bei* der Erbringung der Wertpapierdienstleistung angenommen werden kann. Nach Sinn und Zweck der Vorschrift muss dies jedoch bejaht werden. Da es dem neu eingefügten § 12 Abs. 3 Satz 2 WpDVerOV vor allem darum geht, Kundeninteressen zu wahren.[1150] Kundeninteressen werden aber auch noch nach erfolgter Anlageberatung etc. tangiert, wenn ein konkret straftatbedingter Vermögensschaden droht. Der Compliance-Beauftragte kann nach Inkrafttreten des Anlegerschutz- und Funktionsverbesserungsgesetzes in einem solchen Fall mithin direkt gefordert werden, selbst Maßnahmen zu ergreifen, will er sich nicht wegen Unterlassens strafbar machen. Wie diese Maßnahmen wiederum konkret auszusehen haben, ist eine Frage des jeweils vorliegenden Einzelfalls.

Verkennt der Compliance-Beauftragte jedoch das Vorliegen einer konkreten Gefahr und informiert lediglich die Geschäftsleitung über einen Vorfall, so ist fraglich, welchem Haftungsumfang dieser nun unterliegt. Streng genommen wird er seiner expandierten Abwendungsmacht in Form des ihm nun zukommenden Aufsichts- und Weisungsrechts nicht gerecht, wodurch eine Unterlassungsstrafbarkeit in Betracht kommen könnte. Dieses Ergebnis erscheint jedoch unbillig. Denn es kann durchaus vorkommen, dass der Compliance-Officer zum einen nicht immer erkennen kann, ob eine konkrete Gefahr vorliegt oder nicht. Zum anderen kann es vorkommen, dass ein strafrechtlich relevanter Vorfall nicht nur Kundeninteressen sondern zugleich auch anderweitige unternehmensfremde Interessen tangiert. Der Compliance-Beauftragte befindet sich dann in einem Pflichtenkonflikt.[1151] In den meisten Fällen wird ihm zwar dieses Verhalten unter strafrechtlichen Aspekten nicht zum Nachteil gereichen können, da die Straftatbestände, welche Kundeninteressen tangieren, zumeist nur vorsätzlich begehbar sind. Problematisch sind aber Fälle, bei welchen ein bedingt vorsätzliches Vorgehen nicht von vornherein ausgeschlossen werden kann. Zumindest in diesem Fall kann der Compliance-Beauftragte in das Visier der Staatsanwaltschaft geraten.

Der Compliance-Beauftragte befindet sich bei unklarer Sachlage nun in einer Zwickmühle. Schreitet er gegen eine Straftat nicht ein, bzw. informiert er lediglich die Geschäftsleitung, so kann er sich in beiden Fällen im Wege des Unterlassens strafbar machen. Handelt er voreilig und unternimmt vorläufige, möglicherweise aber nicht mehr revidierbare Handlungen, da er von einer konkreten Gefahr

---

1150 Vgl. BT-Drucks. 17/3628 vom 08.11.2010, S. 30.

1151 Siehe unten zum Regel- Ausnahmeverhältnis, S. 269 f.

ausgegangen ist, so drohen diesem u.U. arbeitsrechtliche Konsequenzen. Dies v.a. dann, wenn er seine Kompetenzen überschreitet und z.B. im Fall einer gleichzeitigen Tangierung von Kunden, als auch anderweitig unternehmensfremden Interessen, von seinem Aufsichts- und Weisungsrecht (vertragswidrig) einheitlich Gebrauch macht.

Eine potentielle Unterlassungsstrafbarkeit des Compliance-Beauftragten hängt daher nun wesentlich von der praktischen arbeitsvertraglichen Umsetzung der gesetzlichen Vorgaben ab.

Das oben Gesagte gilt nämlich nur immer dann, wenn das jeweilige Wertpapierdienstleistungsunternehmen die gesetzlich zwingend vorzunehmende Berechtigung des Compliance-Beauftragten i.S.d. § 12 Abs. 3 Satz 2 WpDVerOV zur Einleitung eigener Maßnahmen dazu nutzt, diesem die Bestimmung und Bewertung des Vorliegens einer konkreten Gefahr allein zu überlassen, wodurch ihm im gleichen Atemzug ausschließlich eigenständig vorzunehmende Handlungspflichten auferlegt werden.

Zu beachten ist hierbei aber, dass der Compliance-Beauftragte von seinem Unternehmen lediglich *berechtigt* werden muss, bei konkreter Gefahr selbständig eingreifen zu können, hierzu jedoch nicht automatisch verpflichtet wird. Man könnte demzufolge daran denken, dass das jeweilige Wertpapierdienstleistungsunternehmen arbeitsvertraglich vorsehen kann, dass dem Compliance-Beauftragten, zunächst nur in (zumindest versuchter) Rücksprache bzw. in Rückkopplung mit der Geschäftsleitung, eine eigene Weisungs- bzw. Anordnungsbefugnis zustehen soll. Besteht eine Kundenbeeinträchtigung, kann dann entweder die Geschäftsleitung selbst eingreifen bzw. gewährt dem Compliance-Beauftragten (vorläufig) freie Hand. Weigert sich die Geschäftsleitung einzugreifen,[1152] ist diese nicht erreichbar oder lassen die zeitlichen Umstände eine Eskalation nicht zu, muss jedoch auch der Compliance-Beauftragte alleine berechtigt sein, vorläufige Maßnahmen zu ergreifen.[1153] Ansonsten würde die gesetzliche Regelung des § 12 Abs. 3 Satz 2 WpDVerOV unterlaufen werden.

Dieses vertraglich festzulegende „modifizierte" zweistufige Verfahren, würde aus folgenden Gründen der Rechtssicherheit dienen können:

1152 Diese Fallgestaltung veranschaulichend *Moosmayer*, Compliance, 2. Aufl. (2012), S. 45 f.

1153 Besitzt die Geschäftsleitung offensichtlich kein Interesse konkreten Verdachtsfällen nachzugehen und handelt der Compliance-Beauftragte dennoch, so wird er sich hierbei freilich „auf sehr dünnem Eis bewegen", vgl. *Schäfer*, BKR 2011, 45, 49.

Wird dem Compliance-Beauftragten vom Unternehmen die Pflicht auferlegt, in Fällen einer konkreten Gefahr i.S.d. § 12 Abs. 3 Satz 2 WpDVerOV stets eigene vorläufige Maßnahmen zu ergreifen, so besteht für diesen von vornherein eine originäre zweistufige Garantenpflicht. Dieses originäre Zweistufenverhältnis ist als Regel- Ausnahmeverhältnis ausgestaltet. Der Compliance-Beauftragte hat als Regel zu jeder Zeit seinen Melde- und Überwachungspflichten gerecht zu werden.

Zwar wird bei dem Verdacht bzw. dem Vorliegen von Straftaten stets eine konkrete Gefahr i.S.d. § 12 WpDVerOV, damit zugleich auch ein „Ausnahmezustand" gegeben sein und somit auch ein Bedingungseintritt als Schlüssel zur erweiterten Abwendungsbefugnis vorliegen. Jedoch werden nicht bei jedweder Straftat immer *Kundeninteressen* tangiert, was hierfür allerdings eine notwendige Voraussetzung wäre.

Überwachungs- und Meldepflichten stellen mithin nach wie vor die Regel dar, welche die Garantenpflichten des Compliance-Beauftragten prägen.

Im Fall einer bevorstehenden bzw. vorliegenden konkreten Gefahr der Beeinträchtigung von *Kundeninteressen*, wird dem Compliance-Beauftragten aller Voraussicht nach ausnahmsweise ein Aufsichts- und Weisungsrecht zuteil, welches diesen verpflichtet, eigene geeignete und erforderliche vorläufige Maßnahmen einzuleiten, um diese konkrete Gefahr abwenden zu können. Diese bedingte Abwendungsmacht in Form des temporären Aufsichts- und Weisungsrechts, stellt eine Ausnahme im Garantenpflichtenrepertoire des Compliance-Beauftragten dar.

Um der oben genannten Zwickmühle zu entgehen, in welcher sich der Compliance-Beauftragte zeitweise befinden kann, sollte jedoch zwingend ein Maßnahmenkatalog für den Compliance-Beauftragten arbeitsvertraglich festgelegt werden. Dieser Maßnahmenkatalog sollte das oben schon angesprochene modifizierte zweistufige Verfahren aufgreifen:

Um bestehende Rechtsunsicherheiten des Compliance-Beauftragten zu vermeiden, sollte festgelegt werden, dass bei jedem Vorfall, also auch beim Vorliegen einer konkreten Gefahr, unverzüglich die Geschäftsleitung zu informieren ist. Bis zu diesem Zeitpunkt sollte der Compliance-Beauftragte ausschließlich verpflichtet sein, seine Abwendungsmacht in Form der Überwachungs- und Meldepflicht ausüben zu müssen (modifizierte Regel). Kann die Geschäftsleitung nicht erreicht werden oder liegt Gefahr im Verzug vor, so muss der Compliance-Beauftragte automatisch berechtigt sein, vorläufige eigene Maßnahmen einzuleiten (Ausnahme).[1154]

1154 Auch das Vorliegen einer „Gefahr im Verzug", muss zwingend vertraglich geregelt werden. Dass der Compliance-Beauftragte nun selbständig eine „Gefahr im Verzug"

Ab diesem Zeitpunkt weiß der Compliance-Beauftragte zum einen genau Bescheid, dass ihm eine expandierte Abwendungsmacht, sprich eine erweiterte strafrechtliche Garantenpflicht trifft. Dieser hat dann nach entsprechend der ihm nun zustehenden Befugnis zu handeln. Zum anderen sichert er sich aber auch bei einem vertragsgemäßen Verhalten vor arbeitsrechtlichen Konsequenzen ab. Denn das betroffene Wertpapierdienstleistungsunternehmen kann sich in einem solchen Fall auch nicht mehr darauf berufen, dass die eingeleiteten Maßnahmen mangels Vorliegen einer konkreten Gefahr voreilig waren, da sich der Compliance-Beauftragte vertragsgemäß verhält.[1155]

Durch ein solches Verfahren kann der Compliance-Beauftragten erkennen, welche Maßnahmen im konkreten Zeitabschnitt zur Abwendung einzuleiten sind und welcher Haftungsumfang für diesen gerade gilt. Die den Compliance-Beauftragten antizipiert delegierte Abwendungsmacht hat zwingend arbeitsvertraglich festgelegt zu werden, um dessen Garantenpflichten eindeutig bestimmen zu können. Eine modifizierte Zweistufenregelung könnte mithin der Rechtsklarheit dienen.

Wie sich der neu eingefügte Satz 2 im § 12 Abs. 3 WpDVerOV jedoch letztendlich in der Praxis tatsächlich bewahrheiten wird, bleibt abzuwarten.

d) Ergebnis

Auch in Hinblick auf strafrechtliche Konsequenzen hat die Geschäftsleitung dafür zu sorgen, dass ihr Unternehmen im Einklang mit dem Gesetz geführt wird. Andernfalls besteht die Möglichkeit, dass sie sich im Wege ihrer bestehenden Garantenstellung eines unechten Unterlassungsdelikts strafbar macht.

Hat diese wiederum ihre Gefahrabwendungspflichten partiell auf einen sog. Compliance-Officer bzw., gemäß § 12 Abs. 4 WpDVerOV gesetzlich verpflichtend, einen Compliance-Beauftragten delegiert, so kann auch diesem im Wege der bedingt limitiert akzessorischen Haftung eine Überwachergarantenstellung kraft tatsächlicher Übernahme zukommen.

---

zu bestimmen hat, widerspricht auch nicht dem vorgeschlagenen Konzept. Denn deren Bestimmung ist mit der Bestimmung einer „konkreten Gefahr" nicht vergleichbar. Ein Zuwarten ist hier schon im Gegensatz zur „konkreten Gefahr" gar nicht erst möglich. Das Bestimmen einer „Gefahr im Verzug" wird daher zumeist ex ante leichter fallen, als das Vorliegen einer „konkreten Gefahr".

1155 Dies muss auch dann gelten, wenn eine „Gefahr im Verzug" ex post nicht vorlag, dieser aber getreu der vertraglichen Vorgaben von dieser ex ante ausgehen durfte.

D. Möglichkeiten von Compliance-Maßnahmen zur Strafvermeidung in Wertpapierdienstleistungsunternehmen

I. Überblick

Die im vorangegangenen Kapitel untersuchten, bestehenden *Notwendigkeiten* für Wertpapierdienstleistungsunternehmen zur Einführung von Compliance-Maßnahmen, stellen gesetzlich zwingende Voraussetzungen dar. Für Wertpapierdienstleistungsunternehmen besteht jedoch auch die Möglichkeit darüber hinausgehende Maßnahmen zu ergreifen. Dies hauptsächlich mit dem Ziel der Vermeidung von Reputationsschäden, denn über das „Wie" der Umsetzung der Compliance-Vorgaben werden anhand der Compliance-Regeln keine umfassenden Aussagen getroffen.[1156] Es fragt sich daher zum einen, wie ein Wertpapierdienstleistungsunternehmen anhand von selbst vorgegebenen Compliance-Regeln v.a. eine Straftatbestandsbegehung im Sinne der §§ 49, 26 BörsG bestmöglich vermeiden kann. Zum anderen ist danach zu fragen, wie Wertpapierdienstleistungsunternehmen bestehende Umsetzungsprobleme bei der Berücksichtigung der §§ 49, 26 BörsG im Rahmen der eigenen Compliance-Funktion idealerweise vermeiden können, um insbesondere den Anforderungen des WpHG gerecht zu werden.

II. Möglichkeiten der Strafvermeidung gem. §§ 49, 26 BörsG im Rahmen der Compliance-Funktion

1. Möglichkeiten der Kompensierung der Unerfahrenheit i.S.d. §§ 49, 26 BörsG

Im Rahmen der Compliance-Funktion i.S.d. § 33 WpHG haben Wertpapierdienstleister notwendig Mechanismen zu integrieren, welche verhindern sollen, dass Straftaten im Unternehmen nach §§ 49, 26 BörsG und seinen Konkurrenzvorschriften begangen werden.

Eine besondere Rolle spielt im Rahmen der Verleitung zu Börsenspekulationsgeschäften das Tatbestandsmerkmal der Unerfahrenheit.

1156 Siehe hierzu oben, S. 205.

Bei diesem Tatbestandsmerkmal besteht für Wertpapierdienstleistungsunternehmen in besonderer Weise die Möglichkeit zur Strafvermeidung, denn diese können die Unerfahrenheit des jeweiligen Anlegers i.S.d. §§ 49, 26 BörsG kompensieren.[1157]

Bei anderen Tatbestandsmerkmalen des Straftatbestandes fällt die Strafvermeidung hingegen eher schwer. So wird es den meisten Wertpapierdienstleistungsunternehmen nur selten gelingen, Finanzprodukte an Anleger zu vermitteln, ohne diesen zugleich im Sinne des Straftatbestandes zu „verleiten". Das Tatbestandsmerkmal des Verleitens erfordert lediglich, dass auf den Willen eines anderen zu dem Zwecke eingewirkt wird, ihm zum Abschluss von Börsenspekulationsgeschäften zu bewegen und dass die ausgeübte Einwirkung hier ihren Niederschlag gefunden hat.[1158] Aufgabe eines jeden Finanzdienstleisters ist gerade auch der Verkauf von Finanzprodukten, weswegen ein Verleiten regelmäßig vorliegen wird.

Auch das Tatbestandsmerkmal des „Ausnutzens" lässt sich nur schwer aus dem Weg räumen, wenn das Opfer schon unerfahren ist. Denn ausreichend ist, dass der Täter die Unerfahrenheit erkennt und diese zum Geschäftsabschluss nutzt, ohne sie vorher durch Aufklärung kompensiert zu haben.[1159] Ist das Opfer aber schon erfahren im Sinne der Strafvorschrift, so ist ein Ausnutzen gar nicht erst möglich.

Für Wertpapierdienstleistungsunternehmen von besonderer Bedeutung ist daher die Frage, wie diese Mechanismen im Rahmen der Compliance-Funktion eingerichtet werden können, um die Unerfahrenheit eines Kunden im Vorfeld eines Geschäftsabschlusses zu kompensieren.

Die Frage, ob jemand Unerfahren i.S.d. §§ 49, 26 BörsG ist, ist eine Frage des Einzelfalls.[1160] In einem Compliance-System kann zwar nicht jeder Einzelfall berücksichtigt werden, jedoch können einheitliche Vorgaben erarbeitet werden, welche das vorhandene Strafbarkeitsrisiko mindern können.

So muss es ausreichen, dass der jeweilige Kunde über das jeweilige Finanzinstrument und dessen Funktionen informiert wird *und* dass daraufhin eine diesbezügliche Rückkopplung mit den Kunden stattfindet.

Hierzu reicht zunächst ein abstrakter Überblick des konkreten Produkts aus. Umfassend zu erläutern sind die auf diesen zukommenden Kosten. Wichtig ist dabei, dass er über bestehende Risiken aufgeklärt wird, wie z.B. ein Nachschussrisiko oder einen drohenden Totalverlust. Auch muss der Anleger darüber aufgeklärt

---

1157 Siehe hierzu oben zu Teil A., „Kompensationsmöglichkeiten", S. 130 ff.

1158 Siehe hierzu oben zu Teil A., „Verleitung zu Börsenspekulationsgeschäften", S. 150 ff.

1159 Siehe hierzu zum Tatbestandsmerkmal des „Ausnutzens", S. 153 ff.

1160 Siehe zu A, „Unerfahrenheit", S. 99 ff., 125 f., 180 ff.

werden, wie, wo und wann er nach Erwerb des Finanzinstrumentes mit diesem weiter Verfahren kann (Weiterverkauf, Option einlösen etc.). Denn nur dann können drohende Verluste rechtzeitig abgewendet werden.

Nach Übergabe bzw. Mitteilung dieser Basis- Informationen, hat anschließend ein Gespräch mit dem Kunden stattzufinden, bei welchem dieser aus seiner Sicht das Produkt und die bestehenden Gefahren erläutern sollte. Der Anlageberater muss sich *Gewissheit verschaffen*, dass der Kunde die von ihm geschilderten Risiken des Finanzprodukts in jeder Hinsicht verstanden hat.[1161] Bei hochkomplexen Finanzgeschäften muss der Anlageberater gewährleisten, dass der Kunde im Hinblick *auf das Risiko* des Geschäfts im Wesentlichen den gleichen Kenntnis- und Wissensstand hat wie der ihn Beratende.[1162] Freilich muss der Kunde hierbei wiederum nicht den gleichen Kenntnisstand bezüglich jedweder integrierter Mechanismen des vorliegenden Finanzprodukts wiedergeben können. Wichtig ist nur, dass er die Tragweite, mithin v.a. das bestehende Risiko des jeweiligen Finanzprodukts *versteht* und wiedergeben kann.

Nur hierdurch wird für den Anlagevermittler- bzw. -berater erkenntlich, inwieweit sein Kunde die Tragweite des konkreten Geschäfts überblickt. Weigert sich der Kunde „ausgefragt“ zu werden, so kann schon kein „ausnutzen“ i.S.d. Straftatbestandes vorliegen, falls es dennoch zu einem Geschäftsabschlusses kommen sollte.

Gute Compliance fängt schon bei Einstellung bzw. Beauftragung eines Anlageberaters bzw. -vermittlers an.[1163] Dieser muss nach den eben genannten Grundsätzen eingearbeitet werden. Neben regelmäßig stattfindenden Prüfungen der Anlageberater bzw.-vermittler haben auch in bestimmten Abständen Schulungen der Mitarbeiter stattzufinden, in denen sie verdeutlicht bekommen, ab wann eine eigene Strafbarkeit nach §§ 49, 26 BörsG vorliegen kann. Hierzu kann im Rahmen von Rollenspielen beispielhaft vor Augen geführt werden, dass der jeweilige Einzelfall entscheidend ist und man sich stets auf einen neuen Kunden mit unterschiedlichem Wissensstand einlassen muss.

Es ist weiter darauf zu achten, dass sich Anlageberater bzw.-vermittler an die schriftlichen Angaben, wie z.B. an Prospektvorgaben, des jeweiligen Unternehmens halten und nicht mündlich bzw. fernmündlich abweichende Angaben machen, was unter Umständen anhand von Qualitätskontrollen überprüft werden kann.

1161 So BGH XI ZR 33/10, Urteil vom 22.03.2011, Rz. 24 (juris).

1162 BGH XI ZR 33/10, Urteil vom 22.03.2011, Rz. 29 (juris).

1163 Vgl. nur Diskussionsentwurf zum Gesetz zur Stärkung des Anlegerschutzes und Verbesserung der Funktionsfähigkeit des Kapitalmarkts vom 03.05.2010, S. 45.

Erkennt der Anlageberater bzw.-vermittler, dass der Anleger trotz intensivster Aufklärung über das Finanzprodukt intellektuell überfordert ist, so muss er, um nicht Gefahr zu laufen vorgeworfen zu bekommen, die Unerfahrenheit des Anlegers ausgenutzt zu haben, von einem Geschäft Abstand nehmen. Auch hierüber muss der jeweilige Mitarbeiter im Rahmen der Compliance-Funktion hingewiesen werden.

2. Fazit

Diese Mindestmaßnahmen können gewiss nicht allein verhindern, dass Straftaten gem. §§ 49, 26 BörsG von Mitarbeitern eines Wertpapierdienstleistungsunternehmens begangen werden, da der im konkreten Einzelfall handelnde Anlagevermittler bzw. -berater sich immer noch bewußt gegen Compliance-Vorgaben seines Unternehmens entscheiden kann. Ein noch so ausgeklügeltes Compliance-Programm kann die Begehung von Einzelstraftaten im Unternehmen nicht verhindern. Im Wege einer diese Mechanismen berücksichtigenden Compliance-Funktion kann jedoch ein Organisationsrahmen geschaffen werden, welcher eine Straftatbestandsbegehung möglichst vermeiden kann. Mehr, aber auch nicht weniger, kann von einem Wertpapierdienstleistungsunternehmen diesbezüglich erwartet werden.

Fällt dem beauftragenden bzw. beschäftigenden Unternehmen auf, dass Straftaten nach den §§ 49, 26 BörsG von einzelnen Mitarbeitern begangen wurden, so besteht für diese zwar keine Pflicht zur Strafanzeige,[1164] jedoch muss auch hier die etablierte Compliance-Funktion für arbeitsrechtlich relevante, repressive Maßnahmen sorgen.

III. Vermeidung von Umsetzungsproblemen bei Berücksichtigung der §§ 49, 26 BörsG im Rahmen der Compliance-Funktion

Weiter ist danach zu fragen, wie Wertpapierdienstleistungsunternehmen bei der Berücksichtigung der §§ 49, 26 BörsG im Rahmen der eigenen Compliance-Funktion bestehenden Umsetzungsproblemen entgehen können. Umsetzungsprobleme können sich hierbei v.a. durch bestehende gesetzliche Anforderungen, durch aufsichtsrechtliche Anforderungen der BaFin sowie aber auch durch neue Regelungen, welche im Wege des AnsFuG eingeführt wurden, ergeben.

1164 Statt aller: *Ruhmannseder*, in: Beck´scher Online- Kommentar StGB, Stand: 01.05.2011, § 258 Rn. 15 ff.

1. Möglichkeiten der Strafvermeidung bei börsengeschäftlichen Telefonvermittlern- „Cold calling“ und Corporate Compliance

a) Überblick

Wertpapierdienstleistungsunternehmen werden im Wege des § 33 Abs. 1 WpHG gezwungen, Maßnahmen einzurichten, welche u.a. die Begehung des Straftatbestandes gem. §§ 49, 26 BörsG verhindern sollen.[1165] Eine nicht zu unterschätzende Bedeutung besitzt in diesem Zusammenhang § 36b Abs. 1 WpHG.[1166]

Hiernach kann die BaFin, um Mißständen bei der Werbung für Wertpapierdienstleitungen und Wertpapiernebendienstleitungen zu begegnen, den Wertpapierdienstleistungsunternehmen bestimmte Arten der Werbung untersagen. Von dieser Möglichkeit hat das ehemalige Bundesaufsichtsamt für den Wertpapierhandel (BAWe; heute: BaFin) im Jahre 1999 Gebrauch gemacht, als es die „Allgemeinverfügung gemäß § 36b Abs. 1 und Abs. 2 WpHG bezüglich der Werbung in Form des „cold calling““ erlassen hat.[1167]

Dem Wertpapierdienstleistungsunternehmen wird hierdurch verboten, telefonisch Kontakt zu Kunden aufzunehmen, zu denen nicht bereits eine Geschäftsbeziehung in Bezug auf Wertpapierdienst- und nebendienstleistungen besteht, und soweit das Unternehmen nicht durch eine vorhergehende, nachvollziehbare Aufforderung des Angerufenen unmittelbar gegenüber dem Wertpapierdienstleistungsunternehmen zu diesem Anruf veranlasst worden ist.

Diese Allgemeinverfügung i.S.d. § 35 Satz 2 VwVfG (Bund) steht demnach in einem unmittelbaren Zusammenhang zum Straftatbestand der Verleitung zu Börsenspekulationsgeschäften gem. §§ 49, 26 BörsG. Denn im Wege des „cold calling“ bzw. der Kaltakquise werden wohl die meisten Opfer dieses Straftatbestandes verleitet worden sein bzw. verleitet.[1168] Zumindest steckt in der Möglichkeit, unerfahrene Anleger durch überraschende Anrufe zu einem riskanten Finanzprodukt zu verleiten, ein hohes Potential.

Wertpapierdienstleistungsunternehmen sind mithin verpflichtet, diese Vorgehensweise zu unterlassen. Andernfalls droht dem jeweiligen Wertpapierdienstleistungsunternehmen bei einem Verstoß gegen die Allgemeinverfügung die Einleitung eines Bußgeldverfahrens. Denn die Missachtung eines vollziehbaren

---

1165 Siehe hierzu oben, S. 217 ff.

1166 Vergleichbare Regelungen lassen sich in § 23 KWG und § 124 Abs. 3 InvG wiederfinden.

1167 Allgemeinverfügung vom 27. Juli 1999, Bekanntmachung in: Bundesanzeiger Nummer 149 vom 12. August 1999, Seite 13 518.

1168 Siehe hierzu schon oben, Seite 217 ff.

Werbeverbots stellt gem. § 39 Abs. 3 Nr. 1 lit. b WpHG i.V.m. § 36b Abs. 1 WpHG eine Ordnungswidrigkeit dar, welche gem. § 39 Abs. 4 Fall 4 WpHG mit einer Geldbuße i.H.v. bis zu 100.000,00 € geahndet werden kann. Gem. § 17 FinDAG kann die BaFin zudem das Verbot zwangsweise durchsetzen. Bei mehrfachen Verstößen muss das jeweilige Unternehmen gem. §§ 35 Abs. 2 Nr. 6, 36 Abs. 1 KWG gar die Abberufung eines Geschäftsleiters befürchten.[1169]

b) Exkurs- Überwachungspflichten der BaFin und §§ 49, 26 BörsG

Der gesetzliche Überwachungsauftrag der BaFin erstreckt sich nicht auf den Straftatbestand der Verleitung zu Börsenspekulationsgeschäften gem. §§ 49, 26 BörsG.[1170] Dies stellt jedoch keine gesetzliche Lücke dar, welche notwendig legislativ geschlossen werden sollte. Die bestehende Regelung ist vom Gesetzgeber so gewollt.[1171] Zum Aufgabenbereich der BaFin kann kein primär dem Individualschutz dienender Straftatbestand gehören.

Dies würde zum einen zu einer Arbeitsüberlastung dieser führen[1172] und zum anderen auch ihre bestehenden Kompetenzen überschreiten.[1173] Denn gemäß § 10 Abs. 2 WpHG ist die BaFin auch bei einer ihr zukommenden Verdachtsanzeige an einer Weiterleitung an die Strafverfolgungsbehörden gehindert. Selbst wenn die BaFin im Rahmen ihrer Tätigkeit zu dem Ergebnis kommen sollte, dass ein Wertpapierdienstleistungsunternehmen strafbare Handlungen gem. §§ 49, 26 BörsG begeht bzw. begangen hat, so ist sie aufgrund des eindeutigen Wortlauts des § 4 Abs. 5 WpHG nicht verpflichtet, den Verdacht dieser Straftat der Staatsanwaltschaft anzuzeigen und wäre gar aufgrund § 8 WpHG daran gehindert, von sich aus tätig zu werden.[1174] Bestehende Verdachtsmomente können jedoch dann von der BaFin an die Staatsanwaltschaft mitgeteilt werden, wenn *diese* wiederum die Informationen zur Erfüllung ihrer Aufgaben benötigt; vgl. § 8 Abs. 1 Satz 3 WpHG.

1169 *Schlette/Bouchon*, in: Fuchs, WpHG Kommentar, 2009, § 36b Rn. 10; vgl. *Becker*, in: Luz/Neus/Scharpf/Schneider/Weber, KWG Kommentar, 2011, § 23 Rn. 13.

1170 Siehe hierzu auch oben, S. 187 ff., 276 ff.

1171 Siehe hierzu schon unter A, Prozessuales, S. 187 ff.

1172 Siehe hierzu schon unter A, „Standort des Straftatbestandes", S. 187 ff.

1173 *Benner*, in: Volk, Verteidigung in Wirtschafts- und Steuerstrafsachen, 2006, § 22 Rn. 672 ff.

1174 *Benner*, in: Volk, Verteidigung in Wirtschafts- und Steuerstrafsachen, 2006, § 22 Rn. 679.

Durch die Tatsache, dass die Wertpapierdienstleistungsunternehmen verpflichtet sind, die „cold calling"- Allgemeinverfügung der BaFin einzuhalten,[1175] besteht allerdings ein unmittelbarer Zusammenhang zum Straftatbestand der Verleitung zu Börsenspekulationsgeschäften und somit auch ein (zumindest partieller) indirekter Überwachungsauftrag der BaFin. Denn die wohl überwiegende Anzahl der Opfer wird bzw. wurde im Wege des „cold calling" verleitet.[1176]

c) Problemaufriss

Für die Einhaltung der Vorgaben der Allgemeinverfügung hat im besten Fall wiederum das notwendig einzurichtende Compliance-System gem. § 33 Abs. 1 WpHG zu sorgen. Ob jedoch eine Verpflichtung für Wertpapierdienstleistungsunternehmen zur Aufnahme von Allgemeinverfügungen i.S.d. § 36b WpHG im Rahmen der notwendig einzurichtenden Compliance-Funktion besteht, ist hingegen fraglich.

Nicht zu verwechseln ist dies allerdings mit der Frage, ob Wertpapierdienstleistungsunternehmen verpflichtet sind, das Vorgehen des cold calling an sich an eine Compliance-Funktion zu koppeln. Denn die Kaltakquise i.S.d. § 7 Abs. 2 UWG stellt einen Verstoß gegen das Gesetz gegen den unlauteren Wettbewerb dar.[1177] Die Erbringung einer solchen Dienstleistung verstößt schon im Ansatz gegen die Kundeninteressen des jeweiligen Wertpapierdienstleistungsunternehmens, welche Berücksichtigung in der Compliance-Funktion nach § 33 Abs. 1 Satz 2 Nr. 3 WpHG i.V.m. § 13 Abs. 1 Nr. 1 und Nr. 2 WpDVerOV finden müssen. Die Compliance-Funktion, welche gem. § 33 Abs. 1 WpHG notwendig von den einzelnen Wertpapierdienstleistungsunternehmen einzurichten ist, muss mithin sicher stellen, dass Anrufe im Wege des cold calling unterbleiben.

Die Allgemeinverfügung der BaFin geht jedoch über das bloße Verbot des „cold calling" hinaus. Denn diese regelt „kommentarhaft" die einzelnen Voraussetzungen und Modalitäten eines cold calling, welche bei Vorliegen zu einem Bußgeldverfahren führen können. Die Ausführungen der BaFin sind demnach notwendig vom jeweiligen Wertpapierdienstleistungsunternehmen einzuhalten, will es nicht bußgeldrelevant in Erscheinung treten.

1175 Und zudem gezwungen werden, dass auch deren vertraglich gebundenen Anlagevermittler i.S.d. § 2a Abs. 2 WpHG i.V.m. § 2 Abs. 10 KWG diese einhalten, vgl. *Lehrl/Wolf*, BKR 2009, 497.

1176 *Benner*, in: Volk, Verteidigung in Wirtschafts- und Steuerstrafsachen, 2006, § 22 Rn. 677.

1177 Vgl. *Ubber*, in: Harte-Bavedamm/Henning-Bodewig, UWG Kommentar, 2. Aufl. (2009), § 7 Rn. 112 ff.; *Schlette/Bouchon*, in: Fuchs, WpHG Kommentar, 2009, § 36b Rn. 13 f.

Es fragt sich daher, ob die Allgemeinverfügung samt ihren Ausführungen von der Compliance-Funktion i.S.d. § 33 Abs. 1 WpHG berücksichtigt werden muss.

§ 33 Abs. 1 Satz 2 Nr. 1 WpHG bestimmt, dass das jeweilige Wertpapierdienstleistungsunternehmen selbst sicherstellen muss, dass es den Verpflichtungen des WpHG nachkommt, und auch § 12 Abs. 1 WpDVerOV gibt vor, dass die nach § 33 Abs. 1 Satz 2 Nr. 1 in Verbindung mit Satz 3 des Wertpapierhandelsgesetzes niederzulegenden Grundsätze und einzurichtenden Verfahren darauf ausgerichtet sein müssen, die Gefahr einer Verletzung des Wertpapierhandelsgesetzes und der in entsprechenden Verordnungen geregelten Verpflichtungen durch das Wertpapierdienstleistungsunternehmen oder seine Mitarbeiter sowie die mit einer solchen Verletzung verbundenen Risiken aufzudecken.

Gerade durch § 12 WpDVerOV wird jedoch deutlich, dass Allgemeinverfügungen i.S.d. § 36b WpHG nicht notwendig in der Compliance-Funktion zu berücksichtigen sind. Andernfalls hätte zumindest auch eine Erwähnung der Allgemeinverfügungen im Rahmen der konkretisierenden WpDVerOV stattfinden müssen. Dies ist jedoch nicht geschehen.[1178] Wertpapierdienstleistungsunternehmen haben lediglich eine Compliance-Funktion zu etablieren, welche sicherstellt, dass die Vorgaben des WpHG und der WpDVerOV eingehalten werden.

Dieses Vorgehen des Gesetz- bzw. des Verordnungsgebers macht auch Sinn. Denn die Berücksichtigung von Allgemeinverfügungen i.S.d. § 36b WpHG in einem Compliance-System ist aufgrund der rechtlichen Natur einer solchen nicht erzwingbar.

Der BaFin soll im Wege des § 36b WpHG ein repressives Instrument zur Verfügung gestellt werden, um Mißständen bei der Werbung für Wertpapierdienstleistungen und Wertpapiernebendienstleistungen zu begegnen. Hierfür kann es einzelne Werbemethoden bzw. eine Art der Werbung untersagen. Ob jedoch das repressive Instrumentarium „Allgemeinverfügung“ verpflichtende Impulse an die notwendig einzurichtende Compliance-Funktion senden kann, erscheint fragwürdig. Beachtet werden muss hierbei nämlich, dass der Gesetzgeber Allgemeinverfügungen nicht mit den Organisationspflichten des § 33 Abs. 1 Satz 2 Nr. 1 WpHG i.V.m. § 12 Abs. 1 WpDVerOV in Verbindung gebracht hat. Würden diese dennoch im Rahmen der Compliance-Funktion berücksichtigt werden müssen, so würde die

---

1178 Und darf auch nicht geschehen, denn ansonsten würde eine kapitalmarktrechtliche Normsetzung durch Allgemeinverfügungen stattfinden, was durchgreifenden verfassungsrechtlichen Bedenken begegnen würde. Die BaFin besitzt auch keine allgemeine Befugnis zum Verordnungserlass; vgl. hierzu *Walla*, DÖV 2010, 853, 854, 857.

Wirkung einer verwaltungsrechtlichen Maßnahme einem (zumindest materiellen) Gesetz gleichgestellt, wodurch ein Verstoß gegen das Gewaltenteilungsprinzip vorliegen würde.[1179]

Freilich kann man argumentieren, dass ein Verstoß gegen die Allgemeinverfügung i.S.d. § 36b Abs. 1 WpHG zugleich auch ein Verstoß gegen das WpHG darstelle, wodurch die Einhaltung von § 36b WpHG Compliance-relevant wäre und von der Compliance-Funktion berücksichtigt würden müsste, denn Wertpapierdienstleistungsunternehmen haben einen Mißstand i.S.d. § 36b WpHG nicht weiter zu perpetuieren. Hierdurch wird allerdings das sprichwörtliche Pferd von hinten aufgezäumt. Eine solche Argumentation verkennt nämlich, dass Maßnahmen im Wege einer Allgemeinverfügung keine Gesetzeskraft besitzen können. Zudem spricht auch der Wortlaut des § 33 Abs. 1 Satz 2 Nr. 1 WpHG und des § 12 Abs. 1 WpDVerOV gegen eine Beachtung des § 36b WpHG im Rahmen der Compliance-Funktion. Denn beide Normen stellen klar, dass Wertpapierdienstleistungsunternehmen gezwungen werden, angemessene Grundsätze aufzustellen, Mittel vorzuhalten und Verfahren einzurichten, um sicherzustellen, dass diese „den Verpflichtungen" des WpHG und der WpDVerOV nachkommen. Eine Verpflichtung wird jedoch anhand von § 36b WpHG alleine nicht vorgenommen, sondern dieser Paragraph stellt lediglich eine Ermächtigungsnorm dar. Die maßgebliche Verpflichtung wird erst durch das verwaltungsrechtliche Instrument der Allgemeinverfügung ausgesprochen.

Auch wenn einige Stimmen in der Literatur annehmen, dass § 33 Abs. 1 Satz 2 Nr. 1 WpHG nicht nur auf die Einhaltung des WpHG beschränkt werden kann, sondern in richtlinienkonformer Auslegung insgesamt die Bereiche umfasse, in denen die Gefahr von kapitalmarktbezogenen Interessenkonflikten oder Missbräuchen bestehe,[1180] so kann hieraus nicht automatisch darauf geschlossen werden, dass Allgemeinverfügungen i.S.d. § 36b WpHG notwendig in der Compliance-Funktion Berücksichtigung finden müssen. Zum einen würden aufgrund einer solchen richtlinienkonformen Auslegung im konkreten Fall die Konturen der Compliance-Funktion unscharf und zum anderen bestünde wiederum das Problem, dass die Wirkung der Allgemeinverfügung einem (zumindest materiellen) Gesetz gleichgestellt werden würde.

Eine Verpflichtung für Wertpapierdienstleistungsunternehmen zur Aufnahme von Allgemeinverfügungen i.S.d. § 36b WpHG im Rahmen der notwendig einzurichtenden Compliance-Funktion, kann somit nach dem oben Gesagten nicht angenommen werden.

1179 So wohl auch *Walla* in DÖV 2010, 853, 854, 857.

1180 *Fuchs*, in: Fuchs, WpHG Kommentar, 2009, § 33 Rn. 69 f.

Dem jeweiligen Wertpapierdienstleistungsunternehmen ist trotz dessen dringend anzuraten, Allgemeinverfügungen i.S.d. § 36b WpHG in ihre Compliance-Funktion mit zu integrieren, denn bei einem Bußgeldverfahren sind neben dem auferlegten Bußgeld erhebliche Reputationsschäden zu befürchten.

Auch bedarf es zumindest im Fall des cold calling keiner gewichtigen Umstellung der Compliance-Funktion. Wie oben ausgeführt, haben nämlich Wertpapierdienstleistungsunternehmen im Wege der Compliance-Funktion sicherzustellen, dass schon Verstöße gegen § 7 Abs. 2 UWG zu unterbleiben haben.

Hierbei ist jedoch darauf zu achten, dass die Allgemeinverfügung „kommentarhaft" alle zwingenden Voraussetzungen selbst vorgibt. Somit sind einzelne Tatbestandsmerkmale, wie z.B. des § 7 Abs. 2 Nr. 2 UWG, schon gar nicht einer Auslegung zugänglich, sondern diese wird anhand der Allgemeinverfügung selbst vorgenommen, was seinen Grund wiederum in der Umsetzung verwaltungsrechtlicher Vorschriften hat.[1181]

Hierdurch kann es vorkommen, dass zwar einzelne Handlungen eines Unternehmens aus Sicht der Allgemeinverfügung keinen Fall des cold calling darstellen würden, aber nach UWG gem. § 7 Abs. 2 UWG wettbewerbswidrig wären und umgekehrt.

So stellt die Allgemeinverfügung der BaFin bezüglich des cold calling etwa klar, dass „nicht als Mißstand im Sinne des § 36b WpHG die telefonische Kontaktaufnahme mit Kunden im Rahmen bestehender Geschäftsbeziehungen in Bezug auf Wertpapierdienst- oder -nebendienstleistungen anzusehen ist. Innerhalb bereits bestehender Geschäftsbeziehungen, die im Zusammenhang mit Wertpapierdienst- und -nebendienstleistungen stehen, ist eine Beeinträchtigung der Wahrung des Kundeninteresses durch unaufgeforderte Anrufe, in denen für Wertpapierdienstleistungen und Wertpapiernebendienstleistungen geworben wird und Geschäftsabschlüsse angestrebt werden, nicht zu befürchten."

Ein solches Vorgehen kann jedoch gerade wettbewerbsrechtlich relevant sein. Denn Anrufe zur Fortsetzung oder Erweiterung bereits bestehender Vertragsbeziehungen, können nach wohl gefestigter Rechtsprechung ebenso unter § 7 Abs. 2 UWG fallen.[1182]

Diese mögliche Diskrepanz hat ihren Grund im divergierenden Rechtsschutz des § 36b WpHG und § 7 UWG. So wird der Verwaltung durch § 36b WpHG ein repressives Instrument zur Verfügung gestellt, um ein behördliches Aufsichtsverfahren effektiv durchsetzen zu können, wobei § 7 UWG primär den Zweck verfolgt,

---

1181 Vgl. § 37 VwVfG (Bund).

1182 Vgl. nur BGH ZR 189/92, Urteil vom 08.12.1994; *Ubber*, in: Harte-Bavedamm/Henning-Bodewig, UWG Kommentar, 2. Aufl. (2009), § 7 Rn. 148.

dass jeweilige Konkurrenten bei wettbewerbswidrigen Methoden die Möglichkeit erlangen, diese durch die ordentlichen Gerichte unterbinden zu lassen und Schadensersatz fordern zu können.[1183]

d) Empfehlung

Wertpapierdienstleistungsunternehmen ist daher zu empfehlen, den Voraussetzungen einer Allgemeinverfügung die gleiche Aufmerksamkeit zu schenken, wie den Voraussetzungen des WpHG und der WpDVerOV. Damit Wertpapierdienstleistungsunternehmen bei von gesetzlichen Bestimmungen abweichenden bzw. anderslautenden Allgemeinverfügungen nicht in Schwierigkeiten geraten, ist diesen anzuraten, die jeweils strengere Anforderung in ihre Compliance-Funktion aufzunehmen.

Beachtet werden muss jedoch, dass die Nichtaufnahme der Allgemeinverfügung i.S.d. § 36b WpHG nicht einen Verstoß gegen § 33 WpHG begründen kann, wodurch auch keine Konsequenzen nach § 35 Abs. 2 Nr. 3 i.V.m. § 33 Abs. 1 Satz 1 Nr. 2 KWG oder nach § 35 Abs. 2 Nr. 6 KWG, bzw. gem. § 36 Abs. 1 KWG i.V.m. § 35 Abs. 2 Nr. 6 KWG durch die BaFin drohen können. Um jedoch ein drohendes Bußgeldverfahren gem. § 39 Abs. 3 Nr. 1 lit. b WpHG i.V.m. § 36b Abs. 1 WpHG möglichst vermeiden zu können, ist den Wertpapierdienstleistungsunternehmen zu empfehlen, die von der BaFin getroffenen Anordnungen der Allgemeinverfügungen in die Compliance-Funktion zu integrieren.

2. Vermeidung bußgeldrelevanter Abgrenzungsfehler im Bereich der Wertpapierdienstleistung - das neue AnsFuG

a) Änderungen im Wege des AnsFuG

Um die Qualität der Anlageberater im Rahmen der Finanzdienstleistung zu gewährleisten, unternimmt auch der Gesetzgeber aktuell Anstrengungen, um bestimmte Voraussetzungen in Gesetzesform zu gießen. So hat der Gesetzgeber im Anlegerschutz- und Funktionsverbesserungsgesetz (AnsFuG) vom 05.04.2011,[1184] einen neuen § 34d WpHG[1185] eingeführt, durch welchen ein einheitliches Mindestniveau

---

1183 Vgl. *Schlette/Bouchon*, in: Fuchs, WpHG Kommentar, 2009, § 36b Rn. 1.

1184 BGBl. I, 07.04.2011, Nr. 14, 538; siehe auch schon den Gesetzentwurf der Bundesregierung vom 08.11.2010, BT-Drucks. 17/3628.

1185 § 34d Abs. 1–5 WpHG tritt gem. Art 9 Abs. 4 des AnsFuG erst am 01.11.2012 in Kraft, BGBl. I, 07.04.2011, Nr. 14, 538, 548.

im Rahmen der Anlageberatung sichergestellt werden soll. Nach diesem neuen § 34d Abs. 1 Satz 1 WpHG sollen Wertpapierdienstleistungsunternehmen einen Mitarbeiter nur dann mit der Anlageberatung betrauen dürfen, wenn dieser sachkundig ist und über die erforderliche Zuverlässigkeit verfügt.[1186] Das Unternehmen muss die Erfüllung der genannten Anforderungen sowie den Mitarbeiter und gegebenenfalls den für den Mitarbeiter zuständigen Vertriebsbeauftragten der BaFin anzeigen, § 34d Abs. 1 Satz 2 WpHG.[1187] Gleiche Voraussetzungen werden für Vertriebsbeauftragte und Compliance-Beauftragte gelten.

Im Rahmen der Beauftragung von Anlageberatern werden Wertpapierdienstleistungsunternehmen darüber hinaus gemäß § 34d Abs. 1 WpHG verpflichtet, aufkommende Beschwerden gegen Anlageberater sowie den Name des Mitarbeiters, aufgrund dessen Tätigkeit die Beschwerde erhoben wird, der BaFin anzuzeigen, § 34d Abs. 1 Satz 4 WpHG.

Liegen Tatsachen vor, aus denen sich ergibt, dass der Anlageberater nicht mehr die Anforderungen des § 34d WpHG erfüllt, so soll die BaFin dem jeweiligen Wertpapierdienstleistungsunternehmen nach § 34d Abs. 4 WpHG untersagen können, den Mitarbeiter in der angezeigten Tätigkeit einzusetzen, solange dieser die gesetzlichen Anforderungen nicht erfüllt. Liegen Tatsachen vor, aus denen sich ergibt, dass ein Anlageberater gegen Bestimmungen des Sechsten Abschnitts des WpHG verstoßen hat, deren Einhaltung bei der Durchführung seiner Tätigkeit zu beachten sind, soll die BaFin das jeweilige Wertpapierdienstleistungsunternehmen und den Mitarbeiter verwarnen oder dem Wertpapierdienstleistungsunternehmen untersagen können, den Mitarbeiter in der angezeigten Tätigkeit für eine Dauer von bis zu zwei Jahren einzusetzen. Hierzu gehören auch Verstöße gegen die §§ 49, 26 BörsG. Denn der Gesetzgeber sieht etwa einen schwerwiegenden Fall, welcher zu einer Sanktion nach § 34d Abs. 4 Nr. 2 WpHG führen kann darin, wenn Kunden „entgegen ihrem ausdrücklich geäußerten Wunsch nach „mündelsicherer“ Anlage z.B. ein komplex strukturiertes Finanzinstrument mit erhöhtem Totalverlustrisiko verkauft wurde“,[1188] womit mittelbar auch der Straftatbestand gem. §§ 49, 26 BörsG mit eingeschlossen wird.

1186 BT-Drucks. 17/3628, S. 9.

1187 Eine diesbezügliche WpHG- Mitarbeiteranzeigenverordnung (WpHGMaAnzV) wurde am 30.12.2011 im Bundesgesetzblatt (BGBl. I 2011, 3116) veröffentlicht; zur WpHGMaAnzV insg.: Begner, BKR 2012, 95 ff.

1188 BT-Drucks. 17/3628 vom 08.11.2010, S. 23; siehe auch *Möllers/Wenninger*, NJW 2011, 1697, 1699.

Verstößt ein Wertpapierdienstleistungsunternehmen gegen die Verpflichtung, sachkundige und zuverlässige Mitarbeiter i.S.d. § 34d WpHG mit der Anlageberatung zu betrauen, so handelt dieses nach dem Gesetzentwurf ordnungswidrig nach § 39 Abs. 2 Nr. 22 WpHG, und es droht diesem gem. § 39 Abs. 4 ein Bußgeld i.H.v. bis zu zweihunderttausend Euro.[1189]

Verstößt das Wertpapierdienstleistungsunternehmen gegen die Anzeigepflicht nach § 34d Abs. 1 Satz 2, 3, 4 WpHG, so soll auch dies eine Ordnungswidrigkeit nach § 39 Abs. 2 Nr. 23 WpHG darstellen, welche nach § 39 Abs. 4 WpHG mit einer Geldbuße i.H.v. bis zu fünfzigtausend Euro geahndet werden können soll.[1190]

Ein Verstoß gegen eine vollziehbare Anordnung nach § 34d Abs. 4 WpHG soll ebenfalls eine Ordnungswidrigkeit nach § 39 Abs. 3 Nr. 1 lit. b darstellen können, welche gleichermaßen nach § 39 Abs. 4 WpHG zukünftig mit einer Geldbuße i.H.v. bis zu fünfzigtausend Euro geahndet werden können soll.[1191]

b) Auswirkungen durch das AnsFuG

Die vom Gesetzgeber geplanten Änderungen sind richtig und notwendig.[1192] Denn der Kunde profitiert v.a. von den normierten Mindestanforderungen, welche an Anlageberater gestellt werden und dem damit einhergehenden verbindlichen Beschwerdemanagement. Das Gesetzesvorhaben geht jedoch in seinen Ausführungen nicht weit genug, woraus ernsthafte rechtliche Folgeprobleme resultieren.

Unklar ist nämlich, warum sich die vom Gesetzgeber geplanten Änderungen lediglich auf Anlageberater i.S.d. § 2 Abs. 3 Satz 1 Nr. 9 WpHG und nicht auch auf Anlagevermittler i.S.d. § 2 Abs. 3 Satz 1 Nr. 4 WpHG erstrecken sollen.[1193] Beide Dienstleistungen stellen Wertpapierdienstleistungen nach § 2 WpHG dar, bei welchen zudem die Grenzen fließend sind.[1194] Potentielle Täter der §§ 49, 26 BörsG können sowohl Anlageberater als auch Anlagevermittler sein.[1195] Unklar ist ebenso, ob auch vertraglich gebundene Vermittler i.S.d. § 2a Abs. 2 WpHG

1189 Die Bußgeldvorschrift tritt gem. Art. 9 Abs. 4 AnsFuG erst am 01.11.2012 in Kraft, BGBl. I, 07.04.2011, Nr. 14, 538, 548.

1190 Die Bußgeldvorschrift tritt gem. Art. 9 Abs. 4 AnsFuG erst am 01.11.2012 in Kraft, BGBl. I, 07.04.2011, Nr. 14, 538, 548.

1191 Die Bußgeldvorschrift tritt gem. Art. 9 Abs. 4 AnsFuG erst am 01.11.2012 in Kraft, BGBl. I, 07.04.2011, Nr. 14, 538, 548.

1192 Als „sinnvolle Regelung" bezeichnend auch *Halbleib*, WM 2011, 673.

1193 Kritik hierzu auch vom Bundesrat in seiner Stellungnahme zum Gesetzentwurf des Anlegerschutz- und Funktionsverbesserungsgesetzes, in: BT-Drucks. 17/3628, S. 36, 37.

1194 Siehe hierzu auch S. 218, 283 und 284 mit der dazugehörigen Fn. 1197.

1195 Siehe hierzu die Seiten 217 ff.

i.V.m. § 2 Abs. 10 KWG von diesen neuen Regelungen betroffen sind, sprich, ob diese als Mitarbeiter i.S.d. § 34d Abs. 1 WpHG gelten sollen. Dies wird jedoch wegen § 33b WpHG wohl zu bejahen sein.[1196]

Um zum einen vermeiden zu können, dass bestehende Abgrenzungsprobleme zwischen beiden Formen der Dienstleistung nicht zu Lasten der Kunden gehen, hätte zumindest eine Einbeziehung der Anlagevermittler im Rahmen des neu einzuführenden § 34d Abs. 1 WpHG stattfinden müssen. Zum anderen kann aber auch den Wertpapierdienstleistungsunternehmen selbst diese einseitige Regelung aufgrund der bestehenden Abgrenzungsschwierigkeiten zwischen den Begriffen der Anlageberatung und Anlagevermittlung erhebliche Probleme bereiten. Denn geht das Wertpapierdienstleistungsunternehmen davon aus, einen Mitarbeiter „lediglich“ mit der Anlagevermittlung zu betrauen, so wird dieses von sich aus nicht den Anforderungen des § 34d WpHG gerecht werden wollen. Steht für die BaFin jedoch fest, dass der jeweilige Mitarbeiter nicht nur anlagevermittelnd sondern zumindest auch teilweise anlageberatend tätig ist, so drohen dem beschäftigenden Unternehmen gem. §§ 39 Abs. 2 Nr. 23, § 39 Abs. 4 WpHG Geldbußen i.H.v. bis zu fünfzigtausend Euro. Zu bezweifeln ist daher, dass die geplante Ordnungsvorschrift dem verfassungsrechtlich normierten Bestimmtheitsgebot nach Art. 103 Abs. 2 GG genügt. Denn ein Wertpapierdienstleistungsunternehmen kann im Zeitpunkt der Beauftragung eines Mitarbeiters als Anlagevermittler nicht sicher erkennen, ob es sich ordnungswidrig verhalten wird oder nicht.[1197]

1196 So auch *Knop*, BKR 2011, 89, 98 und *Artzt/Kemter*, BKR 2011, 476, 478 f. Hieraus ergeben sich dann allerdings Folgeprobleme, s.u.

1197 Zu beachten ist nämlich, dass eine Abgrenzung zwischen Anlageberatung und Anlagevermittlung nicht nur anhand von objektiven sondern überwiegend auch von subjektiven Kriterien vorgenommen wird. Kernelement einer Beratung und objektives Unterscheidungsmerkmal ist die Abgabe einer *Empfehlung*. Ob jedoch eine Empfehlung tatsächlich vorliegt, bedarf gleichermaßen die Betrachtung der subjektiven Seite, also die Seite des Kunden. Hierzu *Assmann*, in: Assmann- Schneider, WpHG Kommentar, 6. Aufl. (2012), § 2 Rn. 113 ff.: „Entscheidend ist, wie sich die Erklärung aus der Sicht des Erklärungsempfängers [...] darstellt. Dabei spielen das Auftreten der Erklärenden einerseits und die dadurch hervorgerufenen oder dem Erklärenden erkennbaren berechtigten Erwartungen der Kunden bzw. der Vertreter der Kunden, wie sie der Unterscheidung zwischen Anlageberater und Anlagevermittler zu Grunde liegen, eine nicht unerhebliche Rolle. Auch liegt dann keine konkrete Empfehlung und somit auch keine Anlageberatung vor, wenn sich diese darauf beschränkt, dem Kunden lediglich Geschäfte in bestimmte Gattungen, Arten oder Klassen von Finanzinstrumenten zu empfehlen, vgl. *Assmann*, in: Assmann- Schneider, WpHG Kommentar, 6. Aufl. (2012), § 2 Rn. 118. Wurde demnach aus Sicht des

Im Zuge der neuen Regelungen ergeben sich aber auch für die Einbindung von vertraglich gebundenen Vermittlern i.S.d. § 2a Abs. 2 WpHG i.V.m. § 2 Abs. 10 KWG Folgefragen, welche wohl als Mitarbeiter i.S.d. § 33b WpHG, sprich als „Mitarbeiter“ des Wertpapierdienstleistungsunternehmens gewertet werden können. Vertraglich gebundenen Vermittlern werden zumeist die Finanzdienstleistung der Anlagevermittler und Anlageberater zugleich anbieten. Um den Anforderungen des § 34d WpHG zu entkommen, müsste ihm das jeweilige Unternehmen entweder seine ihm gesetzlich zustehende Finanzdienstleistung der Anlageberatung, vgl. § 2a Abs. 2 WpHG, nun speziell untersagen- und dies, obwohl gerade die Anlageberatung als „Finanzdienstleistung“ erst ab dem 01.11.2007 neu hinzugekommen ist.[1198] Oder das jeweilige Unternehmen müsste schon von vornherein auch den vertraglich gebundenen Vermittler gemäß der Voraussetzungen des § 34d WpHG bei der BaFin anzeigen- dies wiederum zusätzlich zu den schon auf das Wertpapierdienstleistungsunternehmen zukommenden Pflichten nach § 2a Abs. 2 WpHG i.V.m. § 2 Abs. 10 KWG.

Auch diese Rechtsunsicherheit verdeutlicht die Notwendigkeit einer gesetzlichen Klarstellung, demzufolge die (vollumfängliche) Einbeziehung des vertraglich gebundene Vermittlers i.S.d. § 2a Abs. 2 WpHG i.V.m. § 2 Abs. 10 KWG bzw. des Anlagevermittlers in den neuen § 34d WpHG.

c) Empfehlung

Wertpapierdienstleistungsunternehmen ist daher zu empfehlen, die Anforderungen des § 34d Abs. 1 WpHG im Rahmen der eigenen Compliance-Funktion aufgrund der eingetretenen Gesetzesänderung in Zweifelsfällen sowohl auf Anlagevermittler als auch auf vertraglich gebundene Vermittler zu erstrecken.[1199] Nur hierdurch können einerseits unnötige Bußgelder vermieden und andererseits auch die Vorgaben der Compliance-Funktion umfassend eingehalten werden, wodurch auch einschneidende Maßnahmen der BaFin nach § 35 Abs. 2 Nr. 3 i.V.m. § 33 Abs. 1 Satz 1 Nr. 2 KWG, § 35 Abs. 2 Nr. 6 KWG oder § 36 Abs. 1 KWG i.V.m. § 35 Abs. 2 Nr. 6 KWG vermieden werden können.

Kunden eine Empfehlung des Anlageberaters dahingehend ausgesprochen, dass er z.B. am besten Aktien der Deutschen Börse kaufen sollte, so müsste wiederum von einer Anlageberatung ausgegangen werden, obwohl eine solche Empfehlung möglicherweise tatsächlich gar nicht erfolgte.

1198 Vgl. *Lehrl/Wolf*, BKR 2009, 497.

1199 Bei den vertraglich gebundenen Vermittlern hat eine Anzeige bei der BaFin ohnehin schon nach § 2 Abs. 10 KWG stattzufinden. Hinzukommen würde hierbei allerdings z.B. das einzurichtende Beschwerdemanagement nach § 34d Abs. 1 WpHG.

Werden sowohl Anlageberater als auch Anlagevermittler nach den Vorgaben des § 34d WpHG von der eigenen Compliance-Funktion erfasst, so wird verstärkt gewährleistet werden können, dass Straftaten nach §§ 49, 26 BörsG unterbleiben. Denn erst dann drohen sowohl Anlageberatern als auch Anlagevermittlern die gleichen Konsequenzen, wie z.B. eine Untersagung der Ausübung der Tätigkeit durch die BaFin. Hierdurch rückt der einzelne Mitarbeiter ins Blickfeld der Finanzaufsicht, wodurch ein zusätzlicher Anreiz für diesen geschaffen wird, sich regelkonform zu verhalten.[1200]

3. Schließung begrenzter Bereichsausnahmen des WpHG durch Corporate Compliance

a) Überblick

Wie oben bereits aufgezeigt wurde, werden unabhängige Finanzdienstleister, also Finanzvermittler von Investmentfonds oder geschlossenen Fonds nach § 2a Abs. 1 Nr. 7 WpHG nicht als Wertpapierdienstleistungsunternehmen i.S.d. § 2 Abs. 4 WpHG angesehen, weswegen diese auch nicht den Regelungen der §§ 31 ff. WpHG unterworfen sind.[1201] Aber auch sonst unterliegen sie nicht der Aufsicht der BaFin.[1202] Sowohl für die nach § 2a Abs. 1 Nr. 7 WpHG zu erbringende Anlageberatung als auch Anlagevermittlung wird mithin eine begrenzte Bereichsausnahme geschaffen.[1203]

Bedient sich ein Wertpapierdienstleistungsunternehmen eines Finanzberaters bzw. Finanzvermittlers eines anderen Unternehmens für Tätigkeiten nach § 2a Abs. 1 Nr. 7 WpHG, so unterliegt zwar dieses selbst den Regeln der §§ 31 ff. WpHG,[1204] nicht jedoch das beauftragte Unternehmen und somit auch nicht die unmittelbar handelnden Finanzberater bzw. Finanzvermittler.[1205]

1200 Vgl. *Halbleib*, WM 2011, 673, 674.

1201 Siehe hierzu auch die S. 220 ff.

1202 *Hartmann* in Böhlen/Kan, MiFiD- Kompendium, Praktischer Leitfaden für Finanzdienstleister, 2008, S. 221.

1203 Kritisch hierzu *Böhm*, BKR 2009, 221, 222: ebenso, zumindest in Bezug auf den Anlageberater, auch der Bundesrat in BT-Drucks. 17/3628 vom 08.11.2010, S. 33.

1204 *Fuchs*, in: Fuchs, WpHG Kommentar, 2009, § 2a Rn. 21.

1205 Auch wird den beauftragenden Wertpapierdienstleistungsunternehmen grundsätzlich § 31 Abs. 7 WpHG i.V.m. § 7 WpDVerOV nicht zugutekommen; vgl. *Hartmann*, in: Böhlen/Kan, MiFiD- Kompendium, Praktischer Leitfaden für Finanzdienstleister, 2008, S. 226 f.

Anders als bei den vertraglich gebundenen Vermittlern i.S.d. § 2a Abs. 2 WpHG i.V.m. § 2 Abs. 10 KWG, sieht der Gesetzgeber hier nicht vor, dass die Tätigkeit des beauftragten Unternehmens dem Wertpapierdienstleistungsunternehmen zugerechnet wird, für dessen Rechnung und unter dessen Haftung es seine Tätigkeit erbringt, vgl. § 2a Abs. 2 Satz 2 WpHG. Eine Einbindung der vertraglich gebundenen Vermittler in die Compliance-Funktion des haftenden Wertpapierdienstleistungsunternehmens ist nur hier offenkundig erforderlich- dies ergibt sich alleine schon aus dem Zusammenspiel zwischen § 33b WpHG und § 33 Abs. 1 Satz 2 Nr. 1, 3 WpHG und des Bestehens von § 25a Abs. 4 KWG und § 2 Abs. 10 Satz 8 KWG.[1206] Sowohl der als natürliche Person angebundene vertraglich gebundene Vermittler als auch der Geschäftsführer und dessen Mitarbeiter eines vertraglich verbundenen Vermittlers in der Rechtsform einer Personen- oder Kapitalgesellschaft sind i.S.d. § 33b WpHG als Mitarbeiter des Wertpapierdienstleistungsunternehmens zu werten.[1207]

Will das Wertpapierdienstleistungsunternehmen nicht gem. den §§ 44 KWG, 35 WpHG bzw. den §§ 29 Abs. 1 KWG bzw. 36, 36a WpHG aufsichtsrechtlich in Erscheinung treten bzw. nicht gegen Erlaubnisvoraussetzungen nach § 32 KWG verstoßen, hat es vertraglich gebundene Vermittler im Rahmen der eigenen Compliance-Funktion zu berücksichtigen.[1208]

Die Compliance-Funktion des beauftragenden Wertpapierdienstleistungsunternehmens hat sich jedoch nicht notwendig auf den unabhängigen Finanzdienstleister i.S.d. § 2a Abs. 1 Nr. 7 WpHG zu erstrecken.[1209] Denn er ist nicht Mitarbeiter

1206 Denn ein vertraglich gebundener Vermittler ist „Mitarbeiter" eines Wertpapierdienstleistungsunternehmens, § 33 b WpHG. Dieses hat für die Einhaltung der Compliance-Funktion auch des Mitarbeiters zu sorgen, § 33 Abs. 1 Satz 2 Nr. 1 WpHG.

1207 *Knop*, BKR 2011, 89, 95.

1208 *Knop*, BKR 2011, 89, 90, 92, 98. Bei der Überprüfung der Organisation des Wertpapierdienstleistungsunternehmens bezüglich der Einbeziehung vertraglich gebundener Vermittler, werden diese von der BaFin wie eine Niederlassung des Instituts betrachtet; vgl. *Knop*, BKR 2011, 89, 98, 99.

1209 Der unabhängige Finanzvermittler bzw. -berater ist weder dem Wertpapierdienstleistungsunternehmen angehörig, noch stellt er einen vertraglich gebundenen Vermittler i.S.d. § 2a Abs. 2 WpHG i.V.m. § 2 Abs. 10 KWG dar. Er wird jedoch ein erhebliches Eigeninteresse an dem abzuschließenden Geschäft haben, denn sein Gehalt wird i.d.R. von Kick- back Provisionen bzw. Bestandsprovisionen abhängen, welche an die konkreten Geschäfte gekoppelt sind. Die Höhe der Provisionen wird vom jeweiligen Produkt und von den jeweiligen Vereinbarungen zwischen Wertpapierdienstleistungsunternehmen und Unternehmen i.S.d. § 2a Abs. 1 Nr. 7 WpHG abhängen.

i.S.d. § 33 Abs. 1 Satz 2 Nr. 1 WpHG i.V.m. §§ 33b WpHG. Hierfür liegen die Voraussetzungen des § 33b Abs. 1 WpHG nicht vor.[1210]

Dieser Umstand scheint aber u.U. für das beauftragende Unternehmen bzw. Institut nicht ganz unproblematisch zu sein. Denn auch in diesem Fall können kriminelle Machenschaften des Anlagevermittlers- bzw. Anlageberaters sich negativ auf die Reputation des Auftraggebers auswirken, kann doch auch das Verleiten zu einem Investmentfonds ein Verleiten zu einem Börsenspekulationsgeschäft darstellen und mithin eine Straftat gem. §§ 49, 26 BörsG und seinen Konkurrenzvorschriften begründen.[1211] Im Endeffekt wird der Anleger ein Produkt in den Händen halten, welches ein Produkt des jeweiligen Wertpapierdienstleistungsunternehmens sein wird, sprich dessen Namen trägt.[1212] Der Anleger wird oftmals nicht unterscheiden können bzw. es wird ihn gar nicht erst interessieren, ob er durch einen Finanzberater eines unabhängigen Finanzdienstleisters i.S.d. § 2a Abs. 1 Nr. 7 WpHG zu einem für diesen ungeeigneten Investmentgeschäft verleitet wurde oder von einem unternehmensangehörigen Berater des produktanbietenden Wertpapierdienstleistungsunternehmens. Zumindest wird für ihn der Anbieter des jeweiligen Finanzprodukts in gleich schlechter Erinnerung bleiben, wie das fraudulöse Vorgehen des freien Finanzberaters. Auch kann es vorkommen, dass ein freier Finanzberater seine betriebliche Zugehörigkeit gar nicht erst offenbart bzw. sich als Mitarbeiter des produktanbietenden Unternehmens ausgibt.

b) Empfehlung

Um diesen Missstand möglichst zu vermeiden, ist es Wertpapierdienstleistungsunternehmen zu empfehlen, Finanzvermittler- bzw. -berater i.S.d. § 2a Abs. 1 Nr. 7 WpHG im eigenen Compliance-System zu berücksichtigen und Vorgaben zu gestalten, um Reputationsschäden zu vermeiden.[1213] Die sonst übliche Abgabe einer Vertriebsvereinbarung, wodurch der Vermittler garantiert, dass er über alle

1210 In Betracht kommen würde lediglich § 33b Abs. 1 Nr. 3 bzw. 4 WpHG. Unternehmen i.S.d. § 2a Abs.1 Nr. 7 WpHG stellen jedoch keine *natürlichen* Personen dar.

1211 Siehe hierzu oben, S. 93 ff.

1212 In Betracht kommen hierbei etwa Managed Futures, Commodity Funds etc.; aber auch sonstige Fonds, welche in Sondervermögen nach Maßgabe des § 112 InvG als Zielfonds investieren, vgl. § 113 InvG.

1213 Nicht gemeint sind damit „Fondsshops“, durch welche eine reine Plattform zur Vermittlung von Anlageprodukten angeboten wird. Eine Anlageberatung findet hierbei i.d.R. gerade nicht statt.

erforderlichen Erlaubnisse, wie Führungszeugnis bzw. Gewerbeerlaubnis gem. § 34c GewO, verfüge,[1214] kann zur Vermeidung von Reputationsschäden gerade nicht ausreichen.

Im Rahmen der Compliance-Funktion sollten weitere Mindestanforderungen an beauftragte, unabhängige Finanzberater i.S.d. § 2a Abs. 1 Nr. 7 WpHG gestellt werden, um möglichst auch die Begehung von Straftaten gem. der §§ 49, 26 BörsG bei der Anlageberatung zu verhindern. Man könnte etwa daran denken, den beauftragten Unternehmen aufzuerlegen, dass z.B. die beauftragten Anlageberater- bzw. -vermittler des Finanzdienstleisters gewissen Mindestanforderungen, welche etwa durch den Nachweis von Schulungsbesuchen und einem Abschluss als Fachberater für Finanzdienstleistungen (IHK) etc. nachgewiesen werden könnten, genügen. Im Wege der Compliance-Funktion könnte somit zumindest ein bestimmter Mindeststandard bei der Anlageberatung i.S.d. § 2a Abs. 1 Nr. 7 WpHG erreicht werden. Weiter sollte seitens des beauftragenden Wertpapierdienstleistungsunternehmens darauf geachtet werden, dass der unabhängige Finanzdienstleister eine Erklärung des Kunden einholen muss, in welcher dieser anzugeben hat, dass er über den Status des unabhängigen Finanzdienstleisters aufgeklärt wurde.[1215] Hierdurch kann zumindest sichergestellt werden, dass der Kunde über den richtigen Vertragspartner im Bilde ist, wodurch möglichst weitgehend Reputationsschäden beim Wertpapierdienstleistungsunternehmens vermieden werden können.

Eine Strafvermeidung kann hierdurch alleine freilich nicht garantiert werden. Denn auch wenn ein Anlagerberater im Rahmen von Schulungen oder seiner Ausbildung etwa umfassend darüber informiert wird, dass auch eine abstrakt vermögensgefährdende Handlung gem. §§ 49, 26 BörsG strafbar sein kann, so liegt es schlussendlich allein in den Händen des handelnden Finanzberaters, ob er bei erkannter Unerfahrenheit des Anlegers diesen zu dem konkreten Investmentgeschäft verleitet oder diesem rät, von einem solchen Geschäft Abstand zu nehmen.

Die vorgeschlagene Compliance-Maßnahme könnte jedoch als Selbstschutzmechanismus für das jeweilige Wertpapierdienstleistungsunternehmen eingesetzt werden, um einen möglichst maximalen Standard gegen Reputationsschäden gewährleisten zu können.

1214 *Hartmann*, in: Böhlen/Kan, MiFiD- Kompendium, Praktischer Leitfaden für Finanzdienstleister, 2008, S. 222.

1215 So zum vertraglich gebundenen Vermittler: *Knop*, BKR 2011, 89, 94.

4. Vermeidung irreparabler Schäden durch Erstellung eines Maßnahmenkatalogs für Compliance-Beauftragte

Aufgrund der neuen gesetzlichen Anforderungen, welche an Compliance-Beauftragte im Zuge des Anlegerschutz- und Funktionsverbesserungsgesetzes vom 11.02.2011 gestellt werden,[1216] ist Wertpapierdienstleistungsunternehmen dringender als zuvor zu empfehlen, die Pflichten des Compliance-Beauftragten vertraglich möglichst genau zu fixieren.

Der Compliance-Beauftragten muss nämlich nun gem. § 12 Abs. 3 Satz 2 WpDVerOV durch das Wertpapierdienstleistungsunternehmen berechtigt werden, geeignete und erforderliche vorläufige Maßnahmen zu treffen, um eine konkrete Gefahr der Beeinträchtigung von Kundeninteressen bei der Erbringung von Wertpapierdienstleistungen oder Wertpapiernebendienstleistungen abzuwenden.

Legt man dem Compliance-Beauftragten die Einschätzung des Vorliegens einer „konkreten Gefahr“ ausschließlich in seine eigenen Hände, so können erfolgte Fehleinschätzungen zu irreparablen Schäden führen. Denn ab dem Zeitpunkt des Bedingungseintritts der „konkreten Gefahr“, muss diesem ein umfassendes Weisungsrecht zustehen, welches zuvor antizipiert delegiert wurde.[1217] Im Wege dieses Weisungsrechts kann er zwar nur vorläufige Maßnahmen zur Abwendung der konkreten Gefahr vornehmen. Dies bedeutet jedoch nicht, dass hierdurch dem Unternehmen keine irreparablen Schäden entstehen können.

In einem Maßnahmenkatalog ist daher im Rahmen des Compliance-Programms v.a. das oben näher erläuterte „modifizierte Zweistufenverfahren“ im Fall des Verdachts des Vorliegens bzw. Bevorstehens einer Straftat zu integrieren.[1218]

Dieses bewirkt zum einen, dass die Geschäftsleitung auch im Fall des Vorliegens einer konkreten Gefahr i.S.d. § 12 Abs. 3 Satz 2 WpDVerOV stets mit eingebunden wird und nicht außen vorsteht nachdem durch den Compliance-Beauftragten schon vollendete Tatsachen geschaffen wurden. Voraussetzung hierfür ist allerdings die Sicherstellung durch die Geschäftsleitung, dass eine Rückkopplung mit dieser in einem bestimmten Zeitfenster möglich ist. Andernfalls muss der Compliance-Beauftragte berechtigt sein, die bestehende konkrete Gefahr eigenständig lösen zu dürfen.

1216 Siehe hierzu oben, S. 263 ff.

1217 Siehe hierzu oben, S. 263 ff.

1218 Siehe hierzu die S. 263 ff.

Ein Zuwarten bei bestehender Gefahr im Verzug kann schon mit dem Wortlaut des § 12 Abs. 3 Satz 2 WpDVerOV nicht in Einklang gebracht werden.[1219]

Zum anderen schafft die Einführung dieses modifizierten Zweistufenverfahrens für die Tätigkeit des Compliance-Beauftragten Rechtssicherheit, wodurch ein effektiveres Handeln ermöglicht werden kann. Denn eine eingetretene Lähmungserscheinung beim Compliance-Officer bzw. Beauftragten im Fall des Bestehens einer tatsächlich vorliegenden konkreten Gefahr, welche aus einer subjektiv unklaren Rechtslage resultiert, kann besonders schadensträchtige Folgen haben.[1220]

Aber auch für den Fall, dass die Geschäftsleitung nicht erreichbar ist, bzw. aufgrund bestehender Gefahr im Verzug eine Rücksprache mit dieser schlicht nicht möglich ist, hat der Maßnahmenkatalog möglichst genau die zu erbringenden Handlungen zu umreißen. In diesem Fall ist dem Compliance-Beauftragten sein antizipiert delegiertes Aufsichts- und Weisungsrecht bewusst, mithin auch seine expandierten Garantenpflichten.[1221] Um dennoch möglichst ein Handeln im Sinne der Geschäftsleitung zu ermöglichen, hat in einem Maßnahmenkatalog im Rahmen des Compliance-Programms das gewünschte Vorgehen des Compliance-Beauftragen seinen Niederschlag zu finden, an welches der Compliance-Beauftragte auch vertraglich gebunden sein wird.

IV. Bewertung vorhandener Compliance Programme im Retailgeschäft unter Berücksichtigung der §§ 49, 26 BörsG

Auf der Grundlage der im Rahmen dieser Arbeit herausgearbeiteten Ergebnisse, hat im Frühjahr 2011 eine Überprüfung vorhandener Compliance-Programme speziell von Wertpapierdienstleistungsunternehmen stattgefunden. Hauptaugenmerk wurde hierbei auf die Frage geworfen, ob und wenn ja, wie Wertpapierdienstleistungsunternehmen den Straftatbestand der Verleitung zu Börsenspekulationsgeschäften gem. §§ 49, 26 BörsG im eigenen Compliance-System berücksichtigen. Hierbei wurde wiederum der Fokus gezielt auf die Möglichkeit der Kompensierung der „Unerfahrenheit" im Sinne des Straftatbestandes gelegt. Aber auch

---

1219 Auch das Vorliegen einer „Gefahr im Verzug" hat dringend vertraglich festgelegt zu werden. Dieses Vorgehen wiederspricht auch nicht dem zu empfehlenden „modifizierten" zweistufigen Verfahren, siehe hierzu oben S. 263 ff.

1220 Zum möglichen Pflichtenkonflikt des Compliance-Beauftragten, siehe S. 263 ff.

1221 Siehe hierzu S. 270 f.

weitere Fragen, welche hauptsächlich im Rahmen des Themenbereichs „Möglichkeit der Strafvermeidung durch Compliance“ zu behandeln waren, wurden mit den gefundenen Ergebnissen auf ihre Praxistauglichkeit überprüft. So ist hinterfragt worden, ob eine Einbindung von unabhängigen Finanzdienstleistern i.S.d. § 2a Abs. 1 Nr. 7 WpHG in die eigene Compliance-Funktion für sinnvoll erachtet wird, ob und wie die „Cold Calling- Allgemeinverfügung“ der BaFin im Rahmen der eigenen Compliance-Funktion Berücksichtigung findet und wie sich der im Wege des AnsFuG neu eingefügte § 34d WpHG bezüglich der Eingrenzung auf lediglich „Anlageberater“ in Hinblick auf mögliche Bußgeldverfahren in der Praxis auswirkt.

Eine Überprüfung hat im Rahmen dieser stichprobenartigen Untersuchung insgesamt bei fünf Banken und Großbanken als Wertpapierdienstleistungsunternehmen und einer Kapitalanlagegesellschaft stattgefunden.[1222] Als Gesprächspartner wurden jeweils die zuständigen Compliance-Beauftragten in leitender Stellung befragt.

1. Beachtung der §§ 49, 26 BörsG von der Compliance-Funktion i.S.d. § 33 WpHG

a) Einführung

Sowohl Wertpapierdienstleistungsunternehmen als auch Kapitalanlagegesellschaft haben sich an die Compliance-Vorgaben des § 33 Abs. 1 WpHG i.V.m. der WpDVerOV zu halten.[1223]

Somit richtet sich, wie im Rahmen der Dissertation herausgearbeitet werden konnte, an diese auch die Notwendigkeit der Errichtung einer „Compliance-Funktion“ i.S.d. § 33 Abs. 1 Satz 2 Nr. 1, 3 WpHG und somit auch die damit einhergehende Verpflichtung, den Straftatbestand nach §§ 49, 26 BörsG in ihrem Compliance-System zu berücksichtigen. Es fand daher eine Untersuchung dahingehend statt, wie und ob eine Berücksichtigung der §§ 49, 26 BörsG in der Praxis vorgenommen wird.

Berücksichtigt wurde im Rahmen der Befragung, dass die einbezogenen Wertpapierdienstleistungsunternehmen im Retail-Bereich tätig sind, bzw. für

1222 Über deren Identität sich der Doktorand außerhalb des Prüfungsverfahrens zur Verschwiegenheit verpflichtet hat.

1223 Für die Kapitalanlagegesellschaft siehe hierzu v.a. Nr. 10 der InVMaRisk der Bafin vom 30.06.2010, welche explizit auf die Einhaltung der festgelegten Pflichten des WpHG drängt.

die Koordination von Compliance-Schulungen der jeweils handelnden Retail-Banken zuständig sind, da der Straftatbestand hauptsächlich im Bereich der Anlageberatung bzw. Anlagevermittlung einschlägig ist. Auch wurde darauf geachtet, dass die befragten Unternehmen dem jeweiligen Anleger Börsenspekulationsgeschäfte im Sinne des Straftatbestandes ermöglichen können. Alle der befragten Unternehmen haben ein „Compliance-Programm“ zur Fixierung der Compliance-Funktion i.S.d. WpHG schriftlich niedergelegt.

b) Ergebnis der Befragung

Die Frage, ob eine explizite Berücksichtigung der §§ 49, 26 BörsG im Rahmen der eigenen Compliance-Funktion stattgefunden hat, musste von allen Befragten verneint werden. Die Existenz der Strafnorm war sämtlichen Befragten unbekannt.

Dies scheint auf den ersten Blick besorgniserregend, denn die §§ 49, 26 BörsG stellen eine klassische anlegerschützende Vorschrift dar, zumal noch eine strafrechtliche. Ein „Leck“ in der jeweiligen Compliance-Funktion der befragten Unternehmen kann hierdurch allerdings nicht unmittelbar konstatiert werden. Alle der befragten Unternehmen haben nämlich wiederum im Rahmen der eigenen Compliance-Funktion Mechanismen integriert, welche sämtliche Voraussetzungen des WpHG, der WpDVerOV, der MaComp und auch sämtliche zivilrechtliche Vorgaben, v.a. der „Bond- Rechtsprechung“ des BGH aus dem Jahre 1993, strikt berücksichtigen. Bei strikter Einhaltung dieser in der eigenen Compliance-Funktion integrierten Vorgaben, kann schon kein unerfahrener Anleger zu einem Börsenspekulationsgeschäft ausgenutzt werden, was jedoch Straftatbestandsvoraussetzung wäre. Ein solches Vorgehen würde gegen die bestehenden zivilrechtlich relevanten Aufklärungspflichten aber auch zugleich gegen Kundeninteressen im Sinne des WpHG verstoßen.

Mithin kann festgestellt werden, dass eine Straftatbestandsbegehung, aufgrund der implementierten Compliance-Vorgaben durch die befragten Unternehmen, bei strikter Einhaltung gar nicht erst möglich ist. Anlageberater und Anlagevermittler werden regelmäßig im Rahmen von stattfindenden Schulungen bezüglich der Notwendigkeit der Einhaltung dieser zivilrechtlichen und aufsichtsrechtlichen Vorgaben informiert und zur Einhaltung gezwungen.

Das gleiche kann etwa für den Straftatbestand des Betrugs i.S.d. § 263 StGB festgestellt werden.

Eine explizite Erwähnung der §§ 49, 26 BörsG im Rahmen der eigenen Compliance-Funktion ist dennoch ratsam und dringendst zu empfehlen. Dies insbesondere auch vor dem Hintergrund der Vermeidung von Reputationsschäden. Gerade die §§ 49, 26 BörsG richten sich unmittelbar an Anlageberater und Anlagevermittler.

Diese sollten vom eigenen Arbeit- bzw. Auftraggeber im Rahmen der regelmäßig stattfindenden Schulungen darüber informiert werden, dass bei einem delinquenten Verhalten im Sinne der §§ 49, 26 BörsG nicht nur zivilrechtliche und aufsichtsrechtliche Konsequenzen drohen können, sondern gerade auch strafrechtliche. Und dies auch schon ohne Schädigungsvorsatz bzw. ohne Vorsatz bzgl. eines eigenen unmittelbaren Vermögensvorteils.

Auch sollte im Rahmen von Schulungen darauf aufmerksam gemacht werden, dass selbst im Fall eines Gewinns, welcher durch die Spekulation entstanden ist, der Straftatbestand erfüllt sein kann. Dieser Fall mag lediglich im Fall eines deutlichen Gewinns akademischer Natur sein, nicht jedoch dann, wenn dieser nur marginal ist. Insgesamt kann hierdurch dem einzelnen Mitarbeiter verdeutlicht werden, dass Börsenspekulationsgeschäfte per se ein gewisses Gefahrenpotential für unerfahrene Anleger beherbergen und es für eine Strafbarkeit auf den Ausgang des konkreten Geschäfts gar nicht erst immer ankommt. Eine Strafbarkeit kann schon im Zeitpunkt des Geschäftsabschlusses vorliegen und nicht erst dann, wenn ein Vermögensschaden ungewiss ist bzw. wohlmöglich erst nach Monaten festgestellt werden kann.

Gerade unter Beachtung des im Wege des AnsFuG neu eingeführten § 34d WpHG,[1224] welcher vorsieht, dass bei Verstößen gegen anlegerschützende Bestimmungen des WpHG durch den Anlageberater, die BaFin dem jeweilige Wertpapierdienstleistungsunternehmen verbieten kann, den betroffenen Mitarbeiter bis zu zwei Jahren weiterhin einzusetzen, hat der Anlageberater durch seinen Arbeitgeber bzw. Auftraggeber vollumfänglich über seine gesetzlichen Verpflichtungen informiert zu werden- auch wenn diese noch so offensichtlich sein sollten. Hierzu gehört auch die Information über die Möglichkeit der Begehung einer Straftat gem. §§ 49, 26 BörsG im Fall eines tatbestandsmäßigen Handelns. Denn der Gesetzgeber sieht, wie oben schon festgestellt werden konnte, etwa einen schwerwiegenden Fall, welcher zu einer Sanktion nach § 34d Abs. 4 Nr. 2 WpHG führen kann darin, wenn Kunden „entgegen ihrem ausdrücklich geäußerten Wunsch nach „mündelsicherer" Anlage z.B. ein komplex strukturiertes Finanzinstrument mit erhöhtem Totalverlustrisiko verkauft wurde",[1225] wodurch auch der Straftatbestand gem. §§ 49, 26 BörsG mit eingeschlossen wird. Schließt der Kunde ein solches Geschäft ab, so wird er gerade durch ein solches Verhalten seine Unerfahrenheit

---

1224 § 34d WpHG tritt gem. Art 9 Abs. 4 des AnsFuG am 01.11.2012 in Kraft, BGBl. I, 07.04.2011, Nr. 14, 538, 548.

1225 BT-Drucks. 17/3628 vom 08.11.2010, S. 23; siehe auch *Möllers/Wenninger*, NJW 2011, 1697, 1699.

zum Ausdruck bringen und der Täter wiederum seine strafbewehrte kriminelle Energie. Häufen sich Beschwerden bezüglich einer solchen Vorgehensweise beim Wertpapierdienstleistungsunternehmen bzw. unmittelbar bei der BaFin, so drohen dem jeweiligen Mitarbeiter Konsequenzen i.S.d. § 34d Abs. 4 WpHG.

Auch in Anbetracht dieser Tatsache, haben Anlageberater bzw. Anlagevermittler auf die bestehenden Voraussetzungen der §§ 49, 26 BörsG im Rahmen von Schulungen, welche wiederum im Rahmen der Compliance-Funktion zu integrieren sind, hingewiesen zu werden, da sich der Straftatbestand zuvörderst an sie richtet.

Durch eine damit einhergehende Sensibilisierung kann auch die nicht zu unterschätzende Präventivwirkung des Straftatbestandes verstärkt werden. Denn die Angst vor einer strafrechtlichen Verfolgung bzw. den daraus potentiell erwachsenden aufsichtsrechtlichen Konsequenzen i.S.d. § 34d WpHG, wird größer sein, als die Angst vor einer zivilrechtlichen Inanspruchnahme.

c) Empfehlung

Vor diesem Hintergrund ist daher Wertpapierdienstleistungsunternehmen als auch Kapitalanlagegesellschaften zu empfehlen, den §§ 49, 26 BörsG im Rahmen der eigenen Compliance-Funktion einen eigenen Platz einzuräumen. Gerade im Bereich der Finanzdienstleistung findet er sein Hauptanwendungsfeld. Um möglichst Reputationsschäden zu vermeiden, kann durch die explizite Erwähnung der §§ 49, 26 BörsG im Rahmen der vorzunehmenden Schulungen der Druck auf Anlageberater bzw. Anlageberater erhöht werden, sich rechtstreu zu verhalten. Dies auch in Anbetracht der drohenden Konsequenzen durch § 34d WpHG aufgrund der Nichtberücksichtigung der §§ 49, 26 BörsG. Eine explizite Berücksichtigung der §§ 49, 26 BörsG würde daher zum einen dem Schutz der eigenen Mitarbeiter vor der Begehung von Straftaten und zum anderen eine damit einhergehenden Gefahr der Sperrung der Berufsausübung durch die BaFin bezwecken.[1226]

Die bei Anlageberatern bzw. Anlagevermittlern hieraus möglicherweise erwachsende Angst, sich schon frühzeitig strafbar machen zu können, ist unbegründet[1227] und kann im Wege von Schulungen von den einzelnen Mitarbeitern genommen werden. Gerade die Compliance-Funktion hat Schulungen so zu organisieren, dass

---

1226 Vgl. *Schäfer*, Compliance, 3. Aufl. (2010), Rn. 65.

1227 Denn jeder Anlageberater bzw. Anlagevermittler wird schon von vornherein wissen, dass es nicht rechtens ist, einen Anleger zu einem nichtgewollten Geschäft zu verleiten und dessen Unerfahrenheit auszunutzen. Unerheblich ist hierbei, ob er überhaupt die §§ 49, 26 BörsG kennt oder nicht.

hierbei umfassend über die einzelnen Modalitäten des Straftatbestandes aufklärt wird. Hauptaugenmerk sollte auf die Kompensation einer erkannten Unerfahrenheit gelegt werden. Den einzelnen Mitarbeitern ist daher im Rahmen der Schulungen beizubringen, wie man bestmöglich das Tatbestandsmerkmal der „Unerfahrenheit" beseitigen kann.

Auch die mögliche Angst einzelner Unternehmen vor rückgängigen Verkaufszahlen der angebotenen Produkte, ist ebenfalls unbegründet. Die Beachtung der §§ 49, 26 BörsG im Rahmen der angebotenen Finanzdienstleistung ist (sollte) aufgrund der zivilrechtlichen und aufsichtsrechtlichen Vorgaben Standard (sein). Die Beachtung der strafrechtlichen Seite bedeutet lediglich die Beachtung seit 1896 geltenden Rechts.

2. Unabhängige Finanzdienstleister i.S.d. § 2a Abs. 1 Nr. 7 WpHG und Compliance-Funktion i.S.d. § 33 WpHG

Weiter wurde im Rahmen der Befragung der Notwendigkeit nachgegangen, neben vertraglich gebundenen Vermittlern i.S.d. § 2a Abs. 2 WpHG i.V.m. § 2 Abs. 10 KWG auch unabhängige Finanzdienstleister i.S.d. § 2a Abs. 1 Nr. 7 WpHG innerhalb der eigenen Compliance-Funktion zu berücksichtigen.

Sämtliche der befragten Unternehmen besaßen im Rahmen ihres Vertriebssystems keine unabhängigen Finanzdienstleister. Einig waren sich jedoch alle der befragten Unternehmen, dass eine Einbindung unabhängiger Finanzdienstleister i.S.d. § 2a Abs. 1 Nr. 7 WpHG in das eigene Compliance-System, alleine schon aus Angst vor Reputationsschäden, stattfinden würde. Die bestehende Regelung bezüglich der unabhängigen Finanzdienstleister im WpHG und die damit einhergehende Schaffung einer begrenzten Bereichsausnahme wurde von drei der fünf Unternehmen als unzureichend erachtet.

3. „Cold calling-Allgemeinverfügung" und Compliance-Funktion i.S.d. § 33 WpHG

Vor dem oben erwähnten Hintergrund bezüglich der Notwendigkeit der Integrierung von Allgemeinverfügungen im Rahmen der eigenen Compliance-Funktion, wurde ebenso der Frage nachgegangen, wie die befragten Unternehmen Allgemeinverfügungen tatsächlich umsetzen.

Alle der befragten Unternehmen haben angegeben, dass eine Beachtung der Allgemeinverfügung zum „cold calling" vollumfänglich innerhalb der eigenen Compliance-Funktion stattfindet. Sonach entspricht die Vorgehensweise in der

Praxis der oben ausgesprochenen Empfehlung, die Allgemeinverfügung vollumfänglich zu integrieren. Hierbei kann die Compliance-Funktion des jeweiligen Unternehmens jedoch nicht stehenbleiben. Sie hat auch die, wie oben beispielhaft gezeigt werden konnte, partiell strengeren Anforderungen des Wettbewerbsrechts gänzlich zu berücksichtigen. So etwa auch die dazugehörige obergerichtliche Rechtsprechung zum § 7 Abs. 2 UWG.

4. § 34d WpHG und die Eingrenzung auf Anlageberater

Wie oben dargestellt werden konnte, kann es aufgrund der nicht immer eindeutig vorzunehmenden Bestimmung der Finanzdienstleistung der Anlageberatung und Anlagevermittlung im Rahmen des neuen § 34d WpHG zu Abgrenzungsproblemen kommen, deren Fehlbewertung zu bußgeldrechtlichen Sanktionen führen können.[1228] Um dennoch vor bußgeldrechtlichen Konsequenzen möglichst verschont zu bleiben, wurde an die Wertpapierdienstleistungsunternehmen die Empfehlung ausgesprochen, dass alle Mitarbeiter, welche nicht eindeutig in die Kategorie entweder der Anlageberatung oder der Anlagevermittlung eingeteilt werden können, der BaFin so lange angezeigt werden sollten, bis eine eindeutige gesetzliche Regelung vorhanden ist.

In der Bankenpraxis ist man sich dieser Problematik durchaus bewusst. Man versucht anhand von Eingrenzungsmerkmalen und einer strikten Unterteilung der Anlageberatung und Anlagevermittlung, Herr der Lage zu werden. Problematisch ist hierbei jedoch, dass, wie oben schon erläutert wurde, eine Unterscheidung zwischen Anlageberatung und Anlagevermittlung auch aus der Sichtweise des jeweiligen Kunden abhängt, mithin dessen Eindruck und Einschätzung der Finanzdienstleitung ausschlaggebend für eine endgültige Beurteilung sein kann. Eine strikte Unterteilung ist somit nicht möglich.

Mögliche Spannungen aufgrund unterschiedlicher Auffassungen zwischen BaFin und Wertpapierdienstleistungsunternehmen sind demnach vorprogrammiert. Wie sich jedoch die BaFin tatsächlich mit der Problematik in der Praxis auseinandersetzen wird, bleibt abzuwarten, § 34d Abs. 1–5 WpHG tritt gem. Art 9 Abs. 4 des AnsFuG nämlich erst am 01.11.2012 in Kraft.[1229]

1228 Siehe hierzu oben, S. 281 ff.

1229 BGBl. I, 07.04.2011, Nr. 14, 538, 548.

E. Schlussbetrachtung

Die Frage, ob Wertpapierdienstleistungsunternehmen präventive Mechanismen zu implementieren haben, um den Straftatbestand der §§ 49, 26 BörsG zu verhindern, muss bejaht werden. Ob diese Mechanismen zunächst als „Compliance“ bzw. allgemein als Sorgfaltspflichten bezeichnet werden, macht in diesem Zusammenhang keinen Unterschied. Ausschlaggebend ist hierbei nicht die Begrifflichkeit sondern die an ein Wertpapierdienstleistungsunternehmen treffende Verpflichtung zur Ergreifung von strafrechtlich relevanten Präventivmaßnahmen zum Schutze Dritter. Eine solche Verpflichtung kommt einem Wertpapierdienstleistungsunternehmen sowohl im Wege des § 33 WpHG aufgrund einer notwendig einzurichtenden Compliance-Funktion als auch im Wege der für die bestehenden Sorgfaltspflichten gem. der §§ 93 Abs. 1 AktG, 43 Abs. 1 GmbHG bzw. § 34 Abs. 1 GenG zu.

Beachtet werden muss hierbei, dass „Compliance“ keine originäre Rechtsmaterie darstellt. Vielmehr bedient sich diese Begrifflichkeit hauptsächlich schon seit Jahrzehnten bestehender Gesetze. Der Begriff „Compliance“ wird jedoch wiederum von § 33 WpHG, wo er das erste Mal seinen gesetzlichen Niederschlag gefunden hat, vorausgesetzt. Eine „Compliance-Funktion“ i.S.d. § 33 Abs. 1 Satz 2 Nr. 1 WpHG kann denklogisch nichts anderes sein, als eine Funktion, welche sich mit Compliance auseinandersetzt. Funktionsmaßnahmen, welche zwingend die Einhaltung der Vorgaben des WpHG[1230] bezwecken, können mithin als „Compliance“- bzw. „Wertpapiercompliance“- Mindestmaßnahmen angesehen werden. Gleichermaßen können aber auch Sorgfaltspflichten als „Compliance“ angesehen werden. Ihnen liegt keine anderweitige Intention zugrunde.

Alle diese Compliance-Mindestmaßnahmen sind als Maßnahmen externer Regelsetzungsbefugter anzusehen. Vor allem durch § 33 WpHG i.V.m. der WpDVerOV wird deutlich, dass Wertpapierdienstleistungsunternehmen verpflichtet werden, Mechanismen einzuführen, welche auch vor der Begehung des Straftatbestandes der Verleitung zu Börsenspekulationsgeschäften schützen sollen. Im Bereich des Wertpapierrechts hat v.a. aufgrund des WpHG, KWG, der WpDVerOV und der MaComp eine, im Vergleich zu anderen Rechtsgebieten, sehr detaillierte Umschreibung der „Compliance-Materie“ stattgefunden.

Findet eine Umsetzung der Notwendig zu ergreifenden Compliance-Funktion nicht statt, so hat das zuwiderhandelnde Unternehmen neben unter Umständen erheblichen aufsichtsrechtlichen auch mit zivilrechtlichen Konsequenzen zu rechnen. Werden gar aufgrund eines mangelnden bzw. mangelhaften Compliance-Systems

1230 Und der WpDVerOV, der MaComp, der Allgemeinverfügungen der BaFin etc.

Straftaten begangen, so können neben bußgeldrechtlichen Sanktionen gem. §§ 30, 130 OWiG, bei Vorliegen der Voraussetzungen, auch strafrechtliche Konsequenzen durch Unterlassen drohen. Und diese Konsequenzen drohen gerade nicht nur der Geschäftsleitung, sondern auch dem Compliance-Officer bzw. Compliance-Beauftragen i.S.d. WpDVerOV. Für erhebliche Unsicherheiten in der Praxis sorgt im Umgang mit dem Umfang der bestehenden Garantenpflichten des Compliance-Beauftragten hierbei die im Wege des AnsFuG eingeführte neue Regelung in § 12 Abs. 2 Satz 3 WpDVerOV. Diese bestehende Unsicherheit kann wiederum mittels des oben dargestellten zweistufigen Verfahrens handhabbar gemacht werden.

Nur durch eine strikte Einhaltung der Organisationspflichten des WpHG und der bestehenden zivilrechtlichen Aufklärungspflichten, kann die Begehung von Straftaten i.S.d. §§ 49, 26 BörsG vermieden werden. Die Einhaltung allein der Wohlverhaltenspflichten des WpHG reicht hierfür nicht aus. Gerade die für die einzelne Anlageberatung geltenden Informationspflichten des WpHG können eine beim Anleger bestehende Unerfahrenheit nicht beseitigen.[1231]

In der Praxis werden zwar Straftaten nach §§ 49, 26 BörsG im Rahmen der eigenen Compliance-Funktion durch die Einhaltung der organisationsrechtlichen Vorgaben des WpHG und der Beachtung zivilrechtlicher Vorgaben *mittelbar* vermieden. Eine unmittelbare Berücksichtigung des Straftatbestandes der Verleitung zu Börsenspekulationsgeschäften fand jedoch bei keinem der untersuchten Unternehmen statt. Die Norm ist der Praxis nicht bekannt. Dies verwundert gerade aufgrund des über hundertjährigen Bestehens der Norm. Gründe hierfür sind hauptsächlich in der Unbekanntheit des Straftatbestandes aufgrund historischer Geschehnisse und einer bestehenden strukturbedingten Nähe zu „verdrängenden" Konkurrenztatbeständen zu sehen.

Der Straftatbestand hat dennoch *explizit* im eigenen Compliance-System berücksichtigt zu werden. Die §§ 49, 26 BörsG stellen eine „klassische" anlegerschützende Vorschrift dar, welche zudem noch Schutz in einem weit vorgelagertem Zeitraum gewährt. Zu berücksichtigen ist, dass von dem Straftatbestand die wohl meisten von Banken angebotenen derivativen Produkte Börsenspekulationsgeschäfte darstellen können. Hierunter sind v.a. die meisten Zertifikate und Optionsscheine, aber auch partiell Investmentfonds zu zählen. Insbesondere hierdurch zeichnet sich die bestehende Relevanz des Straftatbestandes ab.

Gerade der weit vorgelagerte Anlegerschutz wurde verstärkt in Zeiten nach der verheerenden Finanzkrise sowohl legislativ als auch exekutiv gefordert. In Verruf geraten sind zu diesen Zeiten hauptsächlich „provisionsgierige" Anlageberater und

1231 Siehe hierzu oben, S. 135 ff., 147 f.

Anlagevermittler. Der Straftatbestand der Verleitung zu Börsenspekulationsgeschäften ist hauptsächlich an diese gerichtet, wird er doch überwiegend von dieser Zielgruppe begangen. Im strafrechtlichen Bereich hat daher lediglich eine gesteigerte Beachtung dieser Normen und eine konsequente Anwendung dieser stattzufinden. Gesetzlicher Neuregelungen bedarf es in diesem Bereich hierfür nicht.

Mag die Beachtung der Strafnorm in Praxis und Literatur gering sein, so ist über deren Potential als Präventivnorm noch nichts gesagt. Für eine verstärkte Präventivwirkung kann wiederum eine Steigerung des Bekanntheitsgrades der Norm sorgen. Anlageberater und Anlagevermittler sollten daher im Rahmen der Compliance-Funktion der jeweiligen Wertpapierdienstleistungsunternehmen explizit auf das Bestehen der Strafnorm hingewiesen werden, haben sie diese Norm doch aufgrund der bestehenden Organisationspflichten des WpHG ohnehin schon von Gesetzeswegen Beachtung zu schenken. Als zusätzliches Druckmittel für Anlageberater, sich regelkonform zu verhalten, dient wiederum der ebenfalls im Wege des AnsFuG neu eingefügte § 34d WpHG. Begeht ein Anlageberater Straftaten nach §§ 49, 26 BörsG, so kann die BaFin dem Wertpapierdienstleistungsunternehmen die Tätigkeit der delinquenten Mitarbeiter für bis zu zwei Jahre untersagen.

Festgestellt werden kann nach allem, dass nur bei Berücksichtigung der §§ 49, 26 BörsG, ein nahtloses Ineinandergreifen aufsichtsrechtlicher, zivilrechtlicher und strafrechtlicher Instrumentarien gewährleistet werden kann, was insgesamt zu einem umfassenden Anlegerschutz beiträgt.

Allein die Berücksichtigung der §§ 49, 26 BörsG innerhalb der eigenen Compliance-Funktion wird die Begehung des Straftatbestandes freilich nicht automatisch ausschließen können. Denn ob die Straftat letztendlich tatsächlich begangen wird, liegt immer noch in den Händen jedes einzelnen Mitarbeiters. Im Wege von Compliance können jedoch Strukturen geschaffen werden, um eine bestmögliche Strafvermeidung erreichen zu können. Hauptaufgabe der Compliance-Funktion ist im Rahmen der Strafvermeidung der §§ 49, 26 BörsG, eine bestehende „Unerfahrenheit" des Anlegers zu beseitigen, da die Kompensation einer bestehenden Unerfahrenheit straftatbestandsvermeidend wirkt. Anlageberater und Anlagevermittler haben Kompensationsmöglichkeiten im Rahmen regelmäßig stattfindender Schulungen zu erlernen. Wichtig ist hierbei, dass eine Rückkopplung mit dem Kunden in der Weise erfolgt, dass man diesen selbst das konkrete Geschäft erläutern lässt.[1232] Denn nur so erkennt der Anlageberater bzw. Anlagevermittler den tatsächlich vorhandenen Wissensstand und einen möglichen Bedarf des Kunden,

---

1232 So wohl auch *Spindler*, NJW 2010, 1920, 1923.

vorhandene Lücken durch weitere Aufklärung schließen zu müssen. Nicht ausschlaggebend kann hierbei sein, dass der Kunde jedwede Funktion eines derivativen Produkts umfassend selbst wiedergeben kann, sondern, dass er Einsicht in die *Tragweite* des *konkreten* Geschäfts erlangt, damit Vertragsverhandlungen „auf Augenhöhe" stattfinden können. Hierzu gehört, dass er über jedwedes Risiko, wie z.B. Nachschusspflichten oder die Wahrscheinlichkeit eines Totalverlustes aufgeklärt wird. Je komplexer ein Finanzprodukt gestrickt ist, desto mehr Aufwand wird der Anlageberater bzw. Anlagevermittler haben, eine bestehende Unerfahrenheit zu beseitigen.[1233] Bei z.B. einem Discount- Zertifikat hat er etwa auch über die bestehenden erweiterten Risiken des Optionsmarktes hinaus aufgeklärt zu werden. Diese Informationen muss der Kunde zudem auch selbst verstehen. Tut er dies nicht, so hat er das spezifische Risiko des Geschäfts und somit die Tragweite des konkreten Geschäfts nicht verstanden. Werden komplexe Mechanismen in Finanzprodukte gepackt, müssen die anbietenden Unternehmen auch eine dementsprechende Aufklärung gewährleisten.

Im Rahmen der Thematik „Vermeidung von Umsetzungsproblemen bei der Berücksichtigung der §§ 49, 26 BörsG im Rahmen der eigenen Compliance-Funktion", konnte weiter aufgezeigt werden, welche Hürden für ein Wertpapierdienstleistungsunternehmen bestehen können, will es die §§ 49, 26 BörsG bestmöglich berücksichtigen.

Hierbei konnte als Empfehlung ausgesprochen werden, die eigene Compliance-Funktion auch auf unabhängige Finanzdienstleister i.S.d. § 2a Abs. 1 Nr. 7 WpHG zu erstrecken, um in diesem Bereich diese begrenzte Bereichsausnahme zu schließen, insbesondere vor dem Hintergrund, Reputationsschäden optimal vermeiden zu können. Diese Notwendigkeit wird auch von der Praxis bestätigt.

Weiter sollten Wertpapierdienstleistungsunternehmen aufgrund der eingetretenen Neuregelung durch § 34d WpHG, welcher im Wege des AnsFuG eingeführt wurde, und der bestehenden Abgrenzungsprobleme zwischen Anlageberatung und Anlagevermittlung, beide Formen der Finanzdienstleistung der BaFin angezeigt werden, um möglichst eventuell drohenden Bußgeldverfahren aus dem Weg zu gehen.

Auch bewirkt die durch das AnsFuG eingetretene Änderung in § 12 Abs. 3 Satz 2 WpDVerOV eine Manifestierung der Rechtsprechung des obiter dictums des BGH vom 17.07.2009 bezüglich der Garantenstellung des Compliance-Officers bzw. Beauftragten. Im Wege des vorgeschlagenen zweistufigen Models, welches eine klare Kompetenzzuweisung für den Compliance-Beauftragten ermöglicht, können

1233 Siehe etwa hierzu das Urteil des BGH vom 22.03.2011 zur „Zinssatzwette" (BGH XI 33/10); *Spindler*, NJW 2010, 1920, 1922.

bestehende Unsicherheiten über den jeweils bestehenden Haftungsumfang vermieden werden. Gerade die Änderung in § 12 WpDVerOV bezüglich der bedingten Kompetenzerweiterung des Compliance-Beauftragten, führt in der Praxis zu notwendig zu lösenden Folgeproblemen.

Desweiteren wurde im Rahmen dieses Themengebietes die Empfehlung ausgesprochen, die „cold calling Allgemeinverfügung" der BaFin in die eigene Compliance-Funktion zu implementieren, hierbei jedoch auch darauf zu achten, dass etwa Vorschriften des UWG weiter gehen können, als die Allgemeinverfügung selbst. Eine Beachtung hat hierbei nach der stets strengeren Voraussetzung stattzufinden, will man aufsichtsrechtlich bzw. ordnungswidrig nicht in Erscheinung treten.

Durch diese bestehenden bzw. empfohlenen Maßnahmen kann die Begehung des Straftatbestands der Verleitung zu Börsenspekulationsgeschäften durch Mitarbeiter des Wertpapierdienstleistungsunternehmens bestmöglich vermieden werden, und somit auch der Eintritt von wirtschaftlichen Schäden, speziell von Reputationsschäden.

Zu achten ist jedoch darauf, dass die Begehung stets ein „Verleiten" und ein „Ausnutzen" voraussetzt. Viele, v.a. komplexere Börsenspekulationsgeschäfte, werden jedoch schon gar nicht mehr im Wege der Anlagerberatung bzw. Anlagevermittlung angeboten, sondern ausschließlich über spezielle Internet Handelsportale der Wertpapierdienstleistungsunternehmen, sogenannte Global Trading Systems (GTS). Diese Geschäfte werden „Discount-Broking" bezeichnet.[1234] Für das Discount-Broking findet § 31 Abs. 5 und 7 WpHG Anwendung, mithin ein im Vergleich zu einer „normalen" Anlageberatung nur reduziertes Pflichtenprogramm. In diesem Bereich spielt eine mögliche Unerfahrenheit des Anlegers bezüglich des *konkreten Produkts* keine Rolle. Eine Erfahrenheit des Anlegers wird zumeist nur bei Depoteröffnung erfragt. Eine Beratung findet hierbei gar nicht erst statt. Auch wird es nicht für erforderlich gehalten, sich nur an gut informierte und erfahrene Anleger zu wenden.[1235] Hierdurch können eine Vielzahl anlegerschützender Vorschriften und Mechanismen umgangen werden. Neben des Ausschlusses des Straftatbestandes gem. §§ 49, 26 BörsG, findet keine Protokollierungspflicht gem. § 34 Abs. 2a WpHG statt, Informationspflichten bestehen nur in reduzierter Form und auch neue Regelungen des AnsFuG, z.B. bezüglich der Aushändigung von Produktinformationsblättern, finden keine Anwendung etc. Daneben werden sämtliche zivilrechtliche Ansprüche, welche an eine

---

1234 *Fuchs*, in: Fuchs, WpHG Kommentar, 2009, § 31 Rn. 292 ff.

1235 Siehe etwa *Fuchs*, in: Fuchs, WpHG Kommentar, 2009, § 31 Rn. 300.

Falschberatung anschließen, von vornherein ausgeschlossen. Diese Praxis scheint bedenklich, wird jedoch gesetzlich ausdrücklich durch § 31 Abs. 5, 7 WpHG ermöglicht.

Genau in diesem Punkt kann dann auch im Grundsatz darüber gestritten werden, ob die Privatautonomie jedes einzelnen vor gesetzliche Schutzmechanismen zu stellen ist oder schlicht komplexe Finanzprodukte nicht in die Hände von Privatanlegern gehören.[1236] Eine diesbezügliche Streitentscheidung kann an dieser Stelle jedoch nicht erfolgen und muss anderen wissenschaftlichen Arbeiten überlassen werden.

1236 So etwa *Randenborgh*, ZRP 2010, 76: im Endeffekt wohl auch *Spindler*, NJW 2011, 1920, 1922.

Abkürzungen

2. WiKG	Zweites Gesetz zur Bekämpfung der Wirtschaftskriminalität
4. FFG	Viertes Finanzmarktförderungsgesetz
a.A.	andere Auffassung, andere Ansicht
a.E.	am Ende
a.F.	alte Fassung
Abs.	Absatz
AG	Die Aktiengesellschaft, Zeitschrift
AktG	Aktiengesetz
AnsFuG	Anlegerschutz- und Funktionsverbesserungsgesetz
AnwBl	Anwaltsblatt
Art.	Artikel
AT	Allgemeiner Teil
Aufl.	Auflage
BaFin	Bundesanstalt für Finanzdienstleistungsaufsicht
BAWe	Bundesaufsicht für den Wertpapierhandel
BB	Betriebs- Berater
BFuP	Betriebswirtschaftliche Forschung und Praxis
BGB	Bürgerliches Gesetzbuch
BGBl.	Bundesgesetzblatt
BGH	Bundesgerichtshof
BGHR	Systematische Sammlung der Entscheidungen des Bundesgerichtshofes
BGHSt	Entscheidungen des Bundesgerichtshofs in Strafsachen
BGHZ	Entscheidungen des Bundesgerichtshofs in Zivilsachen
BKR	Zeitschrift für Bank- und Kapitalmarktrecht
BörsG	Börsengesetz
BR-Drucks.	Bundesratsdrucksachen
BT-Drucks.	Bundestagsdrucksachen
BT	Besonderer Teil
BVerfG	Bundesverfassungsgericht
BVerfGE	Entscheidungen des Bundesverfassungsgerichts
bzw.	beziehungsweise
ca.	Circa
CCZ	Corporate Compliance Zeitschrift

CMS	Constant Maturity Swap
DAX	Deutscher Aktien Index
DB	Der Betrieb
DÖV	Die öffentliche Verwaltung
EG	Europäische Gemeinschaft
Erg.-. Lfg.	Ergänzungslieferung
f.	folgende
ff.	fortfolgende
FinDAG	Gesetz über die Finanzdienstleistungsaufsicht
Fn.	Fußnote
FRUG	Finanzmarktrichtlinie- Umsetzungsgesetz
GA	Goltdammers Archiv für Strafrecht
GenG	Genossenschaftsgesetz
GG	Grundgesetz
GmbH	Gesellschaft mit beschränkter Haftung
GmbHG	Gesetz betreffend die Gesellschaften mit beschränkter Haftung
GTS	Global Trading Systems
h.M.	herrschende Meinung
HGB	Handelsgesetzbuch
HRR	Höchstrichterliche Rechtsprechung im Strafrecht
Hrsg.	Herausgeber
i.S.d.	im Sinne des
i.V.m.	in Verbindung mit
IHK	Industrie- und Handelskammer
InvG	Investmentgesetz
Insg.	Insgesamt
JuS	Juristische Schulung
JW	Juristische Wochenschrift
JZ	Juristenzeitung
KG	Kammergericht
KWG	Gesetz über das Kreditwesen
LG	Landgericht
lit.	littera
MaComp	Mindestanforderungen an die Compliance-Funktion und die weiteren Verhaltens-, Organisations- und Transparenzpflichten nach §§ 31 ff. WpHG für Wertpapierdienstleistungsunternehmen
MaRisk	Mindestanforderungen an das Risikomanagement
MiFiD	Markets in Financial Instruments Directive

MüKo	Münchener Kommentar
n.F.	neue Fassung
NJOZ	Neue Juristische Online- Zeitschrift
NJW	Neue Juristische Wochenschrift
Nr.	Nummer
NStZ	Neue Zeitschrift für Strafrecht
OLG	Oberlandesgericht
OWiG	Gesetz über Ordnungswidrigkeiten
RG	Reichsgericht
RGSt	Entscheidungen des Reichsgerichts in Strafsachen
Rn.	Randnummer
Rz.	Randzeichen
S.	Seite, Satz
StGB	Strafgesetzbuch
StPO	Strafprozessordnung
u.a.	unter anderem, und andere
u.U.	unter Umständen
UWG	Gesetz über den unlauteren Wettbewerb
VAG	Gesetz über die Beaufsichtigung der Versicherungsunternehmen
Vgl.	Vergleiche
VuR	Verbraucher und Recht
VwVfG	Verwaltungsverfahrengesetz
Wistra	Zeitschrift für Wirtschaft, Steuer und Strafrecht
WM	Wertpapier- Mitteilungen
WpDVerOV	Wertpapierdienstleistungs- Verhaltens- und Organisationsverordnung
WpHG	Wertpapierhandelsgesetz
z.B.	zum Beispiel
ZBB	Zeitschrift für Bankrecht und Bankwirtschaft
ZGR	Zeitschrift für Unternehmens- und Gesellschaftsrecht
ZHR	Zeitschrift für das gesamte Handelsrecht und Wirtschaftsrecht
ZIP	Zeitschrift für Wirtschaftsrecht
ZRP	Zeitschrift für Rechtspolitik
ZStW	Zeitschrift für die gesamte Strafrechtswissenschaft

Literaturverzeichnis

Achenbach, Hans, Aus der 2009/2010 veröffentlichten Rechtsprechung zum Wirtschaftsstrafrecht, NStZ 2010, 621 ff.

Achenbach, Hans/Ransiek, Andreas (Hrsg.), Handbuch Wirtschaftsstrafrecht, 2. Aufl., Heidelberg 2008 (*zitiert*: Bearbeiter, in: Achenbach/Ransiek).

Achenbach, Hans/Ransiek, Andreas (Hrsg.), Handbuch Wirtschaftsstrafrecht, 3. Aufl., Heidelberg 2011 (*zitiert*: Bearbeiter, in: Achenbach/Ransiek).

Achenbach, Hans/Wannemacher, Wolfgang (Hrsg.), Beraterhandbuch zum Steuer und Wirtschaftsstrafrecht, Herne/Berlin, Loseblatt, 2. Lieferung 1999 (*zitiert*: Bearbeiter, in Achenbach/Wannemacher).

Achilles-Baumgärtel, Janine, Über die Notwendigkeit zur Einschränkung der Auslegung der Tatbestandsmerkmale des § 89 BörsG, NStZ 1998, 603 ff.

Akerlof, George A., The Market for "Lemons": Quality Uncertainty and the Market Mechanism, The Quarterly Journal of Economics 1970, S. 488 ff.

Artzt, Matthias/Kemter, Christian, Neue Rahmenbedingungen für Finanzberater und Kreditinstitute mit mobilem Vertrieb, BKR 2011, 476 ff.

Assmann, Heinz- Dieter/Schütze, Rolf A. (Hrsg.), Handbuch des Kapitalanlagerechts, 3. Aufl., München 2007 (*zitiert*: Bearbeiter, in: Assmann/Schütze).

Assmann, Heinz-Dieter/Schneider, Uwe (Hrsg.)/Döhmel, Doris/Dreyling, Georg/Hönsch, Henning/Koller, Ingo/Mülbert, Peter/Sethe, Rolf/Vogel, Joachim (Bearb.), Wertpapierhandelsgesetz, Kommentar, 5. Aufl., Köln 2009 (*zitiert*: Bearbeiter, in: Assmann/Schneider).

Assmann, Heinz-Dieter/Schneider, Uwe (Hrsg.)/Döhmel, Doris/Dreyling, Georg/Hönsch, Henning/Koller, Ingo/Mülbert, Peter/Sethe, Rolf/Vogel, Joachim (Bearb.), Wertpapierhandelsgesetz, Kommentar, 6. Aufl., Köln 2012 (*zitiert*: Bearbeiter, in: Assmann/Schneider).

Bachmann, Gregor/Prüfer, Geralf, Korruptionsprävention und Corporate Governance, ZRP 2005, 109 ff.

Baulig, Ingo/Brinkmann, Michael/Haußwald, Falk/Peek, Thomas/Petersen, Thies/Richter, Hans/Schäfer, Holger/Stumpf, Dietmar, Compliance, Konsequenzen verschärfter Vorgaben aus WpHG und Bankaufsicht, 3. Aufl., Heidelberg 2010 (*zitiert:* Bearbeiter, in: Compliance, 3. Aufl., 2010).

Baumbach, Adolf (Begr.)/*Hopt, Klaus J.*, Handelsgesetzbuch, Kommentar, 35. Aufl., München 2012, (zitiert: Bearbeiter, in: Baumbach, Hopt).

Baumbach, Adolf/Hueck, Alfred (Begr. und fortgef.), Gesetz betreffend die Gesellschaft mit beschränkter Haftung, Kommentar, 19. Aufl., München 2010 (*zitiert:* Baumbach/Hueck).

Beck'scher Online- Kommentar, Heintschel- Heinegg. Bernd von (Hrsg.), Kommentar zum StGB, Stand: 01.05.2010, Edition 15, München 2011 (*zitiert*: Bearbeiter, in: Beck'scher Online Kommentar StGB, Heintschel- Heinegg).

Becker, Hans-Paul, Investition und Finanzierung, 5. Aufl., Wiesbaden 2012, (*zitiert*: Becker, Investition und Finanzierung).

Begner, Jörg, Die Verordnung über den Einsatz von Mitarbeitern in der Anlageberatung, als Vertriebsbeauftragte oder als Compliance-Beauftragte und über die Anzeigepflichten nach § 34d des Wertpapierhandelsgesetzes (WpHG-Mitarbeiteranzeigeverordnung – WpHGMaAnzV), BKR 2012, 95 ff.

Berg, Stefan/Stöcker, Mathias, Anwendungs- und Haftungsfragen zum Deutschen Corporate Governance Kodex, WM 2002, 1570 ff.

Bergmoser, Ulrich/Theusinger, Ingo/Gushorst, Klaus-Peter, Corporate Compliance-Grundlagen und Umsetzung, BB-Special 5.2008 zu Heft 25, 1 ff.

Bernd, Markus, Anmerkungen zu BGH 5 StR 394/08 vom 17.07.2009, StV 2009, 689 ff.

Bernd, Markus, Anmerkungen zu BGH 5 StR 394/08, wistra 2009, 687, 691 ff.

Böhlen, Andreas von/Kahn, Jens (Hrsg.), MiFID- Kompendium; praktischer Leitfaden für Finanzdienstleister, Berlin 2008 (*zitiert:* Bearbeiter, in: Böhlen/Kahn).

Böhm, Michael, Regierungsentwurf Zur Verbesserung der Durchsetzbarkeit von Ansprüchen aus Falschberatung, BKR 2009, 221 ff.

Boos, Karl-Heinz/Fischer, Reinfrid/Schulte-Mattler, Hermann (Hrsg.), Kreditwesengesetz Kommentar, 3. Aufl., München 2008 (*zitiert*: Bearbeiter, in: Boos/Fischer/Schulte-Mattler).

Böse, Martin, Die Garantenstellung des Betriebsbeauftragten, NStZ 2003, 636 ff.

Brinckmann, Hendrik, Lehman- Zertifikate und die Neuregelungen bei der Anlageberatung anlässlich der Reform des SchVG- „Lässt sich eine vorsichtigere Beratungspraxis etablieren?", BKR 2010, 45 ff.

Bröker, Klaus F., § 89 in der neueren Rechtsprechung- ein Überblick, wistra 1993, 161 ff.

Bröker, Klaus F., Spekulation auf Zeit: Chancen und Risiken von internationalen Termingeschäften, Wiesbaden 1997 (*zitiert*: Bröker, Spekulation auf Zeit).

Buck- Heeb, Petra, Kapitalmarktrecht, 5. Aufl., Heidelberg 2011 (*zitiert*: Buck- Heeb, Handbuch Kapitalmarktrecht).

Bürgers, Tobias/Körber, Torsten, Heidelberger Kommentar zum Aktiengesetz, Heidelberg 2008 (*zitiert*: Bearbeiter, in: Bürgers/Körber).

Bürkle, Jürgen, Grenzen der strafrechtlichen Garantenstellung des Compliance-Officers, CCZ 2010, 4 ff.

Bussmann, Kai- D., Compliance in der Zeit nach Siemens- Corporate Integrity, das unterschätzte Konzept BFuP 2009, 506 ff.

Bussmann, Kai- D., Der Wert von Compliance und Unternehmenskultur CCZ 2008, 193 ff.

Bussmann, Kai- D., Die Zukunft der unternehmerischen Haftung bei Compliance-Verstößen CCZ 2009, 132 ff.

Bussmann, Kai-D./Krieg, Oliver/Nestler, Claudia/Salvenmoser, Steffen/Schroth, Andreas/Theile, Alex/Trunk, Daniela, Compliance und Unternehmenskultur. Zur aktuellen Situation in deutschen Großunternehmen, 2010 (*zitiert:* Bussmann/Krieg/Nestler/Salvenmoser/Schroth/Theile/Trunk, in: „Compliance und Unternehmenskultur").

Bussmann, Kai-D./Matschke, Sebastian, Der Einfluss nationalen Rechts auf Kontroll- und Präventionsmaßnahmen von Unternehmen, wistra 2008, 88 ff.

Campos Nave, José A./Vogel, Henrik, Die erforderliche Veränderung von Corporate Compliance-Organisationen im Hinblick auf gestiegene Verantwortlichkeiten des Compliance Officers, BB 2009, 2546 ff.

Casper, Matthias, Das neue Recht der Termingeschäfte, WM 2003, 161 ff.

Creifelds, Carl, Rechtswörterbuch, 20. Aufl., München 2011 (*zitiert:* Creifelds, Rechtswörterbuch).

Dannecker, Gerhard/Dannecker, Christoph, Die „Verteilung" der strafrechtlichen Geschäftsherrenhaftung im Unternehmen, JZ 2010, 981 ff.

Derleder, Peter/Knops, Kai-Oliver/Bamberger, Heinz G. (Hrsg.), Handbuch zum deutschen und europäischen Bankrecht, 2. Aufl., Berlin 2009 (zitiert: Bearbeiter, in: Derleder/Knops/Bamberger).

Dietmeier, Frank, Blankettstrafrecht: ein Beitrag zur Lehre vom Tatbestand, Dissertation, Marburg 2002 (*zitiert:* Dietmeier, Blankettstrafrecht).

Duden, Das große Wörterbuch der deutschen Sprache in acht Bänden, Band 1: A- Bim, Mannheim (u.a.) 1993 (*zitiert:* Duden, Das große Wörterbuch der deutschen Sprache).

Duden, Das große Wörterbuch der deutschen Sprache in acht Bänden, Band 2: Bin- Far, Mannheim (u.a.) 1993 (*zitiert:* Duden, Das große Wörterbuch der deutschen Sprache).

Duden, Das große Wörterbuch der deutschen Sprache in acht Bänden, Band 7: Sil- Urh, Mannheim (u.a.) 1995 (*zitiert:* Duden, Das große Wörterbuch der deutschen Sprache).

Duden, Das große Wörterbuch der deutschen Sprache in acht Bänden, Band 8: Uri- Zz, Mannheim (u.a.) 1995 (*zitiert:* Duden, Das große Wörterbuch der deutschen Sprache).

Engelhart, Frank, Die neuenCompliance-Anforderungen der BaFin (MaComp), ZIP 2010, 1832 ff.

Erbs, Georg (Begr.)/*Kohlhaas, Max* (Hrsg.), Strafrechtliche Nebengesetze, Kurzkommentar, Band 1, München, Stand: 187. Ergänzungslieferung 2011 (*zitiert*: Bearbeiter, in: Erbs/Kohlhaas).

Fichtner, Andrea, Die börsen- und depotrechtlichen Strafvorschriften und ihr Verhältnis zu den Eigentums- und Vermögensdelikten des StGB, Dissertation, Stuttgart 1993 (*zitiert:* Fichtner, Die börsen- und depotrechtlichen Strafvorschriften).

Fischer, Thomas, StGB Kommentar, 58. Auflage, München 2011 (*zitiert*: Fischer, StGB Kommentar).

Fleischer, Holger (Hrsg.), Handbuch des Vorstandsrechts, München 2006 (*zitiert:* Bearbeiter, in: Fleischer).

Fleischer, Holger, Corporate Compliance im aktienrechtlichen Unternehmensverbund, CCZ 2008, 1 ff.

Forst, Gerrit, Ist der Hochfrequenzhandel in der Europäischen Gemeinschaft gestattet?, BKR 2009, 454 ff.

Frisch, Stefan, Schadensersatz bei Vermittlung von vornherein chancenlosen Börsentermin- und Optionsgeschäften, VuR 2010, 283 ff.

Fuchs, Andreas (Hrsg.), Wertpapierhandelsgesetz (WpHG), Kommentar, München 2009 (*zitiert*: Bearbeiter, in: Fuchs).

Gansel, Timo/Gängel, Andreas, Die Anforderungen an die Vermittlung von Kapitalanlagen und die Beratung von Kapitalanlegern, NJ 2010, 312 ff.

Gehrmann Philipp/Zacharias, Sara, Die Auslegung des Tatbestandsmerkmals der „Unerfahrenheit" in §§ 26, 49 BörsG im Lichte des WpHG, WiJ 2012, 89 ff.

Göhler, Erich, Gesetz über Ordnungswidrigkeiten, 15. Aufl., München 2009 (*zitiert:* Bearbeiter, in: Göhler).

Gößwein, Georg/Hohmann, Olaf, Modelle der Compliance-Organisation in Unternehmen- Wider den Chief Compliance Officer als „Überoberverantwortungsnehmer", BB 2011, 963 ff.

Götte, Rüdiger, Optionsscheine- Das Kompendium, Marburg 2001 (*zitiert*: Götte, „Optionsscheine, Das Kompendium").

Graf, Peter/Jäger, Markus/Wittig, Petra (Hrsg.), Wirtschafts- und Steuerstrafrecht, Kommentar, München 2011 (*zitiert:* Bearbeiter, in: Graf/Jäger/Wittig).

Habschicht, Marco/Evers, Jan, Anforderungen an Finanzvermittler- mehr Qualität, bessere Entscheidungen, Studie im Auftrag des Bundesministeriums für Ernährung, Landwirtschaft und Verbraucherschutz, Hamburg 2008 (*zitiert:* Habschicht/Evers, Anforderungen an Finanzvermittler).

Hagemann, Michael H., „Grauer" Kapitalmarkt und Strafrecht. Osnabrücker Abhandlungen zum gesamten Wirtschaftsstrafrecht, 3. Band, Osnabrück 2005 (*zitiert*: Hagemann, „Grauer Kapitalmarkt" und Strafrecht).

Halbleib, Gernot, Der Einsatz von Mitarbeitern in der Anlageberatung nach der Neuregelung des § 34d WpHG, WM 2011, 673 ff.

Harte-Bavedamm, Henning/Henning-Bodewig, Frauke (Hrsg.), Gesetz gegen den unlauteren Wettbewerb, Kommentar, 2. Aufl., München 2009 (*zitiert:* Bearbeiter, in: Harte-Bavedamm/Henning-Bodewig).

Hastenrath, Katharina, Auswirkungen des BGH- Urteils zur Garantenstellung des Compliance-Officers aus Sicht der Unternehmenspraxis, CCZ 2011, 32 ff.

Hauschka, Christoph E., Compliance, Compliance-Manager,Compliance-Programme: Eine geeignete Reaktion auf gestiegene Haftungsrisiken für Unternehmen und Management?, NJW 2004, 257 ff.

Heine, Günter, Zum Begriff des Glücksspiels aus europäischer Perspektive. Zugleich ein Beitrag zur praktischen Umsetzung supranationaler Vorgaben, in: Festschrift für Knut Amelung, Berlin 2009, S. 413 ff. (*zitiert:* Bearbeiter, in: Festschrift Amelung).

Heurmann, Bernd/Brandis, Peter (Hrsg.)/*Blümich, Walter*, Einkommensteuergesetz, Körperschaftsteuergesetz, Gewerbesteuergesetz, Kommentar, München 2008, 104. Ergänzungslieferung 2009 (*zitiert*: Bearbeiter, in: Blümich).

Hienzsch, André, Das Scheitern der Staatsanwaltschaft bei der Verfolgung von Börsenkriminalität- eine empirische Problemanalyse mit Lösungsvorschlägen am Beispiel des Insiderhandelsverbot, HRR 2006, 144 ff.

Hildner, Claus, Aspekte des Anlagebetruges im staatsanwaltlichen Ermittlungsverfahren, WM 2004, 1068 ff.

Hillebrand, Klaus-Peter/Keßler, Jürgen (Hrsg.), Berliner Kommentar zum Genossenschaftsgesetz, 2. Aufl., Hamburg 2010 (*zitiert:* Bearbeiter, in: Hillebrand/ Keßler).

Hockmann, Heinz J./Thießen, Friedrich, Investment Banking, 2. Aufl., Stuttgart 2007, (*zitiert:* Hockmann/Thießen, Investment Banking).

Hoegen, Dieter, Einzelfragen zur Haftung bei Anlagevermittlung und Anlageberatung unter besonderer Berücksichtigung der Rechtsprechung des Bundesgerichtshofes, in: Festschrift für Walter Stimpel, Berlin 1986, S. 247 ff. (*zitiert:* Bearbeiter, in: Festschrift Stimpel).

Hopt, Klaus/Rudolph, Bernd/Baum, Harald (Hrsg.), Börsenreform; Eine ökonomische, rechtsvergleichende und rechtspolitische Untersuchung, Stuttgart 1997 (*zitiert:* Bearbeiter, in: Hopt/Rudolph/Baum).

Kaiser, Dieter G., Hedgefonds- Entmystifizierung einer Anlagenkategorie, 2. Aufl., Berlin (u.a.) 2009 (*zitiert:* Kaiser, Hedgefonds).

Klindt, Thomas/Pelz, Christian/Theusinger, Ingo, Compliance im Spiegel der Rechtsprechung, NJW 2010, 2385 ff.

Knauth, Alfons, Kapitalanlagebetrug und Börsendelikte im zweiten Gesetz zur Bekämpfung der Wirtschaftskriminalität, NJW 1987, 28 ff.

Knop, Lutz, Das Haftungsdach aus dem Blickwinkel des Aufsichtsrechts, BKR 2011, 89 ff.

Kohlmann, Günter, Das Strafrecht- wirksame Waffe gegen den Insider- Handel? Skeptische Bemerkungen zu einer „unendlichen Geschichte", in: Festschrift Ralf Vieregge, Berlin 1995, S. 443 ff. (*zitiert:* Bearbeiter, in: Festschrift Vieregge).

Köndgen, Johannes, Kurzkommentar zum Regierungsentwurf. Zur Verbesserung der Durchsetzbarkeit von Ansprüchen aus Falschberatung, ZBB 2009, 157 ff.

Kort, Michael, Corporate Governance-Grundsätze als haftungsrechtlich relevante Verhaltensstandards?, in: Festschrift für Karsten Schmidt, Köln 2009, S. 945 ff. (*zitiert:* Bearbeiter, in: Festschrift Karsten Schmidt).

Kraft, Oliver, Die Garantenpflicht des Leiters der Innenrevision und des Compliance Officers zur Abwendung von unternehmensbezogenen Straftaten, wistra 2010, 81 ff.

Kraft, Oliver/Winkler, Klaus, Zur Garantenstellung des Compliance-Officers- Unterlassungsstrafbarkeit durch Organisationsmangel, CCZ 2009, 29 ff.

Kremer, Thomas/Klahold, Christoph,Compliance-Programme in Industriekonzernen, ZGR 2010, 113 ff.

Krieger, Gerd/Schneider, Uwe H., Handbuch Managerhaftung, 2. Aufl., Köln 2010 (*zitiert:* Bearbeiter, in: Krieger/Schneider).

Kümpel, Siegfried, Börsengesetznovelle 1989 I, WM 1989, 1313.

Kümpel, Siegfried, Börsengesetznovelle 1989 II, WM 1989, 1485.

Kümpel, Siegfried, Zur öffentlich-rechtlichen Organisation der deutschen Wertpapierbörse, BKR 2003, 3 ff.

Kurth, Ekkehard, Der Charme der öffentlich- rechtl. Börsen, Börsen- Zeitung vom 06.05.2000, Ausgabe 87, S. B2 ff.

Lehrl, Thorsten/Wolf, Klaus-Eckhart, Das Haftungsdach vertraglich gebundener Vermittler gem. § 2 Abs. 10 KWG in der Praxis unter besonderer Berücksichtigung aufsichtsrechtlicher Anforderungen, BKR 2009, 497 ff.

Lösler, Thomas, Compliance im Wertpapierdienstleistungsunternehmen, Berlin 2003 (*zitiert:* Lösler, Compliance).

Lösler, Thomas, Die Mindestanforderungen an Compliance und die weiteren Verhaltens-, Organisations- und Transparenzpflichten nach §§ 31 ff. WpHG (MaComp), WM 2010, 1917 ff.

Lucius, Otto, Der Standard Compliance Code der österreichischen Kreditwirtschaft, CCZ 2009, 186 ff.

Lutter, Marcus, Die Erklärung zum Corporate Governance Kodex gem. § 161 AktG, ZHR 166 (2002), 523 ff.

Luz, Günther/Neus, Werner/Scharpf, Paul/Scheider, Peter/Weber, Max (Hrsg.), Kreditwesengesetz (KWG). Kommentar zum KWG inklusive SolvV, LiqV, GroMiKV, MaRisk, 2. Aufl., Stuttgart 2011 (zitiert: Bearbeiter, in: Luz/Neus/Scharpf/Schneider/Weber).

Märker, Klaus/Hillesheim, Rainer, Brennpunkt Finanzkrise: Anlegerschutz in Deutschland, ZRP 2009, 65 ff.

Markus, Jordan, Zertifikate simplified- Rendite kalkulierbar machen, München 2006 (*zitiert:* Jordan, Zertifikate).

Meder, Stephan/Matthias, Arndt, „Lehman Brothers",...mal ganz anders, BKR 2009, 215 ff.

Meier, Christian, Die Entstehung des Börsengesetzes vom 22.06.1896, Dissertation, St. Katharinen 1993 (*zitiert:* Meier, Die Entstehung des Börsengesetzes).

Meier-Greve, Daniel, Vorstandshaftung wegen mangelhafter Corporate Compliance, BB 2009, 2555 ff.

Meyer, Oscar/Bremer, Heinz (Hrsg.), Börsengesetz nebst Ausführungsbestimmungen, Kommentar, 4. Aufl., Berlin 1957 (*zitiert:* Meyer/Bremer, Börsengesetz).

Michalke, Regina, Neue Garantenpflichten? – oder: Haftung des Compliance-Officers, AnwBl 2010, 666 ff.

Michalski, Lutz (Hrsg.), Kommentar zum Gesetz betreffend die Gesellschaften mit beschränkter Haftung (GmbH-Gesetz), 2. Aufl., München 2010 (*zitiert:* Bearbeiter, in: Michalski).

Mock, Sebastian, Das Gesetz zur Vorbeugung gegen missbräuchliche Wertpapier- und Derivategeschäfte, WM 2010, 2248 ff.

Möllers, Thomas/Wenninger, Thomas, Das Anlegerschutz- und Funktionsverbesserungsgesetz, NJW 2011, 1697 ff.

Moosmayer, Klaus, Compliance-Praxisleitfaden für Unternehmen, 2. Aufl., München 2012 (*zitiert:* Moosmayer, Compliance).

Mosbacher, Andreas/Dierlamm, Alfred, Zur Frage der Garantenpflicht eines Compliance-Officers, NStZ 2010, 268 ff.

Müller-Gugenberger, Christian/Bieneck, Klaus (Hrsg.), Wirtschaftsstrafrecht, 5. Aufl., Köln 2011 (*zitiert*: Bearbeiter, in: Müller-Gugenberger/Bieneck).

Münchener Anwaltshandbuch Verteidigung in Wirtschafts- und Steuerstrafsachen, Volk, Klaus (Hrsg.), München 2006 (*zitiert*: Bearbeiter, in: Volk).

Münchener Handbuch zum Arbeitsrecht, Richardi, Reinhard/Wißmann, Helmut/Wlotzke, Otfried/Oetker, Hartmut, 2. Aufl., München 2000 (*zitiert*: Bearbeiter, in: Richardi/Wißmann/Wlotzke).

Münchener Kommentar zum Aktiengesetz, Goette, Wulf/Habersack, Mathias (Hrsg.), Band 4, §§ 179–277, 3. Aufl., München 2011 (*zitiert*: Bearbeiter, in: MüKo AktG).

Münchener Kommentar zum Aktiengesetz, Goette, Wulf/Habersack, Mathias (Hrsg.), Band 2, §§ 76–117, 3. Aufl., München 2008 (*zitiert*: Bearbeiter, in: MüKo AktG).

Münchener Kommentar zum Bürgerlichen Gesetzbuch, Säcker, Jürgen/Rixecker, Roland (Hrsg.), Band 1/1, §§ 1–240 BGB, 6. Aufl., München 2012 (*zitiert*: Bearbeiter, in: MüKo BGB).

Münchener Kommentar zum Bürgerlichen Gesetzbuch, Säcker, Jürgen/Rixecker, Roland (Hrsg.), Band 2, §§ 241–432 BGB, 6. Aufl., München 2012 (*zitiert*: Bearbeiter, in: MüKo BGB).

Münchener Kommentar zum Bürgerlichen Gesetzbuch, Säcker, Jürgen/Rixecker, Roland (Hrsg.), Band 5, §§ 705–853 BGB, 5. Aufl., München 2009 (*zitiert*: Bearbeiter, in: MüKo BGB).

Münchener Kommentar zum Handelsgesetzbuch, Schmidt, Karsten (Hrsg.), Band 5, §§ 343–372 BGB, 2. Aufl., München 2009 (*zitiert*: Bearbeiter, in: MüKo HGB).

Münchener Kommentar zum Nebenstrafrecht, Joecks, Wolfgang/Miebach, Klaus (Hrsg.), Band 6/1, Nebenstrafrecht II, München 2010 (*zitiert*: Bearbeiter, in: MüKo, Nebenstrafrecht II).

Münchener Kommentar zum Strafgesetzbuch, Joecks, Wolfgang/Miebach, Klaus (Hrsg.), Heintschel- Heinegg. Bernd von (Bandredakteur), Band 2/1, §§ 52–79b StGB, München 2010 (*zitiert*: Bearbeiter, in: MüKo, StGB Kommentar).

Münchener Kommentar zum Strafgesetzbuch, Joecks, Wolfgang/Miebach, Klaus (Hrsg.), Band 4, §§ 263–358 StGB, München 2006 (*zitiert*: Bearbeiter, in: MüKo, StGB Kommentar).

Nomos, Kommentar zum Strafgesetzbuch, Kindhäuser, Urs/Neumann, Ulfried/Paeffgen Hans-Ullrich (Hrsg.), 3. Aufl., Baden- Baden 2010 (*zitiert*: Bearbeiter, in: Nomos, Kommentar StGB).

Palandt, Kommentar zum Bürgerlichen Gesetzbuch, bearb. v. Bassange, Peter/ Brudermüller, Gerd/Diederichsen, Uwe u.a., 71. Aufl., München 2012 (*zitiert*: Bearbeiter, in: Palandt).

Park, Tido (Hrsg.), Kapitalmarktstrafrecht, Handkommentar, 2. Aufl., Baden-Baden 2008 (*zitiert*: Bearbeiter, in: Park).

Park, Tido, Kapitalmarktstrafrecht und Anlegerschutz, NStZ 2007, 369 ff.

Park, Tido, Kapitalmarktstrafrechtliche Neuerungen des 4. FGG, BB 2003, 1513 ff.

Park, Tido, Schwerpunktbereich- Einführung in das Kapitalmarktstrafrecht I., JuS 2007, 621 ff.

Park, Tido, Schwerpunktbereich- Einführung in das Kapitalmarktstrafrecht II., JuS 2007, 712 ff.

Randenborgh, Wolfgang van, „Zertifikate" gehören nicht in die Hand privater Anleger! Zweifel an unvoreingenommener Anlageberatung der Banken, ZRP 2010, 76 ff.

Ransiek, Andreas, Zur strafrechtlichen Verantwortung des Compliance Officers, AG 2010, 147 ff.

Rehmann, Wolfgang/Wagner, Susanne (Hrsg.), MPG Kommentar, 2. Aufl., München 2010, (*zitiert*: Bearbeiter, in: Rehmann/Wagner).

Reiner, Günter/Schacht, Johann A., Credit Default Swaps und verbriefte Kreditforderungen in der Finanzmarktkrise II, WM 2010, 385 ff.

Renz, Hartmut/Hense, Dirk (Hrsg.), Wertpapier-Compliance in der Praxis. Eine Kommentierung aktueller Rechtspflichten, Berlin 2010 (*zitiert:* Bearbeiter, in: Renz/Hense).

Rettenmaier, Felix/Palm, Lisa, Das Ordnungswidrigkeitenrecht und die Aufsichtspflicht von Unternehmensverantwortlichen, NJOZ 2010, 1414 ff.

Ricke, Markus, Stichwort: Hedge Fonds, BKR 2004, 60 ff.

Roberts, Julian, Finanzderivate als Glücksspiel? Aufklärungspflichten der Emittenten, DStR 2010, 1082 ff.

Rogall, Klaus, Dogmatische und kriminalpolitische Probleme der Aufsichtspflichtverletzung in Betrieben und Unternehmen (§ 130 OWiG), ZStW 98 (1986), 573 ff.

Roller, Reinhold/Elster, Thomas/Knappe, Jan Christoph, Spread- abhängige Constant Maturity (CMS) Swaps- Funktionsweise, Risikostruktur und rechtliche Bewertung, ZBB 2007, 345 ff.

Rolshoven, Max- Philipp/Hense, Dirk, Obiter Dictum zur Garantenpflicht von Compliance-Officern, Anmerkungen zu BGH 5 StR 394/08, BKR 2009, 425 ff.

Rönnau, Thomas/Schneider, Frederic, Der Compliance-Beauftragte als strafrechtlicher Garant, ZIP 2010, 53 ff.

Rössner, Michael-Christian/Arendts, Martin, Die Haftung wegen Kontoplünderung durch Spesenschinderei, WM 1996, 1517 ff.

Rössner, Michael-Christian/Worms, Alexander, Warenterminschwindel und § 89 BörsG, wistra 1987, 319 ff.

Roxin, Claus, Strafrecht allgemeiner Teil II, München 2003 (*zitiert:* Roxin, Strafrecht AT II).

Rudolph, Bernd/Schäfer, Klaus (Hrsg.), Derivative Finanzinstrumente, 2. Aufl., Berlin 2010 (*zitiert:* Rudolph/Schäfer).

Rudolphi, Hans- Joachim/Wolter, Jürgen (Hrsg.)/*Horn, Eckard/Samson, Erich*, Systematischer Kommentar zum Strafgesetzbuch (SK- StGB), 121. Nachlieferung, Stand: April 2010, Köln 2010 (*zitiert*: Bearbeiter, in SK StGB).

Salewski, Sabrina, Zertifikate- reguläre Finanzinstrumente oder unerlaubtes Glücksspiel?, BKR 2012, 100 ff.

Samtleben, Jürgen, Das Börsentermingeschäft ist tot- es lebe das Finanztermingeschäft, ZBB 2003, 69 ff.

Satzger, Helmut/Schmitt, Bertram/Widmaier, Gunter (Hrsg.), StGB Kommentar, Köln 2009 (*zitiert:* Bearbeiter, in: Satzger/Schmitt/Widmaier).

Schäfer, Frank (Hrsg.), Wertpapierhandelsgesetz, Börsengesetz, Verkaufsprospektgesetz, Kommentar Stuttgart (u.a.) 1999 (*zitiert*: Bearbeiter, in: Schäfer).

Schäfer, Hans/Baumann, Diethelm, Compliance-Organisation und Sanktionen bei Verstößen, NJW 2011, 3601 ff.

Schäfer, Holger, Die MaComp und das Erfordernis der Unabhängigkeit, Wirksamkeit und Dauerhaftigkeit von Compliance, BKR 2011, 45 ff.

Schäfer, Holger, Die MaComp und die Aufgabe von Compliance, BKR 2011, 187 ff.

Schall, Hero, Grund und Grenzen der strafrechtlichen Geschäftsherrenhaftung, in: Festschrift für Hans- Joachim Rudolphi, Neuwied 2004, S. 267 ff. (*zitiert:* Bearbeiter, in: Festschrift Rudolphi).

Schimansky, Herbert/Bunte, Hermann- Josef/Lwowski, Hans-Jürgen, Bankrechts-Handbuch, 3. Aufl., München 2007 (*zitiert*: Bearbeiter, in: Schimansky/Bunte/Lwowski).

Schimansky, Herbert/Bunte, Hermann- Josef/Lwowski, Hans-Jürgen, Bankrechts-Handbuch, 4. Aufl., München 2011 (*zitiert*: Bearbeiter, in: Schimansky/Bunte/Lwowski).

Schlüchter, Ellen, Zweites Gesetz zur Bekämpfung der Wirtschaftskriminalität, Heidelberg 1997 (*zitiert*: Schlüchter, 2. WiKG).

Schlüter, Uwe, Börsenhandelsrecht: Handbuch für Banken und Finanzdienstleistungsinstitute, 2. Aufl., München 2002 (*zitiert*: Schlüter, Börsenhandelsrecht).

Schmidt, Karsten/Lutter, Marcus (Hrsg.), Kommentar zum Aktiengesetz, §§ 1–149 AktG, Köln 2010 (*zitiert:* Bearbeiter, in: Schmidt/Lutter).

Schneider, Uwe H., Compliance in der Unternehmensleitung, ZIP 2003, 645 ff.

Schönke, Adolf/Schröder, Horst, Kommentar zum Strafgesetzbuch, 28. Aufl., München 2010 (*zitiert:* Bearbeiter, in: Schönke/Schröder).

Schröder, Christian (Hrsg.), Handbuch Kapitalmarktstrafrecht, 2. Aufl., Köln 2010 (*zitiert*: Schröder, Kapitalmarktstrafrecht).

Schröder, Christian, Aktienhandel und Strafrecht, Dissertation 1994, (*zitiert:* Schröder, Aktienhandel und Strafrecht).

Schröder, Christian, Die Komplexität synthetischer Finanzprodukte als Ursache für Vertrauensverluste und kriminogenes Verhalten am Kapitalmarkt, ZBB 2010, 280 ff.

Schünemann, Bernd, Die Unterlassungsdelikte und die strafrechtliche Verantwortlichkeit für Unterlassungen, ZStW 96 (1984), 287 ff.

Schwark, Eberhard (Hrsg.), Kapitalmarktrechts- Kommentar, 3. Aufl., München 2004 (*zitiert:* Bearbeiter, in: Schwark).

Schwark, Eberhard (Hrsg.), Kapitalmarktrechts- Kommentar, München 1976 (*zitiert:* Bearbeiter, in: Schwark).

Schwark, Eberhard/Zimmer, Daniel (Hrsg.), Kapitalmarktrechts- Kommentar, 4. Aufl., München 2010 (*zitiert*: Bearbeiter, in: Schwark/Zimmer).

Schwennicke, Andreas/Auerbach, Dirk, KWG Kommentar, München 2009 (*zitiert*: Bearbeiter, in: Schwennicke/Auerbach).

Schwintowski, Hans-Peter, Das Optionsscheingeschäft: „Naturalobligation oder vollkommene Verbindlichkeit?“, ZIP 1988, 1021 ff.

Seibt, Christoph H., Deutscher Corporate Governance Kodex und Entsprechens-Erklärung (§ 161 AktG), AG 2002, 249 ff.

Seyfried, Thorsten, Die Richtlinie über Märkte für Finanzinstrumente (MiFID)-Neuordnung der Wohlverhaltensregeln, WM 2006, 1375 ff.

Sinn, Hans- Werner, Wenn Banken mit „Zitronen“ handeln, ifo Standpunkt Nr. 94, 19.08.2008 = Börsen- Zeitung, Nr. 81, 26.04.2008, S. 7 ff.

Soergel, Bürgerliches Gesetzbuch, Allgemeiner Teil 2, Kommentar, wiss. Red.: Wolf, Manfred, §§ 104–240 BGB, 13. Aufl., Stuttgart 1999 (*zitiert:* Bearbeiter, in: Soergel, BGB Kommentar).

Spindler, Gerald, Aufklärungspflichten im Bankrecht nach dem „Zins- Swap-Urteil“ des BGH, NJW 2011, 1920 ff.

Spindler, Gerald/Stilz, Eberhard (Hrsg.), Kommentar zum Aktiengesetz, 2. Aufl., München 2010 (*zitiert:* Bearbeiter, in: Spindler/Stilz).

Spring, Patrick, Die Garantenstellung des Compliance-Officers oder: Neues zur Geschäftsherrenhaftung, GA 2010, 222 ff.

Staudinger, J. von., BGB Kommentar, Buch II, §§ 741–764 BGB, Berlin 2002 (*zitiert*: Bearbeiter, in: Staudinger).

Steck, Andreas/Geiger, Felix, Kapitalanlage der Versicherungswirtschaft- Chancen und Restriktionen durch die Modifizierung der Anlageverordnung, Recht der Finanzinstrumente 2011, 15 ff.

Stenglein, Melchior von, Die strafrechtlichen Nebengesetze des Deutschen Reichs, Kommentar, 2. Band, 5. Aufl., Berlin 1931 (*zitiert:* Stenglein).

Stober, Rolf, Ist der ehrbare Kaufmann der Schlüssel fürCompliance-Anforderungen?, NJW 2010, 1573 ff.

Strauch, Mark, Der Sarbanes- Oxley- Act und die Entwicklungen im US-Aufsichtsrecht, NZG 2003, 952 ff.

Strohmeyer, Jochen, Regierungsentwurf zur verbesserten Durchsetzbarkeit von Anlegeransprüchen aus Falschberatung ZBB 2009,197 ff.

Teuber, Hanno, Finanzmarktrichtlinie (MiFID)- Auswirkungen auf Anlageberatung und Vermögensverwaltung Im Überblick, BKR 2006, 429 ff.

Theewen, Eckhard M., MaRisk Handbuch, Köln 2007 (*zitiert*: Theewen, Handbuch MaRisk).

Trüg, Gerson, Ist der Leerverkauf von Wertpapieren strafbar? NJW 2009, 3202 ff.

Trüg, Gerson, Zu den Folgen der Einführung eines Unternehmensstrafrechts, wistra 2010, 241 ff.

Veil, Rüdiger, Aufklärung und Beratung über die fehlende Einlagensicherung von Lehman- Zertifikaten? Eine Analyse der zivil- und aufsichtsrechtlichen Pflichten bei der Anlageberatung, WM 2009, 1585 ff.

Veil, Rüdiger, Vermögensverwaltung und Anlageberatung im neuen Wertpapierhandelsrecht- „eine behutsame Reform der Wohlverhaltensregeln?“, ZBB 2008, 34 ff.

Vetter, Eberhard, Deutscher Corporate Governant Kodex, DNotZ 2003, 748 ff.

Wabnitz, Heinz-Bernd/Janovsky, Thomas (Hrsg.), Handbuch des Wirtschafts- und Steuerstrafrechts, München 3. Aufl., 2007 (*zitiert*: Bearbeiter, in: Wabnitz/ Janovsky).

Walla, Fabian, Kapitalmarktrechtliche Normsetzung durch Allgemeinverfügung?, DÖV 2010, 853 ff.

Warneke, Nikolai, Die Garantenstellung von Compliance-Beauftragten, NStZ 2010, 312 ff.

Weber, Ahrend, Zweites Gesetz zur Bekämpfung der Wirtschaftskriminalität, WM 1986, 1133.

Werder, Axel/Talaulicar, Witten, Kodex Report 2010: Die Akzeptanz der Empfehlung und Anregungen des Deutschen Corporate Governance Kodex, Der Betrieb 2010, 853 ff.

Wessels, Johannes/Beulke, Werner (Hrsg.), Strafrecht Allgemeiner Teil, 39. Aufl., Heidelberg 2009 (*zitiert:* Wessels/Beulke).

Weyand, Heiko, Zertifikate und Optionsscheine, 11. Aufl., Düsseldorf 2010 (*zitiert*: Weyand, Handbuch HSBC- Trinkaus „Zertifikate und Optionsscheine“).

Weyand, Heiko, Zertifikate und Optionsscheine, 9. Aufl., Düsseldorf 2007 (*zitiert*: Weyand, Handbuch HSBC- Trinkaus „Zertifikate und Optionsscheine“).

Witte, Jürgen Johannes/Mehrbrey Kim Lars, Haftung für den Verkauf wertlos gewordener Zertifikate- der Fall Lehman Brothers, ZIP 2009, 744 ff.

Wybitul, Tim, BGH: Grundsatzentscheidung zur strafrechtlichen Verantwortlichkeit vonCompliance-Beauftragten, BB 2009, 2263 ff.

Wybitul, Tim, Strafbarkeitsrisiken für Compliance-Verantwortliche, BB 2009, 2590 ff.

Zimmer, Daniel/Beisken, Thomas A., Die Regulierung von Leerverkäufen de lege lata und de lege ferenda, WM 2010, 485 ff.

Zingel, Frank, Stellung und Aufgaben von Compliance nach den MaComp, BKR 2010, 500 ff.